중국계 이주민의 다문화 생활세계 연구

사회통합 총서 2
중국계 이주민의 다문화 생활세계 연구

2019년 1월 10일 초판 인쇄
2019년 1월 15일 초판 발행

지은이 | 김영순 · 조영철 · 김정희 · 정지현 · 박봉수 · 오영훈 · 손영화 · 박종도 · 이미정 · 정경희 · 김기화 · 박미숙 · 오세경 · 임지혜 · 황해영
교정교열 | 정난진
펴낸이 | 이찬규
펴낸곳 | 북코리아
등록번호 | 제03-01240호
주소 | 13209 경기도 성남시 중원구 사기막골로 45번길 14
우림2차 A동 1007호
전화 | 02-704-7840
팩스 | 02-704-7848
이메일 | sunhaksa@korea.com
홈페이지 | www.북코리아.kr
ISBN | 978-89-6324-617-8(94300)
978-89-6324-636-9(세트)

값 27,000원

* 이 저서는 2017년 정부(교육부)의 재원으로 한국연구재단의 지원을 받아 수행된 연구임(NRF-2017S1A5B4055802).
* 이 도서의 국립중앙도서관 출판예정도서목록(CIP)은 서지정보유통지원시스템 홈페이지(http://seoji.nl.go.kr)와 국가자료종합목록시스템(http://www.nl.go.kr/kolisnet)에서 이용하실 수 있습니다. (CIP제어번호 : CIP2018042147)

사회통합 총서 2

중국계 이주민의 다문화 생활세계 연구

김영순 · 조영철 · 김정희 · 정지현 · 박봉수 ·
오영훈 · 손영화 · 박종도 · 이미정 · 정경희 ·
김기화 · 박미숙 · 오세경 · 임지혜 · 황해영

북코리아

서문:
중국계 이주민 이해의 첫걸음

이 책은 2017년 한국연구재단의 인문사회토대연구지원사업에서 선정된 연구과제 '글로벌 시대 에스노그래피를 활용한 다문화가정 구성원의 디지털 아카이브 구축 및 지속 가능한 다문화사회를 위한 사회통합 연구'의 일환으로 집필된 것이다.

이 연구과제는 글로컬 다문화 시대를 살아가고 있는 한국 사회의 사회통합을 위해 문화적으로 다양한 구성원의 생활세계에 나타나는 문화적응과 이에 따른 정체성 협상 현상들을 수집하여 분석하고 이를 바탕으로 다문화 생활세계 디지털 아카이브를 구축한다. 그뿐만 아니라 아카이브를 구축하는 과정에서 수집된 자료들을 바탕으로 이주민 생애사와 문화적응에 관한 사례연구를 총서로 집필한다.

총서 2권 『중국계 이주민의 다문화 생활세계 연구』는 이주민의 집단적 특성이나 개별적 내러티브를 이해하여 우리의 문화 다양성을 제고하기 위한 목적을 가지고 있다. 다문화 구성원을 하나의 집단으로 바라보는 다문화사회에 대한 기존의 관점을 넘어 그들의 개별적 · 집단적 생활세계에 대해 이해의 지평을 넓혀가야 할 필요가 있다. 그리고 이러한 다문화사회에 대한 관점의 전환이 우리 사회를 진정한 사회통합의 길로 들어서도록 해줄 것이라고 믿는다. 그 이유는 다문화 구성원이 만들어나가고 있는 생활세계가 이주에 의해 만들어지는 문화 다양성으로부터 파생되기 때문이다. 그러므로 사회통합정책은 이러한 상호문화적 의사소통의 공간 형성을 목표로 해야 한다.

본 연구를 통해 주류사회로부터 각종 사회제도에서 소외되고 타자화되어 있는 이주민의 근원적인 삶과 고통을 이해하고, 더 나아가 이들 역시 우리 사회의 일원으로서 공존할 수 있도록 하여 미래 지속 가능한 사회를 위한 새로운 패러다임으로서 사회통합 모형을 구축한다. 특히 이 모형에서는 이주민의 생애사 이해를 넘어 각 생활세계에서의 문화적응이 어떠한지를 확인할 수 있는 방법을 모색한다.

한국으로 이주한 후 이주민의 내러티브는 자신의 삶의 경험을 연구자와 이야기하고, 이야기한 것을 토대로 실천적인 삶을 살며, 실천 경험을 또 이야기하고 다시 살아가는 '말과 삶'의 연속적 과정을 통해 형성된다고 할 수 있다. 따라서 본 연구는 한국 사회에서 생활세계를 형성한 그들의 내러티브를 통해 이주민의 실천적 경험과 그에 대한 이주민 자신의 이야기 간의 순환적 관계에 주목한다.

이 책은 중국계 이주민에 대한 내러티브를 탐색하기 위해 우선 본 연구에 적합한 이야기 혹은 삶의 경험을 들려줄 수 있는 연구 참여자를 선정했다. 자료수집은 연구 참여자의 생활세계 형성 경험에 대한 심층인터뷰로 이루어졌다. 심층인터뷰는 1시간에서 1시간 30분 동안 진행했으며, 인터뷰 내용은 녹음했다. 또한 심층인터뷰 중에는 자료의 체계적인 정리를 위해 현장 노트를 작성했으며, 이야기의 맥락에 관한 정보를 수집했다. 연구자들은 자료 분석 단계에서 이주민이 다문화 생활세계를 형성해가면서 경험한 이야기 구조를 파악하기 위해 전사자료와 연구자가 제공한 문서 자료를 반복해서 읽으며 그들이 경험한 것의 의미와 내면의 변화 과정 등에 주목했다. 특히 이주민의 이야기에 등장한 주요 인물들과의 관계에서 발생한 사건 등을 엮어가는 과정에서 내러티브의 줄거리와 핵심적인 주제 등을 발견하여 이를 내러티브의 주요 골격으로 구성했다. 질적 연구에서 일반적으로 하는 방식인 수집된 자료를 코딩하고 이를 분석 · 해석하는 과정을 따르기보다는 이주민의 내러티브에서 전체적이고 총체적인 줄거리를 구성하는 데 집중했다. 이와 같이 산출된 연구 텍스트들은 연구 참여자의 내러티브를 연구자들의 목소리로 다시 이야기했다. 다만 내러티브 해석의 적절성과 신뢰성을 확보하기 위해 심층인터뷰 내용을 전사한 자료와 현장 노트를 반복하여 비교했으며, 자료에 대한 분석과 해석, 그리고 그 결과를 담은 이 글의 초고 및 수정 원고를 연구 참여자와 공유하여 확인하는 과정을 거쳤다.

이러한 내러티브 탐구 과정을 거쳐 총서 2권 『중국계 이주민의 다문화 생활세계 연구』가 세상의 빛을 보게 되었다. 이 책은 총 3부로 구성되어 있다. 1부에서는 중국계 이주민의 생애담을 통해 문화적응 과정과 전략을 분석했다. 2부와 3부에는 중국계 이주민의 생활세계를 인지정서적 영역과 사회제도적 영역으로 구분하여 분야별로 초점화된 연구를 진행한 결과를 담았다. 각 부와 각 장의 내용을 간략히 제시하면 다음과 같다.

1부는 4개의 장으로 구성되었다. 1장에서는 중국계 이주민의 유형과 현황, 문화적응 양상에 대한 선행연구 전반을 살피고, 본 연구가 기왕의 연구사적 맥락에서 어떠한 특징을 가지는지 서술했다. 2~4장에서는 이주 유형별로 이주민의 생애담에 나타난 문화적응 과정과 전략 등에 대한 분석이 이루어졌다. 본 연구는 생활세계와 생애담에 관한 심층인터뷰 65건을 진행했으나, 총서에는 그 가운데 생애 과정과 문화적응 전략이 중복되지 않는 10건의 사례를 선별하여 제시했다. 그리하여 2장에서는 재한 중국계 결혼이주여성 5명, 3장에서는 재한 중국인 노동자 2명, 4장에서는 재한 중국인 유학생 3명의 생애담 분석이 이루어졌다.

2부인 인지정서적 영역에는 진로, 언어, 문화, 여가, 대인관계에 대한 연구가 포함되고, 3부인 사회제도적 영역에는 교육, 경제, 인권, 복지, 미디어에 대한 연구가 포함되었다. 2부는 5개의 장으로 구성되었다. 5장에서는 메지로(Mezirow)의 전환학습 이론을 통해 재한 중국계 결혼이주여성이 '이주'라는 생애전환 시기에 어떠한 진로개발 경험을 하고 있는지 분석했다. 6장에서는 재한 중국계 결혼이주여성의 자녀 교육 경험 가운데 특히 이중언어 교육 환경과 관련한 한국 사회의 실태를 점검하고 교육에 방해가 되고 있는 요인이 무엇인지 분석했다. 이를 통해 결혼이주민의 자녀에 대한 이중언어 교육의 필요성을 주장하고 그에 대한 대안을 제시했다. 7장에서는 재한 중국계 결혼이주여성이 한국에서 경험하는 명절 문화가 중국의 명절 문화와 어떻게 다른지 비교하여 그 차이를 분석했다. 이를 통해 문화적 차이를 극복하기 위한 대안으로 상호문화교육의 필요성을 제시했다. 8장에서는 외국인 유학생의 학업 성취도와 문화적응에 여가 경험이 긍정적인 영향을 미친다는 점에 주목하여 현재 재한 중국계 유학생이 어떤 여가 경험을 하고 있는지 실태를 점검하고 문제점을 분석하여 개선에 대한 전망을 제시했다. 9장에서는 재한 중국계 유학생이 한국에서 어떠한 대인관계를 경험하고 있는지를 통해 사회적 지지 기반이 문화적응에 미치는 영향과 현재의 문제점에 대해 분석했다.

3부 역시 5개의 장으로 구성되었다. 10장에서는 재한 중국계 유학생의 경험을 통해 한국의 대학에서 어떠한 교육 서비스를 제공하고 있는지 실태를 파악하여 현재 사회제도의 문제점을 드러내고 그에 대한 제도적 시사점을 도출했다. 11장에서는 재한 중국계 결혼이주여성의 취업과 경제활동 경험이 문화적응과 경제적응에 미치는 영향을 분석하고 이 둘의 상관관계와 중요성에 대해 고찰했다. 12장에서는 재한 중국계 노동자들이 한국의 노동현장에서 어떠한 인권 차별을 경험하고 있는지를 분석하고 이를 통해 외국인 노동자의 인권보호를 위한 대안을 제시했다. 13장에서는 재한 중국계 결혼이주여성의 사회복지서비스 경험을 토대로 현재 한국 사회의 복지 시스템이 사회 안전망으로 기능하고 있는가에 대해 재고하고 문제점을 분석하여 그에 대한 대안을 제시했다. 14장에서는 재한 중국계 이주민 전반의 미디어 이용 실태를 점검하고, 미디어 이용이 사회자본과 사회적 정체성 형성 및 변화에 어떠한 영향을 미치는지 분석했다. 이를 통해 이주민에게 영향을 미치는 미디어의 사회적 영향력에 대한 다각적인 고려가 필요하다는 것을 드러냈다.

이와 같은 내용들이 우리나라 이주민 인구 중 가장 많은 분포를 보이는 중국계 이주민의 이해를 돕기 위한 가이드로서의 역할을 다했으면 한다. 아울러 이주민 연구를 생활세계 측면에서 탐색하고자 하는 연구자들에게 하나의 도전이 되었으면 한다. 수치로 이루어진 통계로 된 연구보다 이야기로 이루어진 이 연구가 이주민 개개인을 이해하고 다수의 우리에게 '타자 이해'의 교훈을 주며 상호문화적 마인드 형성에 기여했으면 한다.

사회통합 총서 2권 『중국계 이주민의 다문화 생활세계 연구』를 집필하는 데 많은 연구자들의 기여가 있었다. 본 연구과제의 전임연구원인 조영철 박사, 김정희 박사, 공동연구원이신 정지현 박사, 박봉수 박사,

오영훈 교수, 손영화 교수, 박종도 교수, 이미정 교수, 정경희 교수, 전문연구원이신 김기화 교수, 박미숙 교수, 오세경 박사, 임지혜 박사, 황해영 박사가 수고를 해주셨다. 또한 집필을 위한 연구과제 수행 과정에서 연구보조원 역할을 충실하게 해주신 최희 박사, 오영섭 선생, 윤현희 선생께도 감사함을 전한다.

이 책은 본 연구과제를 수주한 인하대학교 아시아다문화융합연구소의 공동연구 팀워크와 협동 작업으로 집필이 수행된 만큼 함께해준 모든 연구진의 책임감 또한 크다고 생각한다. 그리고 이런 책임감이 중국계 이주민 연구를 넘어 이 땅의 모든 이주민을 연구할 수 있는 계기가 되었으면 한다. 오늘도 우리 연구팀은 100년 후 이 땅에 이주민 연구를 수행했던 연구그룹이 있었다는 역사를 만들기 위해 성실히 연구에 임하고 있다. 또한 서문을 통해 우리 연구진 모두 새로운 마음으로 2차년도 연구에 임하겠다는 약속을 하고자 한다.

2018년 12월

연구책임자 겸 대표 집필자

김영순

CONTENTS

CONTENTS

CONTENTS

연구개요

1) 연구의 필요성 및 목적

활발한 초국적 이주로 인한 글로컬 다문화사회 형성이라는 세계화의 흐름은 한국 사회에서도 같은 양상으로 진행되고 있는 사회적 현상이다. 이러한 초국적 이주는 이들이 정주하고 있는 지역과 국가, 그리고 이주해온 국가에 큰 영향을 미치고 있다. 최병두(2012)는 "다양한 유형의 초국적 이주 중 노동이주로 인해 정주 국가는 값싼 노동력을 확보하여 지역경제 활성화에 도움을 받고 있으며, 결혼이주로 인해 가족 구성원의 재생산이 이루어지고 있다"는 점에서 초국적 이주를 긍정적인 시각으로 바라보고 있다. 하지만 한편으로는 이주민에 대한 차별과 편견, 처우 개선 문제, 이주민 가정 자녀를 대상으로 한 정책적 · 교육적 차원의 대안 제시, 미등록 외국인 문제 등 다양한 문제가 산적해 있다.

1990년대 이전 이주민의 문제는 송출국과는 별개로 정주국 내에서의 사회통합 문제로 인식되었던 반면, 현대사회의 초국적 이주와 함께 발생하는 이주민 문제는 그들이 모국과 정주국을 넘나드는 사회공간적 변화를 만들어내고 있어 복잡하고 다변적인 특성을 갖고 있다.

최병두(2012)는 교통통신기술의 발달과 이에 따른 시공간적 압축으로 인한 초국적 이주를 '지구-지방화' 과정으로 정의하고 있으며, 공간적 측면에서 그 중요성을 내포하고 있는 '다문화 공간' 형성으로 이해한다. 이주민은 더 나은 삶의 추구라는 목표 아래에서 그들만의 생활세계를 형성해나간다.

한국 사회에서의 초국적 이주는 다양한 국적의 이민자에게서 나타나고 있는데, 그중 중국계 이주민이 큰 비중을 차지하고 있다. 2018년 출입국·외국인정책본부 통계월보에 따르면, 2018년 3월 말 체류외국인은 225만 4,085명이며, 이 중 국적별 분포를 보면 중국 103만 606명(45.7%), 베트남 17만 7,615명(7.9%), 태국 16만 5,711명(7.4%), 미국 15만 1,363명(6.7%), 우즈베키스탄 6만 5,361명(2.9%), 필리핀 6만 1,236명(2.7%) 순으로 나타나며, 중국이 가장 많은 비중을 차지하고 있다. 동 자료의 외국 국적 동포의 체류 현황을 보면, 2018년 3월 말 외국 국적 동포는 85만 7명으로 전체 체류외국인 225만 4,085명 대비 37.7%를 차지하며, 외국 국적 동포의 국적 중 중국이 70만 9,741명으로 전체의 83.5%를 차지하고 있다. 결혼이민자 체류 현황을 보면 2018년 3월 기준 한국 내 총 15만 6,439명이 체류하고 있으며, 이들의 국적을 보면 중국 5만 7,901명(37%), 베트남 4만 2,292명(27%), 일본 1만 3,486명(8.6%), 필리핀 1만 1,845명(7.6%), 캄보디아 4,489명(2.9%), 태국 3,852명(2.5%) 순으로 나타났다. 결혼이민자 중 성별을 보면 남성이 2만 5,617명(16.4%), 여성이 13만 822명(83.6%)으로 여성의 비율이 현저히 높았다.

체류외국인 중 등록 외국인 118만 7,988명의 체류 자격을 보면 문화예술, 유학 등 다양한 자격이 있는데, 그중 방문취업 자격(H-2)이 23만

4,627명으로 가장 높은 비중을 차지하고 있으며, 그다음으로 영주 자격(F-5) 13만 6,962명, 결혼이민 자격(F-6) 12만 1,351명 순이다.

이처럼 한국 사회의 다문화사회 형성은 중국계 이주민이 주를 이루고 있으며, 그중에서도 결혼이주여성이 가장 큰 비중을 차지하고 있다. 하지만 결혼이주여성은 인권 침해적인 결혼 과정, 한국 사회의 차별과 편견, 체류자격 및 복지 등의 사회구조적 문제로 인해 생활세계에 정착하는 데 많은 어려움을 겪고 있는 것으로 나타나고 있다(김태원, 2012; 최병두, 2012).

현재 한국의 다문화 정책은 이주민의 사회적 혜택뿐만 아니라 그들의 문화적 맥락까지 동일하게 조정하려고 한다는 문제점이 제기되고 있다. 다문화 구성원을 다수 주류문화집단과 동일하게 하기 위해 종족 정체성의 다양성을 강제로 통합하려는 이러한 기존 사회의 단일접근법은 결과적으로 새로운 구성원의 정체성을 묵살하거나 그들만이 지닐 수 있는 문화 다양성의 가능성을 부정하는 결과로 이어질 것이다. 아울러 다문화 구성원의 문화정체성에 대한 부정은 종족적 소수에 대한 차별을 불러와 민주적 평등 원칙을 훼손하는 결과를 초래할 뿐 아니라 민주주의 운영을 주도하는 사회의 안정적 발전을 위협하는 잠재적 · 사회적 갈등 요인이 되고 있다(김용신, 2011: 98; 설동훈 · 이병하, 2012: 180; 장인실 · 박영진, 2015: 96).

다문화 구성원과 내국인의 사회통합을 위한 생활세계 디지털 아카이브 구축과 사회통합 총서의 발간은 다문화사회로 진입하고 있는 한국 사회 내에서 다양한 문화의 충돌을 예방하고 상호 공존하는 공동체를 지향하여 지속 가능한 다문화사회를 구현하는 데 기여할 수 있을 것이다.

특히, 총서 1권에서 제시한 사회통합 모형을 토대로 '중국계 다문화 구성원의 생활세계 디지털 아카이브와 사회통합'을 위해 본 총서 2권을 집필하고자 했다. 이에 총서 2권은 사회 내 갈등과 협상의 변증법으로 인한 원심력과 구심력 간의 긴장과 타협을 통해 일종의 '전체 사회를 새롭게 재구성하는 상호작용과정'(고상두 · 하명신, 2012: 236)의 결과물이라고 볼 수 있다.

중국계 다문화 구성원의 미시적인 다문화 생활세계 면면을 들여다보는 생애사 기반 연구의 결과물이라 할 수 있는 본 총서 2권은 이주민 집단 내부의 민족적 동질성이 사라지고, 민족 간의 차이나 경계가 더 이상 존재하지 않는 '단선적인 동화과정'이 아닌, 이주민 집단 내부의 민족적 동질성을 유지한 상태에서 공동체가 다양한 문화적 배경을 가진 개인을 수용하려는 노력을 의미하는 것으로 결국에는 문화 다양성의 가치를 지향한다.

2) 연구 방법

(1) 내러티브 탐구

본 연구에서는 연구 참여자인 한국 사회 이주민이 생활세계를 형성해가는 과정을 돌아보며 이들의 생애사적 여정과 경험의 이야기에 귀를 기울인다. 이에 연구자는 질적 연구 방법 중 내러티브 탐구(narrative inquiry) 방법을 선택했다.

내러티브에는 내러티브를 전달하는 사람의 견해, 내러티브 속 주인

공의 다양한 경험, 내러티브가 존재하는 사회의 문화와 역사 등이 담겨 있다. 그러므로 내러티브 속에는 인간 삶의 복합성이 통합적으로 그려져 있다(Webster & Mertova, 2007).

듀이(Dewey, 1938)는 '경험'이라는 일상어를 학문적 연구 대상으로 바꾸어놓았고, 교육적 경험에 의미를 부여했다. 경험은 단독적으로 생겨나는 것이 아니라 다른 경험으로부터 생겨나며, 또 다른 경험을 이끌어낸다. 경험은 스스로 연속성을 가지고, 이러한 특징의 연장선상에서 현재는 과거의 경험을 토대로 하고, 미래의 경험을 이끌어낸다. 이러한 연속성은 경험에 관한 사고에서 핵심이다(Clandinin & Connelly, 2006: 33). 이주민의 다문화 생활세계 형성 경험을 그들의 삶에 내재된 가치와 신념에 관한 것으로 설명할 때, 경험에 관한 이야기로부터 인간의 내적 변화를 포착하려는 내러티브 탐구는 경험을 깊이 있게 탐색하기 위한 가장 적합한 방법이라고 할 수 있다.

내러티브 탐구의 관점에서 볼 때 인간은 '이야기를 말하는 존재'이며, 따라서 인간의 삶은 나와 다른 사람들의 이야기가 복잡하게 얽힌 결과다(Clandinin & Connelly, 2000). 또한 이 이야기는 시간의 흐름에 따라 일어나는 다양한 사건, 경험 그리고 행위에 대해 한 개인이 의미를 부여함으로써 구성된다(Bruner, 1986; Polkinghorne, 1988). 이와 관련하여 코넬리와 클랜디닌(Connelly & Clandinin, 1988)은 교사가 자신의 실천 경험에 대해 말하고, 다시 말하고, 말한 것과 관련하여 삶을 살아가고, 다시 살아가는 내러티브적 삶을 통해 전문성을 형성해간다고 보았다. 이와 마찬가지로 한국으로 이주한 후 이주민의 내러티브는 (연구자와) 자신의 삶의 경험을 이야기하고, 이야기한 것을 토대로 실천적인 삶을 살며, 실천 경험을 또 이야기하고 다시 살아가는 '말과 삶'의 연속적 과정을 통해 형성된다고 할 수 있다. 따라서 본 연구는 한국 사회에서 생활세계를 형성한 그들의 내러티브를 통해 이주민의 실천적 경험과 그에 대한 이주민 자신의 이야기 간의 순환적 관계에 주목한다.

한편, 클랜디닌과 코넬리(Clandinin & Connelly, 2000)는 내러티브 탐구의 삼차원 공간(three-dimensional narrative inquiry space)을 개념화함으로써 연구 방법론으로서 내러티브 탐구를 더욱 구체화하려는 노력을 기울여왔다. 이들은 "내러티브 탐구는 삶의 과거-현재-미래를 연결하는 시간의 연속성, 개인적이고 사회적인 상호작용, 삶의 이야기가 형성되는 구체적인 장소라는 3가지 공간에 주목해야 한다"고 말한다. 내러티브 탐구는 과거-현재-미래라는 삶의 연속적인 과정으로부터 한 개인의 경험과 삶의 의미를 포착해내고, 그가 형성하는 다양한 인간관계와 상호작용에 의미를 부여하며, 이와 같은 경험이 이루어진 구체적인 삶의 현장에 주목한다. 이 점에서 이주민이 정주하고 있는 곳에서 그들의 생활세계 형성 경험을 내러티브 탐구라는 방법을 통해 들여다본다는 것은 이를 경험한 삶의 연속적인 과정에서 생활세계 형성 경험과 그 의미를 포착하고, 그들이 맺는 다양한 인간관계에 주목하며, 그들이 생활세계를 만들어가는 삶의 행위가 발생한 장소와 맥락의 특수성을 바탕으로 형성된 이야기를 탐구하는 것을 의미한다.

앞서 밝힌 바와 같이, 내러티브 탐구는 개인의 삶과 경험, 그리고 그에 내재된 의미를 탐구하기에 가장 적합한 연구 방법 중 하나다. 이를 수행하기 위해 구체적으로 이 연구는 〈표 0-1〉과 같이 크레스웰(Creswell, 2013: 73-75)이 제안한 내러티브 탐구의 6가지 절차에 따라 진행되었다.

1단계 연구 방법 결정 단계에서 연구자는 이주민이 그들의 거주 지역에서 다문화 생활세계를 만들어나간 경험을 탐구하기에 내러티브 연

〈표 0-1〉 내러티브 탐구 절차

단계	내용
① 연구 방법 결정	연구문제와 방법이 내러티브 연구에 적합한지 판단
② 연구 참여자 선정	연구와 관련하여 상당 기간의 경험과 이야기, 유용한 정보를 가지고 있는 연구 참여자 선정
③ 자료수집 방법 고려	녹음 등 어떻게 자료를 수집할 것인지 고려
④ 이야기의 맥락에 관한 정보 수집	이야기의 맥락에 관한 정보 수집
⑤ 자료 분석	연구 참여자의 이야기를 분석하고 재구성하여 의미 있는 프레임워크를 만들어냄
⑥ 연구 참여자의 이야기로 재구성	연구 참여자의 내러티브를 연구 참여자의 목소리로 재구성

구가 가장 적합하다고 판단했다.

2단계는 이러한 연구에 적합한 이야기 혹은 삶의 경험을 들려줄 수 있는 연구 참여자를 선정하는 단계로, 연구자는 면담 등을 통해 자신의 이야기를 공개하는 데 동의한 중국계 이주민 65명을 참여자로 선정했다.

자료수집 방법을 결정하는 3단계에서는 2017년 9월부터 10월까지 연구 참여자와의 심층인터뷰 및 연구 참여자의 생활세계 형성 경험에 대한 문서 자료 조사를 통해 연구를 위한 자료를 수집했다. 심층인터뷰는 1시간에서 1시간 30분 동안 진행했으며 인터뷰 내용은 녹음했다. 또한 심층인터뷰 중에는 자료의 체계적인 정리를 위해 현장 노트를 작성했다.

4단계에서는 이야기의 맥락에 관한 정보를 수집했다.

연구자는 자료를 분석하는 5단계에서 이주민이 다문화 생활세계를 형성해가면서 경험한 그들의 이야기 구조를 구성하기 위해 심층인터뷰를 전사한 자료와 연구자가 제공한 문서 자료를 반복해서 읽으며 연구 참여자의 경험 의미와 내면의 변화 과정 등에 주목했다. 특히 이주민의 이야기에 등장한 주요 인물들과의 관계에서 발생한 사건 등을 엮어가는 과정에서 내러티브의 줄거리와 핵심적인 주제 등을 발견하여 이를 내러티브의 주요 골격으로 구성했다. 질적 연구에서 일반적으로 하는 방식인 수집된 자료를 코딩하고 이를 분석 · 해석하는 과정을 따르기보다는 이주민의 내러티브에서 전체적이고 총체적인 줄거리를 구성하는 데 집중했다.

이렇게 산출된 연구 텍스트들은 연구 참여자의 내러티브를 연구자들의 목소리로 다시 이야기(Creswell, 2013: 74)했다. 다만 내러티브 해석의 적절성과 신뢰성을 확보하기 위해 심층인터뷰 내용을 전사한 자료와 현장 노트를 반복하여 비교했으며, 자료에 대한 분석과 해석, 그리고 그 결과를 담은 이 글의 초고 및 수정 원고를 연구 참여자와 공유하여 확인하는 과정을 거쳤다.

(2) 사례연구

본 연구는 이주민의 생활세계 형성 경험에 대한 구체적이고 심층적인 이해를 위해 질적 사례연구 방법을 수행했다. 사례연구는 학문적 배경으로 인류학, 사회학, 심리학, 역사학을 포함하며(Creswell, 2013), 제한된 체계 혹은 사례를 시간의 흐름에 따라 집중적으로 묘사하고 분석한다.

중국계 결혼이주여성의 경우, 결혼한 후 '가정'이라는 작은 사회 단위 체계에서 경험한 생활세계를 살펴보고, 이와 함께 이들이 경험한 상황을 구체적으로 기술하고 분석했다. 또한 노동자는 경제활동과 직장에서의 경험과 생활세계, 유학생은 학업과 인간관계에 관한 경험과 생활세계를 기술하고 분석했다. 특히 이 연구는 중국계 이주민의 한국과 중국 문화 간에 공통점과 차이점을 밝혀서 두 문화를 이해할 수 있는 기반을 닦을 것으로 사료된다.

연구 참여자의 특성을 보면, 이들은 현재 한국 내에 거주하고 있는 중국계 이주민으로서 결혼이민자, 외국인 노동자, 외국인 유학생의 유형에 해당한다. 이들은 한국에 거주한 지 5년 이상인 자들로 고졸, 대졸, 전문직업학교 졸업 등 다양한 학력과 경제활동 경험을 가지고 있다.

연구 참여자와의 심층인터뷰는 2017년 10월부터 2018년 2월 사이에 연구 참여자의 편의를 고려하여 일정을 맞추었다. 인터뷰는 연구 참여자가 편안하고 익숙한 공간으로 인식하는 곳에서 이루어졌으며, 1회 면담은 1시간에서 1시간 30분 정도 소요되었다. 인터뷰 방식은 직접 면담으로 시행했으며, 개별적으로 2회에 걸쳐 진행했다. 직접 면담은 2017년 10월부터 12월까지 4명의 참여자에 대해 각각 1회씩, 추가 면담은 2018년 2월에 각각 1회씩 진행했다.

인터뷰 내용은 면담 직후 바로 전사하고 줄 단위 코딩을 통해 분석했으며, 내용이 모호하거나 부족한 경우에는 추가 면담을 통해 자료의 공백을 채워나갔다. 심층인터뷰는 반구조화된 방법으로 진행했다. 생활세계 형성과 관련된 주요 이슈에 대해서는 구조화된 방법으로 면접을 진행했고, 연구 참여자의 반응과 대답에 따라 개방질문을 병행했다. 또한 면담을 시작하기 전에 연구의 목적과 연구과정을 자세하게 설명했다. 연구 참여자는 불편하다고 생각되는 질문에 거부권을 행사할 수 있으며, 언제든지 인터뷰 의사를 철회할 수 있음을 안내했다. 또 개인의 사생활 보호를 위한 연구윤리와 관련한 사항을 명시한 연구 참여 동의서를 확인하도록 하고 서명하여 소장했다. 연구 참여 동의서에 서명한 다음 면담 시작과 동시에 면담 내용을 녹음했고, 면담이 끝나면 바로 전사하여 음성 자료를 문서화했다.

1부

중국계 이주민의 문화적응 생애담

1. 중국계 이주민과 문화적응

1) 중국계 이주민의 유형별 문화적응 양상

중국은 한국과 지리적으로 인접해 있고, 역사적으로도 풍부한 교류의 역사를 지니고 있는 나라다. 따라서 한국 내 중국 출신 이주민이 가장 많은 것도 이러한 지리적 · 역사문화적 맥락과 맞닿아 있다고 볼 수 있다. 또한 중국에는 한국과 언어 · 문화의 뿌리를 같이하고 있는 재중동포 밀집 지역이 있고, 한 · 중 국제경제교류, 한류 열풍 등의 영향으로 한국으로의 이주가 더욱 활발하게 이루어졌다. 1980년대 말부터 한국 사회에 편입되기 시작한 재한 조선족의 유입이 지속되었으며 그 수가 증가하여 가시적인 집단으로 변화했다(박우, 2017). 1987년 이전까지 매년 한국을 방문한 조선족 인구는 1천 명 미만이었다. 서울올림픽이 열린 1988년 방문자 규모는 1,660명이었고 1년 후인 1989년에는 9,047명, 1990년에는 2만 925명(1990년 말 체류 조선족 규모는 5천 명)이었다(외무부, 1991: 218). 1992년에 맺어진 한 · 중 수교를 계기로 한국과 중국의 인적 교류는 새로운 국면에

접어들었다. 재한 조선족은 꾸준히 증가하여 2015년에는 61만 8,673명에 달하는 인구 집단으로(출입국통계연보, 2016) 규모를 갖추게 되었다. 또한 중국의 경제적 급성장은 국민의 여가와 관광에 대한 인식에도 많은 변화를 가져왔다. 1983년 홍콩 친지 방문을 시작으로 중국인의 해외 관광 시장 역시 꾸준히 성장하고 있다. 이러한 교류로 한국인과의 국제결혼도 많아지고, 한국으로의 유학, 노동이주도 빈번해지면서 중국 출신 이주민이 한국 내에서 가장 많은 비중을 차지하게 되었다.

이주민에게 문화적응은 이주민의 개인적 특성과 이주 집단의 특수성, 그리고 이주민의 자국과 이주국가의 사회경제적 · 문화적 · 정치적 상황의 상호작용 속에서 역동적으로 전개된다(김나래, 2013). 이주민에게 필수적인 사회적응요소 중에서 가장 중요한 문화적응(acculturation)이란 "문화적 근원이 다른 구성원과 지속적이고 직접적인 접촉의 결과로 인한 문화의 변화를 경험하는 것"을 의미한다고 할 수 있다. 따라서 이주민에게 문화적응이란 "문화적으로 다른 배경을 지닌 이민 집단이 새로운 문화와 지속적으로 접촉하면서 겪게 되는 여러 현상을 포괄하는 개념"으로 정의된다(Redfield, Linton & Herkovits, 1936).

오베르크(Oberg, K., 1960)는 자신의 문화에서 타문화로 이주하여 그 사회에 적응할 때의 느낌을 네 단계의 정서적 반응단계로 제시했다. 1단계는 밀월(honeymoon)단계로서 새로운 문화를 접하게 되면서 황홀과 감탄 그리고 열정을 느끼게 되는 단계다. 2단계는 위기단계로서 초기의 밀월단계가 끝나고 이민사회에 적응하는 과정에서 겪는 경험에 대해 좌절과 분노, 그리고 불안과 부적절함 등을 느끼게 되는 단계다. 3단계는 회복단계로서 적응 과정에서의 위기에 대해 적극적으로 대처하고 해결하며 이민사회의 새로운 문화를 배워나가는 단계다. 마지막 4단계는 적응단계로 새로운 환경을 즐기면서 기능적으로도 유연하게 대처하는 단계라고 보았다(정진경 · 양계민, 2004; 서선자, 2010). 문화적응의 어려움으로 겪게 되는 스트레스는 불안이나 우울, 소외감, 정체성, 혼란 같은 많은 문제를 발생시키는데, 그 결과 이주민에게 새로운 사회로의 통합을 어렵게 만들고 위기를 가져올 수 있다(Ward & Kennedy, 1999).

이 글에서는 한국 사회 다문화 구성원 가운데 중국계 이주민을 이주 목적에 따라 크게 결혼이주여성, 유학생, 외국인 노동자로 유형을 분류하고, 문헌을 통해 유형별 문화적응 양상을 살펴본다.

(1) 재한 중국계 결혼이주여성의 문화적응

2018년 5월 31일 자료에 의하면 103만 9,192명의 중국인이 한국에 체류하고 있다. 이 가운데 중국동포 71만 5,023명을 제외한 32만 4,169명의 중국인은 대부분 한족으로 추정된다(출입국 · 외국인정책본부, 2018. 5). 2018년 5월 출입국 · 외국인정책본부 통계월보에 따르면 외국 출신 전체 '국민의 배우자' 15만 6,766명 가운데 중국 출신이 37%인 5만 8,002명으로 다른 국가 출신에 비해 절대적으로 높은 비율을 차지하고 있다. 이들 중 중국인 여성 결혼이주민을 중국동포와 비한국계로 구분하여 살펴보면, 중국동포 여성은 37%에 해당하는 2만 1,651명인 데 비해 비한국계 여성은 약 63%에 이르는 3만 6,351명으로 비한국계 여성이 약 26% 더 많은 것을 알 수 있다. 단, 이 통계는 출입국관리사무소 통계수치로 한국 국적으로 귀화한 중국동포 여성을 포함하지 않았다는 점을 유념해야 한다.

또한 3년에 한 번씩 실행되는 여성가족부 결혼이민자 · 귀화자 실태조사결과를 살펴보면 2015년 결혼이민자 · 귀화자 수는 30만 4,516명이고 그중 여성이 81.5%다. 연령별로는 30대가 32.6%로 가장 많고, 한국 거주 기간은 5~10년 미만 36.1%, 10~15년 미만 27.3%, 15년 이상 20.6% 순으로 나타났다. 2012년과 비교해 5년 미만 거주자의 비중은 크게 감소한 반면 10년 이상 거주자의 비중은 대폭 증가했다. 이를 통해 한국에서 결혼이민자가 장기거주하고 있는 추세임을 알 수 있다. 또한 2015년 통계자료를 살펴보면 출신국별로는 중국(한국계)이 30.8%로 가장 많고, 중국(한족) 22.4%, 베트남 20.8%, 필리핀 6.0% 순이었다. 현재 배우자가 있는 결혼이민자 · 귀화자 가운데 친구 · 동료의 소개로 배우자를 만난 경우가 27.4%로 가장 많았고, 그다음이 스스로 선택한 경우가 25.0%, 가족 · 친척의 소개가 21.1%로 나타났다. 결혼중개업체를 통한 만남은 20.8%밖에 되지 않는다(여성가족부, 2015).

여성가족부 2015년 결혼이민자 · 귀화자 실태조사결과를 통해 국내 거주 결혼이주여성 중에 중국동포 출신 결혼이주여성이 가장 많은 분포를 보임을 알 수 있다. 한국에서는 국내의 결혼이주여성에 대해 '결혼중개업체에 의해 팔려오다시피 한 존재'로 인식하고 있으나 실제로는 여러 가지 인적 네트워크, 또는 직접적인 접촉 등을 통해 만남이 이루어지는 경우도 많아 배우자를 만난 경로는 다양하게 나타난다(황해영, 2018). 그럼에도 이주를 경험한 그들은 다양한 문화적응 스트레스를 경험할 수밖에 없다.

중국 국제결혼 이주여성의 문화적응 스트레스를 인지한 사회적 지지와 문화적응 유형을 중심으로 알아본 노하나(2007)의 연구에 의하면 중국 이주여성의 문화적응 유형에서 사회통합 수준은 다른 나라 여성들보다 더 높다고 한다. 노하나(2007)는 "중국 이주여성에 대한 우호적 태도, 이용 가능하고 유용한 사회적 지지와 문화적응 유형(동화, 통합, 분리, 주변화) 등이 문화적응에 영향을 미치는 주된 요인"이라고 한다. 분석 결과에 따라 중국 이주여성의 문화적응 유형은 '통합'이 가장 높은 수준이고, '주변화'가 가장 낮은 수준에 해당했다. 보건복지부(2005)의 조사에 따르면, 중국 한족 여성들의 경우 직접 만남을 통해 결혼한 경우가 다수였고, 또한 최근에는 유학을 온 중국여성들이 한국남성과 결혼하여 한국에 정착하는 사례도 증가하고 있다고 한다. 따라서 과거 결혼중개업체의 소개를 통한 결혼이민자와 달리, 학력이 높은 중국 이주여성들은 부부관계 및 결혼생활 만족도가 높을 것으로 예측할 수 있다. 이러한 측면에서 중국 이주여성들과 동남아시아 이주여성들은 조금 다르다고 볼 수 있다.

국제결혼 이주여성의 한국 사회적응에 관한 김현숙(2010)의 연구에서는 국제결혼을 한 이주여성의 한국 사회적응에 영향을 미치는 요인으로 이주 실태, 언어 적응, 사회적 지지를 지목했다. 인구사회학적 특성(이주여성들의 국적, 본인 및 남편 연령, 최종학력, 월수입, 본인 및 남편 종교, 결혼 이유, 결혼 지속기간, 사용언어), 언어적 적응과 사회적 지지(지지원, 지지유형) 등을 사회적응에 영향을 미치는 요인으로 분석하고 있다.

왕치엔(2011)은 중국 이주여성들이 한국 사회에서 정착하고 적응하기 위해서는 개인적 자원(본인의 개인적 자원과 결혼 전 가족, 친정과의 관계), 가족적 자원(부부관계, 자녀와의 관계), 사회적 자원(가족 외적인 관계)이 요구된다고 밝혔다. 심리적 어려움은 이주여성들의 인지된 차별 및 우울감을 포함하고 있다. 이러한 어려움은 사회활동 참여를 억제할 뿐만 아니라, 한국인과의 관계 형성에도 부정적 영향을 미칠 것으로 예상된다. 한국 사회에서 겪는 차별이나 무시가 이주여성들의 사회활동 참여를 저하시킨다는 것은 다수의 선행 연구에서도 밝혀진 바 있다.

이러한 새로운 사회에서의 환경 적응에 관한 여러 연구 중에서 베리(Berry, 1997)는 문화변용 과정과 새로운 환경에서 발생하는 스트레스의 상호작용이 심리적 적응에 영향을 미치고, 이는 생활에서 어느 정도의 만족감을 느끼는지를 통해 파악할 수 있다고 보고 있다. 성인을 대상으로 한 연구에서 심리적 안녕감과 만족도를 적응 지표로 활용한 연구를 수행한 것이다.

강미선(2013)은 중국 이주여성들이 경제활동에 관해 한국인과 같은 대우를 받아야 한다는 견해를 가지고 있다고 한다. 특히 고학력의 중국 한족 여성들의 경우, '외국인'으로서 겪는 제한적인 성공 가능성에 대한 불만을 강하게 호소하고 있다. 또한 중국동포 여성들과 달리 언어나 문화적 장벽이 크고, 친족 네트워크를 활용하기 어려운 문제를 안고 있다. 반면에 중국동포 결혼이주여성은 언어 · 문화적 장벽이 낮고 친족 네트워크를 형성하고 있으므로 한족보다 차별에 대해 더 민감하게 반응하는 경향이 있다고 밝혔다.

최금해(2007)는 결혼 초기 중국동포 결혼이주여성에 대한 연구를 통해 그들의 문화적응 유형을 '지속노력형', '불가피순응형', '긍정적 인내형', '변화시도형', '유동형'의 5가지로 분류했다. 황해영(2018)은 10년 이상 한국에서 거주한 중국동포 결혼이주여성의 문화적응을 적극적인 동화 형태로 보고, 상황에 따라 정체성을 유연하게 활용하여 적응하고 있다고 했다. 적응은 주어진 환경조건에 맞추어 자신을 변용시켜나가는 일련의 과정으로서 개인의 주체적 의지와 능동성이 강조된 개념이다(김귀옥, 2000). 결과적으로 적응이란 개인과 사회 간의 상호과정에서 일정 기간 동안 문화변용을 경험한 사람들이 새롭게 접한 문화에 익숙해지는 것을 의미한다(Berry & Sam, 1997). 즉 정주를 목적으로 하는 중국계 결혼이주여성의 적응 양상은 중국동포일 경우 비슷한 문화적 배경으로 인해 동화형 적응 형태를 지니고 있고, 비한국계 중국인 결혼이주여성은 적응의 어려움을 딛고 통합의 형태로 나아가고 있음을 알 수 있다.

(2) 재한 중국인 노동자의 문화적응

국제노동기구(ILO)는 외국인 노동자를 "고용을 목적으로 자신의 국적 이외의 다른 나라에 이동하는 자를 말하며, 이에 합법적으로 입국이 인정된 자"라고 정의하고 있다. 한국은 시간이 갈수록 개개인의 소득수준이 증대되고 있으며, 이로 인해 국내 근로자의 3D 직종 취업 기피 현상이 심각한 사회 문제가 되고 있다. 특히 일이 고되거나 상대적으로 위험 요소가 많은 중소기업과 건설현장 등에서는 인력 부족 현상이 심화되고 있다. 심각한 인력난을 겪은 중소기업은 동남아 등 인력 수급이 용이한 해외 지역으로 공장을 이전하기도 하고, 국내에서 외국인 근로자의 고용률을 높여 인력난을 해결하고 있다. 건설현장 역시 마찬가지로 부족한 인력으로 인해 외국인 노동자에 대한 수요는 더욱 증가하고 있는 실정이다.

2001년 유엔(UN) 보고서에 따르면 한국은 노동력 부족으로 인해 2050년에는 650만 명의 이민자가 유입되어야 한다고 전망하고 있다. 이러한 현상으로 볼 때 앞으로 한국의 외국 인력 유입은 계속될 것으로 추정할 수 있다. 출입국 · 외국인정책본부 2016년 통계연보에 따르면 2016년 말 우리나라에는 체류외국인이 205만여 명이고, 이 가운데 불법체류자가 21만여 명으로 나타나 불법체류율이 10%가 넘는다. 취업 자격자 55만여 명 중 6만여 명이 불법체류자인 셈이다. 더불어 E-9 체류자격자 28만여 명 중 불법체류자는 4만 5천여 명으로 불법체류율이 16%를 상회한다. 출입국 · 외국인정책본부 통계월보 2018년 5월호를 살펴보면 취업 자격 체류외국인의 자격별 현황에서 전문 인력 비자는 E-1~E-7로 구분되어 있고, 단순기능 인력은 E-9, E-10, H-2로 구분되어 있다. 취업 자격이 있는 체류자 총인원 58만 1,084명 중 전문 인력은 4만 6,966명, 단순기능 인력은 53만 4,118명이다. 이를 통해 한국에 취업 자격으로 들어오는 대부분의 외국 인력은 단순기능 인력임을 알 수 있다. 취업 자격 체류외국인의 국적 · 지역별 현황을 살펴보면 중국은 중국동포 21만 6,764명이 방문취업(H-2)으로 입국해 있다. 중국동포 취업이주민은 '외국인'이라는 명칭과 함께 이주의 세계화 영향으로 새로운 노동자로 한국에 유입되기 시작했다(강이수, 2009; 강석금, 2015).

기존 선행 연구에 따르면 외국인 노동자가 겪는 건설현장에서의 문제점은 언어소통으로 인한 문제와 더불어 주로 위험 직종의 일자리가 주어지는 문제, 임금 체불과 지급 방법에 대한 문제, 안전사고 등에 대한 문제 등이다. 소수집단인 외국인으로서 타국에서 가장 많이 경험하는 문제는 차별 혹은 편견에 의한 적응의 어려움이다(Cassidy, O'conner, Howe & Warden, 2004). 취업이주민은 한국 사회에 적응하는 과정에서 차별과 편견 및 문화적인 차이 등으로 사회 · 심리적 갈등을 겪고 있다(권혁민, 2009). 이는 한국 사회가 그동안 타문화를 접촉할 기회가 많지 않았고, 이로 인해 외국인에 대해 편견과 차별을 갖고 일방적으로 한국 문화를 강요하는 현상과 연관된다(정진경 · 양계민, 2004). 특히 취업이주 중국동포 여성은 구직 과정에서부터 외국인이라는 이유로 배제당하거나 기혼자 혹은 비경력자로 차별받기도 한다(황지민, 2012). 취업이주 중국동포 여성은 이러한 편견과 차별에 의한 심리적 위축으로 한국 사회에서 지속적으로 타자화의 심정을 경험하게 된다(김미옥 · 김경희, 2011). 취업이주 중국동포 여성은 한국 고유의 문화와 유입된 서구 문화가 섞여 있는 한국의 문화적 환경에 적응하는 과정에서 너무 많은 변화와 자신의 지지체계 상실을 경험하고 이로 인해 심한 스트레스를 받게 된다(김선화, 2005).

산두와 아스라바디(Sandhu & Asrabadi, 1994)는 이러한 문화적응 스트레스를 심리적 불편 내용에 따라 인지된 차별감, 향수병, 인지된 증오, 두려움, 문화충격, 죄책감, 기타(사회적 고립, 열등감, 불신, 의사소통 문제) 등 7가지 하위요인으로 분류했다(김선화, 2005). 일부에서는 문화적응 스트레스의 기본적인 요인 가운데 하나로 '언어충격(language shock)'을 언급하기도 했다(Smally, 1963; 이승종, 1995). 취업이주 중국동포 여성은 사회적 지지를 상실함으로써 일상생활 속에서 의사결정이나 평가에 정보를 얻지 못하는 것이 스트레스가 된다.

취업이주민의 타자화 심정을 이해하는 일부에서는 한국 사회가 이제는 취업이주민을 한국 사회의 구성원으로 수용하려는 태도를 가져야 하고, 이들의 자아향상과 사회적 소속감을 상승시켜야 한다고 주장한다(양혜승, 2012). 취업이주에 따른 정체성에 초점을 둔 최미령(2015)은 중국동포의 순환이주가 그들의 정체성에 미치는 영향을 이중정체성, 한강중약(韓强中弱) 정체성, 중강한약(中强韓弱) 정체성, 주변화 정체성의 4가지 유형으로 구분했다. 분석 결과, 순환이주하지 않는 사람보다 순환이주하는 사람들이 이중정체성을 가질 확률이 높다고 판단했다.

재한 중국동포 인구는 동포적 지위와 산업노동력 지위의 동시적 영향을 받으면서 한국에 유입되었다. 이러한 법적 지위 때문에 이들은 극히 제한된 영역에서만 노동을 할 수 있고, 노동을 한 후 본국으로 돌아가야 하는 외국인 미숙련 · 저임금 임시노동자와 달리 한국의 노동시장에서 자율적으로 이동할 수 있다. 또한 노동을 제공하지 않아도 한국에 장기적으로 거주할 수 있다. 재한 중국동포 인구집단의 경제적 수준과 한국의 층화된 거주환경이 결부되면서 이들은 특정 공간에 밀집하게 되었다. 이러한 공간적 밀집은 거주 지역을 중심으로 한 중국동포 집거지를 태동시켰다. 재한 중국동포 집거지는 한국의 경제주의적 시민권 정책의 역설로 출현한, 정주 및 유동인구로 구성된 노동과 소비 지역이다(박우, 2017).

2010년 재한 중국동포 경제활동 양상을 살펴보면 단순노무 종사자가 41.4%로 가장 많은 비중을 차지했다. 그다음 서비스 종사자가 17.0%로 증가했고, 판매 종사자는 0.8%, 농림어업 숙련 종사자는 0.6%, 기능원 및 관련 기능 종사자는 3.8%, 장치 기계조작 및 조립 종사자는 4.6%로 2005년에 비해 큰 폭의 증가나 감소는 없다. 1차 노동시장에 종사하는 사람들은 전체의 3.3%로 그 비율이 꾸준히 감소하고 있다. 무직자는 10.3%, 미상은 18.1%로 집계되었다. 전문직 종사자에는 중국동포 유학생 출신들이 많다. 중국동포 유학생 중 학위를 받은 후 본국으로 돌아가는 사례만큼 한국에 남아서 경제활동에 종사하는 사례도 많았다(박우, 2009b).

재한 중국동포는 국가가 규정하는 기능적 조건들을 갖춘 후 한국 국적으로 귀화하거나 재외동포의 신분을 획득하면 한국에서 장기적으로 거주할 수 있다. 법적 지위의 변경을 통해 거주가 보장되고 노동시장에서 경제활동을 할 기회가 지속적으로 제공되면서 이들의 한국 체류는 임시적인 체류가 아닌 정주로 변화하고 있다.

한국에 거주하고 있는 중국동포의 체류자격은 다양하다. 이들은 정책적으로 체류자격을 변경할 수 있으므로 장기체류가 가능한 법적 지위로 변경하고자 하는 경향이 뚜렷했다(박우, 2017). 중국동포 인구의 증가와 더불어 국내에는 경기도 시흥, 안산, 수원, 성남, 경북 구미, 경남 김해, 전남 영암 등 공단을 중심으로 중국동포 밀집지역이 형성되었고 서울시 자양동과 서남권 지역인 가리봉동, 구로동, 봉천동, 신대방동, 독산동, 신림동, 신도림동, 대림동 등 지하철 1, 2, 7호선을 중심으로 밀집지역이 조성되었다. 이 중 대림동(대림 1, 2, 3동)은 국내 최대 규모의 중국동포타운, 차이나타운이 형성되어 주말이면 5만 명 이상의 동포가 찾는 만남의 장이 되었다(김용선, 2018).

국가 간 취업이주민은 타문화권의 외국인 노동자로서 일반적인 환경 변화, 인지된 차별, 정체성 혼란, 역할의 변화, 사회·경제적 지위 그리고 문화적 갈등 등 다양한 문화적응 스트레스를 경험한다. 문화적응 스트레스는 개인적·사회적 환경으로 인해 경감되기도 하지만(김선화, 2005), 이로 인한 스트레스는 결국 타문화권인 한국 사회에 통합되는 것을 어렵게 한다(김영경·이의미, 2009). 취업이주민은 불안감이나 우울, 소외감, 막다른 골목에 다다른 느낌, 높은 신체화 증상, 정체감 혼란 같은 일련의 스트레스를 경험한다(Williams & Berry, 1991).

또한 중국동포 취업이주민은 한국의 고용주들에게 피해를 당하기도 하고(이미애, 2008), '중국동포'라는 차별적 시선에서 자유롭지 못하다(이주희, 2012). 그럼에도 중국동포 여성들은 다른 국적을 가진 이주민에 비해 한국에서 매우 높은 취업률을 보이고 있다(이주영, 2004). 결혼이주민을 제외한 외국인 취업이주민이 대부분 남성들인 데 비해 중국동포의 경우에는 전체 중국동포의 절반인 30만여 명이 여성이다.

취업이주 중국동포 여성들은 주로 보육도우미, 간병인, 가사도우미 등 서비스직에 종사하면서 하나의 일을 하기보다 동시에 여러 일을 하며 경제활동을 하고 있다(이주영, 2004). 중국동포 여성을 필요로 하는 가정이나 업소들은 육아나 간병, 주방보조 같이 대다수가 전일제 노동을 필요로 하는데, 이는 중국동포 여성들의 입주 취업 선호욕구와 일치했다(강이수, 2009). 즉, 취업이주 중국동포 여성은 시간제로 일하기보다 식비나 집세를 절약할 수 있는(이주영, 2004) 입주 가사노동자로 일하기를 희망했다. 특히 조선족 돌봄 취업이주민은 전일제로 고용주와 함께 동거하는 경우가 대부분인데, 이는 시간제로 일하기를 선호하는 한국인 노동자와 차별화되는 취업 강점이다(박소영, 2016). 대표적으로 육아도우미 중국동포 여성은 자신이 맡아 기르는 한국인 가정의 아이들에게 '진짜애정'을 상품화한다는 보고도 있다(이주영, 2004). 이들은 '친밀성'을 특정한 문화적 내용들로 포장, 즉 상품화하여 민족적 · 인종적 정체성으로 구성하면서 한국 취업이주에 적응한다(Hochschild, 2003). 취업이주 중국동포 여성의 이러한 적응적 기제는 자신의 몸을 서비스 노동에 적합하도록 맞추는 '입주노동맞춤형'으로 언급되기도 한다(이해응, 2013). 특히 '희생담론'은 이들의 노동경험에 가치와 정당성을 부여하고 인정해주는 긍정적 의미를 내포하지만, 희생이라는 이름하에 이들의 신체적 아픔과 질병, 복잡미묘한 심리적 고통 과정을 간과한다는 비판도 있다(이해응, 2013). 이중문화에 노출된 취업이주 중국동포 여성은 두 개의 문화, 즉 모국문화와 주류문화에 순리적으로 참여하는 것이 문화적응에 더욱 도움이 된다(Nguyen & Benet-Martinez, 2013; 이안나, 2013). 이때 능력과 전략이 자신에게 있다는 자기효능감이 높을 때 자아존중감이 높아짐으로써 타문화적응이 용이해진다(권중돈 · 김동배, 2005; 김희숙, 2015).

(3) 재한 중국인 유학생의 문화적응

출입국 · 외국인정책본부(2018)에 따르면 2015년 9만 1천 명이던 외국인 유학생 수는 2018년 5월 31일 기준 14만 5,808명으로 집계되었으며, 이를 통해 외국인 유학생의 증가세가 뚜렷하다는 것을 알 수 있다. 이 중 중국 유학생이 6만 7,070명(45.9%)으로 외국인 유학생 가운데 가장 많은 비중을 차지하고 있다. 이 또한 매년 증가하고 있는 추세다. 중국 유학생 중 한국계는 663명이고 비한국계는 6만 6,407명으로 비한국계가 한국계 유학생에 비해 더 많다. 아울러 저출산으로 인해 대학입학 적령인구가 급감한 데다 대학평가에서 국제화지표가 필요함에 따라 국내 대학교, 특히 지방 소재 대학들은 유학생 유치에 적극적으로 나서고 있다. 따라서 유학생들이 한국 대학교에서 잘 적응하고 성공적으로 학업을 마치는 것이 중요한 문제로 부각되고 있다.

일반적으로 유학생들은 본인들이 자란 곳과는 다른 새로운 문화와 언어, 음식, 생활환경에 적응하는 과정에서 상당한 정신적 · 육체적 스트레스와 어려움을 겪게 된다(최태일, 2001; 한유경, 2009). 외국인 유학생의 문화적응에 영향을 주는 요인으로는 언어 능력, 대인관계, 체류기간, 경제적 여건, 사회적 접근의 적극성, 환경적 요소 등이 있으며, 이에 따른 차이가 적응 정도에 영향을 미친다고 볼 수 있다. 이와 함께 외국인 유학생의 대학생활 적응에 동반되는 심리적 적응에 대해 베리와 샘(Berry & Sam, 1997)은 다음과 같이 정의한다. 유학생들은 위치 변동의 이주와 배타적인 타문화를 경험하면서 정체성 혼란과 심리적 스트레스를 극복하며 인성적 · 문화적 정체성을 형성하게 된다고 본다. 이를 통해 안정된 정신건강 상태를 유지하며 새로운 문화에 대한 개인적 만족감을 얻는 것을 대학생활의 적응이라고 한다.

중국인 유학생의 적응 실태에 대한 여러 연구(리통, 2010; 이현진, 2011; 조은정, 2010; 허춘영, 1998) 결과에 의하면 대부분 중국인 유학생은 한국어와 한국 문화에 대한 부적응으로 인해 일상생활, 학업성취, 의사소통, 개인 정서적 측면에서 불편함을 겪고 있다. 그리고 대부분의 중국인 유학생이 대학생활에서 다양한 스트레스를 경험하고 있으며, 외로움, 우울, 불안 등 부정적 정서를 느끼고 있다는 연구결과도 꾸준히 나오고 있다(김현옥, 2011; 김후조, 2011). 한국에서 유학생활을 하는 중국 학생들의 문제는 의사소통 문제, 대학생활 적응에 대한 어려움, 취업 관련 지식에 대한 접근성 부족 등이 있다. 통계에서도 드러나듯이 국내 거주 유학생의 대부분이 비한국계임을 고려하면, 그들이 한국에서 겪고 있는 여러 문제 가운데 언어로 인한 어려움이 가장 클 것이라고 예상할 수 있다.

대학생활에서의 적응이란 학업, 대인관계, 정서적 측면에서 대학생활의 요구에 대처하는 적절한 반응을 의미한다(이은우, 2005). 대학 내에서 대인관계나 과외활동 등의 사회생활에 적응하며, 심리적 스트레스에 적절히 대처하고, 자신이 다니는 대학교나 생활에 대해 전반적으로 애착이나 호감, 소속감을 갖는 것을 의미한다(Baker & Siryk, 1984). 베이커와 시릭(Baker & Siryk, 1984)은 대학생활 적응에 대해 학업적 적응, 사회적 적응, 정서적 적응, 대학 환경 적응으로 구분했다.

국내에서 대학에 진학하는 한국 학생들의 경우에도 대학생활은 새로운 환경에 대한 적응을 필요로 한다. 여기에 외국인 유학생은 자국을 떠나 타국에서 겪게 되는 사회 · 문화적 환경 변화, 인종, 언어 등의 문제가 더해진다(린금란, 2011). 대학생활에서 적응은 유학생들이 당면해 있는 가장 중요한 문제 중 하나로, 대학생활에 적응하지 못하면 확고한 정체감을 형성하지 못하여 심리적으로 좌절하거나 불안정과 혼동을 경험하게 된다. 또한 이는 건강한 대인관계를 형성하지 못하는 등 또 다른 부적응 문제로 이어진다(박은민, 2001). 황효혜(2015)는 대학생활 적응척도의 하위요인을 학업 적응, 사회 적응, 개인-정서적 적응, 대학만족도의 4가지로 구분한 바 있다. 박안숙 · 김혜경(2016)의 연구에서는 학업 적응, 사회 적응, 개인-정서적 적응과 대학 환경 적응을 4개의 하위요인으로 구성하여 연구했다. 박진(2009)은 기존의 대학생활 적응 척도를 보완하고 심리 · 육체적 적응, 교육의 질 적응, 성인학생관계 적응, 대학공부 적응, 일반학생관계 적응, 외부상황 적응이라는 6개의 하위요인을 개발했다.

중국인 유학생의 문화적응과 관련한 연구결과들은 다음과 같다. 나동석 외(2010)의 연구에서는 중국 유학생의 문화적응 스트레스가 문화적응 능력에 미치는 영향을 살피면서 정서 · 사회적 지원의 매개 및 조절효과를 탐구했다. 연구결과 이질적인 문화에 대한 적응 과정은 언어, 차별, 불안, 경제적 문제 등의 다양한 스트레스를 유발하며, 이러한 스트레스는 문화적응에 부정적인 영향을 미친다. 또한 이러한 부정적 영향을 조절할 수 있는 변수는 가족의 도움, 정보 제공, 정서적 도움 등의 사회적 지원인 것으로 나타났다. 김수아 외(2011)는 문화적 차이를 극복하는 과정에서 문화정체감에 따라 차별에 대한 대처방식이 상이할 것으로 가정하고, 유학생의 문화정체감 발달 단계가 높을수록 적극적으로 대처하고 있음을 발견했다. 진민진(2011)은 중국인 유학생의 지각된 차별감은 우울감에 영향을 미치며 그 관계를 사회적 지원이 매개하는지 확인했다. 이를 통해 사회적 지원의 개입이 차별로 인한 우울감을 낮춰줄 것이라고 주장했다. 유효령 외(2016)의 연구는 자기 노출과 문화적응 스트레스가 대학생활 적응에 미치는 영향에 대해 사회적 지원의 매개효과를 확인했으며,

김의연 외(2013)도 사회적 지원과 효능감이 스트레스 지각과 웰빙에 미치는 영향에 관한 연구를 통해 사회적 지원이 스트레스를 줄여주고 정신건강과 삶의 질에 긍정적인 영향을 미치고 있음을 확인했다.

캠퍼스의 국제화 관련 연구들은 한국 학생들의 유학생에 대한 무관심, 유학생과의 상호작용에 대한 소극적 태도, 유학생 유입으로 인한 이점 등에 회의적인 시각을 지닌다는 점을 지적하기도 한다(이보경 외, 2013). 국내 유입 외국인 수는 지속적으로 증가하고 있으나 현재 교육 과정에서 한국 학생들은 이질적 문화를 이해하고 소통하는 방법을 습득하지 못하고 있다. 이러한 상황은 준비되지 않은 캠퍼스의 국제화가 한국 학생들로 하여금 차별과 배제의 태도를 갖게 하고, 이로 인한 부담은 유학생들에게 그대로 전가될 수 있다. 한국 학생들은 영어권 학생들에 대해서는 호감을 표시하면서 그 외의 언어권 학생들에 대해서는 편견을 가지고 있으며, 이로 인해 유학생들은 자신을 향한 차별을 지각하게 된다. 이는 아시아 문화권에 대해 은연중에 나타나는 무시, 저개발 또는 경제적 빈곤 등을 이들과 연관하여 인식하고 있기 때문이다(김재우, 2005; 김규원, 1995).

임도경 외(2011)의 연구에서 한국 학생들은 외국인 노동자 다음으로 중국인 유학생에 대한 사회적 거리감이 큰 것으로 나타났다. 이는 중국을 공산주의 국가, 우리나라보다 경제 수준이 낮은 국가로 인식하고 있는 데서 기인한다. 이로 인해 중국 유학생들은 다른 국가 출신 유학생들과 중국 유학생들을 대하는 한국 학생들의 태도가 다르다고 인식하기도 한다(전재은 · 장나영, 2012). 국내 중국 유학생의 한국 대학생활 적응에 대한 연구에서 하정희(2008)는 한국의 대학생활에서 경험하는 스트레스를 6개의 범주로 구분하며, 학업, 경제, 인간관계, 정서적, 미래와 취업에 대한 부담감, 학교 제도의 불만에 대한 스트레스가 나타난다고 설명했다. 국내에 유학 중인 외국인 유학생 중에서도 특히 중국 유학생들이 대인관계 형성에 어려움을 겪는 이유로는 사회주의 국가에서 성장해왔기 때문에 한국 사회에서 당연시되는 위계질서, 상하관계, 남존여비, 예의존중 등 한국 전통문화에 적응하기 어려운 것으로 보고 있다. 또한 역사적 배경과 언어 문제, 한국인 친구의 부재, 정서적 지지 결여, 생활 태도의 차이 등으로 인해 한국인과의 교류가 힘들고, 이는 전통적으로 타인과 깊이 사귀지 못하는 중국인 특유의 전통 행동양식이 영향을 미친 결과라고 보기도 한다(허춘영 · 김광일 · 이장한, 1999; 민현정, 2013).

중국 유학생에 대한 이러한 연구결과들 가운데 최근에는 유학생들을 유형별로 나누어 그들의 문화적응 양상에 대해 진행한 연구가 주목된다. 유학생들을 유학 목적과 재학 유형에 따라 분류하여 연구를 진행한 것이다(진흠 · 강진령, 2018). 이 연구에서는 재학 유형을 어학당 학생, 학부 학생, 대학원 학생의 3개 집단으로 분류했다. 연구결과 어학당 학생들은 다른 국가에서 온 모든 외국인 학생들과 같이 지내기는 하지만, 어학당에서 한국어 수업만 들어 다른 집단에 비해 학업 스트레스가 적고 문화적 스트레스나 사회적 편견도 적게 경험하는 것으로 나타났다고 한다. 그들은 공통적으로 한국어 학습을 목적으로 한국에 왔기 때문에 집단 정체감이 크고 서로를 지지하며 응집력이 높다는 특징이 있다. 그다음으로 한국에서 유학 중인 학부 학생들은 4년제 한국 대학에 진학한 학생들로 학업에 대한 스트레스가 가장 높게 나타났다. 또한 대학의 상대평가 규정 때문에 학점을 높게 받을 수 없으며 노력한 만큼 결과가 나타나지 않기도 한다. 따라서 공부에 대한 열정이나 동기가 떨어지는 일도 빈번하게 발생한다. 마지막으로 대학원 유학생의 경우 본국에서 대학을 졸업한 사람들로서 자아성숙도 및 한국어 능력이 다른 집단에 비해 높은 상태라 할 수 있다(진흠 · 강진령, 2018). 이 연구의 결과를 살펴보면 재한 중국 유학생의 대학생활 적응수준은 어학당 학생 집단이 가장 높았다. 즉, 어학연수 목적으로 처음 한국에 온 학생들의 경우 부적응으로 인한 어려움이 그다지 크지 않음을 알 수 있다. 또한 학력이 높을수록 대학생활 적응수준이 점차 감소하다가 대학원 학생이 되면 미세한 차이로 높아지는 것을 확인할 수 있다. 이를 통해 유학생활을 하는 기간이 길어지게 되면 적응 양상이 두 단계로 구분된다는 것을 알 수 있다. 장기로 넘어가는 초기 단계에서는 문화적 충격과 어려움으로 인해 대학생활의 부적응이 높아진다. 그러나 오히려 대학원에까지 진학하여 더 장기가 되면 학교생활에 잘 적응하는 것으로 나타난다(진흠 · 강진령, 2018). 이 연구에서 시사하는 바는 중국인 유학생들이 학문 목적 유형별로 적응 수준이 다양하다는 것이다. 이를 통해 학문 목적 유형별로 심층적 연구가 더욱 요구되고 이들에 대한 맞춤형 사회통합정책 연구가 필요하다는 것을 알 수 있다.

이상의 문헌을 살펴본 결과, 국내 거주 중국 출신 이주민은 민족적으로는 한국계 그리고 비한국계로 나눌 수 있고, 거주 유형별로는 결혼이주, 노동자, 유학생으로 나뉘며 그 적응 양상도 처해 있는 환경에 따라 다르게 나타남을 알 수 있다. 국내에서 중국계 결혼이주여성 그리고 중국 유학생에 대한 연구는 많은 편이나 외국인 노동자, 그중에서도 중국계 남성 노동자에 대한 연구는 많지 않다. 또한 노동 유형에 따라 적응의 어려움이 다르게 나타나지만, 보편적으로는 사회적 소수자로서 차별을 경험하고 있다. 현재 국내 거주 중국계 사회구성원은 장기 거주의 추세를 나타내며, 집거지를 형성하여 그들만의 다원적인 집단 문화를 구성해 나가고 있다.

2) 전체 연구 참여자의 특성

연구 대상이 되는 연구 참여자는 중국계 결혼이주여성 35명, 노동자 15명, 유학생 15명으로, 다문화 분야의 상담 또는 교육 등을 수행해온 현장 전문가들이 선정했다. 심층인터뷰 횟수는 2017년 11월부터 2018년 2월까지 총 1회에서 2회 정도이고, 연구 참여자가 편안하게 자신의 생각을 털어놓을 수 있다고 선택한 장소에서 진행되었다. 면담 형식은 연구자들이 생활세계 탐색을 위해 합의하여 마련한 질문지를 지참하고, 그에 대해 연구 참여자들이 자유롭게 이야기를 할 수 있도록 했다. 다음은 본 연구에서 심층인터뷰를 수행한 유형별 연구 참여자들의 인적 사항을 정리한 표다.

〈표 1-1〉 재한 중국계 결혼이주여성 연구 참여자의 인적 사항

구분	나이	민족	이주 연도	현재 직업
01	37	조선족	2002	자영업
02	38	조선족	2001	전문직(연구원)
03	38	한족	2008	판매직
04	44	한족	2012	자원봉사
05	32	한족	2009	가정주부
06	47	한족	1999	판매직
07	47	한족	2007	판매직
08	39	조선족	2008	전문직(중국어 강사)
09	40	한족	2014	자원봉사
10	40	한족	2012	전문직(통역)
11	37	한족	2007	전문직(의료 코디네이터)

구분	나이	민족	이주 연도	현재 직업
12	46	조선족	2007	전문직(이중언어 강사)
13	39	한족	2008	생산직
14	39	조선족	2009	전문직(통역)
15	32	한족	2007	가정주부
16	49	한족	2004	파트타임(청소)
17	38	한족	2001	전문직(이중언어 강사)
18	35	한족	2008	서비스직(미용시술)
19	46	한족	2012	전문직(통역)/파트타임
20	33	한족	2008	전문직(이중언어 강사)
21	41	한족	2003	가정주부
22	45	조선족	2012	가정주부
23	34	한족	2007	자영업
24	41	조선족	2007	자영업
25	46	조선족	2004	파트타임
26	40	한족	2006	사무직
27	44	한족	2012	생산직
28	47	조선족	2007	판매직
29	33	한족	2007	전문직(이중언어 강사)
30	40	조선족	2002	전문직(이중언어 강사)
31	45	조선족	2010	무직
32	42	조선족	2004	파트타임
33	47	조선족	2006	생산직
34	43	몽골족	2002	전문직(통역)
35	34	한족	2008	서비스직

〈표 1-1〉은 재한 중국계 결혼이주여성 35명의 인적 사항을 정리한 것이다. 이 가운데 한족은 21명, 조선족은 13명, 몽골족은 1명이다. 2000년대 초반에 이주하여 한국에 거주한 지 10년 이상 되는 경우가 가장 많다. 조사 당시(2017~2018)를 기준으로 가장 짧은 기간은 3~4년 정도이고, 가장 긴 기간은 18년 정도다. 직업은 가정주부, 생산직 노동자, 교육계 종사자 등으로 다양하나 대부분 경제활동을 하고 있다.

〈표 1-2〉 재한 중국인 노동자 연구 참여자의 인적 사항

구분	나이	성별	민족	이주 연도	현재 직업
01	30	남자	한족	2016	사무직
02	45	여자	조선족	2014	생산직
03	45	여자	한족	2009	생산직
04	47	남자	한족	2000	기술직
05	42	남자	조선족	2009	관리직
06	39	남자	조선족	2010	기술직
07	43	남자	조선족	1999	기술직
08	38	남자	조선족	1999	기술직
09	62	여자	조선족	2000	무직
10	72	여자	조선족	1992	무직
11	43	여자	한족	2008	전문직
12	41	여자	한족	2011	전문직
13	52	남자	조선족	2003	기술직
14	54	남자	조선족	2010	기술직
15	41	남자	조선족	2003	기술직

〈표 1-2〉는 재한 중국인 노동자 15명의 인적 사항을 정리한 것이다. 이 가운데 한족은 5명, 조선족은 10명이다. 노동자의 경우 조사 당시(2017~2018)를 기준으로 이주 기간이 가장 긴 경우는 20년 이상이고, 가장 짧은 경우는 2년 정도다. 직업은 노동 강도가 센 직종에 편중되어 있다.

〈표 1-3〉 재한 중국인 유학생 연구 참여자의 인적 사항

구분	나이	성별	민족	이주 연도	학위 과정
01	21	여자	한족	2015	학사
02	25	남자	한족	2012	학사
03	26	여자	조선족	2015	석사
04	26	남자	한족	2013	학사
05	35	여자	조선족	2016	박사
06	27	여자	한족	2012	석사
07	30	여자	한족	2008	박사
08	26	남자	한족	2013	학사
09	29	여자	한족	2013	박사
10	29	여자	조선족	2010	과정
11	27	여자	한족	2014	박사
12	30	여자	한족	2013	박사
13	35	여자	한족	2008	박사
14	37	여자	한족	2006	박사
15	28	여자	한족	2010	박사

〈표 1-3〉은 재한 중국인 유학생 15명의 인적 사항을 정리한 것이다. 이 가운데 한족은 12명, 조선족은 3명이다. 유학생의 경우 한국에서 학사 · 석사 · 박사 과정을 단계적으로 취득하는 경우 체류 기간이 가장 길다. 조사 당시(2017~2018)를 기준으로 이주 기간이 가장 긴 경우는 12년 이상이고, 가장 짧은 경우는 2년 정도다.

본 연구에서는 한국에서 거주하고 있는 중국계 이주민을 유형별로 심층인터뷰하여 총 65개의 파일을 생성했다. 본 연구에서 다문화 생활세계를 탐구하는 연구자들은 심층인터뷰한 자료를 토대로 생활세계 영역별로 연구주제를 초점화했다. 이와 관련한 내용은 이 책의 5장부터 14장까지 상세하게 다루고 있다. 그에 앞서 2장부터 4장까지는 중국계 다문화 구성원 10명을 선정하여 개별 연구 참여자의 생애 과정에 나타난 한국 사회 문화적응 과정과 적응 전략 등을 분석했다.

본 연구에서는 이주의 목적에 따라 연구 참여자를 결혼이주여성, 노동자, 유학생으로 분류하고 있다. 이주 목적에 따른 유형은 생애사별 특성의 차이로 나타나기도 한다. 우선 결혼이주여성의 경우, 한국 남성과 결혼해서 한국으로 이주한 초기에는 시댁, 남편과 문화적 갈등을 경험한다. 이는 자녀를 낳은 후 자녀를 양육하게 되면서, 또 시간이 흘러감에 따라 점차 극복해나가게 된다. 자녀가 어느 정도 자라서 어린이집, 유치원, 초등학교 등의 교육 기관에서 교육을 받게 되면서 경제적으로 자립하기 위해 구직 활동을 하기 시작한다. 운이 좋으면 중국어 강사 등 교육 관련 직종에 종사하게 되고, 그렇지 않으면 생산직이나 서비스직 등 고된 육체노동을 해야 하는 직종에 종사하게 된다. 그리고 어느 정도 경제 활동을 하다가 더 나은 직업을 구할 수 있는 자격을 갖추기 위해 대학 등에 진학을 결심하기도 한다. 사정이 여의치 않을 때는 자신의 능력에 맞는 직종의 일을 구하여 경제활동을 하게 된다. 이와 같은 일련의 과정은 한국 여성들이 겪는 생애 여정과 일치하는 측면도 있다. 그러나 중국계 결혼이주여성은 중국에서의 경력을 한국에서 인정받지 못하고, 일자리는 주로 생산직 또는 판매직, 서비스직 등에 한정되는 등의 어려움을 감수해야 한다는 점이 한국 여성들과는 다른 점이라 할 수 있다.

노동자의 경우, 한국으로의 이주 목적이 뚜렷하게 경제활동에 있으므로 돈을 벌기 위해 어떠한 어려움도 감수하는 것이 특징이다. 근로환경은 열악하고, 근로 시간은 하루에 10시간 이상이며, 그에 비해 근로 수당은 낮게 책정되어 있다. 생활은 잠자는 시간을 제외하고는 거의 근로 시간으로 채워진다. 잠을 자는 공간도 일터 근처에 마련하고 있으며, 좁거나 비위생적이어도 불편함을 감수한다. 게다가 결혼이주여성이나 유학생에 비해 여가활동을 할 수 없는 생활 여건에 있다.

유학생의 경우, 학생이기 때문에 본인의 학업과 진로에 대한 고민이 가장 크게 나타난다. 현재 학교생활에서 언어로 인한 어려움을 가장 크게 느끼고 있다. 또한 학교에 가면 주위에서 쉽게 한국인 학생들과 마주치지만 한국인 학생들과 친밀한 관계를 형성하기 어려워한다. 생활의 중심이 자기 자신에게 있다는 것이 다른 두 유형의 구성원과 다른 점이라 할 수 있다.

각 유형의 구성원은 이주 목적에 따라 주된 생활공간이 다르고, 주로 만나는 사람들이 다르다. 이로 인해 생활세계에서도 큰 차이를 보인다. 이러한 차이는 문화적응 전략을 수립하는 데도 일정 정도 영향을 미친다. 결혼이주여성은 좋은 엄마가 되기 위해, 경제활동을 통해 자아실현을 하기 위해 어떤 행동들을 선택하고, 노동자는 한국에서 안정적으로 돈을 벌기 위해 어떤 행동들을 선택한다. 유학생은 한국에서 학생으로서

〈표 1-4〉 이주민 생애사 연구 참여자의 인적 사항

서술 순서	이주 유형	연구 참여자 번호	성별	민족	나이	이주 연도
01	결혼	08	여자	조선족	39	2008
02	결혼	22	여자	조선족	39	2012
03	결혼	34	여자	몽골족	43	2003
04	결혼	16	여자	한족	37	2007
05	결혼	11	여자	한족	49	2007
06	노동	02	여자	조선족	45	2014
07	노동	11	남자	한족	43	2008
08	유학	05	여자	조선족	35	2016
09	유학	10	여자	조선족	29	2010
10	유학	08	남자	한족	24	2015

이 표는 총서의 원고에서 분석한 연구 참여자 10명의 인적 사항에 대해 표로 정리하여 제시한 것이다.*

무사히 대학을 졸업하기 위해 어떤 행동들을 선택한다. 예를 들면, 중국계 노동자는 한국 사회에서 한국인보다 성실한 일꾼으로 인정받고자 노력하는 특성을 보이는데, 이러한 특성은 결혼이주여성이나 유학생보다 더 강하게 드러난다.

〈표 1-4〉를 보면, 문화적응 생애담 서술은 이주 유형에 따라 결혼이주여성 5명, 노동자 2명, 유학생 2명을 선정한 것을 알 수 있다. 결혼이주여성은 연구 참여자의 출신 민족이 편중되지 않도록 조선족 2명, 한족

* 본 연구의 연구 참여자는 결혼이주여성 35명, 노동자 15명, 유학생 15명으로 총 65명이다. 본 연구에서는 각 유형별 연구 참여자에게 번호를 부여했고, 이에 대해서는 위에 표로 제시했다. 여기에서는 서술 순서를 01번부터 10번까지의 새 번호로 나타낸다.

2명, 몽골족 1명의 사례를 서술했다. 노동자 역시 마찬가지로 어느 한 민족에만 편중되지 않도록 조선족 1명, 한족 1명으로 서술했다. 유학생은 조선족 2명, 한족 1명이고 학사 · 석사 · 박사 과정이 고루 포함되도록 했다.

서술 사례는 이주민의 생애사와 관련한 내용을 다양하면서도 깊이 있게 다루기 위해 ① 생애사 관련 내용을 풍부하게 서술했는지, ② 다른 연구 참여자와 문화적응 전략이 중복되지 않는지 등을 기준으로 삼아 선정했다. 이주 기간은 3년부터 14년까지이고, 연령대는 20대 초반에서 40대 후반까지로 다양하다. 다음의 〈표 1-5〉는 연구 참여자별 문화적응 과정 및 전략의 대략적인 내용을 정리한 것이다.

다음 장에서는 위의 표에서 정리한 대로 이주 유형별 문화적응 과정 및 전략에 대해 더욱 상세하게 제시하고자 한다. 2장에서는 결혼이주여성 5명, 3장에서는 노동자 2명, 4장에서는 유학생 2명의 심층인터뷰한 결과를 분석했다. 글의 순서는 크게 세 부분으로 구성되어 있으며, ①

〈표 1-5〉 이주민 생애사 연구 참여자의 문화적응 과정 및 전략

서술 순서	문화적응 과정 및 전략
1	① 한국으로 이주를 결심한 계기: 경제적 여건 개선을 위한 국제결혼 ② 문화적응 전략 1: 새롭게 맺은 가족 관계에서의 다름은 인정하고 옳고 그름은 구별하기 ③ 문화적응 전략 2: 있는 그대로의 모습으로 한국 사회 구성원 되기 ④ 희망하는 미래상: 자녀 교육과 취업 상담 지원
2	① 한국으로 이주를 결심한 계기: 한국 남자와의 연애 그리고 결혼 ② 문화적응 전략 1: 모국의 정체성 감추기 ③ 문화적응 전략 2: 한국 사회에서 준 결혼이주여성으로서의 정체성에 기대기 ④ 희망하는 미래상: 차별 철폐를 위한 인식 및 제도의 개선, 실질적 취업 지원

서술 순서	문화적응 과정 및 전략
3	① 한국으로 이주를 결심한 계기: 한국 남자와의 연애 그리고 결혼 ② 문화적응 전략 1: 잘못된 선택과의 결별, 그러나 미움의 대상 확장하지 않기 ③ 문화적응 전략 2: 결혼이주여성으로서의 정체성을 능력으로 만들기 ④ 희망하는 미래상: 차별 철폐를 위한 인식 개선에 기여하는 지속적 연구 활동, 「국제결혼법」 개정
4	① 한국으로의 이주 초기: 혼자 감당하기 어려웠던 육아, 남편에 대해 전혀 모르고 시작한 결혼생활 ② 문화적응 전략 1: 혼자서 잘하는 아들, 엄마를 감추려는 아들의 뜻에 맞춰주기 ③ 문화적응 전략 2: 전에 알던 결혼이주여성들과의 관계만 유지하기 ④ 희망하는 미래상: 결혼이주여성들끼리의 정서적 교류, 주거 환경 개선
5	① 한국으로 이주를 결심한 계기: 중국에서의 관계 청산, 새로운 터전 찾기 ② 문화적응 전략 1: 잘못된 선택과의 결별, 가장으로서의 책임감으로 살아내기 ③ 문화적응 전략 2: '특별'하게 되지 않기 ④ 희망하는 미래상: 「국제결혼법」 개정, 심리상담 지원
6	① 한국으로 이주를 결심한 계기: 경제적 여건 개선을 위한 노동이주 ② 문화적응 전략 1: 경제적 이익을 위해 인내하며 재외동포로서의 정체성 활용하기 ③ 문화적응 전략 2: 노동자끼리 소통하는 창구 활용하기 ④ 희망하는 미래상: 4대 보험 제도 개선, 재외동포에 대한 복지 제도 개선
7	① 한국으로 이주를 결심한 계기: 전문적 지식 습득을 위한 유학이주 ② 문화적응 전략 1: 불평하지 않는 성실한 일꾼 되기 ③ 문화적응 전략 2: 한국인처럼 살기 ④ 희망하는 미래상: 안정적 신분 취득, 한국인과 동등한 교육 복지 혜택에 대한 기대
8	① 한국으로 이주를 결심한 계기: 전문적 지식 습득을 위한 유학이주 ② 문화적응 전략 1: 자랑스러운 중국인으로서의 정체성을 기반으로 외국인 유학생들과 정서적 유대 관계 구축하기 ③ 문화적응 전략 2: 한국과 중국의 매개자로서 성실하게 살아가기 ④ 희망하는 미래상: 미디어에 대한 비판적 인식 갖기, 다름에 대해 수용하는 태도 갖기
9	① 문화적응 전략 1: 중국에서는 '중국인'처럼, 한국에서는 '한국인'처럼 ② 문화적응 전략 2: 조선족과 거리 두며 한국인과 특별한 관계 맺기 ③ 희망하는 미래상: 차별적 인식과 정치적 발언에 대한 반성적 성찰 요구
10	① 한국으로 이주를 결심한 계기: 어머니의 결혼이주 ② 문화적응 전략: 경계에 위치한 고독한 나그네 되기 ③ 희망하는 미래상: 진로 상담 관련 학생 복지 개선

문화적응 생애담 요약에서는 이주를 중심으로 연구 참여자의 현재까지의 삶을 개괄하고, ② 문화적응의 내러티브에서는 연구 참여자가 문화적응 과정에서 경험한 것들에 대해 어떤 인식을 가지고 있고, 이러한 인식이 현재 삶의 태도나 대응 방식 등에 어떤 영향을 미치고 있는지 살펴보았다. 또한 연구 참여자가 인터뷰에서 한 말을 그대로 살려 그 자신의 목소리를 통해 삶의 현장이 생동감 있게 전달되도록 했다. ③ 연구 참여자의 특징에서는 연구 참여자가 문화적응 경험을 통해 드러내는 인지정서적 특징을 정리했다. 또한 이를 통해 한국 사회의 사회제도적 개선 방향에 대해 논했다.

2.
재한 중국계 결혼이주여성*

1) 연구 참여자 08(결혼이주여성)

(1) 문화적응 생애담 요약

연구 참여자 08은 중국 흑룡강성 출신의 30대 후반 조선족 여성이다. 중국 내 직업고등학교에서 유아교육을 전공하고 졸업 후 2년 정도 유치원 교사로 근무한 경험이 있다. 2008년도에 국제결혼중개업체를 통해 한국 남자를 만나 결혼하여 한국으로 이주했다. 슬하에 초등학교에 다니는 아들이 있다.

---

* 출입국 · 외국인정책본부는 중국 국적의 외국인을 조선족 출신인 한국계와 조선족 출신이 아닌 비한국계로 구분한다. 그러나 이 글은 한국 사회에 거주하는 결혼이주여성의 다양한 출신 국가가 그들의 사회 · 문화적 배경 및 특성, 문화적응 양상과 정체성 형성 과정 등에 어떠한 영향을 미치는지에 관심을 두고 탐구하는 연구의 일부다. 이에 따라 중국 출신의 결혼이주여성을 '중국계'로 지칭했으며, 추후의 연구에서 다른 국가 출신의 결혼이주여성은 그 출신 국가에 따라 '베트남계', '필리핀계' 등으로 구분하고자 한다.

연구 참여자는 자녀를 키우면서 경제활동도 하기를 원했다. 그래서 자녀가 태어나자 돌 무렵부터 자격증 공부와 구직 활동을 해왔다. 2010년에는 고용센터에서 하는 취업 상담 패키지를 통해 '디딤돌'이라는 프로그램을 알게 되었고, 그 덕분에 한국에서 9개월 동안 어린이집 교사로 일한 경험이 있다. 이후 한국에서 취업하기 위해서는 학력이 필요하다고 느끼고 2012년 방송통신대학교 중어중문학과에 입학하여 2016년에 졸업했다. 대학 졸업 후에는 결혼이주여성들끼리 중국어를 가르치고 지역사회에 봉사하는 '라이중국어(来中國語)'라는 동아리를 결성하여 활동하고 있다.

(2) 문화적응의 내러티브

① 한국으로 이주를 결심한 계기: 경제적 여건 개선을 위한 국제결혼

연구 참여자 08은 중국에서 직업 교육을 위주로 하는 직업고등학교에서 유아교육을 전공했다. 그리고 고등학교 졸업 후 유치원에서 2003년부터 2004년까지 2년 정도 보육교사로 일했다. 그러던 중, 한국 남자와 결혼한 후 한국으로 이주하여 사는 한 친구의 경우를 보게 되었다. 그 친구는 친정 부모님까지 한국으로 초청했다. 친구를 중심으로 중국에서 한국으로의 가족 이동이 이루어진 것이다. 그리고 그 후 친정 부모님까지 한국에서 일자리를 구하게 되면서 그 친구의 경제 사정은 중국에 있을 때보다 더 나아졌다.

친구의 한국으로의 이주 성공 사례는 연구 참여자에게 결정적인 이주 동기가 되었다고 볼 수 있다. 연구 참여자는 한국 남자와 결혼해서 한국으로 이주하면 자신도 친구처럼 중국에서보다 경제적으로 더 윤택한 삶을 살 수 있으리라는 기대로 국제결혼을 선택했다. 이를 위해 국제결혼중개업소를 통해 한국 남자를 소개받아 결혼했고, 한국으로 이주하여 현재까지 거주 중이다. 또한 친구처럼 친정 부모님도 한국으로 초청하여 가까이 살고 있다. 연구 참여자가 국제결혼을 한 덕에 중국에 있는 친정 식구들에게도 경제적인 도움을 줄 수 있게 되었고, 그로 인해 주위에서 부러움을 사고 있다.

② 문화적응 전략 1: 새롭게 맺은 가족 관계에서의 다름은 인정하고 옳고 그름은 구별하기

연구 참여자 08은 2008년부터 한국에서의 결혼 생활을 시작했다. 그리고 2009년 아들을 얻었다. 연구 참여자는 아들이 갓난아기일 때부터 자격증 시험을 준비하고, 취업 상담을 받는 등 적극적으로 구직 활동을 해왔다. 사회적 활동에 대한 참여 의지가 강한 편이고, 어떤 문제가 발생하면 해결책을 모색하기 위해 집 밖으로 나가려고 하는 외향적인 성향이 강하다. 연구 참여자의 이러한 특성은 한국에서 새롭게 맺은 가족 관계에서의 갈등이나 한국 사회 정주민과의 갈등을 해결하는 데서도 공통적으로 나타난다.

결혼이주민인 경우, 연구 참여자처럼 새롭게 맺어진 가족 관계에서 서로 다른 문화적 차이로 인해 갈등을 경험할 가능성이 많다. 심지어 같은 한국에서도 집집마다 문화가 달라서 배우자와 배우자의 가족들을 이해하고 받아들이는 데 많은 노력이 필요하다. 이러한 부담은 결혼이주민의 경우 더욱 클 수밖에 없다. 연구 참여자 역시 한국 이주 초기에 겪은 가장 심각한 문제로 가족 관계에서의 갈등을 언급하고 있다.

> "시부모와 갈등, 애 아빠한테도 이런저런 그런 것이 있으니까 내가 다문화 상담사 자격증을 따가지고 이렇게 고통 받는 사람들한테 조금 도움이 되고 싶어서요." ("고통 한 가지만 말해줘요. 어떤 고통이 있었나요?") "그것이 이제 남편과의 싸움이라던가요." ("무엇 때문에 싸웠어요?") "경제적인 부분도 있고 아니면 문화적 차이도 있고요. 시부모 사이에서도 서로 안 맞는 부분이 있다 보니까 그래서 자격증 공부를 했고 땄거든요."*

연구 참여자는 갓난아기인 아들을 키우며 다문화 상담사 자격증 공부를 했다고 한다. 갓난아기를 돌보는 일만으로도 녹초가 될 텐데 굳이 어려움을 무릅쓰고 공부를 병행한 이유는 시어머니와의 관계, 남편과의 관계에서 오는 심리적 고통 때문이었다는 것이다. 새로운 가족 관계를 어떻게 꾸려나가야 하는지에 대한 막막함이 삶의 큰 비중을 차지하고 있었음을 알 수 있다. 연구 참여자는 다음의 일화를 통해 시어머니와의 갈등과 그 해결에 대해 설명한다.

> ("한국에서 차별받거나 이런 것은 없었죠?") "그런 것은, 처음에 왔을 때는 차별받긴 했죠. '얼굴이 왜 이리 까마냐?' 우리 시어머니는 나보고 그랬어요. 중국 사람들은 얼굴이 다 이렇게 까만데, 특별하니까 그렇죠." ("누가 특별해요?") "우리 시어머니가요." ("왜요?") "성격이 조금 강한 편이라

---

* 인터뷰는 연구 참여자와 질문자의 대화로 이루어져 있다. 인용문은 가독성을 고려하여 연구 참여자의 말은 " " 안에 표시하고, 질문자의 말은 (" ")로 표시한다. 이하 같음.

서 저랑 많이 부딪혔죠. 그러니까 지금 서로 이해하는 부분이 있고요."

연구 참여자는 질문자가 한국에서 차별받은 경험이 있냐고 묻자 처음에 왔을 때 시어머니에게 차별받은 적이 있었다고 한다. 차별 경험은 자신과 여러 가지 면에서 다른 상대에게 차이로 인해 질적 수준이 폄하되는 경험을 의미한다. 연구 참여자는 자신의 까만 얼굴이 중국 사람이기 때문에 갖는 고유의 특징이라고 하면서 시어머니가 이 점을 지적한 것은 차별이었다고 한다. 시어머니의 지적에 한국 사람과 다르다는 이유로 자신을 폄하하는 숨은 뜻이 있다고 받아들인 것이다. 시어머니는 자신이 발견한 새로운 부분에 대해 거침없이 말하고, 며느리는 이러한 발언에 상처받는 악순환이 한동안 계속되었을 것이라는 짐작이 가능하다.

그러나 현재는 어떠한가. 연구 참여자의 마지막 말에 주목할 필요가 있다. 시어머니의 성격이 강한 편이어서 갈등이 있었지만, 지금은 '그러니까'라는 표현을 통해 서로 이해하고 있다는 설명을 덧붙이는 것이다. '처음'에는 그랬지만 지금은 그렇지 않다는 것은 시어머니의 성격이 변해서 그런 것이 아니라, 시어머니의 성품이 그렇다는 것을 이해했음을 의미한다. 이는 직접 언급하지는 않았지만 연구 참여자에게 시어머니가 자신을 미워하려는 의도가 없다는 것을 깨닫는 경험이 있었을 것으로 짐작되는 부분이기도 하다. 또한 연구 참여자가 며느리로서 시어머니를 이해하게 되었다는 의미이기도 하다.

다음은 자신과 시어머니의 관계에 대한 직접적 언술은 아니지만, 이러한 관계에서의 갈등이 어떻게 해소될 수 있는지에 대한 연구 참여자의 견해를 알 수 있는 부분이라 할 수 있다.

("주변에는 아직도 한국에서 차별해서 마음 아파한다든가 이런 사람이 있어요?")

"전에보다 많이 좋아지긴 했는데, 아직까지 집에서 나오지 못하는 엄마들이 있지 않나 싶어요. 여자가 남편분들이 못 나가게 한다던가, 집에만 있어라, 애기 봐라, 시어머니는 왜 밖에 나가냐 그러고, 그런 것을 이해를 해줬으면 좋은 부분인데, 그 문화를 알아야지 다큐멘터리 이런 것도 보면은 시부모와 갈등 부분이 많이 있잖아요. 서로 그 나라를 가보면 조금 이해가 되긴 하는데 조금 안타까운 부분이 있는 것 같아요."

연구 참여자는 외국인 며느리와 시부모의 갈등을 해결하기 위해서는 시부모도 며느리의 나라에 가볼 필요가 있다고 보고 있다. 시부모도 며느리가 자신과 어떻게, 얼마나 다르게 살아왔는지에 대해 알아야 며느리를 이해하고 받아들일 수 있게 된다고 보는 것이다. 연구 참여자는 고부 갈등의 원인을 시부모가 며느리를 이해하지 못하고, 며느리가 시부모를 이해하지 못하는 상호 이해 부족에서 찾고 있다. 연구 참여자가 지금은 시어머니와 '서로' 이해하는 부분이 있다고 한 말을 상기해보면, 연구 참여자와 시어머니는 서로 다르다는 것을 이해하고 인정하는 상호 이해 과정을 거쳐 더 이상은 예전과 같은 갈등을 겪고 있지 않다는 것을 알 수 있다.

연구 참여자가 남편과의 관계에서 발생한 문제를 해결하는 방식은 이와는 조금 다르다. 연구 참여자는 남편과의 관계에 대한 고민 때문에 다문화가족지원센터를 찾아가 상담을 받은 적도 있고, 교회에 나간 적도 있다. 심리적으로 안정을 찾기 위해 나름대로 여러 가지 시도를 하며 노력을 기울였다는 것은 바꾸어 말하면 도무지 마음이 안정되지 않아서 괴로움이 있었다는 것으로 볼 수 있다.

("교회는 어떻게 가게 되었어요?") "그게 조금은 마음이 아프고 이런 부분들이 있다 보니까 왠지 모르게 조금 끌리더라고요." ("마음이 아픈 부분도 있었어요?") "있었어요. 아빠랑 안 맞는 부분이 있어서 집을 나갈 때도 있었고요." ("며칠 동안요?") "이틀인가 그러다가요. 아빠가 조금 성격이 욱하는 부분이 있어요. 그래서 조금 시달렸죠. 아니다 싶어서 그랬던 것인데요." (중략) ("이틀 동안 어디 갔었어요?") "그때 저기 이주여성 쉼터요."

연구 참여자는 문화의 차이나 경제적 문제 등으로 인해 남편과 지속적으로 갈등을 겪었다. 그러다가 남편이 한 번씩 '욱'할 때면 폭력을 행사하기도 했고, 한 번은 이를 피해 이주여성을 위한 쉼터로 피신을 했다고 한다. 거기에서 이틀 정도 머무르고 다시 집으로 돌아왔는데, 이유는 크게 3가지다. 첫째, 이주여성을 위한 쉼터가 마치 '감옥' 같아서 아무것도 못하고 갇혀 있어야 한다는 것이 힘들었기 때문이고, 둘째, 마침 남편이 쉼터를 찾아왔기 때문이고, 셋째, 상담사와의 상담을 통해 남편이 '성격 탓이지 나쁜 사람은 아니다'라는 것을 알았기 때문이다. 다음에서 이와 관련한 연구 참여자의 인식을 확인할 수 있다.

"왠지 무슨 감옥에 들어간 느낌. 여기 들어오면 핸드폰도 다 꺼야 하고 밖에 외출도 못하고 이렇게 얘기를 하는 거예요. 제가 느꼈던 것이 '여기서 그러면 그동안 해결이 아무것도 안 되고 외출도 안 되고 뭐도 안 되고 하는데 해결해줄 수 있는 방법이 뭐예요?' 물어봤어요. 그러면 그냥 연락을 단절하면은 그것이 시간이 길어지면 자동으로 넘어간다고 들었거든요. 해결할 수 있는 무엇인가가 나온다고 하는데 그 기간이 얼마큼 되는가 그 안에서 감옥 생활할 수밖에 없잖아요. 그냥 갇혀서 아무것도 못하고 연락도 못하고 그 연락이 안 되면 몇 개월인가 지나면 그것이 신고를 낸다나 뭐라 했었거든요. (중략) 안타까운 부분이 거기를 왔어요. 찾아왔어요. 서구인가 동구에 와서 어쨌든 잘 해결할 수 있게끔 ○○아빠도 성격 탓이지 나쁜 사람은 아니라고 상담사가 얘기를 하더라고요. 불러서 얘기를 하고요. 근데 처음에는 제가 몰랐던 것인데요. 부딪히는 부분들이 계속 쌓이고 이러잖아요."

연구 참여자가 쉼터에서 보낸 시간은 이틀 정도로 그리 길지 않다. 그런데 연구 참여자는 쉼터에서 만난 상담사와의 상담을 통해 이전에는 몰랐던 것에 대해 알게 된다. 남편의 폭력적 행동은 아내에 대한 진심이 아니고, 그의 '성격'일 뿐이라는 것이다. 시어머니의 경우에도 연구 참여자는 그 사람만이 가지고 있는 고유한 특성을 이해하면서 갈등을 해소해 왔다. 이 경우에도 연구 참여자는 남편이 가진 고유한 특성이 그러하다는 사실을 인지하게 되면서 갈등 해결의 실마리를 찾게 된 것으로 보인다. 그런데 해결 방식에는 차이가 나타난다. 시어머니와는 이해하는 것만으로 갈등이 어느 정도 해소된 데 비해, 남편과의 갈등을 해결하기 위해서는 남편의 잘못된 행동을 교정해주어야 할 필요가 있다고 판단한 것이다.

"그냥 집에서 나만 앓고 힘들단 말이에요. 근데 알고 보니까 이것은 아니다, 아빠가 폭력을 쓰고 욕하고 하면은 어딘가에 단체에 신고를 하고 과감히 하라는 것을 말하고 싶거든요. 과감히 얘기를 해서 경찰서의 도움을 받던 어쨌든 제압을 할 수 있는 능력을 키워줘야겠지 않나 싶더라고요. 저도 나중에는 이것은 아니다, 신고하면 경찰이 출동하고 하니까 훨씬 나아졌죠. 서로 맞춰가는 부분들이 있곤 하지만 아닌 부분은 확실하게 조치를 해야 하는 것이죠."

연구 참여자는 남편이 폭력을 행사하면 '집에서 나만 앓고 힘들다'가 '과감히 얘기를 해서 경찰서의 도움을 받'는 것으로 대응 방식을 바꾸게 된다. 이는 '아닌 부분은 확실하게 조치를 해야 하는 것'이기 때문이다. 경찰의 도움을 받으면 남편의 행동을 제지할 수도 있고, 남편에게 스스로의 행동이 얼마나 잘못된 것인지 돌아보게 할 수도 있다. 이처럼 연구 참여자가 관계에서 갈등을 해소하기 위해 취하는 전략은 상대의 모든 것을 이해하는 것이 아니다. 상대가 '폭력' 같은 잘못된 행동을 할 때는 참아야 하는 것이 아니라 드러내고 지적해야 하는 것이다. 실제로 이는 남편과의 관계가 오히려 '훨씬 나아'지는 결과로 나타난다.

정리하면, 연구 참여자가 새로운 가족 관계에서 발생하는 갈등을 해결하는 데 취하는 전략은 크게 두 가지로 볼 수 있다. 하나는 자신과 상대가 상호 이해하는 과정을 거쳐 서로의 다름을 인정하는 방식이고, 다른 하나는 다르다는 것으로 모든 것을 이해해야 할 것이 아니라 옳고 그름을 구별하여 잘못된 것이 있으면 상대에게 이를 바꾸어나가도록 강력히 요청하는 방식이다.

③ 문화적응 전략 2: 있는 그대로의 모습으로 한국 사회 구성원 되기

앞에서는 연구 참여자 08이 가족의 일원으로서 시어머니와도, 남편과도 대등하게 관계를 맺는 주체로 거듭나는 과정을 살폈다. 다음으로는 연구 참여자가 집 밖을 나서서 다른 한국 사회의 구성원과의 관계는 어떻게 맺어가고 있는가에 대해 살피고자 한다. 이는 그 자신이 한국 사회 구성원으로 어떻게 살아왔고, 또 살아가기를 원하는지와 밀접한 관련이 있다.

연구 참여자가 한국 사회의 구성원으로서 스스로를 어떻게 규정하고 있는지는 아들과의 관계를 통해 드러난다. 연구 참여자의 아들은 엄마가 결혼이주여성이라는 것에 대해 감추려고 하지 않는다. 오히려 적극적으로 엄마가 모국어인 중국어로 자신과 대화해주기를 원하기도 한다.

> ("집에서 ○○이하고 뭐로 대화하세요? 중국어요? 한국어요?") "중국어로 할 때도 있고 한국말 할 때도 하는데 ○○이가 오히려 '엄마, 중국어로 해.' 이러거든요."

연구 참여자의 아들은 외부 기관에서 중국어를 배우고 더 잘하고 싶어 한다. 또한 엄마가 학교에서 부모들의 재능기부로 꾸리는 다문화 수업 강사로 지원하기를 바라기도 한다.

> ("워낙 글로벌 글로벌 하니까. ○○이 같은 경우에는 자랑할 텐데, 우리 엄마 중국인이라고. ○○이 학교에 다문화 강사로 나가본 적 있어요?") "네, 1학년 때 나갔어요. 그 수업, 봉사활동 식으로 학부모 지원하는 프로그램이 있었어요. 그때 제가 다문화 수업으로 1학년 1반, 2반, 3반, 4반 다 들어가고 그랬거든요. 올해는 일하다 보니까 못 갔어요. '엄마 왜 안 와. 신청해야 하는데.' 하더라고요."

이를 통해 연구 참여자의 아들은 엄마가 중국인이고 그래서 중국어를 잘한다는 것은 드러내야 할 것이지 감추어야 할 것이 아니라고 여기고 있음을 알 수 있다. 오히려 '글로벌' 시대에 걸맞은 인재로 엄마를 인정하고 있다. 연구 참여자 또한 자신과 같은 결혼이주여성이 한국어를 못한다고 생각할 것이 아니라 중국어를 잘한다고 생각해야 한다고 주장한다. 이는 자기 자신에게도 적용된다. 못하는 것에 주눅 들기보다 잘하는 것에 자부심을 가져야 한다고 보는 것이다.

> "저는 한국말을 굳이 못하는 것을 굳이 하려고 하지 않았으면 좋겠어요. 아이가 엄마의 장점을 살려가지고 아이한테 중국말을 오히려 더 잘하게끔 나중에는 글로벌 시대이다 보니 중국어가 효과가 더 높지 않을까 생각을 하거든요. 못하는 언어보다 잘하는 개성을 살리는 것이 더 낫다고 생각해요."

연구 참여자 또한 아들과 마찬가지로 자신이 중국어를 잘하는 것은 개성이고, 능력이라고 본다. 그리고 결혼이주여성이 스스로 자기 자신에 대한 인식을 개선해야 할 필요가 있다고 주장한다. 스스로를 능력이 부족한 사람이 아닌 능력이 출중한 사람으로 인식해야 한다고 보는 것이다. 이러한 자기 인식은 연구 참여자 자신의 것이기도 하다. 이는 연구 참여자의 대외 활동을 통해 알 수 있다.

연구 참여자는 아들이 학교에서 다른 아이에게 맞아서 '죽고 싶다'고 할 정도로 괴로움을 토로할 때도 그 아이의 폭력적 성향을 근본적인 원인으로 지목한다.

("혹시라도 엄마가 중국 사람이라서 그런 것은 없는 것이죠?") "그것은 없는 것 같아요. 얘뿐만 아니라 다른 애도 있는데, 그 아이 자체의 문제인 것 같고요."

연구 참여자의 이러한 판단은 객관적이고 정확하다. 그리고 연구 참여자의 이러한 판단은 자신에게 차별당해야 할 이유가 없다는 확신이 작용한 결과라고 볼 수 있다. 또한 이는 연구 참여자가 아들이 폭력을 당한 사실을 인지한 이후의 행보를 통해서도 드러난다.

"어떻게 해결책을 마련하기 위해 간담회를 하지만 어떤 조치를 취하겠다는 뭔가 있어야 하는데, 그냥 그러고 오는 것이에요. 화가 나는 거예요. 안 되겠다 싶어서 또 모였어요. 다른 반의 어머님들도 다 모셔다가 얘가 지금 2학년이지만 나중에 3학년이 되면 또 다른 반에 영향을 주거나 이런 일도 알고 있으라는 것을 알리기 위해 어머님들 다 모이라고 각자 방에 다 초대하라고 제가 그러고 했거든요. 그래서 몇 명 모였어요."

연구 참여자는 자신만이 아니라 다른 학부모들도 폭력적인 성향을 가진 아이에 대한 학교 측의 적극적인 대처를 바란다고 요구한다. 그리고 이를 주위에 알려 당장은 내 아이가 아니지만, 그다음은 내 아이가 될지도 모른다는 불안감을 느끼는 학부모들과 연대를 기획한다. 학교 측의 미온적 대응으로는 문제를 근본적으로 해결하기 어려우므로 공동의 목소리를 내서 더 강하게 해결을 촉구할 필요가 있다고 판단한 것이다. 이로써 학교 측으로부터 '일단 기다려보라'는 태도에서 '책임지고 폭력을 휘두르지 못하도록 지켜보겠다'는 답변을 받아낸다. 아직 이 문제는 현재 진행 중이지만, 적극적으로 목소리를 내며 학교 측의 태도 변화를 이끌어냈다는 점에서 성과가 있다고 할 수 있다. 또한 이는 한국인과의 연대를 도모했고, 이를 성공시켰다는 점에서 유의미하다. 한국 사회의 부조리에 대해 이의를 제기할 수 있는, 한국 사회라는 공동체의 구성원이라는 자기 인식의 발로라고 볼 수 있기 때문이다.

또한 연구 참여자는 자신과 같은 처지의 결혼이주여성과 동아리를 결성하여 활발하게 활동하고 있다.

> ("그 모임은 그런 일 외에 또 하는 활동은 없어요?") "그것 이외 모임 같은 것은 저희 엄마들끼리 다문화, 이주여성 중국 엄마들끼리 모이는 수업이 있어요. 모여서 동아리 활동 하고요." ("무슨 동아리 해요?") "저희가 작년부터 시작해서 '라이중국어(来中國語)'라고요." ("아, 중국어 가르치는 동아리요?") "네, 거기에서 지역사회나 이런 데에 가서 봉사활동도 하고 행사 있고 하면은 행사도 참여하고요."

연구 참여자는 동아리 활동을 통해 지역사회에서 중국어를 가르치기도 하고, 축제나 행사에 나가서 봉사활동을 하는 등 지역사회의 발전에 힘을 보태기 위해 노력을 기울이고 있다. 이는 결혼이주여성에 대한 한국 사회의 시선이 달라지기를 그저 기다리는 것이 아니라 자신들이 가진 능력과 자산을 사회에 환원하는 활동을 통해 결혼이주여성으로서 스스로를 드러내는 적극적인 홍보 활동이라 할 수 있다. 이처럼 연구 참여자는 있는 그대로의 모습으로 공동체를 구성하며 한국 사회 구성원으로서 제 목소리를 찾아가고 있다.

④ 희망하는 미래상: 자녀 교육과 취업 상담 지원

연구 참여자 08은 한국 사회에 사회제도적 측면에서 개선되기를 바라는 점이 있다. 개인의 힘으로는 바꾸기 힘든, 그래서 사회가 나서주어야 한다고 생각하는 문제다. 첫째, 한국에서는 자녀 교육을 개인이 부담해야 하는 부분이 큰데, 경제적으로 상황이 여의치 않은 결혼이주여성에게 이는 큰 부담이므로 한국 사회의 지원이 필요하다는 것이다.

> "왜냐하면 특기라면, 어쨌든 경제적인 어려움이다 보니까 내가 애한테 이런 특기가 있는데 가려면 비싸고 학비 같은 것도 학원비도 가려면 얼마나 비싸요. 그런 지원이 안 되다 보니까 그냥 넘어가는 것 같아요."

둘째는 결혼이주여성이 사회적 역량을 발휘할 수 있도록 기회가 주어졌으면 좋겠다는 것이다. 이를 위해 복지 차원에서 취업 또는 창업 지원이 이루어지기를 바라고 있다.

> "글로벌 시대라고 하지만 글로벌에 대한 이 말을 살려서 이주여성들이 한국에서 잘 정착하고 그리고 뭔가를 이주여성들이 할 수 있는 자리를 마련해주고 우리 아이들이 생활을 어떻게든 잘 해나갈 수 있는 자기 아이들의 꿈이 미래다 보니까 아이들의 꿈이 펼쳐질 수 있는 자리를 마련해주었으면 해요." ("하나는 결혼이주여성이 잘할 수 있는 뭔가를 마련하고, 하나는 자녀들의 이야기를 했잖아요. 그러면 구체적으로 무엇을 어떻게 해줬으면 좋을까요?") "일단은 취업이라고 할까요? 아니면 창업할 수 있으면 창업할 수 있는 기회를 지원을 해준다던지 이런 부분들. 물론 거의 경제적이 대

부분이니까 그런 경제적 어려움을 덜어줄 수 있는 뭔가 이분들의 능력을…." ("돈을 주는 것이 아니라 자기가 가지고 있는 능력을 살릴 수 있는 기회를 달라는 것이죠?") "네."

연구 참여자의 현재 가장 큰 관심사는 자녀 교육과 자신의 경제활동이라 할 수 있다. 그리고 이는 연구 참여자의 관심사이기도 하지만, 결혼이주여성 모두의, 나아가 한국 여성 모두의 바람과도 상통한다. 즉, 연구 참여자가 한국 사회에 바라는 개선점은 한국 사회 구성원으로서, 한국 사회를 살아가는 여성으로서 기존의 정주민과 크게 다르지 않다. 이는 연구 참여자의 특성을 종합해보았을 때, 스스로를 다른 한국 사회 구성원과 대등하게 관계를 맺어나가는 주체로서 인정하고 있기 때문이라고 볼 수 있다.

(3) 연구 참여자의 특성

연구 참여자 08이 한국 사회 적응 과정에서 보이는 인지정서적 특징을 정리하면 다음과 같다.

첫째, 한국 사회의 구성원으로서 살아가기 위해 결혼이주여성으로서의 정체성을 감추려고 하지 않는다. 오히려 스스로에 대해 중국과 한국의 언어 · 문화를 동시에 섭렵하고 있는 글로벌 인재라고 평가하고, 이와 같은 능력을 발휘하여 한국 사회에 기여할 수 있는 실천적 방안을 모색하는 데 적극적이다.

둘째, 스스로를 한국 사회의 구성원으로서 안전과 보호를 보장받을 권리가 있는 존재로 인식하고 있다. 이는 남편으로부터 부당한 폭력을 당하는 경우나, 자신의 자녀가 학교에서 부당한 폭력을 당하는 경우 스스로를 적극적으로 방어하는 것에서 드러난다. 이러한 일들은 폭력을 행사하는 당사자에게 귀책사유가 있는 것이므로 당사자의 잘못을 교정하는 방향으로 문제를 해결해야 한다고 보는 것이다.

셋째, 한 개인으로서 해결하기 어려운 문제는 공동체를 구성하여 공동 대응한다. 특히 어떤 기관에 시정을 요구하거나 사회적 인식을 바꾸어야 하는 문제는 공동 대응이 훨씬 효과적이다. 문제 발생의 원인과 해결책에 대한 판단이 정확한 편이라 할 수 있다. 또한 공동체 구성의 목적이 무엇이냐에 따라 공동체를 구성하므로 공동체 활동이 어느 한쪽으로 편향되어 있지 않다. 해결해야 할 문제의 특성과 관심사의 종류에 따라 결혼이주여성과 연대하기도 하고, 다른 한국인 학부모들과 연대하기도 한다. 연구 참여자의 대외 활동은 그 내용과 방향성의 측면에서 열려 있다고 할 수 있다.

이를 종합해보면, 연구 참여자는 문화적응의 유형 가운데 '상호문화인'에 해당한다고 볼 수 있다. 새롭게 관계를 맺는 한국 사회의 문화를 이해하고 수용하면서 자신이 본래 가지고 있던 문화적 정체성을 소중하게 지키며 유지하는 전략을 취하고 있기 때문이다.

마지막으로 연구 참여자의 경험에서 한국 사회의 사회제도적 개선점을 찾아보면 다음과 같다.

첫째, 다문화가정 자녀에 대한 부모의 모국 언어 및 문화에 대한 교육 환경 개선에 대한 기대다. 연구 참여자는 자신의 모국 정체성이 자녀에게 전수되기를 원한다. 이를 위해서는 사회제도적 측면에서 자녀 교육과 관련한 교육 복지 서비스의 구체적 대안 마련이 필요하다.

둘째, 결혼이주여성을 대상으로 하는 심리 및 복지 상담 서비스의 개선에 대한 기대다. 상담사들의 자질과 역량 강화에 대한 관리가 필요하고, 프로그램 자체의 질적 개선도 필요하다. 또한 연구 참여자의 경험에 비추어볼 때, 현재의 가정폭력 관리 시스템으로는 피해를 당한 이주여성이 심리적 안정을 취하기 어렵게 되어 있으므로 이에 대한 사회제도적 정비도 필요하다.

2) 연구 참여자 11(결혼이주여성)

(1) 문화적응 생애담 요약

연구 참여자 11은 중국 흑룡강성 내몽골 출신으로 30대 후반의 한족 여성이다. 중국에 있는 대학에서 간호학을 전공하고 대학 졸업 후 간호사로 일한 경험이 있다. 간호사로 재직 중 서로 좋아하던 의사와 연애를 했으나 이루어지지 않았다. 연구 참여자는 그 후 결혼중개업소를 통해 한국 남자를 만나 결혼하고 2007년에 한국으로 이주했다. 곧 아들이 태어났으나 남편이 마약 문제로 징역을 살게 되면서 2008년부터 생활비를 벌기 위해 생활전선에 뛰어들었다. 한국은 중국에서 간호사로 일한 경력을 인정해주지 않았고, 한국어도 서툴렀기 때문에 2008년부터 2014년까지는 공장에서 생산직으로 일했다.

남편은 3년 동안의 징역살이를 마치고 집으로 돌아왔으나, 채 1년도

되지 않아 또다시 마약 문제로 징역을 살게 되었다. 남편이 두 번째로 수감된 후, 연구 참여자는 다문화가족지원센터의 도움을 받아 이혼 소송을 진행했다. 아들이 일곱 살 때 이혼이 결정되었다. 이혼 후, 아들은 주중에는 시어머니와 지내고, 주말에는 연구 참여자와 지내고 있다.

연구 참여자는 2014년까지 공장에서 일하다가 지인의 소개로 우연한 기회에 의료 코디네이터라는 직업에 대해 알게 되었다. 연구 참여자는 3개월 반 정도 의료 코디네이터가 되기 위한 교육과정을 수료하고 의료 코디네이터로 일하게 되었다. 그때부터 현재까지 3년 동안 한 대학병원에서 의료 코디네이터로 일하고 있다. 한국 병원으로 의료 서비스를 받기 위해 오는 중국인을 돕는 일인데, 다른 일을 해보려고 조만간 그만둘 예정이다.

(2) 문화적응의 내러티브

① 한국으로 이주를 결심한 계기: 중국에서의 관계 청산, 새로운 터전 찾기

연구 참여자 11은 중국에서 대학도 졸업하고, 간호사라는 전문적인 직업도 가지고 있었다. 그러나 중국에서 한 중국인 의사와의 연애에 실패한 것을 계기로 국제결혼을 결심하고 결혼중개업소를 통해 한국 남자를 소개받았다. 소개받은 한국 남자에 대해 거의 잘 알지 못했으나, 결혼을 하고 한국으로 이주하게 되었다.

연구 참여자는 결혼하기 전에 남편이 될 남자에 대해서도, 한국이라는 나라에 대해서도 잘 몰랐던 것으로 보인다. 이주 초기에는 한국어도 잘하지 못했다. 익숙한 모국을 떠나 낯선 나라에서 잘 모르는 남자와 결혼을 하면서까지 중국을 떠나려고 했던 것은 새로운 시작이 절실했기 때문으로 볼 수 있다. 연구 참여자에게 국제결혼과 한국으로의 이주는 중국에서의 관계 청산이라는 의미가 컸다는 것을 알 수 있다.

② 문화적응 전략 1: 잘못된 선택과의 결별, 가장으로서의 책임감으로 살아내기

연구 참여자 11은 연구 참여자 34와 마찬가지로 남편과 이혼한 경력이 있다. 그런데 연구 참여자 34는 남편과 중국에서 연애결혼을 하고, 3년여의 결혼생활을 한 후 한국으로 이주한 반면, 연구 참여자 11은 남편이 될 사람에 대해 잘 모르는 채 결혼하고 한국으로 이주하게 된 것이다. 연구 참여자 34는 한국으로 오기 전까지 남편에게 속았다는 사실을 몰랐던 기간에는 좋은 남편으로 기억하기도 하지만, 연구 참여자 11은 남편에 대한 기억이 별로 없다. 결혼해서 한국 집으로 온 후에는 시어머니와 남편과 계속 싸운 기억뿐이다. 연구 참여자는 남편의 형인 시아주버니가 이혼하고 같은 집에서 사는 것도 문화적으로 이해가 가지 않았다. 중국에는 그런 경우가 없기 때문이다.

"제가 처음 한국 왔을 때 그거 몰랐어요, 그때 아이 아빠가 이야기 안 하니깐 그런 거 모르는 거죠. 그래서 이거 처음에 왔을 때 많이 조금 안 좋은 거 있어요. 중국은 이런 집 없었어요. 시어머니가 같이 사는 거 이해했어요. 그런데 시아주버님 이혼하고 동생하고 같이 사는 거 그때는 진짜 이해 못한 거. 그거 때문에 처음부터 싸운 거 시작한 거예요. 근데 아주버니가 안 나가니깐 그래서 집에서 맨날 싸웠어요."

연구 참여자는 결혼하고 바로 아들을 낳았으나, 남편과 계속 사이가 좋지 않았기 때문에 이혼을 생각하고 있었다. 두 가지 현실적인 문제 때문에 이혼을 못하고 있었는데, 하나는 한국어를 못했기 때문이고, 다른 하나는 한국에 아는 사람이 없어서 도움을 청할 데가 없었기 때문이다. 이혼을 하려면 어떻게 해야 하는지, 어디에서 도움을 받아야 하는지 전혀 몰랐다.

"그 당시에 한국어 잘 못한 거, 어디 갈 수 없는 거예요. 근데 제일 어려운 거 한국어 못 하는 거. 두 번째는 아는 친구 없어서요. 누구도 모르니깐 그니깐 와주는 사람 없었어요. 그래서 힘들어도 참아야 돼요. 그때 그냥 살아야 돼요. 그 당시 마음이 그거예요."

이혼에 대해 조금 더 알게 되었을 때도 상황은 여전히 참담했다. 연구 참여자는 한국 남자와 결혼해서 아들을 낳았지만, 여전히 비자 문제도 해결되지 않은 외국인일 뿐이라는 사실을 알게 되었다. 이혼하면 아들과도 헤어져야 했다.

"그 외에는 현재 상황 보니깐 외국어 사람 때문에 한국 국적도 없고, 영주권도 없고 만약에 이혼하면 저한테 나쁜 거 많아요. 뭐 아이도 못 주고 막 아무도 안 주니깐…."

그러다가 남편에게 마약 문제가 생겼다. 아들이 갓 돌이 지났을 무렵, 남편은 마약 사범으로 구속되었다. 그리고 3년 형을 받고 징역살이를 시작했다. 먹고사는 문제가 막막했던 연구 참여자는 돈을 벌기 위해 한 공장에 취업했다. 그러나 남편이 없으니 오히려 마음이 편했다. 싸울 일도 없었고, 아들만 보며 즐겁게 살 수 있었기 때문이다.

"처음에는 근데 그동안 간, 제가 마음 조금 편했어요. 왜 그러면…." ("아, 거기 감방, 감옥에 있을 때가 마음이 편했어요?") "왜 그러면 없으니깐 싸움도 없잖아요. 그럼 집에 오면은 아이 보고 그냥 즐겁게 살았어요. 제가 그때 ○○공단에 일을 시작했어요. 아이 아빠 잡히니깐 아이 그때는 유치원도 보내야 돼요. 뭐 분유 이런 것도 사먹어야 돼요. 그 돈도 없으니깐 누가 나 돈 줘야 돼. 그럼 제가 나가서 해결해야 돼요. 그래서 그 2008년도에 내 아들 그때 8, 9월 정도에 그때는 남동공단에 일을 시작했어요. 음, 쭉 거기루 다녔어요."

남편이 징역살이를 마치고 나왔을 때, 연구 참여자는 다시 한번 잘 살아봐야겠다고 생각했다. 남편의 입장에서 생각해보며 남편이 힘들었을 것 같다고 이해하게 되었기 때문이다. 남편은 시어머니와도 사이가 안 좋았고, 아내인 자신과도 자주 싸웠다. 연구 참여자는 가족들에게 정서적 지지를 받지 못하는 남편의 괴로움을 아내로서 이해해주지 못했다는 것을 반성했다고 한다. 그러나 남편은 출소 후 1년도 안 되어 다시 마약 문제로 구속되었다.

"저 그때도 기다렸어요. 한 번 잘 못하니깐 다시 오면은 정신 차릴 수 있으면 다시 열심히 살 수 있는 그때 생각했어요. 한 번 믿으니깐 그래서 안 그랬어요. 그거는 제가 지금 이쯤 보면은 그 사람 마음이 나쁜 사람 아니고 주변 친구 잘못 만난 첫 번째가. 제가 지금 보면. 두 번째는 그 시어머니가 잔소리 많이 하니깐 그 애 아빠도 스트레스 많이 받았잖아요. 저도 그때 외국 사람이니깐 어떤 거 이해 못한 것도 있고, 제가 좀 부족한 것도 있어요. 솔직히 이야기해요. 부족한 거 눈치 없을 때에요. 약간 서로서로는 다 이해 못하니깐 자기도 나가서 또 친구 만나고 이런 거 나쁜 짓 또 했어요. 그러고 나와서 1년도 안 됐어요. 밖에서 또다시 들어갔어요."

연구 참여자는 남편이 장기적으로 가장의 의무를 수행할 수 없는 부재 상황에서 남편을 대신하여 경제적 가장으로서 자립을 이뤄내야 했다. 연구 참여자는 자신이 가장의 역할을 대신하면서도 가장의 자리를 지키지 못한 남편의 나약함에 대한 원망보다 남편이 그렇게 할 수밖에 없는 피치 못한 사정에 대해 이해하려고 했다고 한다. 남편의 마약 문제는 남편의 잘못이라기보다 남편 주위의 외부적 상황이 남편을 그렇게 만든 측면이 크다고 본 것이다. 그랬기 때문에 연구 참여자는 출소한 남편이 다시 제자리를 찾을 수 있도록 돕고자 했다. 그러나 남편은 다시 같은 문제로 구속되었다. 연구 참여자의 남편은 아내와 아들을 돌볼 수 없는 무기력한 가장에서 벗어나려는 의지를 보여주지 않은 것이다.

연구 참여자는 남편이 같은 잘못을 저지른 것을 이해할 수 없었다. 그래서 남편과의 이혼을 결심하고, 다문화가족지원센터에 도움을 청해 이혼 소송을 진행했다. 이혼은 되었으나 아들은 연구 참여자가 데려올 수 없었고, 시어머니가 맡게 되었다. 그러나 주말에라도 아들을 볼 수 있었기 때문에 한국을 떠날 수는 없었다. 한국에서는 공장에서 일하지만, 그래도 중국으로 돌아가면 다시 간호사 일을 할 수 있었다. 간호사 일이 공장 생산직보다 나은 일이었지만, 그러면 아들을 만날 수 없었다. 아들은 연구 참여자가 한국에서 살아야 하는 이유가 되었다.

> "그래서 제가 그때 마음이가 두 번째 들어갈 때는 마음이 진짜 상처 많이 받았어요. 진짜 이해 못했어요. 왜 그러면 아이 그때는 네 살, 다섯 살 정도에 그때는 유치원 다녔으니깐 엄마는 외국 사람이잖아요. 못한 거 많아요. 아이한테 좋은 거 많이 해야 돼요. 근데 아빠가… 똑바로 못 살으니깐 제가 아이한테 많이 미안한 게 마음이 더 많아요. 그래서 제가 더 소중히 했어요. 그때부터 음, 그때부터 점점점 더 힘들어졌어요." ("근데 어떻게 애기를 포기할 수 있었어요?") "하…. 지금도 포기하는 건 아닌 거 같아요. 제 생각은 포기하는 거 아닌 거 같아요. 진짜 포기하면은 그냥 제가 중국 들어갈 수도 있어요. 왜냐하면 제가는 중국 간호사 했으니깐. 다시 가면은 또 간호사 일 또 할 수 있어요. 근데 아이 때문에 못 간 거예요. 지금 제가 일 못하는 거, 잘못 살았는 것, 안 가는 거 아니고 아이 때문에 제가 안 간 거예요. 그래서 힘들어도 한국에 살아야 돼."

연구 참여자의 남편은 지금 출소해서 시어머니와 함께 살면서 직장에 다니고 있다. 주중에는 시어머니가 손주를 돌보고 있기 때문에 가끔 집에 갈 일이 있어서 갔다가 남편과 마주치기도 하지만, 간단한 인사 외에는 더 대화를 나누지 않는다. 연구 참여자에게 남편은 더 이상 한국에서 살아야 하는 이유가 아닌 것이다. 연구 참여자는 아들을 돌보고 가정을 꾸리는 한부모가정의 가장이 되어 한국에서 일을 계속 하고 있다.

③ 문화적응 전략 2: '특별'하게 되지 않기

연구 참여자 11은 2008년부터 2014년까지 한 직장에서 꾸준히 일을 해왔다. 그러다가 연구 참여자가 중국에서 간호사 일을 했다는 사실을 알고 있는 지인이 한국 병원에 의료 코디네이터라는 직업이 있다고 알려주었다. 그리고 사람을 구하고 있으니 준비해보라고 했다. 연구 참여자는 석 달 반의 교육 기간을 수료하고 한 대학병원의 의료 코디네이터로 일하기 시작해서 현재까지 3년 정도 일하고 있다.

연구 참여자는 의료 코디네이터로 일하면서 자신과 같은 고향에서 온 중국 사람을 만난 일을 가장 좋았던 일로 기억하고 있다. 그 사람은 일을 마치고 갔다가 다시 연구 참여자를 찾아왔다. 그리고 연구 참여자가 일했던 병원 의사와 간호사들이 연구 참여자를 기억하고 있다고 전해주었다. 연구 참여자는 10년 전 일인데 중국에 아직도 자신을 기억해주는 사람들이 있다는 것과 일적으로 자신을 다시 찾아주었기 때문에 다른 사람에게 신뢰를 받고 있다는 것이 느껴져 감동했다고 한다.

> "근데 그 언니 중국 갔을 때 그 사람 만날 때, 제 이름 이야기했어요. 근데 제일 기분이 좋은 거, 그 사람들 아직도 제 이름 알아요. 생각나요. 그래서 나 그때는 너무 감동했어요. 그래서…." ("그래서 알고 찾아온 거예요?") "네. 다시 또 믿으니깐 또 찾아왔어요. 지난달에."

연구 참여자에게 고향 사람과의 일화는 과거 중국에서의 삶과 현재 한국에서의 삶을 모두 인정받은 것이 되어 지금까지의 삶 전체에 대한 위로와 정서적 지지가 된 것으로 보인다. 연구 참여자는 의료 코디네이터 일을 하면서 안 좋은 기억은 없느냐는 질문에는 딱히 없다고 대답한다. 간혹 한국인 직원들과 마찰이 생기기는 하지만 힘들기는 해도 일 자체가 적성에 맞기 때문에 큰 문제로 여기고 있지는 않았다.

"안 좋은 기억은…. 음…. 크게는 안 좋은 일이 사실 말하면 없는 거예요. 뭐 크게 나쁜 거 거의 없었어요." ("예를 들면 뭐 내가 중국 사람이라 조금 뭐 안 좋게 본다던가 아니면 대우가 좋지 않다던가, 뭐 이런 것도 있었어요?") "아 그런 거, 제가 대우 괜찮아요. 근데 한 가지. 그 똑같은 직원이잖아요. 직원들이 어떤 때 조금 질투 난 마음이 있으니깐…." ("질투?") "네. 여자니깐. 똑같은 여자니깐. 누구 잘하는 거, 관리자가 가끔씩 뭐 누가 잘했나, 뭐 잘했어요. 칭찬받으니깐. 근데 옆에 직원들은 질투 난 마음 있어요. 그거까지 조금 힘들었어요. 처음에가. 그거 그거…. 조금 나쁜 거." ("일을 워낙 잘했구나.") "어 제가요? (웃음) 제가 원래는 가정 일보다 밖에 나가는 일 더 좋아해요. (둘 다 웃음) 집에서 살림 이런 거 조금…." ("그거보다는 중국에서 간호사를 하다 왔기 때문에 이게 일이 적성에 맞았던 거 같아요.") "네 맞아요. 맞아요. 그거 맞는 거예요. 제가 좀 옛날 생각났어요. 그때."

그런데 연구 참여자는 적성에 맞는 일을 그만두려고 하고 있다. 여기에는 아들과의 관계가 큰 영향을 미치고 있는 것으로 보인다. 연구 참여자는 일을 그만두려는 이유로 3가지를 들고 있는데, 첫째는 새로운 일을 해보고 싶다는 것, 둘째는 우울증이 심해서 우울증을 치료하고 싶다는 것, 셋째는 대학교 때부터 30대 후반이 된 오늘까지 휴식 없는 삶을 살았기 때문에 휴식을 취하고 싶다는 것이다. 첫째는 엄마로서의 역할에 대한 고민, 둘째와 셋째는 스스로를 돌보는 시간을 가지고 싶다는 소망과 관련된다.

연구 참여자의 아들은 현재 초등학교 4학년이다. 연구 참여자는 아들이 초등학교에 들어가기 직전 이혼을 했기 때문에 초등학교에 들어가서부터 지금까지 주말에만 아들을 만나고 있다. 연구 참여자는 엄마로서 아들이 학교에서 어떻게 생활하는지 궁금해서 학교에 찾아가 담임선생님과 상담을 하기도 했다. 그런데 아들이 이 사실을 알고는 학교에 찾아오지 말라고 했다.

> "처음 애가 여덟 살 때, 그 초등학교 갈 때는 처음에가 제가 마음이가 뭐라고 해야 돼. 이거 아이한테는 제가 엄마가 많이 부족한 거 마음이 있었어요. 유치원 때도 자주 만나요. 원장님하고 선생님하고 근데…." ("그때 왜 만났어요?") "근데 아이한테 어떻게 저거 해야 돼? 엄마니깐." ("아, 교육?") "네. 아이한테 어떻게 해야 돼 엄마니깐. 그거 많은 거예요. 나 그거 못 하니깐. 그거 덕분에 만났어요. 근데 후에가 제가 또 만나고 싶은데, 아들 그런 거 싫어하는 거예요." ("왜?") "엄마가 왜 자주 선생님 만나요? 다른 친구, 친구들 엄마가 자주씩 안 만나니깐 조금 이상한 거예요. 엄마 그렇게 하면 이런 생각이 있었어요. 그래서 제가 후에가 알았어. 안 만날게요. 근데 처음 아들 이야기했어요. 엄마가 외국 사람이기 때문에 그 다른 친구들 엄마처럼 잘해주지 못 하니깐 그래서 엄마가 선생님 한번 만나고 싶어요. 아들한테 '어떻게 좀 해야 돼, 엄마가 어떻게 해야 돼.' 그거 말하는 거예요. 근데 아들 하는 말이 '안

해도 돼요. 괜찮아요.' 남자니깐 마음이 조금 강한 거 있어요. 그래서 거기부터는 다시 안 싫었어요."

연구 참여자는 자신이 외국인이기 때문에, 또 곁에서 돌봐주지 못하기 때문에 아들에게 엄마로서 제대로 역할을 해주지 못하는 것에 대한 미안함이 있고, 이를 만회하기 위한 노력으로 아들 학교의 담임선생님을 찾아간 것으로 보인다. 그러나 아들은 '친구들은 그러지 않는다'고 하면서 그런 엄마의 행동에 싫다는 의사 표시를 한다. 연구 참여자는 아들이 혹시 엄마가 외국인이라는 것 때문에 그러는 것이냐고 물으니 그런 것은 아니라고 대답한다. 그러나 학부모들끼리 정보를 공유하는 인터넷상의 활동인 '밴드'에도 가입되어 있어서 어떤 정보들이 있는지 보기는 하지만 활동은 하지 않는다고 한다. 자신은 외국인이고, 한국어를 잘 못하기 때문에 굳이 자신을 드러내려고 하지 않는다는 것이다.

("그냥 엄마가 단지 오는 게 싫어서? 아니면은 뭐… 우리 엄마가 외국 사람이야 이런 거 때문에 싫은 거 아니죠?") "이런 거 때문에 아니에요."

("아들의 친구 엄마들하고 모임이나 뭐 그룹 이런 거 없어요?") "그 처음에가 제가 밴드 있잖아요? 그건 안에 제가 초대했어요. 저도 안에 들어가 있어요. 근데 그때는 만난 적도 없었어요. 제 자신도 조금 부족하고 외국 사람이니깐 한국말 조금 못하니깐 혹시 만나면 더 안 좋은 점도 있어요. 그래서 이런 생각 다른 친구 애도 있으니깐."

연구 참여자는 엄마로서의 정체성과 중국인으로서의 정체성 사이에 존재하고 있다. 그리고 엄마로서 아들을 잘 양육하기 위해서는 중국인으로서의 정체성은 감추어야 하는 것으로 여기고 있다. 이는 새로운 일을 모색하려는 시도로 이어진다.

> ("한번 쭉 이야기해봐요. 뭐 배우고 싶어요?") "그냥 배우고 싶은 거, 제가 시간 조금 많았어요. 나이가 지금 40이잖아요. 나이도 어린 거 아니고, 나중에 아이한테 좋은 일이에요. 아, 나 우리 엄마가 이런 일을 했어요. 이런 일을 하고 있는 거예요. 아이한테도 일을 할 때는 친구 만날 때, 뭐 신기하지 않은 거, 그거는 한 가지 그런 일을 하고 싶어요." ("그게 뭘까요?") "음…. 제가 생각…. 그건 잘못 못 한 거 아니에요. 제가 그냥 중국인, 중국 사람이잖아요. 제가 잘하는 거 중국어밖에 못 하잖아요. 제가 중국어 선생님 한번 하고 싶어요."

연구 참여자는 자신이 하고 있는 일, 의료 코디네이터로서의 일 자체는 적성에 맞는다고 생각하면서도 그만두려고 하고 있다. 의료 코디네이터는 중국인으로서의 언어 · 문화적 정체성을 십분 활용하는 것이고, 중국에서 간호사로 일한 경력을 인정받는 일이기도 하다. 그러나 연구 참여자는 엄마로서 아들이 주위에 "우리 엄마가 이런 일을 한다"고 알릴 수 있는 일이 아니라고 여기고 있다. 엄마 역할을 수행하는 데 방해가 되는 일로 인식하고 있는 것이다. 그러면서 아들이 주위에 엄마의 일로 알리기 좋은 일은 '신기하지 않은 거'라고 한다. 연구 참여자는 의료 코디네이터를 그만두더라도 그 외에 자신이 할 줄 아는 일은 중국어밖에 없기 때문에 중국어 교사가 되기 위한 준비를 하겠다고 한다. 의료 코디네이터와 중국어 교사는 모두 중국인으로서의 언어 · 문화적 정체성을 살리는 직업이기 때문에 연구 참여자가 말하는 신기하지 않은 일이란 무엇인가에 대한 의구심을 갖게 한다. 그런데 의료 코디네이터는 중국인을 대상으로 하는 일인 반면, 중국어 교사는 한국인을 대상으로 한다는 점에서 차이가 있다. 아들에게 좋은 엄마가 되기 위한 연장선상에서 한국 사회의 구성원으로서 대인관계를 확장해가야 한다는 문제의식이 직업을 재고하게 한 것으로 보인다.

연구 참여자가 직업을 바꾸려고 하는 세 번째 이유도 '한국 여자들이 하는 요리를 배우고 싶다'는 것과 관련된다. 한국 엄마들과 마찬가지의 엄마 역할을 아들에게 해주고 싶다는 소망이 한국 요리를 배우고자 하는 지향으로 드러나고 있는 것이다.

또한 연구 참여자는 우울증이 심하다고 고백하고 있다. 연구 참여자는 연애에 실패하고 새로운 삶을 기대하고 한국으로 이주했으나, 한국에서의 삶에서도 불화와 갈등을 반복했다. 그리고 경제적 가장으로 생계를 책임지는 역할까지 수행해야 했다. 이러한 삶의 부침으로 인한 심리적 괴로움을 다독일 새 없이 달려오다 보니 문제가 누적되어 불안정한 심리 상태로 불거지고 있는 것이다. 이는 대인관계를 회피하는 경향으로 이어진다.

"제가 왜 그러면 특히 가정 간 이러이러한 일이 있으니깐 이런 말과 일을 할 때는 좀 예민했어요. 누구도 만나기 싫으니깐." ("그런데 친구를 아니, 누구를 만난다고 해서 ○○○씨의 과거 뭐 남편의 이야기 이런 거 다 할 필요는 없잖아요?") "근데 필요는, 우리 그렇게 안 하면 필요없어요. 근데 어떤 사람들 처음에 만날 때 꼭 물어봐요. 여자니깐 궁금함 많아요. 아, 남편 무슨 직업해요. 뭐 하는 거야. 제가 거짓말하는 사람도 아니니깐 거짓

말까지 하는 못하잖아요. 그래서 안 만나고 말 안하는 것 더 나아요. 마음이 편해요. 이런 마음이 제가 지금 누구랑 만나기 싫은 거예요. 제가 친구가 그 처음에 한국 왔을 때 그 한국어 배울 때 만난 친구 몇 명 있으니깐. 그 ○○하고 ○○○하고 그 사람들은 제가 지금 모든 상황 알고 있는 거. 한국 사람들 거의 몰라요. 제가 이야기 안 해요. ○○○도 안 만나는 거 요거 그거 좀 있어요."

연구 참여자는 자신의 사정을 모두 알고 있는, 한국어를 배울 때 만난 결혼이주여성 몇 명을 제외하고는 새로운 관계를 맺지 않는다. 자신이 어떤 상황에 있고, 어떤 경험들을 해왔는지에 대해 말하고 싶지 않기 때문이다. 이는 연구 참여자가 엄마로서 아들에게 신기한 존재가 되지 않기 위해 직업을 바꾸려고 한다는 것과 관련이 있는 것으로 보인다. 남편과의 불화나 이혼은 자신을 평범하지 않은, 신기하고 특별한 존재로서 관심을 끌게 되는데, 그러한 관심을 부담으로 받아들이고 있다. 이는 자신에 대해 밝히지 않으려는 침묵에의 지향으로 드러난다. 즉, 연구 참여자는 주위 사람들과 별다를 바 없는, 눈에 띄지 않고 관심 끌지 않는 사람이 되고자 하는 지향을 가지고 있다고 볼 수 있다.

④ 희망하는 미래상: 「국제결혼법」 개정, 심리상담 지원

연구 참여자 11이 한국 사회에 거주하며 그리는 미래상은 크게 3가지인 것으로 판단된다. 첫째, 국제결혼을 하려는 당사자들이 배우자의 언어 · 문화에 대해 교육을 받도록 해야 한다는 것이다. 둘째, 한국에서 이민자의 출입국을 담당하는 기관이나 국제결혼을 허가하는 기관에서 결혼 당사자들의 정보를 투명하게 공개해야 한다는 것이다. 셋째, 연구 참여자는 자신에게 심리적인 문제가 있어도 심리상담을 받을 수 없었는데, 심리상담을 받으면 사회적 불이익을 받게 될 것을 걱정해서였다. 따라서 심리상담이 필요한 사람들이 이러한 걱정 없이 상담을 받을 수 있도록 하는 제도의 개선이 필요하다. 첫째와 둘째는 「국제결혼법」 개정의 세부 내용이 될 것이고, 셋째는 다문화가정에 대한 심리상담 지원 부분에서 고려해야 할 것이다.

연구 참여자는 국제결혼을 하는 사람들이 배우자에 대해 알려는 노력이 선행되어야 한다고 보고 있다. 이는 서로의 언어 · 문화에 대한 교육을 이수하는 것으로 해결해야 하는 것이다. 국제결혼을 한 사람들이 심각한 부부갈등을 겪는 가장 큰 이유가 서로에 대한 이해의 부재에서 비롯되며, 이러한 이해의 부재는 서로가 어떻게 살아왔는가에 대해 이해하려는 노력을 하지 않았기 때문에 발생하는 것이라고 보는 것이다.

또한 연구 참여자는 국제결혼 전에 남편에 대해 알 수 있는 방법이 있었다면 지금과는 달라졌을 것이라고 생각하고 있다. 자신의 어떤 잘못된 행동에 대한 결과가 아니라, 결혼 상대자인 남편의 문제로 자신까지 불행해진 것이라고 보고, 결혼 당사자가 겪게 될 이러한 불가항력적인 불행을 미연에 방지하기 위한 노력이 필요하다는 것이다. 이를 위해 서로가 어떤 사람인지에 대해 알 수 있도록 상대에게 정보를 공개하는 제도를 시행하는 것이 도움이 될 것이라고 보고 있다. 또한 이는 어느 한쪽의 정보만 공개해서 해결할 수 있는 것이 아니라, 결혼 당사자 둘 모두의 신상정보를 공개해야 해결할 수 있다고 본다.

"한국에 문화." ("문화.") "네. 그거는 꼭 가르쳐주는 거 좋은 거예요.

네 뭐 여자가 한국처럼 여자가 뭘 해야 되지 좋은 거예요. 우리 지금 외국 사람 한국 오는 거 또 자기 나라에서 습관 하는 거, 한국 남자 그거 바꿔주고 싶은데 제가 보면 그런 거 많아요. 그래서 가정에서 싸우는 거 더 많지요. 베트남 여자도 그렇고, 중국 여자도 그렇고, 필리핀 여자도 그렇고 자기 나라에서 여자들 나 그렇게 했어요. 한국 와서 한국 남자 그렇게 하는 거 모르니깐 자기 그냥 베트남 여자처럼, 베트남 남자처럼 그렇게 바꾸면 못 사귀는 거죠. 그래서 계속 싸운 거, 막 결혼, 이혼하고 한국 여자도 그렇고 우리 중국 여자도 그렇고 너무 강해요. 우리도 한국 여자처럼 '아, 우리 이거 해야 돼.' 이거 많은 거예요. 한국 남자 신경 그렇게 덜 써요. 조금 이해해주는 거 그러면 싸움도 많이 없고, 이혼도 많이 없어요. 이거 제일 심한 거예요."

("그리고 또?") "그리고 또 한 가지 제가 또 이런 말, 제일 많이 하는 거 조금 뭐라고 해야 돼. 제가 어떤 때 보니깐 저 처음 여자 뭐 조금 좋은 여자 이거 뭐라고 해야 돼. 조금 잘 모르는 뭐라고 해야 돼…. 조금 나쁜 남자 만나는 거 조금 많아요. 근데 진짜 한국 남자 중 남자, 괜찮은 남자. 외국 여자 만나는 잘못 만나는 여자 좀 많아요. 이거 국제결혼의 문제점 있어요." ("아, 국제결혼의 문제점.") "문제점. 남자의 수준과 여자의 수준을 맞추어야 해요." ("아, 그러니깐 남자의 수준과 여자의 수준을 맞추는 거?") "이거 판단하는 거 있어야 돼." ("누가 판단해줘?") "그래서 내…. 판단해주는 거 나라에서 판단해야 돼. 아니면 출입국에서 잡아야 돼요. 이 둘이 진짜 안 맞으면 제가 옆에 사람 보면은 두 사람 오래 못 살으면 이미 결혼하지 말라고 해야 돼요. 근데 지금은 한국 남자 돈 조금 내고 외국 여자 데려올 수 있어요. 그럼 바로 살다가 이혼하고 헤어지고 그

런 거 진짜 많아요. 그거는 뉴스도 자주 나오잖아요. 이런 사고도 많이 치니깐. 내 말이 그 쉽게 결혼하지 말라 해야 돼요." ("아, 그러니깐 「국제결혼법」을 강화해야 한다는 거죠?") "맞아요. 선생님 말 맞는 거예요. (둘 다 웃음) 근데 제가 한번 속상했으니깐." ("어, 그렇죠⋯.") "네. 나라에서 왜 그러면 그 남자 제가 모르는 거예요. 딱 한~두 번 만나니깐 옛날 무슨 일 있는 거, 과거 무슨 일을 했는 거, 우리는 외국 여자는 모르는 거예요. 만약에 알면은 출입 금지를 해야지. 나라에서 하지 말고, 아니면 우리 중국 여자도 이런 일도 많아요. 중국 여자도 집에서 도박도 하고 또 대출도 많이 했어요. 근데 다시 중국의 남자도 못 만나는 거예요. 그래서 한국에 왔어요. 이런 경우도 많아요."

연구 참여자는 국제결혼을 하고 한국으로 이주한 직후에는 한국어를 잘 못하고 한국에 아는 사람도 없어서, 이혼한 후에는 사람들과 가까워지면 자신의 상처에 대해 밝혀야 하는 상황이 생기는 것이 싫어서 가급적이면 대인관계를 회피해왔다. 이러한 빈약한 대인관계는 연구 참여자에게 심리적·정서적 지지기반의 빈약함과 관련이 있어서 연구 참여자가 심리적 문제를 해결하는 데 큰 도움을 주지 못하고 있다.

연구 참여자는 심각해진 우울증을 치료해야 한다는 생각도 가지고 있지만, 다른 한편으로 이를 드러냈을 때 한국 사회로부터 배척당할까봐 두려워하고 있다.

"제가 먼저 상담 받는 거 좋아요. 근데 한국에도 그런 무서운 거 있어요. 만약에 우울증 있으면 상담 받았잖아요. 나중에 다 증거 있잖아요. 이런 거는 제가 모르는 거예요. 이야기 만들어봤어요. 나중에 무슨 일이 있을 때 불이익 그런 거 있어요." ("그래서 그거 때문에 안 받아요?") "응. 그거 때문에 제가 아야 못 살아도 아니고 가끔씩 혼자, 혼자서 다른 방식으로 풀어요."

연구 참여자의 우울증은 이혼한 경험과 밀접한 관련이 있는 것으로 보인다. 연구 참여자는 '나에게 왜 이런 일이 일어났는가'에 대한 무기력감 등을 토로하며 우울증의 인지정서적 특성을 보이고 있다.

"저도 지금 이야기하는 거 조금 창피한 거 있어요. 왜 그러면 나는 조금…. 뭐라고 해야 돼. 너무 정직했어요. 제가 조금 그래. 근데 그래서 이런 사람은 제가 보는 것도 조금 무시하는 거 알 수 있어요. 근데 제가 왜 운명인가 왜 이렇게 나쁜가 이런 사람 만나서 마음이가 계속 상처 받은 거 지금까지 계속 있었어요. 왜 이런 사람 만났어요? 정상 사람 만나면 저도 다른 사람처럼 잘살 수 있어요. 근데 왜 이런 사람 만났어요? 계속 마음에서 뭐라 하는 이런 생각 지금도 넘어가요. 왜 이런 사람 만났어요? 아이 아빠 왜 이런 사람이에요?"

연구 참여자의 우울증 치료를 위해서는 유관 기관의 전문적 심리상담이 필요한 것으로 보인다. 그런데 연구 참여자가 이를 기피하려는 인식도 가지고 있어 이에 대한 해결책이 필요해 보인다. 연구 참여자는 그에 대한 바람은 토로하고 있지 않으나 한국 사회가 연구 참여자처럼 이혼한 결혼이주여성의 심리적 문제 해결을 위한 실효성 있는 대책을 마련해야 할 필요가 있다고 본다.

(3) 연구 참여자의 특징

연구 참여자 11이 한국 사회 적응 과정에서 보이는 인지정서적 특징을 정리하면 다음과 같다.

첫째, 고난을 이겨내왔다는 것에 대한 만족감보다 자신이 스스로 해결할 수 없는 부분에 대한 좌절감과 무력감이 큰 것으로 보인다. 연구 참여자는 남편의 반복된 마약 전과로 이혼을 경험했다. 그 과정에서 경제적 가장으로서 남편의 부재를 대신하기 위해 고군분투했다. 현재는 남편과 이혼하면서 갈등이나 불화도 경험하고 있지 않고 적성에 맞는 분야에서 일도 하고 있지만, 심리적 문제를 토로하고 있다. 연구 참여자는 스스로 이런 고난들을 잘 헤쳐나왔다는 데 의미를 두고 있기보다 자신은 그런 일을 초래할 만한 잘못을 하지 않았음에도 '왜 그런 일이 생겼을까'에 더 중점을 두고 있다. 이러한 외부적 요인은 개인의 능력으로 해결할 수 없는 것이기 때문에 개인에게 좌절감과 무력감을 갖도록 한다. 또한 연구 참여자는 이러한 문제를 해결함에 있어서 주위의 도움을 받기를 꺼리며 정서적 고립을 자처하고 있다. 연구 참여자가 우울감을 해소하지 못하는 데는 이처럼 약한 사회적 지지기반도 영향을 미치고 있는 것으로 보인다.

둘째, 엄마로서의 정체성과 중국인으로서의 정체성의 충돌을 경험하고 있다. 사회적 역량을 발휘하기 위해서는 연구 참여자가 중국에서의 직무 경험과 중국인으로서의 정체성을 활용해야 한다. 그러나 엄마로서의 역할에 충실하기 위해서는 중국인으로서의 정체성은 별 도움이 되지 않는다고 여기고 있다. 아들에게 한국 엄마처럼 해주기 위해 자신이 잘할 수 있고, 잘하고 있는 일을 그만두려고 한다. 연구 참여자는 이처럼 한국 사회의 적응에서 '특별하게 되지 않기'를 추구하고자 한다.

이를 종합해보면, 연구 참여자 11은 문화적응의 유형 가운데 '동화인'에 해당한다고 볼 수 있다. 연구 참여자 22와 마찬가지로, 한국 정주민에게 자신이 가지고 있는 언어 · 문화적 배경을 감추는 것으로 동질성을 획득하려 한다. 이와 같은 행동 방식은 특히 부모로서의 역할을 수행해야 할 때 두드러진다. 연구 참여자는 아들이 원하는 엄마가 되기 위해 한국 여자처럼, 한국 엄마처럼 되려고 하는 지향을 보인다. 이처럼 중국인으로서의 정체성을 감추고 한국 엄마처럼 되기 위해 노력을 기울이는 모습은 '동화'에 해당하는 특징이라 할 수 있다.

마지막으로 연구 참여자의 경험에서 한국 사회의 사회제도적 개선점을 찾아보면 다음과 같다.

첫째, 「국제결혼법」을 수정 · 보완해야 할 필요가 있다. 첫째, 결혼 상대의 언어 · 문화에 대한 문화 교육이 필요하다. 이는 이로 인한 부부 갈등의 위험을 줄이기 위해서도 반드시 필요하다. 둘째, 정부 차원에서 결혼 상대에 대한 정보의 공개를 관리해야 한다. 지금으로서는 개인 차원에서 이를 감당하고 있기 때문에 속이기도 쉽고, 속기도 쉽다. 이는 가정 붕괴의 원인이 되기 때문에 공적 영역에서의 관리가 필요하다.

둘째, 다문화가정 구성원이 부담 없이 심리상담을 받을 수 있도록 제도적 정비가 필요하다. 연구 참여자는 우울증 치료를 받았다는 기록이 유출되어 다른 사회생활을 하는 데 부정적인 영향을 미칠 것을 걱정하고 있다. 이는 우울증 치료와 관련한 기록이 철저한 비밀 보장이 되지 않을 것이라는 불신으로 인한 것이다. 심리상담이 필요해서 받으려는 사람들에게 이러한 불안감을 주지 않으려면 개인의 신변 정보의 비밀 보장과 관련한 사회제도적 장치가 마련되어야 할 것이다.

3) 연구 참여자 16(결혼이주여성)

(1) 문화적응 생애담 요약

연구 참여자 16은 중국 위해 출신으로 40대 후반의 한족 여성이다. 중국에서 지금의 남편을 만나 결혼하고, 아들을 낳았다. 결혼 초기에는 남편이 한국에서 지내면서 중국을 오갔고, 연구 참여자는 아들과 함께 주로 중국에서 지냈다. 한국에서는 집도 좁은 데다 육아를 도와주는 사람이 따로 없었기 때문에 아이를 돌볼 동안에는 다른 일을 할 수 없었다. 반면 중국에는 친정엄마도 계시고 많은 도움을 받을 수 있었다. 연구 참여자는 아들이 네 살 무렵이던 2007년 한국으로 이주했다. 이주 당시 아들은 한국어를 전혀 할 줄 몰랐으나 현재는 한국어를 잘 구사한다. 학교에서는 중국에서 왔다는 사실을 감추고 있다. 연구 참여자는 현재 초등학교 6학년인 아들이 내년에 어떤 중학교에 가게 될 것인지에 대해 많은 관심을 가지고 있다.

연구 참여자는 생계에 보탬이 되기 위해 모텔 청소 아르바이트를 하고 있다. 연구 참여자는 결혼하고 한국으로 이주해오기 전까지 남편에게 생활비를 받아서 생활했기 때문에 남편의 경제사정이 어떤지에 대해 전혀 몰랐다. 그런데 한국에 와서 보니 남편은 술과 도박으로 번 돈을 모두 탕진하고 있었다. 한국에 와서도 한동안 몰랐으나, 몇 달 동안 집에서 사용한 수도 · 가스 요금 등이 체납되어 수도와 가스가 끊기면서 알게 되었다. 연구 참여자는 남편의 대책 없는 씀씀이에 절망해서 자살기도를 한 적도 있다. 현재는 남편이 건강상의 문제로 금주하고 있고, 일 때문에 베트남으로 파견을 나가 가끔 집에 돌아온다. 그리고 일하면서 번 돈을 모두 연구 참여자에게 송금하고 있다. 연구 참여자는 지금보다 큰 집으로 이사 가는 것이 꿈이다.

(2) 문화적응의 내러티브

① 한국으로의 이주 초기: 혼자 감당하기 어려웠던 육아, 남편에 대해 전혀 모르고 시작한 결혼생활

연구 참여자 16은 2000년대 초에 중국에서 남편과 결혼했다. 그리고 4년 정도는 한국에 정착하지 않고, 중국과 한국을 오갔다. 연구 참여자는 결혼해서 아들을 낳아 키우는 동안 중국에 있는 친정에 머물렀고, 남편은 한국에 거주하며 중국을 오갔다.

연구 참여자가 어린 아들과 중국에 계속 머무른 이유는 자녀의 육아 환경이 한국보다 중국이 더 나았기 때문이다. 한국에서는 아는 사람 하나 없는 환경에서 아들을 오롯이 혼자 돌봐야 했다. 육아에 대한 부담을 토로할 데 없이 사회적 고립감을 견뎌야 하는 것이다. 그러나 중국에는 친정엄마도 계시고 아는 사람도 있었다. 여러 사람의 도움을 받을 수 있었기 때문에 육아에 대한 부담도 한국에 비해 적었고, 정서적으로 지지를 받을 수 있는 유대관계가 조성되어 있는 환경이었기 때문에 엄마와 아들 모두 심리적인 안정감을 가질 수 있었다.

("그때는 왜 ○○○ 씨는 아들하고 중국에 가 있었어요?") "○○ 때문에요. 애

키우는 게 혼자 힘드니깐 여기에서는 아무도 도와주지 않아요. 중국에 가면 엄마도 계시고 다 같이 있으니깐 힘 안 들어요. 그래서 중국 자주 갔어요. 여기 혼자 ○○ 맨날 혼자 있어요. ○○ 봐도 집안일 때문에 애기 못 봐요. 맨날 여기 한국에 있어도 둘이 집에 있어요. 일도 안 다니고 그래서 맨날 중국 갔어요."

연구 참여자는 아들이 네 살 때 한국으로 완전히 이주해왔다. 중국에서 자란 아들은 이주 초기에는 한국어를 할 줄 몰랐다. 지금은 중국에서 왔다는 사실을 밝히지 않으면 모를 정도로 아들은 한국어를 잘 구사한다. 그러나 한국어가 서툰 연구 참여자는 집에서 여전히 중국어를 사용하고 있다.

연구 참여자는 결혼은 했지만, 몇 년 동안 거의 떨어져 지내면서 남편이 어떻게 생활하는지에 대해 잘 몰랐다. 얼마를 벌고, 번 돈을 어떻게 사용하고, 어떤 사람들과 어떻게 어울리는지 등에 대해 전혀 몰랐던 것이다. 경제권을 남편이 가지고 있어서 생활비는 남편이 주는 대로 썼다. 게다가 연구 참여자는 한국에서의 생활에 대해서도 잘 몰랐다. 연구 참여자는 공과금이 밀려서 일상생활을 하기 어려운 지경에 이르러서야 남편의 경제 형편에 대해 알게 되었다. 남편은 번 돈을 모두 술과 도박에 탕진하고 있었다.

"진짜 월세도 못 냈어요. 몇 달. 세 달, 다섯 달 정도. 가스비도 안 내서 가스도 끊겼어요. 가스 회사 와서 가스도 끊었어요." ("가스비를 못 내서요?") "다섯 달 정도? 내가 몰라요. 아무것도 몰랐어요. 무슨 통장 어떻게 만드는지도 몰랐어요. 돈 다 ○○아빠가 관리했어요. 그래서 물세도 3개월 안 냈어요. 이 정도예요. 얼마나 진짜 스트레스 받아서, 엄청 힘들었어요."

"남편이 도박으로 돈 다 쓰고 돈이 없으니까 자동차 친구한테 주고 돈 빌렸어요. 그래서 내가 죽는다고 맥주병을 깨서 내 여기 팔을 찔렀어요. 그래서 피가 많이 나왔어. ○○아빠가 놀래서 구급차 불렀어요. 병원에 갔어. 그때 왜 안 죽었어요. 후회했어요. 그때 죽었어야 해요."

요즘 중국 여자들은 한국 남자와 결혼할 때 연구 참여자처럼 하지 않는다. 결혼 당사자와 온 가족이 결혼할 한국 남자가 한국에서 어떻게 사는지, 어디에서 사는지, 가정 형편은 어떤지, 연봉은 얼마나 되는지 등을 꼼꼼하게 따진다. 예전과 달리 비자도 잘 발급되기 때문에 중국 여자들은 여행비자를 받아 결혼을 중개하는 사람과 함께 한국으로 들어와 모든 상황을 살피고 결혼을 결정한다. 그러나 연구 참여자는 자신에게 위기가 닥치고 나서야 남편이 어떻게 살고 있는지에 대해 알게 되었다. 남편에 대해서도, 한국에서의 생활에 대해서도 전혀 모르는 채 결혼생활을 시작했기 때문이다. 심지어 한국어도 잘 못했다. 그것은 한국에 10년 정도 거주한 지금도 마찬가지다.

② 문화적응 전략 1: 혼자서 잘하는 아들, 엄마를 감추려는 아들의 뜻에 맞춰주기

연구 참여자 16의 아들은 현재 초등학교 6학년이다. 활발한 성격으로 교우관계가 좋은 편이다. 담임선생님과 상담할 때 아들이 학교에서 어떻게 생활하는지 물어보니 교우관계도 좋고, 숙제도 잘 해온다고 했다고 한다.

(“담임선생님이 ‘엄마들 오세요.’ 해서 공개수업도 하고 상담도 하고 그러잖아요.”) “그냥 상담만 갔어요.” (“그러면 선생님한테 뭐 물어봤어요?”) “선생님이 집에서 어떻게 공부하고, 어느 학원 다니고, 또 평일에 어디 가는지 물어봤어요.” (“선생님이? 그러면 ○○○ 씨는 ○○이에 대해 궁금한 거 없었어요? 그냥 대답만 해주고 왔어요?”) “그냥 내가 선생님한테 ○○이 학교생활 어떻게 하는지 궁금해요. ‘선생님, 친구들하고 잘 놀아요?’ 제가 여쭤보고 ‘공부시간, 선생님 가르치는 시간 잘 들어요?’ 이런 거 물어보고.” (“그럼 잘한다고 해요?”) “숙제, 학교에서 숙제 내주면 안 하는 거 없어요. 다 집에서 다 해온다고 했어요.”

그런데 연구 참여자는 아들이 학교 숙제에 대해 물어봐도 대답을 해줄 수 없다. 그러면 아들은 “왜 엄마인데 이런 것도 모르냐?”고 하면서 혼자 컴퓨터로 찾아서 숙제를 해간다. 연구 참여자는 아들이 학교에서 공부에 어려움이 있거나 교우관계로 어려움이 있어도 엄마로서 도움을 주려고 하지 않고, 아들도 엄마에게 도움을 기대하지 않는다.

“어쩔 때 공부 모르면 짜증나요. ‘나는 왜 이런 거도 못해요. 엄마는 왜 이것도 몰라요?’ 하면서 짜증내요.” (“그러면 그걸 어떻게 해결해요?”) “집에 와서 얘기하고 뭐 때문에 내가 할 수 없어요. ‘엄마 모르니깐 내가 컴퓨터에서 찾아볼게요.’ 하고. 또 어쩔 땐 친구들한테도 물어보는데 친구 잘 안 가르쳐줘요. 그래서 짜증내요. 또 친구들 놀다가 다투면 집에 와서 울었어요."

연구 참여자의 아들은 친구들에게 화가 나도 친구들에게 말하지 못하고 집에 와서 화를 삭인다. 친구들에게 엄마가 중국 사람이라는 것, 집이 좁다는 것을 보여주고 싶어 하지 않는다. 이를 통해 친구들에게 좋은 모습을 보이지 않으면 안 된다고 여기고 있음을 알 수 있다. 자신의 약점을 드러내지 않으려고 하는 것이다. 이는 이러한 사실이 알려져도 친구들과 잘 지낼 수 있을 것이라는 믿음이 없기 때문으로 볼 수 있다.

("그럼 ○○이가 마음에 있는 말을 충분하게 할 수 있도록 상담을 해주고 그런 거 안 해봤어요?") "상담 없어요. 우리 둘이 집에서 대화 많이 해요. 내가 달래주면 '엄마, 나 빨리 돈 벌고 싶다.'고 해요. 아들은 집이 월세라는 것도 싫고, 좁아서 친구들 데리고 올 수 없는 것도 싫어요. 그리고 내가 중국 사람이라는 것도 싫어서 이제 학교도 못 오게 해요. 그래서 둘이만 얘기 많이 해요. 저도 참으라고 해요. 밤에 혼자 울어요."

연구 참여자는 아들의 한국 학교생활을 도와주지 못한다. 아들은 엄마를 든든한 버팀목으로서 의지하고 있지 않으며, 자신의 힘으로 모든 것을 해결하려고 한다. 엄마에게 기대해도 엄마가 해결해줄 것이라고 믿지 않는 것으로 보인다. 아들은 공부에 대해서도, 교우관계에 대해서도 엄마에게 조언을 구하지 않으며 엄마가 중국인이라는 사실을 감추어주기를 요구한다. 엄마가 중국인이라는 사실을 본인의 약점이라고 생각하고 있는 것으로 볼 수 있다.

연구 참여자는 전적으로 아들의 말을 신뢰하고 따른다. 부모가 자녀를 교육하는 관계의 구도가 역전되어 있는 것이다. 연구 참여자는 스스로 엄마로서 자녀를 교육할 능력이 없다고 여기고 있다. 그래서 아들이 자신과 관련된 모든 것을 스스로 결정하고 해결하면 엄마는 그에 따르겠다는 태도를 취하고 있는 것이다.

> ("○○이가 엄마를 위로하고 가르쳐요?") "같이 얘기하다 반대로 내가 교육받아요. 무슨 '엄마, 이렇게 교육 안 되어요. 엄마가 이거 해야 돼, 저것 해야 돼. 이거 안 돼요. 내가 다 스스로 해야 돼. 내가 잘할 수 있어요. 걱정하지 마세요. 이거 꼭 할 거야. 저거 꼭 해야 돼.' 내가 스트레스 받아. 그래서 내가 '○○아, 생각해봐. 엄마가 가르치지 못 해.'"

또한 연구 참여자의 아들은 연구 참여자가 중국어를 사용하는 것에 대해 '한국어를 못해서'라고 여긴다. 부모로서 자녀에게 '중국어를 가르치기 위해'가 아니라 엄마가 '한국어를 못해서' 자신에게 중국어를 사용한다고 여기면서 엄마에게 한국어를 배워야 한다고 가르친다.

> ("○○이하고는 집에서 중국말로만 해요?") "그래요. 내가 한국말 못 하니깐." ("밖에 같이 가다가도 중국어로 하고 해요?") "어쩔 때 내가 중국어 하면 '엄마 밖에 있으면 한국말 하세요. 엄마가 자꾸 중국말 하니깐 한국말 못하는 거예요.'라고." ("그러면 그때 뭐라고 말해요?") "괜찮아요. '○○아, 엄마 모르는 것은 니가 가르쳐도 돼.'"

연구 참여자의 아들은 엄마에게 중국인으로서의 정체성을 드러내지 말 것을 요구한다. 또한 연구 참여자는 자신의 정체성을 감추는 것이 아들의 결정이라면 그에 따라야 한다고 여기고 있다.

③ 문화적응 전략 2: 전에 알던 결혼이주여성들과의 관계만 유지하기

연구 참여자 16은 현재 새롭게 맺고 있는 대인관계는 없느냐는 질문에 간명하게 없다고 대답한다.

> ("다른 사람들 요즘에는 통 안 만나고요?") "시간도 없고, 새로 만나는 사람 한 명도 없어요."

연구 참여자는 한국 사람들과의 관계에 대해서는 별로 언급하지 않는다. 이는 연구 참여자에게 가깝게 지내는 한국 사람들이 없다는 것을 의미하기도 한다. 아들, 남편과의 관계가 많은 비중을 차지하고, 간혹 시어머니에 대한 언급이 있기는 하지만, 시어머니가 며느리로서 어떤 역할을 기대해도 생활이 바빠서 부응하기가 어렵다는 내용이다. 연구 참여자가 긴밀한 관계를 유지하고 있는 한국 사람은 심리상담사가 유일해 보인다. 심리상담사는 연구 참여자가 남편과의 경제적인 문제 때문에 자살기도를 했을 때부터 교류하고 있다. 상담사는 정기적으로 연구 참여자의 집에 찾아와 아들을 돌봐주고 연구 참여자에게 심리상담을 해주었다. 연구 참여자는 상담사를 어려울 때 도움을 준 고마운 존재로 기억하며, 관계를 이어오고 있다.

그런데 이 관계도 심리상담사가 연구 참여자를 찾아와야 만남이 이루어지는 관계라고 할 수 있다. 연구 참여자는 가족과 직장생활을 제외하면 대인관계를 맺거나 정서적으로 교류하는 활동은 거의 하지 않는 것으로 보인다.

연구 참여자가 스스로 정서적 교류 활동을 지속하고 있는 관계는 이전부터 알고 지내던 결혼이주여성들뿐이다. 자신도 남편과의 관계에서 심각한 위기를 경험해보았기 때문에 자신과 비슷한 문제를 겪은 결혼이주여성들이 있으면 상담을 잘해주는 편이다. 결혼이주여성들도 무슨 문제가 있으면 연구 참여자를 찾아와 상담을 받는다. 연구 참여자의 아들도 지적하듯, 연구 참여자는 한국에 거주한 기간이 꽤 됨에도 한국어를 잘하지 못한다. 이는 주로 중국어로 소통이 가능한 중국계 이주민과만 관계를 맺고 있기 때문으로 보인다.

④ 희망하는 미래상: 결혼이주여성들끼리의 정서적 교류, 주거 환경 개선

연구 참여자 16이 한국 사회에 거주하며 그리는 미래상은 크게 두 가지인 것으로 판단된다. 첫째, 결혼이주여성끼리 대화를 나눌 수 있는 기회가 많았으면 하는 것이다. 정서적 연대감을 가진 사람들끼리 모여서 소통하는 것만으로도 어느 정도 심리적 문제가 해소되리라 기대하는 것이다.

("우리 다문화가정 사람들을 위해 이런 거 있었으면 좋겠어요. 이런 거 없어요?")
"기회 있으면 자주 내가 같이 만나서 이야기도 하고 스트레스도 풀고 이렇게 하면 좋아. 제일 좋아."

둘째, 연구 참여자의 현재 목표 중 하나는 큰 집으로 이사를 가는 것이다. 아들이 바라는 것이기 때문이다. 연구 참여자가 당당한 부모로서 나설 수 없는 이유와도 관련되어 있는 것으로 보인다. 연구 참여자는 아들이 친구들에게 감추고 싶어 하는 작은 집에 살고 있는 것을 자신의 능력과 가치에 대한 평가로 여기며 그 자신을 '작은 집'과 동일시하고 있는 것이다.

> ("○○이를 위해 한 가지 해주고 싶은 것 있다면 뭐 해주고 싶어요?") "○○이 이렇게 스트레스 안 받게 빨리 우리 집 사야 해요. 큰 집에 사야 해요."

> "다른 친구들 집에 가서 집에 크고 잘살고 우리 지금 창피해요. 내가 생각하기에는 그래서 집에 안 데려와요. '엄마, 빨리 우리 이사 가. 언제 이사 가. 빨리 이사 가고 싶어요.' 그래요."

이처럼 연구 참여자는 결혼이주여성으로서 한국 사회가 어떻게 바뀌기를 바라는가에 대해 소박한 바람을 가지고 있다. 이는 연구 참여자가 미래의 삶보다 현재의 삶을 살아내는 데 더 큰 비중을 두고 있기 때문으로 보인다. 다문화가정에 대한 인식이나 사회제도 개선 같은 한국 사회 전반에 대한 기대보다 개인적인 삶의 질을 개선하는 데 더 많은 관심을 가지고 있다.

(3) 연구 참여자의 특징

연구 참여자 16이 한국 사회 적응 과정에서 보이는 인지정서적 특징을 정리하면 다음과 같다.

첫째, 아들에게 부모로서의 주도권을 일임하고, 아들로부터 결혼이주여성으로서의 정체성을 은폐당하는 것을 수용하고 있다. 이는 스스로 부모로서 제대로 된 역할을 수행하기 어렵다고 판단하기 때문인 것으로 보인다.

둘째, 한국 사회에 대한 기대가 없다. 연구 참여자에게는 한국 사회에 대한 변화의 기대나 바람을 발견하기 어렵다. 이를 위해서는 문제가 무엇인지 파악하고 해결하기 위한 의지가 필요한데, 연구 참여자에게는 그런 모습이 별로 나타나지 않는다. 가령 아들과의 관계에서도 아들이 어떤 문제 때문에 괴로워하면 같이 괴로워하고, 아들이 자기 나름대로 해결책을 생각하면 그대로 할 수 있게 하는 것이 가장 좋은 방법이라고 여긴다. 아들의 진로에 대해 걱정은 하지만, 아들의 진로 결정에 도움을 받을 수 있는 기관을 찾아보려고 하지는 않는다. 아들이 알아서 할 것이라고 믿고 있기 때문이다. 이처럼 한국 사회의 문제가 무엇이고 어떻게 바뀌는 것이 더 좋은지에 대한 구체적 전망을 가지고 있지 않다는 것이 연구 참여자의 특징이라고 할 수 있다.

이를 종합해보면, 연구 참여자는 문화적응의 유형 가운데 '응화인'에 해당한다고 볼 수 있다. 한국 사회 정주민과 일정한 거리를 유지하며, 자신의 언어 · 문화적 정체성이 굳이 받아들여지기를 기대하지 않는다. 한국 사회에서 살고 있지만 자신과 같은 처지의 결혼이주여성과만 교류하고 있다. 이처럼 문화적응에서 정주민과 적극적으로 교류하고 통합하려는 의지를 보이지 않으며 자신의 기존 정체성을 지킬 수 있는 집단과의 교류만 추구하는 분리의 전략을 취하고 있기 때문에 '응화인'에 해당한다고 볼 수 있다.

마지막으로 연구 참여자의 경험에서 한국 사회의 사회제도적 개선점을 찾아보면 다음과 같다.

첫째, 연구 참여자가 바라는 것은 아니었으나, 다문화가정의 자녀가 진로나 학업과 관련한 고민을 상담할 수 있는 경로를 다양화할 필요가 있다. 또한 스스로 정보를 찾기 어려운 대상도 찾을 수 있도록 접근성을 높이는 방법을 찾아야 할 것이다. 정작 도움이 필요한 사람들은 한국어 소통 능력이 떨어져서 더 큰 어려움을 겪고 있는 구성원일 것이다.

둘째, 다문화가정의 주거환경 개선과 관련한 복지 지원이 확대되어야 할 것이다. 현재 연구 참여자와 자녀는 열악한 주거환경으로 인해 어려움을 겪고 있다. 이러한 어려움 해결에 도움이 될 수 있도록 주거환경 관련 복지 시스템이 재정비되어야 할 것이다.

4) 연구 참여자 22(결혼이주여성)

(1) 문화적응 생애담 요약

연구 참여자 22는 중국 흑룡강성 출신의 40대 중반 조선족 여성이다. 중국에서 직업고등학교 졸업 후, 취업을 위해 고향 집에서 기차를 타고 사흘이나 가야 하는 광동성으로 이주했다. 일본 회사에 취업하기 위해 고등학교 내내 일본어를 공부했으나 취업은 한국 회사에 하게 되었다. 연구 참여자는 그곳에서 회사 사장의 아들에게 중국어를 가르치다가 연애하여 2000년에 결혼했다. 결혼 후, 중국에서 사업을 하는 시부모님과 가까이 살면서 딸 하나, 아들 하나를 낳았다. 그리고 둘째아들 출산 후, 복직을 권유하는 시아버지의 뜻에 따라 다시 회사에 나갔다.

그러다가 시아버지가 중국에서의 사업을 정리하고 한국으로 돌아오면서 연구 참여자도 2012년에 한국으로 이주했다. 이주 후 생계를 위해 구직 활동을 했으나 중국에서의 사무직 경험을 인정받기 어려워 생산직 노동자로 취업했다. 이후 다문화가족지원센터에 자격증을 취득할 수 있도록 도움을 주는 프로그램이 있다는 것을 알고 참여했으나 취업에 큰 도움을 받지 못했다. 한국에서 교육 관련 분야나 회사 사무직으로 취업하기 위해서는 한국 대학에서의 졸업장이 필요하다고 판단하여 현재는 한 대학의 중어중문학과에 진학하여 재학 중이다.

(2) 문화적응의 내러티브

① 한국으로 이주를 결심한 계기: 한국 남자와의 연애 그리고 결혼

연구 참여자 22는 중국에 있는 직업전문학교에서 일본어 과정을 수료했다. 졸업 후에는 일본 회사가 많이 모여 있는 중국 내의 한 지역으로 가서 일본 회사에 취업하려고 했다. 연구 참여자가 이런 목표를 가지게 된 것은 외숙모의 영향이 컸다. 외숙모가 그 지역에 자리를 잡고 있는 사촌오빠가 있다고 하면서 연구 참여자에게 그쪽으로 가서 자리도 잡고, 임자도 찾아보라고 권유한 것이다. 연구 참여자는 그 사촌오빠와 잘 아는 사이가 아니었지만, 외숙모의 권유대로 고등학교 졸업 후 집에서 기차를 타고 사흘이나 가야 하는 광동성으로 이주했다.

> "그래서 제가 그… 저희 그때는 일본어를 배워서 인제 그 가정을 이루어서 보탬이 되겠다, 취직을 한다고 그래서 저기 맨 밑에 거기 광동성 혹시 아세요? 글로 간 거예요." ("와, 극과 극이네요?") "예. 거기 저도 아우 저희 때는 그 돈을 번다고 인제 저희도 아시는 분이 사실 잘, 사돈이지 저희 외숙모의 오빠를 쫓아서 그쪽에서 인제 자리 잡고 있다니깐. 그 외숙모가 이제 일본 회사 인제 뭐 거기에서 식사를, 밥을 하신다고 그 조카들도 일본 회사 다니고 하니깐 글로 가서 자리를, 임자를 찾아봐라 해서 저희도 그렇게, 저도 그렇게 가게 된 거예요. (중략) 그니깐 지금 생각해보면 사돈에 팔촌 보지도 못하신 그 사돈, 그 남자분이랑 기차를 3일 타고 간 거예요. (중략) 3일 가서 그것도 모르는 사돈네 가서 신세를 지고 거의 한 달 동안 일자리 찾는다고. 뭐 일본 회사도 면접 보고, 한국 회사도 면접 보고 그분들도 또 아는 인맥을 통해 이렇게 소개를 해주고."

연구 참여자가 고등학교 졸업 후 광동성으로 이주한 이유는 분명하다. 첫째, 스스로 돈을 벌기에 고향보다 더 나은 곳이었기 때문이고, 둘째, 외국 회사에 다니는 남자를 만날 가능성이 높은 곳이었기 때문이다. 연구 참여자는 이와 같은 이유 때문에 새로운 환경에서 새로운 사람들과 만나 새롭게 관계를 맺어야 하는 등 삶의 커다란 변화를 겪어야 함에도 이주를 감행한 것이다. 또한 이는 경제적 여건 개선으로 삶의 질적 도약이 가능할 것이라는 기대에서 비롯된 것으로 보인다.

연구 참여자는 여러 일본 회사와 한국 회사에 면접을 본 끝에 한 한국 회사에 취업했다. 그리고 회사를 다니면서 회사 사장의 아들에게 중국어를 가르치는 일을 하게 되었다. 그러다가 사장의 아들과 연애를 하고, 결혼을 했다. 한국인 사장 부부는 아들과 연구 참여자의 결혼을 드러내놓고 반대하거나 싫은 기색을 내비치지 않았다. 나중에 알게 된 사실이지만, 시부모는 회사 동료들에게 연구 참여자가 어떤 사람인지에 대해 물어보기도 했다고 한다. 그러나 연구 참여자는 시부모가 자신을 '조선족이고 이래서 싫다'고 하는 태도는 전혀 보이지 않았다고 기억하고 있다. 순탄하게 결혼생활을 시작한 것이다.

> "그래도 모르겠어요. 저 앞에서는 그렇게 막 싫어한다, 반대한다는 이야기는 안 하셨는데 뒤에서는 이렇게 뭐 '쟤 어떠냐?' 아버님이 그러셨나 봐요. 그 회사에 이렇게 인사하는 분이나 다른 분한테 '이 아가씨 어떠냐' 물어보고 그러긴 하셨대요. 그리고 어머니도 이렇게 저를, 이렇게 제가 가르치는 중국어 선생님이니깐 옆에서 보시고 뭐 괜찮았나 봐요. 그냥 뭐 그렇게 썩 반대하고 그러지는 않고 인제 1년 만에 예, 뭐 그렇게 결혼하게 되었어요. 그랬다고 너는 중국사람 조선족이고 이래서 싫다, 이렇게 그런 건 안 하신 거 같아요. 예. 제가 보면 뭐 잘하신지 못했는지 어땠는지 모르겠지만 하여튼 그래도 잘 받아주셔가지고."

그럼에도 연구 참여자는 한동안 혼인신고가 되지 않아 '겁이 났다'고 한다. 겉으로는 남편이나 시댁 어른들이 순조롭게 자신을 가족으로 받아들이는 것처럼 보였으나 이는 자신을 속이기 위해 그렇게 보이도록 한 것일 수도 있다고 의심한 것이다. 그 이면에는 한국인 가정에서 사실은 자신을 가족으로 받아들일 마음이 없을지도 모른다는 두려움, 불안이 자리하고 있었다. 그래서 제도상의 문제로 혼인신고가 되지 않는 것이 아니라 시댁에서 자신을 공식적으로 받아들이지 않으려고 의도적으로 지연시키는 것일 수 있다는 의혹을 품은 것이다.

> ("신혼 때는 막 갈등도 있고 그랬을 텐데 어떻게 극복했어요?") "겁이 났어요." ("무슨 겁이 나요?") "어. 인제 그게 사기 내가 당하지 않나? 이런 생각도. 왜냐하면 그냥 부모만 뵈었지만 이분들이 그, 그 또 옛날에는, 옛날에는 혼인신고를 막 해야 되잖아요. 인제. 그게 또 되게 어려운 추석이었어요. 제가 고향에서 그 다 인제 공정한. 요즘에는 뭐 다 계약을 해서 간단한데. 옛날에는 뭐 제가 있는 곳에서 하얼빈 가서 뭐, 뭐 결혼증을 내가지고 그걸 또다시 공증해서 북경 가서 하고 되게 어렵고 복잡했어요, 그때는. 저희 어머니도 고생을 하시고 제가 알기론 그때. 여행사 갔는데 뭐 줄을 서고 뭐 어떻고 계속 막 하기 어려운. 이게 서류가 복잡해서 한 얼마만? 몇 달 걸린 거 같아요. 이래저래 하다 보니깐. 그래서 그게 잘 되는지 저는 다 볼 수가 없으니깐. 내가 진짜 이 집에 호적이 올라갈 수 있는지도 걱정이 되고. 어린 나이에. 어, 이게 진짜 물론 부모님 뵙지만 이게 제대로 되려나? 하다가도 혼인신고도 안 해주고 나서 하다가도 싫다고 하면 어떡해? 이런 생각도 들고."

이러한 연구 참여자의 의혹은 첫딸을 낳고, 결혼생활이 지속되면서 점차 사라지게 되었다고 한다. 연구 참여자는 시부모님과 가까이에 살면서 시부모님이 겉으로 보이는 그대로 자신을 며느리로 받아들이고 있다는 것을 경험적으로 알게 된다. 또한 그 자신도 혼인신고가 지연된 이유에 대해 명절 때문에 관공서가 운영하지 않는 시기였고, 거리가 먼 데까지 가야 하는 데다 앞에 사람이 많이 밀려 있어서 오래 걸릴 수밖에 없는 사정들이 있었다는 것을 납득하고 있다. 특기할 것은 연구 참여자가 이러한 사정을 알고 있었음에도 신혼 초기의 가장 큰 시련으로 혼인신고 지연으로 인한 불안을 떠올린다는 것이다. 이와 같은 연구 참여자의 근본적 불안은 한국으로 이주한 후에도 문화적응 과정에서 특징적인 대응으로 나타난다.

연구 참여자는 결혼 후에도 시부모님이 중국에서 사업을 계속 하셨기 때문에 남편, 연구 참여자, 두 자녀도 함께 중국에서 지냈다. 그러다가 시부모님이 중국에서의 사업을 정리하고 한국으로 돌아오게 되면서 연구 참여자의 가족도 한국으로 이주하게 되었다. 결혼생활 12년째로, 첫째딸이 초등학교 5학년, 둘째아들이 유치원에 다닐 때였다.

연구 참여자가 한국으로 이주한 이후의 삶에 대해 언급한 부분에서 큰 비중을 차지하고 있는 문제는 크게 두 가지다. 하나는 부모로서 자녀 교육에 어떤 역할을 해야 하는가에 대해서이고, 다른 하나는 가정의 생계에 보탬이 되기 위해 어떤 경제활동을 해야 하는가에 대해서다. 이 두 가지 문제에 대해 연구 참여자가 취하고 있는 문화적응 전략이 서로 다른데, 우선 자녀 교육 영역에서 부모로서의 역할에 대해 살펴볼 것이다.

② 문화적응 전략 1: 모국의 정체성 감추기

연구 참여자 22의 첫째딸은 초등학교 5학년까지 중국에서 중국어로 수업을 하는 학교에 다녔다. 그리고 가족들이 한국으로 이주하면서 같이 한국으로 와서 현재는 한국에서 학교를 다니고 있다. 딸이 지금은 한국어를 잘하지만, 처음 한국에 오기 전까지 계속 중국 학교를 다녔기 때문에 한국어가 서툴렀다. 그래서 처음에는 딸이 학교생활을 힘들어했다. 게다가 한국 학생들은 중국에서 온 전학생에 대해 호기심을 보이고, 과격하게는 중국이 "엄청 못살지 않냐"고 말했다는 이야기도 들었다. 연구 참여자는 걱정이 되어 딸의 담임선생님을 찾아가 잘 봐주시라고 부탁하기도 했다.

> "제가 우리 딸을 5학년 때 데리고 왔거든요, 여기에. 근데 처음에 애가 되게 힘들어하는 거예요. 그리고 애가 중국에서 왔다고 애들이 막 너는 너무 좋은 데서 왔다 뭐, 중국에서 왔다고 호기심을 가지고 보는 애 반면 막 중국은 뭐 어떠냐? 거기 사는 게 어떠냐? 거기 엄청 못살지 않냐? 뭐 이런 이야기도 하나 봐요. 이제 그런 생각이 딱 박혀서 제가 그걸 이야기를 못 하겠는 거예요. 그래서 큰애가 그거를 그냥 여자애니깐 그나마 그래도 제가 담임선생님한테 부탁을 했어요. 제가 이렇게 왔는데 선생님이 좀 옆에서 잘 봐주시라고. 왜냐하면 큰애가 올 때는 그, 이 한국말이 잘 안 되었어요. 왜냐하면 거기는 걔는 아예 중국 유치원부터 학교를 보냈거든 5학년까지."

연구 참여자는 딸이 이 시기를 지혜롭게 잘 넘겼다고 이야기한다. 그런데 딸은 이후 엄마인 연구 참여자에게 "엄마, 나는 특별한 거 싫다"고 하면서 학교에서 다문화가정을 대상으로 하는 활동을 해도 참여하기 싫다는 의사를 밝혔다. 연구 참여자는 그 후부터 관련 프로그램에는 일절 참여시키지 않았으며 다른 아이들과 똑같이 편하게 하라고 했다. 딸이 다른 한국 친구들과 다른 점은 엄마가 중국인이라는 것이다. 한국에서 소위 '다문화가정'이라는 범주에 드는 것이 '특별'한 것이며, 이를 불편한 것으로 인식하게 된 것이다.

> "근데 자기가 '엄마, 나는 특별한 거 싫다.' 인제 뭐 다문화 활동 막 이런 거 막 하잖아요. 반에서도 학교에서도. 다문화에 대한 뭐 있어요. 이제 활동도 하고 어디 참여 프로그램도 있고. 그래서 그게 자기 특별해진다는 자체가 싫은 거야. '엄마, 나는 왜 이렇게 특별하게 다문화 활동을 해서 따로 뭘 하는 게 있어야 되는 거야.' 이런 게 싫다는 거야. 그래서 그런 프로그램에 참여해주지 말라는 거예요. 자기가. 예. 우리 애가 그러는지는 몰라도 그 특별하게 다른 걸 한다는 자체가 어…. 지가 싫은 거야. 그래서 그다음부터는 제가 안 했어요. 처음에는 뭣도 모르고 '그래? 이게 도움이 될지 모르겠다. 너한테.' 그래도 이렇게 하다 보면 그런 단체에서 활동하다 보면 자신감 조금 생기지 않을까 싶었는데 싫다니깐 그럼 싫으면 하지 마. 그다음부터는 그런 프로그램 아예 참석을 안 하고 중학교 가서는 또 그런 일은 별로 없었어요. 그래서 그냥 아예 너는 다문화 아니고 그냥 똑같은 애들이랑 같이 이렇게 편하게 해라고."

이와 같은 태도는 둘째아들을 양육할 때도 계속 유지되었다. 둘째아들은 중국에서 한국어를 사용하는 유치원에 반년 정도 다녔음에도 한국에서 처음에 유치원에 갔을 때는 적응하기 힘들어했다. 그러나 초등학교에 입학한 후로는 별탈 없이 다니고 있다. 그런데 연구 참여자는 둘째아들도 다문화가정의 자녀라는 사실을 알리기 꺼려하고 있다.

> ("그게 무서워서 그럼 엄마를 드러내지 않는 거예요?") "예. 그래서 제가 지금 솔직히 저희 지금 아들이 축구를 한다고 해서 지금 운동을 하고 있거든

요. 근데 그런 단체에서도 '제가 저는 중국 사람입니다.' 이렇게 당당하게 말을 못 하겠는 거예요. 인제. 제가 생각하기에는 감독님도 어떻게 생각할 건지 모르겠지만 아니면 그 부모들이 어우… 애를 어떻게 볼려나 좀 생각이 들어서 아직 감히 못 하고 있는데 가까이 지내는 한 분한테는 이야기를 했어요."

연구 참여자는 자신이 중국에서 왔다는 사실을 밝히면 한국 사람들이 자녀를 '어떻게 생각할지 모르겠다'고 하며 학부모 모임에 나가도 '굳이' 알리지 않는다고 한다. 이처럼 연구 참여자는 그 자신이 중국인임을 감추면서 두 자녀도 다문화가정의 자녀임을 되도록 감추며 지내고 있다. 한국 사람들 중에는 그렇지 않은 사람들도 있지만, 중국인이나 다문화가정 자녀에 대해 부정적으로 인식하고 배타적인 태도를 취하는 사람들도 있다고 보는 것이다. 또한 이를 밝히기 전까지는 그에 대해 어떤 생각을 가지고 있는지 알기 어렵기 때문에 이런 상황이 생기지 않도록 하는 최선의 방법은 알리지 않는 것이라고 보고 있다.

이는 자녀에게 어떤 언어를 먼저 가르치느냐에도 영향을 미친다. 딸은 초등학교 5학년까지 중국에서 학교를 다녔기 때문에 중국어를 거의 알아듣지만 본인이 의식적으로 사용하지 않는다. 그에 비해 아들은 거의 중국어를 사용하지 못한다. 연구 참여자는 다른 결혼이주여성에게서 집에서 중국어를 사용하면 자녀에게 중국어를 교육시켜서 좋다는 조언을 들었지만 그렇게 하지 않는다고 하면서 한국에서 살고 있으니 한국어부터 완벽하게 구사해야 하기 때문이라고 한다.

"일단 저는 그래요. 제가 보수적인지는 몰라도…. 너는 일단 그냥 여기 애들하고 차별을 받지도 않고 그러다가 다니다가 뭐, 뭐 인제 베트남, 필리핀, 중국 이런 이야기를 안 듣고 상처를 안 받는 게 저는 중요하다고 생각을 해서 그렇게 가는 거 같아요. 제가 봤을 때도 조금 약간 보수적으로. 어, 너는 일단 한국어를 잘해서 애들하고 차별을 받지 말고 이렇게, 중요하다고 그게 중요하다고 생각을 하니깐 그냥 일단 한국어 위주로 저는 그냥 많이 갔어요."

연구 참여자는 자신이 '보수적'이어서 한국어를 잘해야 학교에서 차별받지 않는다고 생각한다고 한다. 한국 사회에서 중국은 베트남이나 필리핀과 마찬가지로 차별당하는 국가라는 인식이 작용하고 있는 것이다. 연구 참여자가 이처럼 한국 사람들에게 자신이 중국인이라는 사실, 자녀들이 중국인 엄마를 두고 있다는 사실을 밝히기 꺼려하는 이유는 시댁과의 관계를 인식하는 방식과도 관련이 있는 것으로 보인다. 연구 참여자는 시댁 어른들은 정말 좋은 분들이지만, 시댁에서 사업을 한다는 것이 자신을 심리적으로 위축시켰고, 그래서 '기를 못 세우고' 살았다고 한다.

"저는 지금이라면 그게 또 될지는 모르겠지만 제가 그때만 해도 어우 제가 그 마음이 솔직히 제가 말씀드리면 어… 결혼을 해서도 이게 또 시댁이 이렇게 한국 사람이고 인제 사업을 하는. 뭐 제가 그렇게 하다 보니깐 제가 위축이 되는 게 있었어요. 사실은. 이게는 안 그렇다 하지만 마음 쪽이 있어가지고 이제 기를 못 살리는 거 같애. 사실은. 지금 생각에는 어 전 이제 결혼한 지 오래되었고 하니깐 인제 또 애들도 키우고 그렇게 살다 보니깐 그게 별거 아니지만. 음 그동안은 내가 좀 기를 못 세우고 살다 보니깐. 기가 죽으며 살다 보니깐 그게 보이는 거 같아요."

"그냥 거기 위주로 맞춰서 그야말로 벙어리 3년, 귀머거리 3년."

연구 참여자는 자신이 '귀머거리 3년, 벙어리 3년'이라는 말처럼 시댁 어른들에게 순종하며 살았는데, 연구 참여자가 시댁과의 관계에 대해 언급한 부분과 종합해보면 이는 심리적 위축의 반영이라고 할 수 있다. 또한 '시댁에서 사업을 했기 때문'이라고 하는 것으로 보아 자신에 비해 시댁이 더 나은 경제적 조건이나 사회적 위치를 점하고 있다는 판단이 심리적 위축의 근본 원인임을 알 수 있다. 이와 같이 연구 참여자가 시댁을 바라보는 인식의 연장선상에서 한국 사람들과의 관계도 설정되고 있다고 볼 수 있다. 즉, 연구 참여자가 한국 사람들에게 자신의 모국과 관련한 정체성을 감추려고 하는 것은 스스로를 상대와 비교하고 평가절하하는 인식이 반영된 것으로 보인다.

③ 문화적응 전략 2: 한국 사회에서 준 결혼이주여성으로서의 정체성에 기대기

연구 참여자 22는 현재 방송통신대학교에 재학 중이다. 그런데 질문자가 방통대에 왜 들어갔느냐고 물으니 연구 참여자는 '뭘 해서 먹고살아야 하나'라는 걱정 때문이라고 답한다. 연구 참여자는 고등학교를 졸업하고 곧바로 취업전선에 뛰어들었다. 고등학교 졸업은 경제활동을 할 수 있는 최소의 자격 또는 여건이 갖추어지는 기점이 되는 시기라 할 수 있다. 이후 연구 참여자는 경제활동의 독립적 주체로서 자기 역할을 하기 위해 노력을 기울여온 것이다. 이는 오늘날 가정경제의 부담을 나누어 지고 있는 한국 사회의 기혼 여성들에게 공통적으로 보이는 특성이기도 하다.

이는 연구 참여자가 자녀를 중심으로 맺어지는 대인관계에서는 자신의 모국 정체성을 감추려고 하는 것과 다른, 문화적응 전략의 이중 트랙이 구성되는 지점이기도 하다. 연구 참여자는 자신의 경제활동과 관련한 한국 사회로부터의 지원을 역설하는데, 이때에는 다문화가정을 지원하는 센터를 중심으로 지속 가능하고 실효성 있는 대책이 마련되기를 바라고 있다.

"그게 이렇게… 그거를 했는데, 왜 자격증을 딸 수 있게끔 다 해줘야 되는데 그게 아닌 거야. 그냥 그야말로 체험식이야. 아 커피는 이렇게 나오고 이런 식으로 만들고 아메리카노…."

"저는 이랬어요. 다문화 이런 여성들, 이주여성들 잘 배워서 커피숍을 나라에서 내주면."

"실질적인 거는 일단 자기가 행복하게 살 수 있는, 예, 일을 하든지, 배우든지 근데 그거를 이제 아까 말씀 드렸다시피 어… 이런 센터나 이런 데서 해주지만 끝까지 이렇게 할 수 있게 물론 다 본인 문제라고 하긴 하대. 하는 사람들은 하긴 하지만. 그래도 이왕 도와주시면 좀 취업을 할 수 있게끔 솔직히 거의 여기 와서 이렇게 먹고살려면 거의 인제 뭐 제일 힘든, 예, 이제 뭐 회사 식당 이런 데서만 하시잖아요. 근데 그분들이 행복해지려면 어… 기술적으로나 이런 게 지원을 해주시면 좀 끝까지 좀 자기가…."

연구 참여자는 다문화가족지원센터에서 결혼이주여성을 대상으로 운영하는 교육 프로그램에 참여한 경험이 있다. 연구 참여자는 이를 결혼이주여성을 위한 취업 또는 창업 관련 지원 프로그램으로 이해하고 있다. 그래서 프로그램의 교육 기간과 후속 조치 등이 자격증을 취득하거나 창업을 지원하는 데 실효성이 없음을 지적하고 있다. 그러면서 '이왕 도와주시려면 좀 취업을 할 수 있게끔' 해주었으면 좋겠다는 바람을 일관성 있게 언급하고 있다. 이는 한국 사회에서 규정하는 결혼이주여성으로서의 정체성을 받아들이고 활용하는 적극적인 문화적응 전략이라고 볼 수 있다.

④ 희망하는 미래상: 차별 철폐를 위한 인식 및 제도의 개선, 실질적 취업 지원

연구 참여자 22가 한국 사회에 거주하면서 그리는 미래상은 크게 두 가지인 것으로 판단된다. 첫째, '다문화'라는 구분이 사라지고 어떤 언어 · 문화적 정체성을 가지고 있다는 것으로 사람을 평가하지 않는 평등이 실현되는 사회이고, 둘째, 결혼이주여성이 그 자신의 적성과 능력에 맞는 분야에 취업이 가능한 사회다. 취업과 관련해서는 앞서 연구 참여자가 스스로의 정체성을 규정하는 방식을 문화적응 전략과 관련하여 언급한 바 있으므로 이 부분에서는 차별 철폐에 대한 연구 참여자의 인식을 중점적으로 다루고자 한다.

"저는 사실 여기 와서 다문화가정? 그 왜 명칭을 달아줘가지고, 저 이름을 왜 타이틀을 달아줬는지 모르겠어요. 아니 그냥 어 우리 그냥 이렇게 외국 사람하고 결혼한 사람이라고 하면 되지 뭐 다문화가정, 이주여성 이거를 왜 달아줬는지 모르겠어요. 나한테 별명을 달아준, 좋은 별명도 아니고 그게 다 다문화가정이라면 제가 그래도…. 농담 삼아 아니 못사는 나라 베트남, 필리핀, 중국에서 오면 다문화가정이고 미국, 영국, 이런 데서 오면 글로벌 뭐 그래서. 아니 되게 웃겨. 내가 그러는 거예요 저희들도. 그래서 미국에서 왔다고 다 잘사나? 중국에서 오면 다 못사나? 그런 건 아닌데. 저희들 농담 삼아 그런 이야기도 하고 있거든요. 그 왜 이름을 다문화… 저희는 다문화가정입니다 하게끔 만드는지…."

"저부터래도 이렇게 조금씩 이렇게 자리를 잡고 우리 애들은 그런 다문화 뭐 가정 자녀라 이렇게 생각을 하지만 똑같이 뭐 굳이 다문화라고 하지 말고 얘네들이 당당하게 '나는 한국 사람이야, 한국의 똑같은 일원이다. 나도 잘하면 뭐든지 국회의원도 대통령도 할 수 있어.' 예."

연구 참여자는 한국 사회에서 사용하는 '다문화가정'이라는 용어 자체에 차별적 태도가 반영되어 있음을 지적한다. 이 용어 자체가 다문화가정을 다른 한국 가정뿐만 아니라 유럽이나 미주에 있는 국가에서 온 결혼이주민가정과 구별하고 있다는 것이다. 즉, '다문화'라는 용어의 이면에는 결혼이주여성의 출신 국가에 대한 경제적 · 문화적 평가절하가 자리하고 있다는 것이다. 연구 참여자는 한국 사회에서 다문화가정에 대한 차별이 사라지려면 무엇보다 이에 대한 근본적인 인식의 변화가 필요하고, 이를 위해 다문화가정, 결혼이주여성 같은 차별적 용어 사용의 철폐가 이루어져야 한다고 보는 것이다.

또한 연구 참여자는 그 자신부터 한국 사회에 제대로 자리를 잡아야 자녀 세대가 다문화가정이라는 차별적 굴레에서 벗어날 수 있으리라 보고 있다. 그리고 이는 취업을 비롯한 경제적 주체로서의 자립이 중요한 척도가 될 것이라고 기대한다. 따라서 이를 위한 사회적 지원은 한국 사회에서 살아가는 자녀 세대의 미래에도 영향을 미친다는 것이다. 자녀 세대에게 '무엇이든 할 수 있다'는 믿음을 주기 위해서는 부모 세대가 이와 같은 기대가 실현 가능함을 보여주어야 한다는 것이다.

(3) 연구 참여자의 특징

연구 참여자 22가 한국 사회 적응 과정에서 보이는 인지정서적 특징을 정리하면 다음과 같다.

첫째, 한국 사회의 정주민이 자신을 공동체의 구성원으로 받아들이려고 하지 않을 것이라고 여기는 근본적 두려움을 가지고 있다. 이는 특히 한국 가족들과의 관계 맺기 또는 자녀의 교육 관련 대외 활동에서 자신이 중국인으로서 가지고 있는 언어 · 문화적 정체성을 내세우기보다 감추려고 하는 지향으로 나타난다.

둘째, 결혼이주여성으로서 한국 사회에 취업 및 창업 지원 분야의 실질적 도움을 기대하고 있다. 이는 한국 사회에서 소수자이자 사회적 약자로서 차지하고 있는 자신의 특별한 사회적 정체성을 내세우는 것으로, 앞서 언급한 정체성을 감추려는 지향과 상충되는 것이기도 하다. 그러나 이 또한 문화적응 전략의 일환이라 할 수 있다. 경제적 자립을 이루고자 하는 소망을 가지고 있으나 이를 한 개인의 힘만으로는 실현하기 어렵다고 판단하기 때문에 전략적 필요에 의해 사회제도적 지원을 기대하는 것이다.

이를 종합해보면, 연구 참여자는 문화적응의 유형 가운데 현재는 '동화인'에 해당하지만, 자신의 주체성을 되찾기 위해 적극적으로 나서는 모습도 보이고 있으므로 '상호문화인'으로 나아가는 단계에 있다고 볼 수 있다. 현재 연구 참여자의 행동 방식은 한국 정주민에게 자신이 가지고 있는 언어 · 문화적 배경을 드러내면 그들로부터 배척당할 것이라고 두려워하며, 정주민과 다른 부분을 감추는 것으로 동질성을 획득하려 하는 것으로 보인다. 그러나 경제활동 지원 같은 한정적인 분야에서 예외적이기는 하지만 자신의 정체성 드러내기를 시도하고 있다.

마지막으로 연구 참여자의 경험에서 한국 사회의 사회제도적 개선점을 찾아보면 다음과 같다.

첫째, 연구 참여자의 자녀처럼 중도입국청소년의 경우, 한국 학교로 전학하기 전에 한국 학교의 교과 과정이나 수업 분위기 등에 적응할 수 있도록 완충 역할을 하는 교육 서비스 개발이 필요하다.

둘째, 현재 결혼이주여성을 대상으로 하는 직업 교육 또는 창업 지원 프로그램을 재정비할 필요가 있다. 이는 결혼이주여성의 경제적 자립을 도울 수 있을 뿐 아니라 사회구성원으로서 자기 몫을 하고 있다는 자존감 향상에도 기여할 수 있다.

5) 연구 참여자 34(결혼이주여성)

(1) 문화적응 생애담 요약

연구 참여자 34는 중국 내몽골 출신으로 40대 초반의 몽골족 여성이다. 고등학교까지 학업을 마치고 청도로 이주하여 한국 회사에 다녔다. 연구 참여자는 한국 회사에서 과장 직급의 관리자로 일하던 중 같은 회사의 부장이던 한국 남자와 연애결혼을 했다. 나이 차이가 열다섯 살이나 났지만 성품이 착하고 성실했고, 한국에 재산이 있다는 말도 믿었기 때문이다.

연구 참여자는 2000년에 결혼을 하고, 3년 정도는 중국에서 결혼생활을 하며 남편과 함께 액세서리 제조회사를 운영했다. 그러다가 2003년에 한국으로 이주했다. 그런데 한국으로 이주하고 보니 남편의 재산은 월세방이 전부였다. 게다가 남편은 가정폭력으로 소송을 당해서 이혼한 경력까지 있었다. 한국으로 이주하고 6개월 만에 안 사실이었다.

그러나 연구 참여자는 한동안 그저 열심히 살았다. 주중에는 남대문시장에서 액세서리 도매상을 하고, 주말에는 식당에서 아르바이트를 했다. 그 와중에 자녀도 태어났다. 그러나 자녀가 두 살 될 무렵 남편의 가정폭력이 극에 달했고, 연구 참여자는 결국 어린 자녀를 데리고 집을 나왔다. 그 후 소송을 통해 남편과 이혼하고 지금은 자녀와 함께 살고 있다.

그런데 자녀를 초등학교에 입학시키고 얼마 후, 담임선생님에게서 자녀가 이상하다는 연락을 받게 되었다. 그래서 병원에 데려가 보니 경계선 성격장애라는 진단이 나왔다. 연구 참여자는 자녀의 치료를 위해 심리 안정에 좋다는 주말농장이나 캠프도 다니고 일주일에 세 번 심리상담 치료도 꾸준히 받으러 다니는 등 온갖 노력을 기울였다. 초등학교 5학년이 된 자녀는 상태가 많이 호전되었고, 학교생활이나 동아리 활동도 열심히 하고 있다.

자녀는 치료를 받고 점점 나아졌으나 연구 참여자의 우울증은 도리어 심해져 자살기도를 하기도 했다. 다행히 마침 찾아온 동생에 의해 발견되어 병원에서 치료를 받고 살아났다. 연구 참여자는 동생의 권유로 심리상담을 받고 우울증 치료를 하게 되었다. 6개월 정도 치료를 받고 나니 우울증이 호전되어 전보다 나아졌다.

연구 참여자는 지금 국제무역 중개 분야에서 통역 일을 하고 있다. 지금의 일에서 나름대로 성과를 내고 있는 중이다. 그러면서 사회봉사 활동도 활발하게 하고 있다.

(2) 문화적응의 내러티브

① 한국으로 이주를 결심한 계기: 한국 남자와의 연애 그리고 결혼

연구 참여자 34는 중국에서 그래도 나름 '잘나가는' 여성이었다고 한다. 결혼하기 전, 중국에 있는 한국 회사에서 과장으로 일하고 있었다. 그러다가 같은 회사에서 자신보다 직급이 조금 높은 한국 남자와 연애결혼을 했다. 나이가 연구 참여자보다 열다섯 살이나 많은 남자였지만, 나이 차이는 별로 대수롭게 여겨지지 않았다. 다른 좋은 점들이 많았기 때문이다.

"정말 나는 '아! 이 사람 참 착하고 열심히 산다!' 아침 일찍 같이, 우리는 일찍 일하고 열심히 하고. 저도 조금 알뜰한 편이거든요. 그래서 나는 알뜰한 남자 좋아요." ("알뜰했어요? 그 당시에는?") "정말 알뜰했어요. 알뜰하거든요. 열심히 살고. 거기다가 술도 안 마셔요. 저는 그런 남자가 좋았어요. (중략) 우리, 제가 그 회사, 제가 그때는 과장이었고 저희 남편은 그 회사에 부장이었어요. 그래서 우리 둘은 사내, 한국말로 따지면 사내 연애죠. 사내 연애죠. 그 연애 1년 하다가 '아! 이 사람 괜찮다!' 자기는 한국에 땅도 있고 집도 있대요. 그러면 제가 20대의 나는 '아! 외모도 괜찮고, 그 정도면 괜찮고, 열심히 살고 알뜰한데….' 또 저한테 너무 잘해줬어요."

"중국에 있을 때에는 너무 잘해줬어요. 그래서 또 TV 볼 때 한국 남자들이 자상하고 열심히 살고 또 가정 책임감 있고."

"저한테는 한국에 땅도 있고 시골에 집도 있고 그렇고 아주 완벽했는데, 한국 오니까 아무것도 없고…."

연구 참여자는 남편을 만나기 전, 한국 드라마를 보고 한국 남자들이 모두 자상한 줄 알았다. 그러다가 착하고, 열심히 살고, 알뜰하고, 술도 마시지 않는 성품을 가진 데다 외모까지 마음에 드는 한국 남자를 만나게 된 것이다. 게다가 남편은 한국에 땅도 있고 집도 있다고 했다. 남편은 가진 재산도 있고, 훌륭한 성품에 준수한 외모까지 갖춘 완벽한 결혼 상대였다.

연구 참여자는 결혼해서 3년 동안은 남편과 중국에서 결혼생활을 하며 같이 사업을 했다. 사무실을 따로 구할 형편이 안 돼서 신혼집과 사무실을 겸해서 써야 할 정도로 환경은 열악했다. 그러나 연구 참여자는 경제적으로 여유가 없이 사는 것은 괜찮았다. 연구 참여자는 당장의 금전적 어려움은 노력으로 해결할 수 있는 것이라고 여겼다. 결혼생활에 대한 몽골족의 문화적 전통에 따라 배우자의 성품만 좋으면 돈은 함께 벌면 되는 것이라고 배웠기 때문이다.

> "처음에 남편하고 우리, 중국에서 저랑, 회사 시작 어떻게 한지 아세요? 제가 사는 아파트, 우리 중국에는 아파트 보통 방 2개, 거실 하나 있잖아요? 제가 사는 아파트 들어와서 거실을 우리 현장처럼 사용했어요. 탁자 하나 만들고 의자 몇 개. 직원 2명 시작했어요. 그러면 방 두 칸, 한 칸은 제가 그 사람하고 방, 잠자는 방, 한 방은 사무실용으로 이렇게 살았어요."

> "저는 좀 몽골 사람들은 그래요. 사람만 좋으면 돈은 젊었을 때 같이 열심히 벌면 된다. 나는 그런 자부감, 자신감… 젊었으니까. 그런데 왜냐하면 살아보니까 그게 전부 아니더라고요. 특히 한국 오니까 180도 변하더라고요. 우리나라 있을 때는 다 나를 많이 의지하니까, 내가 다 해주니까. 그런데 한국 오니까 완전히 자기 나라고 자기 세상이니까…."

그러나 연구 참여자는 한국으로 이주하면서 중국에서의 남편은 남편이 꾸며낸 허상에 불과했다는 것을 알게 되었다. 한국에서 남편은 중국에서와 180도 다른 모습이었다. 재산이 있다던 남편은 지하에서 월세로 살고 있었고, 아내를 아끼던 모습도 온데간데없이 사라져버렸다. 남편이 중국에서 술을 마시지 않았던 것은 술을 마시면 완전히 딴 사람이 되기 때문에 그런 모습을 감추기 위해서였다는 사실도 알게 되었다. 한국에 온 후로 시작된 남편의 폭언과 폭행은 점점 더 심해졌다.

"그런데 제가 지금 제 경험으로 남자가 술을 안 마시면 문제 있어요. 진짜 문제 있어요." ("문제 있어요?") "문제 있어요. 왜냐하면, 자기가 술 먹으면 안 되는 거 알아요. 술 먹으면 완전히, 완전히 옷 다 벗고 개판으로 행동하니까!"

"그런데 이 남자는 술을 안 마실 때도 인제 자기가 인제 한국말로 뭐라 하죠? 화나면 통제가 안 되더라고. 그냥 '넌 후진 나라에서 왔으니까, 무조건 내가 왕이고 내가 법치고 내 말 따라야 된다.'고."

또한 연구 참여자는 중국에서 능력 있는 여성으로 스스로에 대해 자신감을 가지고 살았다. 그러나 한국으로 이주하자 연구 참여자에 대한 사회적 시선이 완전히 달라졌다. 한국 사회에서 중국 여성이라는 것은 그 자체로 무시와 차별의 대상이 된다는 것을 의미했다. 남편만 중국을 '후진 나라'로 간주하는 것이 아니었다. 한국 사회의 편견을 표상하는 인물이 바로 남편이었다. 게다가 연구 참여자는 한국어를 잘하지 못하는 상태에서 한국에 왔기 때문에 말부터 다시 배워야 했다. 중국에서 능력 있는 여성으로서 스스로에 대해 가지고 있던 자신감은 추락했다. 연구 참여자는 스스로 한국에서 자신의 삶이 '밑바닥'이었다고 한다.

"우리는 우리나라에서는, 우리도 어느 정도 잘나가는 여자들인데 그런데 이 나라 오면서 우리가 완전 밑바닥, 다 새로 시작해가지고… 진짜….."

"그래서 그때부터 한국에 그냥, 한국 오니까는 밑바닥이 되어버렸잖아요. 저는 우리나라에서는 능력 있고 좀 자신 있고…. 그런데 한국 오니까 완전히 한국 글자 아야어여 기초부터 배우고 어디 가면 이주여성으로 취급받고…. 내가 아무리 능력 있어도 '아, 너는 그냥 다문화 여자야!' 그래서 진짜 많이 힘들었어요."

연구 참여자에게 한국에서의 결혼생활은 고난의 연속이었다. 중국에서 본모습을 감추고 좋은 남편을 연기하던 남편은 한국에서 본색을 드러냈다. 한국의 사회적 분위기 역시 결혼이주여성에게 우호적이지 않았다.

② 문화적응 전략 1: 잘못된 선택과의 결별, 그러나 미움의 대상 확장하지 않기

연구 참여자 34는 한국으로 이주하고 6개월 만에 동사무소를 찾아 남편의 가족관계증명서를 떼어보고 남편이 자신과 결혼하기 전에 가정폭력으로 이혼한 전력이 있음을 알게 되었다고 한다. 그동안 연구 참여자의 남편은 그마저도 감추고 있었던 것이다. 그런데 연구 참여자는 동사무소에 찾아갈 당시, 통역사의 도움을 받아야 할 정도로 한국어에 서툴렀다고 한다. 낯선 환경에서 의사소통도 어려운데 공공 기관을 찾아간다는 것은 대단한 용기가 필요한 일이었을 것이다. 그럼에도 연구 참여자는 남편에게 가난이나 폭력성 외에 감추어진 무언가가 더 있다는, '뭔가 좀 이상하다'는 꺼림칙함이 있었고 그 실체를 알기 위해 행동에 나선 것이다.

"한국, 제가 중국에서 이 사람 정보 아무것도 몰라요. 왜냐하면, 포장을 너무 잘했으니까. 한국 들어오고 그래도 제가 한 6개월 만에 제가 알았어요." ("결혼하고 6개월 만에…?") "동사무소 갔더니 인제 제가 통역사 데리고 좀 도와달라, 내가 뭔가 좀 이상하다. 가족관계 뗐더니 이 사람이 한 번 이혼했던 남자예요. 그래서 나는, 내가 좀 어디 가서 이거 좀 조회할 수 있나 했더니 옛날에 과거 이혼했던 거기 법원에 가서 이 사람 이혼, 그 정보 다 입력했더니 나오더라고요. 과거는 가정폭력자, 남자가 전남편 마누라한테 소송 당해 이혼했다. 그 저는 너무 무너지는 것 같더라고요."

이처럼 한국으로 이주 후 연구 참여자가 당면한 가장 큰 문제는 남편과의 관계로부터 발생했다. 연구 참여자는 남편에 대한 신뢰가 완전히 무너졌음에도 어린 자녀에게 아빠가 있어야 한다는 생각 때문에 참고 살기를 선택한다.

"처음에는 참는 대로 참았어요. 그래야 아이를 위해서…. 엄마들은 그래요. 못살아도 힘들어도 '내 아이가 아빠가 없으면 어떻게 키울까?' 하고."

그러다가 연구 참여자를 더 이상 참을 수 없는 지경에 이르게 하는 사건이 터지고 만다. 이는 남편이 폭력적인 성향을 고치지 않으면 언제 발생해도 이상하지 않은 사건이었다. 어느 날, 연구 참여자는 남편에게 구타를 당해서 피투성이가 되었고, 그때 '더 이상 이렇게 살고 싶지 않다'는 생각을 하게 되었다고 한다.

> "4년째에는 한국말 안 되니까. 그래서 맞고 그냥 많이 맞았어요. 그 사람 화가 나면 이거, 의자도 그냥 막 던져요. 의자도 던지고, 저는 그때 툭하면 많이 다치고…." ("그렇죠. 여자는….") "마지막 저는, 마지막 단계는 우리 저랑 싸워서 제가 너무, 온몸 다 피, 피거든요. 그래서 제가 '아! 나는 더 이상 이렇게 살고 싶지 않다. 나는 당신이 돈이 없어도 내가 열심히 사는데, 왜 맨날 이렇게 하냐?'고 '나는 더 이상 사람 취급당하나, 우리는, 우리나라에서 우리는, 여자는 사람이야. 나는 더 이상 살고 싶지 않다. 그래서 나는 간다.' 아이를 안고 갔어요. 그랬더니 아이를 뺏어서 창문 던지겠대요." ("애기요? 그 애기 몇 살이에요?") "그때 아이가 두 살? 그래서 제가 너무 놀래가지고 제가 막 그 사람 잡았어요. 안 간다고, 던지지 말라고. 그래서 제가 경찰에 신고했거든요. 그래서 경찰이 왔어요. 그래서 내가 경찰한테 제발 도와 달라, 나는 내가 가고 싶다. 그래가지고 경찰한테 이 사람 좀 잡아달라, 나 무서워서, 저는 피투성인데도 안 아파요. 신발도 안 신고 아이를 안고 그냥 갔어요. 저는 한국에서 친정 동생이 있어요. 와서 좀 도와 달라, 그래서 동생이 왔어요. 저는 신발도 안 신고 그냥 아이 안고 갔어요."

연구 참여자는 '엄마'라는 자의식 때문에 남편과의 관계를 참아냈다. 그러나 그 자신도 보호받아야 하는 존엄한 인간이라는 깨달음이 남편으로부터의 부당한 취급을 더 이상 참아서는 안 되겠다는 결심으로 이어진다. 연구 참여자는 그날로 어린 자녀를 데리고 집을 나오려고 했다. 그러나 남편은 연구 참여자를 놓아주지 않기 위해 급기야 어린 자녀를 인질로 삼았다. 이는 아빠로서 자녀를 보호해야 할 의무를 저버린 행동으로, 아빠로서의 자격마저 상실하게 하는 것이라 할 수 있다.

연구 참여자는 한편으로는 남편을 진정시키고, 다른 한편으로는 얼른 경찰에 도움을 요청한다. 결국 자녀를 구해서 남편으로부터 빠져나오는 데 성공한다. 연구 참여자는 집도 없고, 가진 것도 없는 상황에서도 집을 나와 남편을 떠나는 모험을 감행한다. 연구 참여자는 상황에 압도되어 주저앉기보다 상황을 타개하기 위해 행동하는 쪽을 선택하는 주도적 성향을 가지고 있는 것으로 보인다.

연구 참여자는 맨손으로 다시 삶을 일군다. 일정한 거처를 마련할 때까지 유관 기관에 도움을 청하여 몸을 위탁하기도 한다. 그렇게 자녀를 지키고 스스로를 지켜나간다. 그리고 돈을 벌어나가며 상황을 수습해나간다. 숙식이 제공되는 식당에서 일하며 돈을 모으고, 그동안 어린 자녀는 잠시 맡아줄 수 있는 지인에게 부탁하기도 한다. 그렇게 주위의 도움을 받아가며 자립의 의지를 다져왔다.

연구 참여자는 무료로 이혼소송을 대리해주는 기관의 도움을 받아 남편과 이혼할 수 있었다. 그러나 고난은 거기에서 끝나지 않았다. 연구 참여자는 자녀의 학교 담임선생님에게 듣고서야 몇 년 동안 지속되던 자녀의 이상 행동이 심각한 것이라는 사실을 알게 되었다. 자녀는 병원에서 경계선 성격장애라는 진단을 받았다. 그 후로 몇 년간은 자녀의 심리치료를 위해 일주일에 세 번씩 심리상담을 받고, 주말에는 농장 체험이나 캠프에 다녔다. 그렇게 자녀의 상태는 호전되었다.

그러나 반면 연구 참여자의 심리적 상태는 나빠졌다. 연구 참여자는 다른 사람에게 피해를 주지 않으려고 노력하면서 성실하게 살아왔는데, 거듭되는 불행에 좌절했다. 우울증이 심각해져서 자살 기도까지 하게 되었다.

> "나는 처음에는 아이가 너무 가여웠어요. 엄마니까. 엄마라는 존재는 아이를 위해 해야 되니까요. '내가 잘못 살아 이 아이가 이렇게 됐구나!' 그런 미안감? 그래서 어느 정도 하니까 나중에 나는 나도 모르게 우울증 오더라고요. 그래서 아이도 너무 너무 힘드니까 그래서 '우리, 아이 다 죽자! 살지를 말자. 어차피 도움도 안 되는데….' 그래서 약을 먹고 죽으려고 했어요."

연구 참여자는 심리적 무력감에 시달렸고, 자녀가 병을 앓게 된 것도 자신의 탓으로 여겨졌다. 이와 같은 인지의 왜곡은 우울증의 전형적인 증상이다. 연구 참여자는 무일푼에 집도 없이 자녀와 거리에 나앉게 된 상황에서도 좌절할 틈 없이 열심히 일했다. 덕분에 경제적 상황은 점점 나아져 허름해도 자녀와 함께 몸을 누일 수 있는 주거 공간을 마련했다. 이렇게 생계 문제를 어느 정도 해결하고 나니 그동안 모른 체해왔던 그 자신의 심리적 상처를 감당하기 어려운 문제로 맞닥뜨리게 된 것이다.

> "동생이 그러더라고요. '대한민국은 절대 우리 중국처럼 우리 같은 사람 모른 척 안 한다'고…. 그래서 제가 다문화센터 나중에 같이 상담 갔어요. 거기에서 인제 제가 심리치료 많이 받았거든요." (중략) "그래서 저는 다문화 활동, 제가 봉사를 많이 해요. 제가 과거 많이 힘들었고

많이 아팠잖아요. 그래도 이 나라는 '나'라는 사람 버리지도 않고 날 도와줬잖아요."

연구 참여자는 심리적 벼랑 끝에서 자신이 혼자가 아님을 깨닫게 되었다. 자신이 아프고 힘들 때, 곁에서 위로하고 도움을 주려는 많은 사람이 있었다. 연구 참여자의 동생도 한국 남자와 결혼하고 이혼하는 과정을 거쳐 심리적 상흔이 있었지만, 연구 참여자에게 자신들이 한국 사회로부터 버림받은 존재가 아님을 알려주었다. 연구 참여자는 그런 도움의 손길에 깃든 진정성을 감사한 것으로 여기며 맞잡고 일어섰다. 그렇게 재기에 성공한 연구 참여자는 한국 사회로부터 받은 것이 많다고 여기고, 그것을 되돌려주기 위해 적극적으로 사회 봉사활동에 나서고 있다.

한국 남자에게 큰 상처를 받았고, 그래서 다시는 한국 남자와 결혼할 생각은 없지만, 한국 사회는 그와 다르다고 생각한다. 결혼이주여성으로서 한국 사회에서 차별도 받았지만, 그와 별개로 결정적인 순간에 받은 도움은 잊지 않으려고 하는 것이다. 이를 통해 남편에게 받은 상처를 남편과의 관계에 국한시키고, 그 미움의 대상을 다른 데로 확장시키지 않으며 다른 한국 사회 구성원과의 관계를 그 자체로 소중하게 생각하는 연구 참여자의 태도를 알 수 있다.

③ 문화적응 전략 2: 결혼이주여성으로서의 정체성을 능력으로 만들기

앞서도 언급한 바와 같이 연구 참여자 34는 한국어를 잘 못하는 상태에서 한국으로 이주했기 때문에 몇 년 동안은 틈틈이 한국어를 익히느라 힘들었다. 연구 참여자는 경제적 가장으로 주중에는 장사를 하고, 주말에는 식당 아르바이트를 하면서도 밤늦게 집에 들어와 한국어를 공부했다. 한국어를 익히기 위해 TV를 계속 틀어놓기도 하고, 모르는 단어를 적었다가 따로 물어보기도 하고, 못 알아들어도 다문화가족지원센터에서 제공하는 수업에도 갈 수 있을 때는 성실하게 참석했다. 이처럼 연구 참여자는 바쁘고 힘든 일상 속에서도 한국어를 익히기 위해 꾸준히 노력했고, 지금은 중국어는 물론이거니와 한국어 구사 능력까지 갖추고 있다.

> "저는 몇 년 동안은 TV는 계속 켰어요. 뉴스든지 드라마든 계속 틀어놔요. 왜냐하면, 귀에 계속 익혀야 되니까." ("들려야 되니까?") "네. 맞아요. 그리고 항상 노트북하고 이거 필통을 들고 다녀요. 모르는 단어 기재했다가 물어보고. 요즘은 이거 핸드폰으로 많이 하니까. 옛날에는 요런 거 많이 잘 모르니까. 참…." ("그러면, 언니, 한국어는 혼자서 스스로 배우게 된 거예요? 아니면, 누가 가르쳐…?") "혼자도 많이 배우고 또 다문화센터도 가고 또 각 지역도 작문수업반, 무역반 뭐, 계속 공부하다 보니까. 처음에는 그냥 못 알아들었어요. 무슨 말인지. 시간만 낭비하죠. 그래도 갔어요."

현재 연구 참여자는 국제무역 관련 분야에서 통역 일을 하고 있다. 참여자처럼 중국에서부터 한국어를 배운 것이 아니고 한국에서 정규 교육을 받은 것도 아닌데, 한국에 와서 한국어를 거의 독학으로 깨우쳐서 한국어 구사를 잘하는 경우는 드물다고 할 수 있다. 그러나 연구 참여자는 특유의 성실성으로 한국어를 습득하여 중국어와 한국어 모두 능통한 실력자가 되었다.

"또 이 사회에 살면, 또 이… 나는 지금 오래 사니까 항상 그래요. 저는 제가 생각은 옛날에는 왜 이 나라, 이 사회에서 왜 자꾸 우리를 차별하지? 그래, 차별해. 그러면 나는 내가 먼저, 내가 하고 나서 내가 열심히 하다 보면 언젠가 인정해주겠지. 요렇게 지금 생각하고 있어요. 그러니까 좀 마음이 많이 편해지더라고요. 처음에는 조금 많이 힘들었거든요. 그런 무시당해, 차별당할 때. 이제는 신경 안 써요. 그래, 모르니까 그럴 수 있겠다. 그러면 내가 우선 가장 열심히 내가 하다 보면 성실을 언젠가 인정해주겠지. 저는 그렇게 생각해요."

연구 참여자는 경험을 통해 한국 사회의 이중적 모습에 대해 잘 알고 있다. 가정주부로만 살 수 없었고, 자녀를 양육하는 부모로서만 살 수 없었다. 한국 사회에서 자녀를 보호하기 위해, 스스로를 보호하기 위해 경제적으로 자립할 수 있는 능력을 갖추어야 했다. 국제무역 통상 일을 시작하게 된 계기에 대해서는 언급하고 있지 않지만, 연구 참여자는 중국에서도 계속 개인사업을 했고, 한국에서도 제조업과 수출업 관련 사업의 경험이 있다. 중국에서의 경험이 한국에서 무역을 중개하고 통역을 하는 데 밑거름이 되고 있다고 볼 수 있다. 이처럼 연구 참여자는 자신의 언어 · 문화 정체성을 자산으로 삼아 독립적 주체로서 살아가고 있다. 혼자서 넘기 힘든 위기는 과감히 도움을 요청하는 한편, 혼자서 할 수 있는 일들은 전심전력을 다해 해결해왔다. 누군가에게 의지하는 삶보다 스스로 개척하는 삶을 살아온 것이다.

④ 희망하는 미래상: 차별 철폐를 위한 인식 개선에 기여하는 지속적 연구 활동, 「국제결혼법」 개정

연구 참여자 34가 한국 사회에 거주하며 그리는 미래상은 크게 두 가지인 것으로 판단된다. 연구 참여자 22와 마찬가지로 한국 사회에서 다문화가정에 대한 편견이 사라지기를 기대하는 것이 그 첫 번째라 할 수 있다. 두 번째는 현재 한국의 「국제결혼법」 개정의 필요성에 대한 것이다.

우선 첫 번째로 미디어에 대한 연구 참여자 34만의 개인적 견해는 미디어가 결혼이주여성의 입장을 대변하는 것이 아니라 자신들의 필요에 의해 다문화가정에 대해 그릇된 이미지를 만들어내고 있다고 보는 것이다. 중국계의 다른 결혼이주여성이 주로 미디어에 비치는 중국계 이주민의 폭력적 성향에 주목하는 데 반해, 연구 참여자 34는 다문화가정을 다루는 미디어 전반의 편향성을 지적한다. 한국의 미디어는 다문화가정을 '도와준다'고 하지만 실상과는 다르게 '포장'된 이미지로 꾸며내고 있다는 것이다. 한국의 미디어에서 다문화가정에 대해 다루는 것은 다문화가정의 구성원을 돕기 위해서가 아니라 자신들의 잇속을 챙기려는 이해타산의 결과로 보는 것이다.

> "저는 도움이라면, 이 사회에서 좀 이주여성이라고 차별 안 했으면 좋겠습니다. 정말 이주여성이라고 무시하지 말고. '아! 그냥 이주여성인가보다.' 이렇게까지만. 언론에서도 다문화를 너무 포장 안 했으면 좋겠어요. 보면 다문화 사업 한다고 다문화 도와준다면서 다 자기는 따먹으면서도 우리를 핑계로 친 거를 한국 시민은 많이 오해받잖아요. 그렇게 안 했으면 좋겠어요."

연구 참여자는 미디어에 의해 다문화가정에 대한 편견이 조장되고 있으며, 이를 해결하기 위해서라도 다문화가정에 대한 연구가 활발하게 이루어져야 한다고 본다. 한국 사람들이 다문화가정의 실제 삶에 대해 오해하지 않고 있는 그대로 이해하기를 원하는 것이다. 또한 이는 한국 남자와 결혼하여 한국으로의 이주를 희망하는 예비 결혼이주여성에게 한국에서의 삶이 어떠한가를 알리는 데도 긍정적인 영향을 미칠 것이라고 보고 있다.

> "그래서 제가 선생님이 이거 인터뷰한다는 게, 참 내가 '아! 꼭 있잖아. 이거 한부모 보는 게 아니라, 다문화가정 이런 거 좀 많이 봤으면 좋겠다. 우리가 요런 좋게 써가지고 진짜, 해가지고 다문화가정 좋게 사용하는, 미리 예방하도록…. 좋거든요. 진짜! 왜 항상 그 사건들이 많이 일어나요? 이게 다 예방 없으니까, 홍보 없으니까. (중략) 제가 선생님이 요걸로 정말 좋게 해가지고 우리 한부모뿐만 아니라 후배들 아니라, 다문화가정도 미리 홍보 많이 이렇게 하고, 정말 여가부도 많이 보고, 언론도 많이 홍보했으면 좋겠다. 그러면 사건이 일어나기 전에 미리 예방도 하고 그냥 사정, 그냥 교육 공고라는 게 있잖아요."

연구 참여자는 또한 한국의 「국제결혼법」이 재정비되어야 할 필요가 있음을 역설한다. 그 세부적 내용은 다시 크게 두 가지로 나뉜다. 하나는 한국 남자가 어떻게 살아왔는지에 대해 알 수 있는 방법을 제공해야 한다는 것이고, 다른 하나는 결혼이주여성에게만 강요되는 문화 교육을 한국 남자도 받아야 한다는 것이다. 연구 참여자 34는 한국 남자와 연애 기간을 거쳐 결혼했고, 중국에서 3년간 결혼생활을 했음에도 남편의 진짜 모습은 한국에 와서야 알게 되었다고 보고 있다. 자신이 중국에서 남편에 대해 알았다면, 남편이 가정폭력으로 이혼한 경력이 있다는 것을 알았다면, 한국에서 불행한 결혼생활을 하지는 않았을 것이라고 보는 것이다. 이러한 불행을 예방하기 위해서는 여성들이 결혼 전에 최소한 한국 남자의 전과나 이혼 경력 등의 기록을 열람할 수 있어야 할 것이라고 본다.

> "그래서 저는요. 정말 기회 있으면 정말 선생님 말한 것처럼 한국하고 외국 사람들 결혼할 때 꼭 그 정보를 공개했으면 좋겠어요. 그리고…." ("그게 최소한도의 기본정보….") "그리고 공개도 하고 언어도 같이, 기본은 좀 배웠으면 좋겠어요. 그래야 서로 우리처럼 없어요."

또한 연구 참여자는 국제결혼은 서로 다른 문화를 가진 두 사람의 만남이기 때문에 결혼 전에 두 사람 모두에게 배우자의 언어 · 문화에 대한 교육이 선행되어야 한다고 본다. 현재는 한국 남자가 자신은 옳고, 아내는 틀리다는 태도로 일관하고 있다고 보는 것이다. 이는 한국의 사회적 분위기가 한국의 언어 · 문화를 일방적으로 강요하는 것이 정당화되도록 조성되어 있는 것과도 밀접한 관련이 있다고 볼 수 있다.

> "저도 한국, 제가 토론회, 제가 자주 나가서 말하거든요. '왜, 꼭 이주여성만 이 나라 문화를 적응해야 되나? 최소한 이 남자는 그, 자기 아내 나라의 문화를 살짝 어느 정도 알고, 살짝 좀 알았으면 좋겠다. 그러면 나중에 뒷일이 시끄럽지 않다. 어느 정도 알면, 아! 이 나라 이런 문화 있고 우리나라 이런 문화….' 서로 이렇게 많이 좀 알면 일단 좋지

않냐고."

"근데 남자들은 상담하러 안 가요! 왜냐하면, 한국 남자들은 너네가 교육받았고, 저도 그러잖아요. '항상 니가 많이 배워야 돼. 니가 해야 돼. 니가 문제야! 나는 다 정상이야.'"

연구 참여자는 지역사회에 봉사하는 활동에 적극적으로 나서고 있다. 이는 한편으로는 한국 사회로부터 받은 도움을 되돌려주는 보은의 성격도 있지만, 다른 한편으로는 삶을 성실하게 열심히 살아가는 주체로서 한국 사회의 정주민에게 드러내고 인정받고자 하는 소망의 반영이라고도 볼 수 있다. 결혼이주여성이 한국 사회에 적응하기 위해 노력을 기울이는 것처럼 한국 사회의 구성원 역시 결혼이주여성을 자신과 같은 공동체의 구성원으로 받아들이며 이해하고 존중해주기를 바라는 것이다. 이는 한국에 거주하고 있는 이주민 모두의 바람이기도 할 것이다.

(3) 연구 참여자의 특징

연구 참여자 34가 한국 사회 적응 과정에서 보이는 인지정서적 특징을 정리하면 다음과 같다.

첫째, 연구 참여자는 한국 남자에게 속아 가정폭력의 피해자가 되기도 하고, 낯선 나라 한국에서 아무것도 가진 것 없이 시작해서 쉴 틈 없이 일을 해야 했다. 그러나 이 모든 불행에도 과거보다 나아진 지금에 감사하며 행복하다고 여기고 있다. 이는 자신에게 불행을 초래한 대상에 대한 미움과 분노를 더 확장시켜나가지 않고 남편과의 결별로 청산하는 태도를 보이고 있는 것이라 할 수 있다. 연구 참여자는 그로 인해 자녀도 몇 년 동안이나 심리치료를 받도록 해야 했고, 자신도 자살기도를 할 정도로 심리적으로 궁지에 몰리기도 했지만, 누군가를 원망하고 미워하는 마음은 더 이상 가지고 있지 않다. 오히려 어려운 시기에 자신이 받은 것에 대해 감사해하고, 자신이 받은 것을 되돌려주기 위해 지역사회에 적극적으로 봉사하는 활동을 하고 있다. 이처럼 미움은 가두고, 감사한 마음은 퍼뜨리는 상생적 태도가 특징적으로 나타난다고 할 수 있다.

둘째, 자신이 결혼이주여성으로서 가지고 있는 이중적 언어 · 문화적 정체성을 십분 활용하여 자신의 앞길을 개척해나가고 있다. 연구 참여자는 이로써 한국 사회에서 자신의 능력에 걸맞은 일을 찾고, 자신만의 자리를 확보해나가고 있다. 중국에서의 사업 경험 또한 한국에서 자신의 능력과 성향에 맞는 직무를 탐색하고 수행하는 데 적극적으로 활용한 결과라 할 수 있다.

이를 종합해보면, 연구 참여자 34는 문화적응의 유형 가운데 '상호문화인'에 해당한다고 볼 수 있다. 연구 참여자 08과 마찬가지로 자신의 문화적 정체성을 소중하게 지키면서도 한국 사회의 구성원으로서 더불어 살아가는 방법을 실천적으로 모색하고 있다고 볼 수 있기 때문이다. 연구 참여자 08이 가정을 중심으로 활동 반경을 넓혀가고 있다면, 연구 참여자 34는 한부모가정의 가장으로서 자기 자신이 중심이 되어 활동 반경을 넓혀가고 있다는 것이 차이점이라 할 수 있다. 또한 연구 참여자 34는 자신의 이중적 정체성이 한국 사회의 발전에 기여하는 능력이라는 것을 입증하는 전략을 취하고 있다.

마지막으로 연구 참여자의 경험에서 한국 사회의 사회제도적 개선점을 찾아보면 다음과 같다.

첫째, 가정불화로 인한 가정 상담의 경우, 결혼이주여성에 대한 상담뿐만 아니라 남편에 대한 상담도 이루어져야 한다. 사회복지 차원에서 이와 관련한 심리상담 프로그램이 개발되어야 할 필요가 있다.

둘째, 이주민을 배우자로 둔 한국인에 대한 문화 교육이 이루어져야 한다. 결혼 준비 절차에 필수적으로 문화교육을 포함하는 제도 마련이 필요하다. 이를 「국제결혼법」에 포함하는 방안에 대한 논의가 필요하다.

셋째, 다문화가정에 대한 연구 활동을 지속적으로 지원하고 관리하는 담당 공공기관이 필요하다. 실질적 효과를 거두기 위해서는 지속성을 가져야 하고, 파편적으로 이루어지는 연구들을 연계하는 역할을 수행하는 허브가 있어야 할 것이다.

3.
재한 중국인 노동자

1) 연구 참여자 02(노동자)

(1) 문화적응 생애담 요약

연구 참여자 02는 중국 연길 출신으로 40대 중반의 조선족 여성이다. 고향에서 고등학교를 졸업하고, 책 표지 디자이너로 약 25년 동안 일한 경험이 있다. 그러다가 2014년에 동포방문(C-3-8) 비자를 받아 한국으로 입국했고, 6주간 기술 교육을 받은 후 방문취업(H-2) 비자로 바꾸었다. 연구 참여자는 오빠를 비롯한 주위 사람들이 먼저 한국으로 이주해서 경제활동을 하는 것을 보고 중국에서 경제활동을 하는 것보다 더 많은 돈을 벌 수 있다는 사실을 깨달았다. 그래서 가족은 연길에 두고 연구 참여자만 돈을 벌기 위해 한국에 왔다. 연구 참여자에게는 현재 고등학교 2학년에 재학 중인 아들이 있는데, 한국에서 10년 동안 일해서 번 돈은 아들의 교육비로 사용할 예정이다.

연구 참여자는 조선족 재외동포이기 때문에 재외동포(F-4) 비자를 받는 편이 더 많은 혜택을 받을 수 있다고 판단했다. F-4 비자는 3년에 한 번 갱신하는데, 영주권과 신분상의 차이가 거의 없고, 한국에서 일하는 데 편리한 점이 많기 때문에 이를 받고자 한 것이다. 게다가 F-4 비자는 중국에 가는 것도 자유로운 편이고, 가족을 한국에 초청할 수도 있다. 그런데 F-4 비자 취득을 위해서는 2년 동안 한 사업장에서 일해야 하기 때문에 연구 참여자는 H-2 비자를 취득한 후 노동환경이 열악한 직장에서 버텼다.

현재는 F-4 비자를 취득하고 '아웃소싱'이라는 직업 중개 프로그램을 통해 PCB 검사 일을 하고 있다. 한국은 중국에 비해 일자리가 많고, 중국인에게 일을 소개하는 경로도 다양하기 때문에 연구 참여자의 주위에도 자신과 같은 중국계 이주민이 많이 있다. 연구 참여자는 중국에서 국민연금을 받을 수 있는 55세까지는 한국에서 일하고, 55세 이후에는 중국으로 건너가 국민연금을 받으며 생활할 계획을 가지고 있다.

(2) 문화적응의 내러티브

① 한국으로 이주를 결심한 계기: 경제적 여건 개선을 위한 노동이주

연구 참여자 02가 한국으로 노동이주를 결심한 데는 경제적인 이유가 크게 작용했다. 중국에서 고등학교를 졸업하자마자 책 표지 디자이너로 취업했다. 디자이너 일을 25년 정도 했고, 팀장 정도의 사회적 지위에까지 올라갔으나 한국에서 일하는 것보다 많은 돈을 벌기 어려웠다. 이는 연구 참여자보다 먼저 중국에서 한국으로 노동이주한 주위 사람들을 통해 알게 되었다. 연구 참여자는 아들을 대학교에 보내는 데 필요한 비용을 벌기 위해서도 한국으로 노동이주하는 편이 더 유리하다는 생각을 하게 되었다. 또한 마침 책 표지 디자인 일에 싫증이 나기도 했다고 한다.

("거기에서는 무슨 일을 하셨어요?") "책 디자이너라고 하나요? 수학책 같은 것 보면 디자인 그런 것 해요." ("출판사에 다녔어요?") "출판사는 아니에요. 전문 책을 설계하는 곳이 있어요." ("전문 책을 설계하는 데? 그러면 디자인을 전공하신 거예요?") "전공이라기보단 고등학교는 졸업하고 대학교는 못 갔거든요. 고등학교 졸업하고 그냥 들어간 직장이 그런 것이었어요. 거기에서 배운 것이죠. 여기 나오기 전까지 계속 했어요."

"저는 그때까지 중국에서 직업도 있었고 해서 별로 사는 데 어려움을 크게 못 느꼈거든요. 근데 애가 크면서 대학교도 들어가야 하고 그러니까 친구들 한국 나와서 돈 벌어서 쓰는 것 보면 어쨌든 한국에서 벌고 쓰는 건 중국보다 낫잖아요. 그러면 나가는 것이 좋을 것 같아서 나왔어요."

("한국에 오셔서 디자인하는 그런 회사는 왜 안 가보신 거예요? 찾아보지 않으신 거예요?") "찾아볼려고 안 했어요. 너무 오래 했고, 너무 싫증이 나 있어서요."

연구 참여자는 중국에서 25년이나 직장생활을 했으나 중국에서 일하는 것보다 한국에서 일하는 것이 경제적 가치가 더 크다는 생각을 하게 되면서 한국으로 노동이주를 결심하게 된 것으로 보인다. 이는 가족과 떨어져 사는 것을 감수하고서라도 경제적 여건을 개선하기 바라는 소망의 실현이라고 볼 수 있다.

② 문화적응 전략 1: 경제적 이익을 위해 인내하며 재외동포로서의 정체성 활용하기

연구 참여자 02는 2014년에 산업연수생 신분으로 뚜렷한 목표를 갖고 한국으로 온 이주노동자다. 중국에서는 한 분야에서 꾸준히 일한 경력도 있고, 사무직이었기 때문에 근로환경, 사회적 지위 등도 안정되어 있었다. 무엇보다 가족들과 함께 생활할 수 있었다. 그러나 한국에서 일하는 것만큼 돈을 벌 수 없었다. 연구 참여자는 가족과 떨어져 살아야 하고, 근로환경, 사회적 지위도 보장되지 않는 육체노동을 하는 것을 감수하고서라도 더 많은 돈을 벌기 위해 한국으로 온 것이다.

연구 참여자가 한국에서 돈을 벌려면 경제활동과 체류가 가능한 신분을 취득하는 것이었다. 연구 참여자는 한국 정부에서 재외동포로 인정하고 있는 조선족이기 때문에 다른 중국계 노동자보다 안정적 신분 취득이 용이했다. 연구 참여자는 재외동포를 대상으로 하는 동포방문(C-3-8) 비자로 한국으로 입국했다. 그리고 6주간 전문 기술 교육을 받아 수료증을 취득한 후 방문취업(H-2) 비자를 받았다. 그런데 최종적으로는 유효기간이 짧은 방문취업 비자보다 비교적 유효 기간이 긴 동포(F-4) 비자를 받고자 했다. 동포 비자는 중국과 한국을 오갈 때 따로 구비해야 하는 서류가 없고, 중국에 있는 가족을 한국으로 초청하는 것도 가능하여 가족들과도 자주 만날 수 있기 때문이다. 무엇보다 동포 비자를 취득하고 나면 기간에 구애받지 않고 자유로운 경제활동을 할 수 있었다.

("그러면 처음에 올 때는 C-3-8 비자로 오신 거예요?") "네, 추첨을 해서 그 C-3-8이라고 있잖아요. 그거로 와서 그때는 공부 두 달 할 때였어요. 1개월 반? 100만 원 돈 내고 하는 것 있잖아요." ("학원에서 그랬죠?") "네, 그것이었어요." ("그럼 종목을 뭐 배웠어요?") "뭐지? 아니요, 아예 선생님도 없었고, 그냥 책만 갖다놓고 우리 같은 C-3-8 온 사람들 앉아서 그냥 포커하고 아무것도 안 해요." ("왜 거기서 돈 낸 만큼 가르쳐줘야지 안 가르쳐줘요?") "그것은 그냥 형식인 것이에요. 40일 동안인가 50일 동안 아무것도 안 해요."

연구 참여자가 동포 비자를 받으려면 여러 단계를 거쳐야 했다. 처음에는 동포방문 비자를 방문취업 비자로 바꾸어야 했다. 그러려면 한국으로 입국한 후 지정된 기관에서 기술 교육을 받아야 했다. 이를 위해 교육비를 지급하고 오전 8시부터 오후 5시 반까지 매일 출석했다. 그러나 기관에서는 아무것도 가르쳐주지 않았다. 출입국관리사무소에서 불시에 점검을 올지 모른다며 자리를 떠나지 못 하게 했으나, 교육을 받는 사람들은 저마다 유흥거리를 찾아 시간을 때우고 있었다. 그렇게 무의미하게 시간을 흘려보내고 방문취업 비자를 받을 수 있었다.

"H-2는 4년에서 5년까지 하고 갔다 오잖아요. 그러려면 4년 동안 계속 여기에서 일해야 하잖아요. 신랑도 다 거기 가니까 F-4를 하게 되면 거의 중국에 갔다 왔다 하면서 내가 방학에 와서도 돈 벌 수 있고 그렇잖아요. 그러니까 비자가 H-2는 4년 동안 갔다 왔다 하면 볼 수 있는 기간이 얼마 안 되잖아요. F-4는 3년에 한 번씩 연장만 해주니까, 있고 싶을 때까지 있으니까, 그래서 그 비자를 하려고 시골에 간 것이에요."

방문취업 비자를 받은 후 동포비자를 받기 위해서는 서울 · 경기를 비롯한 수도권 지역을 제외하고 지방에 있는 산업체에서 2년 동안 장기 근속해야 했다. 연구 참여자가 이를 위해 취업한 회사는 관리인만 한국인이었고, 30명 정도 되는 현장 노동자는 모두 중국계 노동자였다. 노동 강도가 정말 세서 원칙적으로는 3교대를 해야 했다. 그러나 일할 사람이 부족해서 12시간씩 일할 때도 있었고, 더할 때는 잠깐 눈 붙이고 24시간 일할 때도 있었다.

("시골에 가서는 무슨 일 하셨어요?") "그냥 힘든 일을 했어요." ("회사 안에는 다 중국분들이었어요?") "네. 30명 정도 되었는데요. 중국에 있는 중국인도, 조선족도 있고요. 30명이 다, 관리인 제외하고 다 중국인분들이었어요. 딱 한국분 (오전)10시부터 (밤)10시까지 잠깐 와서 몇 번 하고 가더라고요. 일이 너무 힘드니까 3교대로 하는 것이에요."

"사람 안 와가지고 진짜, 거기 있는 사람들 하루 12시간 다 일해요. 24시간이면 할 때도 있었어요. 잠깐 눈 붙이고, 사람이 없어가지고요."

사업장의 열악한 근로환경은 강한 노동 강도와 초과되는 노동시간뿐만이 아니었다. 사업장에 불이 나거나 하는 업무상 재해가 발생해도 공공기관에 신고하면 안 된다는 주의를 들었다. 또 여러 번 불이 나서 수리가 필요한데도 수리를 하지 않거나 수리를 하고 있어도 일하라고 했다. 그러나 연구 참여자는 그렇게라도 일하는 것이 좋은 것이라고 보았다. 일을 하게 해주고 돈만 준다면 근로환경이 다소 열악한 것은 참을 수 있다고 생각했기 때문이다.

> ("위 천장은 수리 안 하고, 또 일하고 또 불나고요?") "수리하면서 밑에서 일하는 거예요. 근데 그렇게라도 일하는 것이 좋은 것이에요. 우리는 돈 벌러 왔으니까 불이 났을 때 '우리 월급은 어떻게 타지? 못 타는 것 아니야?' 이것부터 생각하는 것이에요. '내가 죽는다.' 이 생각은 안 하는 것이에요."

사업장 자체의 근로환경도 매우 열악했다. 바람을 막을 수 있는 문도 딱히 없어서 커다란 천을 치고 일해야 했다. 여름의 더위나 겨울의 추위는 맨몸으로 참아야 했다. 겨울에는 옷을 나눠주기는 했지만 잠깐 난로를 피우고 몸을 녹이는 시간을 갖는 것이 전부였다.

> ("작업환경도 굉장히 안 좋았겠어요?") "안 좋아요. 여름에는 거의 기계 온도 열 때문에 얼마나 더운지 몰라요. 땀 뚝뚝 떨어지고 겨울에는 무슨 집이라 하지? 판잣집 같은 그런 것인데 문도 없어요. 거기에다가 풍천 같은 것을 쳤어요. 그냥 날바람이 들어오는 것이에요. 그래도 회사에서 겨울이면 옷은 나눠줬거든요. 난로를 피우고 잠깐 쉬는 동안에 손을 하는 것이에요. 환경은 진짜 안 좋았어요. 그래도 참는 것은 비자 때문에요."

연구 참여자가 일한 사업장은 첫째, 강한 노동 강도, 둘째, 초과되는 노동시간, 셋째, 안전 보장 미흡, 넷째, 더위나 추위를 피할 수 없는 사업장 환경 등 근로복지가 제대로 보장되지 않았다. 그럼에도 연구 참여자는 자신이 원하는 것을 이룰 때까지 전략적으로 인내했다. 연구 참여자의 인내는 생활환경에 대해서도 마찬가지로 적용되었다. 연구 참여자는 회사에서 제공하는 기숙사에서 생활했는데, 위생상 청결하지 않아도 먹고 자는 데만 문제가 없으면 된다고 생각했다. 먹고 자는 문제는 일하는 데 필요한 최소한의 환경이라 할 수 있다.

> ("기숙사에서는 어떻게 생활했어요?") "기숙사에서 밥은 점심하고 저녁은 먹을 수 있잖아요. 그냥 잠만 자고 나오는 것이에요." ("잠자는 곳은 깨끗해요?") "아니요. 그냥 방 한 칸이죠. 부부는 한 칸 주고, 둘씩. 보일러는 괜찮아요. 음식도 괜찮고 다 괜찮은데 국민연금, 1.5배 이런 거나, 그렇게 큰 회사보다 너무 명세표가 깨끗하지 못한 것이에요. 그래서 더 있고 싶어도 안 있는 사람도 많아요." ("그러면 F-4 동포비자를 받기 위해 이렇게 힘들게….") "네. 거기에 가 있는 사람들 90%가 다 비자 때문에요. 그러니까 그 사람들도 아는 것이에요. 2년 있어야만 주기 때문에 2년 동안 이 사람들한테, 그렇게 너무 차별 준 것도 아니에요. 다 중국 사람이라. 그런데 국민연금 같은 것이나 의료보험 같은 것도 다 안 냈더라고요."

연구 참여자를 비롯해서 그 사업장에서 일하는 중국계 노동자는 근로환경이 열악해도 참을 수밖에 없었다. 비자를 받아야 한국에서 계속 일할 수 있기 때문이다. 회사는 노동자 대부분이 중국계이기 때문에 겉으로 드러나는 차별적 행동이나 폭언, 폭행은 하지 않았다. 그러나 임금의 저평가, 4대 보험 미가입 등 임금과 관련한 횡포가 있었다. 그 사업장에서 일할 때는 이에 대해 잘 알지도 못했을뿐더러 알았다고 하더라도 사업장에 잘 보여야 비자를 받을 수 있는 입장에 있었기 때문에 불만을 제기하기 어려웠다.

연구 참여자는 2년간 묵묵히 일한 끝에 목표하던 바, 동포비자를 취득할 수 있었다. 그러나 국적 취득까지는 고려하고 있지 않다. 왜냐하면 연구 참여자는 한국에서 10년 정도 일하고 난 후에는 중국으로 돌아가서 중국에서 제공하는 국민연금의 혜택을 받을 계획을 가지고 있기 때문이다. 연구 참여자에게 한국은 경제적 이익 창출의 장으로서 그 이상의 의미는 가지지 않는 것으로 보인다.

> ("왜 한국 국적을 안 받으시는 거예요?") "한국 국적 받으려니까 시험도 쳐야 하고, 있더라고요. 근데 계속 일하는 사람이 가서 시험 치고 할 새가 없으니까. F-4는 영주권하고 거의 비슷해요. 3년의 한 번씩 연장만 하면 되니까 크게 필요성을 못 느끼겠어요." ("동포비자하고 영주권하고 차이가 거의 없다는 것이죠?") "저는 못 느끼겠는데요. 영주권이나 F-4나 그냥 3년의 한 번씩 연장하는 그것은 조금 번거로운 것이 있죠. 출입국 가서 연장해야 돼서 그것은 있지만 딱히 해야 한다는 것은 못 느껴봤어요."

연구 참여자는 동포비자를 취득하고 중국에 있는 집에도 다녀오고, 방학이 되면 아들을 한국으로 초청하기도 한다. 또한 사업장도 근로 조건과 환경이 더 나은 곳으로 옮길 수 있었다. 연구 참여자처럼 신분에 문제가 생길 가능성이 적으면 일자리를 구하기는 더 쉽다. 이는 한국 정부에서 인정하는 재외동포로서의 정체성을 십분 활용한 결과이기도 하다. 연구 참여자는 이처럼 안정된 신분으로 한국에서 경제활동을 하기 위해 3년여의 시간 동안 다소 부당한 대우를 받거나 불편하고 힘든 환경이어도 인내했다. 연구 참여자의 경우를 통해 경제활동 측면에서 동포비자를 취득하기 전과 후의 삶의 질이 완전히 달라진다는 것을 알 수 있다.

③ 문화적응 전략 2: 노동자끼리 소통하는 창구 활용하기

연구 참여자 02는 자신이 활용할 수 있는 이중적 정체성에 대해 명확하게 인식하고 있다. 재외동포로서 한국 사회에서 제공하는 편의를 이용하기 위해 동포비자를 받으려고 노력했다. 이는 일정 정도의 기간을 인내해야 얻을 수 있는 것이다. 또한 연구 참여자는 자신의 또 다른 정체성, 즉 중국인이자 노동자로서의 정체성을 드러내기도 한다. 중국계 노동자들과 근로환경과 관련한 정보를 교환하기 위해 미디어 환경을 적극 활용하고 있다.

“저 회사는 외국인들이 많으니까 차별하면 안 될 것 같아요. 외국인들이 한국인들보다 더 일을 잘하거든요. 우리 검사실도 보면은 중국의 ○○○ 개가 일을 잘하고 하니까, 또 외국인들이 없으면 일 못 하는데, 차별을 못 해요. 예전하고는 많이 틀려졌죠. 예전에 금방 중국 사람들, 조선족들 나왔을 때 아무것도 모르잖아요. 이럴 때는 차별했는데 이제는 거의 차별을 안 해요. 이 사람들도 한국에 와서 일하니까 알 거는 다 아는 거예요. 아 회사가 어떻게 돌아가고, 어떻게 해야 하고, 이것을 다 아는데, 외국인을 못 속이는 것이에요. 예전에는 틀려서 지금 사람들은 알 것은 다 알아서, 오래 있는 사람들이 알려주는 것이에요. 다 알려주니까요." ("그것을 어떻게 알려줘요?") "다 친구들 메시지 중국 사람들은 웨이신이 있잖아요. 내가 어떤 회사를 다니는데 이 회사는 정말 아니다, 절대 가지 말라, 이런 것이 많아요. 그러니까 국민연금도 어떻게 하니 이런 거 다 그걸로 아는 것이에요."

현재 한국의 노동현장에는 연구 참여자 같은 외국인 노동자가 많다. 연구 참여자는 한국 사회가 노동이주 초기에는 외국인 노동자에 대해 차별도 심했다고 들었으나, 외국인 노동자가 많아진 요즘 노동현장에서의 차별은 거의 없어졌다고 느끼고 있다. 이는 정보 공유 환경의 개선도 한몫을 하고 있는 것으로 보인다. 중국계 노동자는 발전한 미디어 환경을 활용해 사업장이나 복지제도 등의 정보를 활발하게 공유하고 있다. 미디어상에서 어떤 사업장의 평판이 좋지 않으면 그 사업장은 노동자를 구하기 어려울 정도로 사회적 파급력이 커졌다.

연구 참여자에게는 한국인을 많이 고용하는 사업장보다 중국인을 많이 고용하는 사업장이 주요 활동 영역이다. 그리고 중국계 노동자와 중국인의 입장에서 좋은 사업장과 나쁜 사업장에 대한 정보 공유를 활발히 해야 한다고 본다. 4대 보험처럼 중국인이 잘 알기 어려운 한국 사회의 노동복지 제도도 경험한 것을 서로 공유하면서 잘 알려고 노력해야 한국인에게 속지 않을 수 있다는 것이다. 한국인은 중국계 노동자를 틈만 나면 속이려고 한다고 보고 있기 때문에 이용당하거나 피해를 보지 않으려면 예의주시해야 한다고 인식하고 있다.

"근데 그런 회사에서 보면은 다 중국 사람이잖아요. 근데 이 회사에 와보니까 뭐가 다른 점이 있냐면 한국 사람들이 있는 회사를 가는 것이 좋아요. 왜냐하면 한국 사람들이 있으면 차별을 안 하지만, 차별을 내놓고는 못해요. 우리도 보는 것이 있고 듣는 것이 있으니까 다 말할 것 아니에요. 그러니까 차별을 못하는데, 중국 사람만 있잖아요. 그러면 차별해도 우리가 차별받는 것을 모르는 것이에요."

연구 참여자는 한국 사회 정주민과 중국계 노동자의 경계를 뚜렷하게 구분하고 있으며, 중국계 노동자 집단을 자신이 소속되어 있는 집단이라고 인식하고 있는 것으로 보인다.

④ 희망하는 미래상: 4대 보험 제도 개선, 재외동포에 대한 복지 제도 개선

연구 참여자 02가 한국 사회에 거주하며 그리는 미래상은 크게 두 가지인 것으로 판단된다. 첫째, 4대 보험, 특히 국민연금 제도의 개선이고, 둘째, 재외동포에 대한 사회 복지 제도의 개선이다.

연구 참여자는 중국 국적을 가지고 있기 때문에 55세 이상이 되면 중국에서 국민연금의 수혜를 받을 수 있다. 그런데 한국에서 4대 보험은 노동자의 의사와 상관없이 임금의 일정 비율을 납부하도록 되어 있다. 따라서 연구 참여자는 국민연금을 중국과 한국에 이중으로 납부하고 있는 셈이다. 그런데 이마저도 사업장으로부터 4대 보험료를 제한 임금을 지급받았으나 정작 4대 보험이 미가입되어 있었다는 사실을 뒤늦게 알게 되기도 한다.

"국민연금도 회사에서 몇 % 떼는데 국민연금을, 2년 반을 있었는데, 얼마 냈지? 그것도 몰랐어요. 중국에 돌아가려고, 이전 국민연금을 탈 수 있잖아요. 국민연금을 타려고 물어봤거든요. 몇 년도부터 몇 년도에 입사해서 중국에 돌아가려고 하는데 지금 국민연금이 얼마냐 하니까 1년 정도 내고 안 낸 것이에요. 근데 월급에서는 다 자른 것이에요."

"국민연금 같은 것, 우리는 중국에서 국민연금 들잖아요. 근데 인터넷에서 보니까 한국하고 중국은 무엇을 어떻게 해서, 중국에서 국민연금을 내는 사람은 한국에서 안 내는 그런 정책이 있더라고요. 그리고 한국에서 일하는 국민연금을 내는 사람, 중국에서 가서 일하는 사람, 중국에서 4대 보험 국민연금을 안 내도 되는 것이에요. 근데 그런 것을 어떻게 해야 하는지 모르고, 아는 사람도 크게 없는 것 같더라고요. 이런 데는 우리 F-4는 국민연금 못 받잖아요. H-2는 받을 수 있는데, F-4는 못 받아요. H-2만 내가 중국에 돌아갈 때 한꺼번에 낸 국민연금을 돌려줘요. 근데 F-4는 아니에요. 10년 동안을 계속 한국에서 부어야만 주는 거예요. 내가 1년, 2년 부어서 회사에서 나왔다면 연금은 못 받는 거예요."

연구 참여자는 중국과 한국 모두에 국민연금을 납부하지만, 중국에서만 수혜를 받을 수 있다. 중국과 한국은 국가 간에 이중으로 국민연금을 징수하지 않도록 하는 협약을 맺은 것이 있다. 중국에서 국민연금의 수혜를 받으면, 한국에서는 국민연금을 내지 않아도 되는 것이다. 그러나 일단 대부분의 중국계 노동자가 그런 정보를 모르고 있고, 사업장에서 그렇게 해주지도 않는다. 그렇기 때문에 중국에서 국민연금을 내고 있다고 해도 임금에서 제한 국민연금 납부금은 돌려받기 어렵다. 연구 참여자는 국민연금관리공단에 묻기도 하고, 이미 경험한 중국계 노동자에게 묻기도 해서 이런 상황이라는 것을 알게 되었지만, 동시에 이에 대해 마땅히 조치할 방법도 없다는 것을 알게 되었다.

("인터넷 외에 다른 데 상담을 받아보지 그러세요?") "상담 받을 곳이 없죠. 어디 가서 상담 받아요?" ("노동부 같은데요.") "노동부, 글쎄요. 노동부에서 내가 상담한다 해서 그렇게 잘 얘기해줄까요? 우리는 중국의, 아직도 중국 같은, 우리 같은 일개 백성이 진짜 전화해서 이러니 하면 그 사람들이 그렇게 좋게 대답 안 해주거든요. 그래서 우리도 여기 와서 그런데 전화해서 어떻게 되나 물어볼 생각은 안 해봤어요." ("하세요. 하셔서 권리를 찾으셔야죠.") "근데 거기에서도 'F-4는 원래 그렇다.' 하면 할 말이 없는 거예요."

연구 참여자처럼 국민연금 같은 제도의 수혜를 받을 가능성이 낮은 노동자의 경우, 실제 노동자가 사회보장제도의 수혜를 받을 수 있도록 사회제도를 개선할 필요가 있어 보인다.

또한 연구 참여자는 재외동포이기 때문에 한족 출신이 있는 다문화 가정에 제공되는 사회 복지 프로그램의 혜택을 받을 수 없다. 예를 들어, 연구 참여자의 아들은 다문화가정 자녀에게 무료로 제공되는 교육 복지 프로그램에 참여할 수 없다.

"지금 보면 다문화 가족이 우리 조선족, 그냥 일하러 온 사람들보다 더 좋아요. 그 사람들에 대한 그런 것이 많아요. 지원도 많고, 무슨 많은데, 우리 같은 그냥 비자로 온 사람들은 없어요. 그것은 보면 다문화 가정 보면 어떻게 하고, 어떤 것 준다, 어떤 혜택이 있다, 이러잖아요. 근데 우리 조선족은 그런 것이 하나도 없잖아요. 그런 것은 중국인보다 못하죠. 다문화 가족은 중국인들이 많잖아요. 중국인들이 한국 남자 만나서 결혼한 사람이 많으니까 그런 것보단 우리는 못하죠."

연구 참여자는 방학 기간에 아들을 한국으로 초청했다. 그런데 고등학교 2학년인 아들이 막상 한국에 와도 걱정이다. 대학교 입시를 준비해야 할 중요한 시기인데, 아들 교육을 위해 해줄 수 있는 일이 무엇인지에 대해 잘 모르기 때문이다. 다문화가족지원센터에서 청소년을 대상으로 하는 교육 프로그램이 다양하다고 알고 있지만, 연구 참여자는 재외동포이기 때문에 이러한 혜택에서 제외된다. 그러나 연구 참여자의 아들도 다른 중국계 다문화가정 자녀들처럼 언어 · 문화 · 진로에 대한 교육이 필요하기 때문에 이를 위한 복지 프로그램도 운영되기를 기대하고 있다.

(3) 연구 참여자의 특징

연구 참여자 02가 한국 사회 적응 과정에서 보이는 인지정서적 특징을 정리하면 다음과 같다.

첫째, 경제적 이익 창출을 최우선 목표로 삼고 이를 위해 현재의 삶을 다소 희생시킨다. 미래에 더욱 안락하고 풍족한 삶을 살기 위해 지금 당장 좀 힘들게 살더라도 이를 감수하려고 하는 것이다. 현재 삶의 질보다 미래의 가치를 더 중요하게 여기는 가치지향적인 삶의 태도를 가지고 있다고 볼 수 있다.

둘째, 삶의 편의를 위해 재외동포로서의 정체성과 중국인으로서의 정체성을 모두 활용한다. 한국 사회가 비자 취득에서 재외동포에게 제공하는 신분 취득에 대한 편의를 적극적으로 활용한다. 또한 중국계 노동자와 입장을 같이하며 사업장에서 자신들을 한국인과 다른 존재로 규정한다. 미디어를 통한 정보 공유의 장에서도 이를 적극적으로 활용한다.

연구 참여자는 문화적응의 유형 가운데 베리(Berry)의 유형 분류에 따르면 '분리'에 해당한다고 볼 수 있다. 다문화사회 이주민 유형 가운데 '융화인'에 속한다. 연구 참여자는 한국 사회 정주민과 자신이 속한 중국계 노동자 집단의 경계를 확실히 구분하고 있다. 한국 사회 정주민을 자신과는 다른 타인으로 보고, 자신은 중국계 노동자와 함께 행동하고자 한다. 중국계 노동자가 연구 참여자의 주 활동 영역의 다수를 차지하기 때문에 집단 구성원과 공유할 수 있는 중국계 노동자로서의 정체성을 유지하고 있는 것으로 보인다. 이로써 연구 참여자는 한국 사회의 문화적응 전략으로 '분리'를 취하고 있다고 볼 수 있다.

마지막으로 연구 참여자의 경험에서 한국 사회의 사회제도적 개선점을 찾아보면 다음과 같다.

첫째, 국민연금 같은 사회보장제도의 혜택을 받지 못하는 외국인 노동자에 대한 제도적 고민이 필요해 보인다. 우선 사업장에서 외국인 노동자가 자신들의 4대 보험 가입 여부를 확인할 수 있어야 할 것이다. 현재는 사업장에서 노동자에게 4대 보험료를 제한 임금을 주면서 정작 보험료를 미납하거나 4대 보험에는 가입하지 않은 경우가 발생해도 이에 대해 피해를 입은 외국인 노동자를 구제할 방안이 미비하다.

둘째, 연구 참여자의 자녀처럼 재외동포 자녀의 경우, 중도입국청소년처럼 교육 복지 서비스를 받을 수 있도록 하는 방안을 고민할 필요가 있다. 재외동포의 한국 사회 유입률이 높기 때문에 그들의 자녀들이 교육 복지 서비스의 대상에서 제외되지 않도록 담당 기관을 지정하고 관련 프로그램을 운영하도록 해야 할 것이다.

2) 연구 참여자 11(노동자)

(1) 문화적응 생애담 요약

연구 참여자 11은 중국 산동 출신으로 40대 초반의 한족 남성이다. 연구 참여자는 대학 학부에서 자동화 제어를 전공했다. 대학 졸업 후 2008년 한국에 있는 한 대학교에서 열 및 유체학 전공 석사과정에 진학했다. 한국 대학에서 석사학위를 취득하고 학업을 계속하고 싶었으나 경제적 여건 때문에 지도교수의 소개로 한국 내 회사에 취업했다.

연구 참여자는 현재 한국에서 자동화 제어 시스템 관련 회사에 다니고 있다. 회사 동료들과의 관계는 좋은 편이다. 그러나 회사에서 잔업을 해도 잔업에 대한 수당은 받지 못하고 있다. 회사의 자금 사정이 여의치 않아서 그렇다고 이해하고 자기뿐 아니라 다른 회사 동료들도 같은 처지라고 생각하고 있다.

연구 참여자는 중국에서 한족과 결혼하여 아들을 두고 있다. 아들은 2017년 현재 초등학교 5학년이다. 지금은 비자 때문에 1년에 한 번씩 온 가족이 출입국관리사무소에 가야 한다. 연구 참여자는 특수 직종 종사자이기 때문에 지금의 특정활동(E-7) 비자를 거주(F-2) 비자로 바꾸기 위해 노력하는 중이다.

(2) 문화적응의 내러티브

① 한국으로 이주를 결심한 계기: 전문 지식 습득을 위한 유학이주

연구 참여자 11은 중국에 있는 대학에서 자동화 제어를 전공했다. 그리고 한국에 있는 대학에서 열 및 유체학 석사학위를 취득했다. 관련한 전공으로 정보통신 분야의 박사과정에 진학하고 싶었지만, 경제적 여건 때문에 학업을 중단했다고 한다.

("그 중국에서 공부했잖아요, 자동화 제어. 그리고 한국에 와서 열 및 유체라는 것을 공부했는데 중국에서 배운 자동화 제어와 한국에서 배운 열 및 유체의 관계가 연결되어 있어요?") "네. 내가 여기서 배웠을 때 대부분 신경 쓰는 부분은 다 제어 부분이에요. 그래서 여기서 공부하는 것도 연결하는 거예요." ("그러면 중국의 교육과 한국의 교육이, 어떻게 좀 중국의 자동화 제어는 뭐가 좋았고, 한국의 열 및 유체는 뭐가 좋았는데, 뭐 이렇게 한국에도 요런 것은 좀 부족하다 이런 거 없어요? 교육 면에서?") "그렇게 큰 차이가 없어요, 내가 보면. 대학교 여기 교육 왔을 때 내 생각하기에 큰 차이는 없었어요." ("큰 차이가 없었어요? 네. 또 교육하고 싶은 거 있으세요? 더 공부하고 싶으세요?") "네. 가능하시면 내 생각에 정보통신 관여하는 것 조금 하고 싶은데." ("정보통신이요? 그런데 지금 왜 공

부를 못 해요?") "아, 요즘 이거는 돈이 부족해요. 그래서 공부할 수 없어요." ("아, 경제적인 이유로?") "네. 맞습니다." ("외국에서 오셨고, 또 전공을 이렇게 했으면 학교에서 다 장학금을 주지 않아요?") "학교에서는 내가 왔을 때 장학금 받을 수 있어요. 다 받을 수 있어요."

연구 참여자는 한국으로 이주한 지 9년 정도 되었다. 한국으로 이주하기 전에 중국에서 결혼해서 아내, 아들과 함께 유학이주했다. 석사과정은 한국 대학에서 학비를 지원받아 다닌 것으로 보인다. 연구 참여자는 박사과정으로 진학하고 싶은 마음도 있었지만 경제적 여건 때문에 못했다고 하는데, 이는 학비 외에 가족과 함께 사용할 생활비가 더 필요하기 때문으로 보인다. 연구 참여자는 몇 년 동안 중국에 간 적이 없어서 중국 내 생활상이 어떤지에 대해 잘 모른다고 하면서 한국에서 장기 체류할 수 있는 영주권을 받는 것이 당장의 목표라고 한다. 이를 통해 연구 참여자는 학업을 계속하지 않더라도 계속 한국에 거주할 계획을 가지고 있는 것으로 보인다.

② 문화적응 전략 1: 불평하지 않는 성실한 일꾼 되기

연구 참여자 11은 유학을 위해 한국으로 이주한 후 계획한 학업을 마치고 전공과 관련한 이공계 전문직 직종에 취업했다. 한국에서 회사를 다닌 지는 2년 정도 되었다. 연구 참여자는 취업 초기에만 해도 한국인 동료들과 소통이 어려웠다고 한다. 대학원에 다닐 때는 영어를 사용했기 때문에 한국어를 잘하지 못해도 의사소통이 가능했으나 회사에 취업한 후에는 동료들과의 소통을 위해 한국어를 익혀야 했다. 한국어에 익숙해

질 때까지 다소 어려움이 있었지만, 2년이 지난 현재는 의사소통이 가능하다.

("평소에는 어떤 언어를 사용하셨어요?") "평소에는 내가 그 회사 다니기 전에 한국에서는 대부분 다 영어로 쓰는 거예요. 회사 다닌 후에 영어는 불편하고 그래서 한국어를 써요." ("영어가 왜 불편해요?") "주변 동료들이 다 한국 사람들이에요. 그래서 영어는 잘 모른데요. 그래서 내가 처음 회사에 갔을 때 어려웠어요." ("처음에 그 동료들하고 언어 때문에 오해도 생겼어요?") "오해 많아요." ("예를 들면?") "예를 들면, 나한테 '이거 너무 무거운 거 받아주세요.' 했어요. 하지만 나 몰라요. '그거 뭐예요?' 부품 찾을 수 없었어요. 내가 무슨 부품인지 찾을 수 없어요. 그래서 동료들이 '이게 뭐야.'라는 표정 지었어요."

연구 참여자는 한국어로 소통할 수 있게 되면서부터 회사에서 큰 불편함은 느끼지 않는다고 한다. 또 연구 참여자는 자신을 비롯해서 고학력의 전문직 종사자들과 일하고 있고, 연구 참여자를 제외하면 회사에 다른 외국인은 없다고 한다. 연구 참여자는 하루의 대부분을 회사에서 일하며 보내기 때문에 한국에서 맺고 있는 대인관계의 대부분은 회사 동료들과의 관계가 큰 비중을 차지한다. 연구 참여자는 "차별을 경험한 적이 있느냐?"는 질문에 자신은 그런 경험을 한 적이 없고, 회사 동료들은 친절하다고 한다.

("회사생활하면서 불편한 거 없어요?") "회사생활했을 때는 불편한 거는 많지 않았는데요. 우리 동료들이 내가 보면 다 친절한 사람들이, 그래서

어렵지 않은 것 같은데요."

("그래서 좀 중국인이라고 해서 불편한 적 없었어요?") "지금 내가 만나는 건 불편함 없어서. 하지만 다른 친구들이 얘기했을 때 불편한 거 만날 수 있어요. 제가 옛날에 뭐 친구가 얘기했을 때 그 사람들이 다른 동료들이 다 한국인 사람들이에요. 항상 한국인 동료들이 내 친구한테 좋은 인상 안 주고 불편 주는 거예요. 피해가 많아서. 그래서 그 사람, 그 친구들이 그 회사 퇴사해서 다른 회사에 들어갔어요. 다른 회사 들어간 거예요." ("그러면 ○○○ 선생님은 한 번도 그런 적이 없어요?") "내가 이런 경험 없어요." ("한국에서는 인권이라는 거에 대해 생각을 좀 해보세요? 혹시 인권에 대해 침해를 받았거나 '이거는 외국인한테 이렇게 하면 안 된다.' 이런 거 있으세요?") "인권적으로는 내가 보이는 거, 내가 만나는 거는 없습니다."

실제로 연구 참여자가 직접 관계를 맺고 있는 한국인이 외국인에 대한 인권 감수성이 높은 편이라 연구 참여자가 불편을 느끼지 않는 것일 수 있다. 연구 참여자의 회사 동료들이 고학력자들이어서 그럴 가능성도 높다. 그런데 연구 참여자가 자신의 근로환경을 인식하는 방식을 살펴보면, 이는 연구 참여자의 인지적 특성과 밀접한 관련이 있음을 알 수 있다.

연구 참여자는 평균 노동시간이 길고, 노동시간 외의 초과 노동을 요구받으면서도 그에 대한 임금을 받지 못한다. 또한 집에서부터 회사까지의 거리가 멀어서 출퇴근 시간이 편도 1시간 반이 소요된다. 이로 인해 연구 참여자는 가족과 함께 보내는 시간이나 자신의 여가를 위한 시간을 가지기 어렵다.

("회사에서 몇 시부터 몇 시까지 일하세요?") "일반적으로는 9시부터 오후 6시까지요. 일이 있을 때면 더 많이 늦을 수 있어요." ("그러면 9시에 출근해서 6시에 퇴근하는 것이 원래 기본이고, 그런데 6시 이후에 밤에 하는 것은 잔업수당으로 다 돈이 나오는 거예요?") "아, 그거는 돈으로 안 줘요." ("왜요?") "아, 사실은 이런 생각이 안 해봤어요. 항상 이거는 '아, 오늘 일이 안 끝나면 아, 밤에 끝날 것 같은데요.' 이렇게 생각했어요." ("그러면 9시에 시작해서 6시에 퇴근해도 돈은 똑같고, 9시에 출근해서 밤에 10시에 퇴근해도 돈이 똑같아요?") "네. 똑같은 거야." ("그럼 잔업수당도 없고?") "없어요. 지금." ("그러면 왜 이렇게 오래도록 일하는데 '잔업수당을 안 줘요?'라고 얘기해본 적 없어요?") "우리, 다른 사람들도 그렇게 얘기 안 해요."

("선생님이 회사 갈 때 지하철 타요? 아니면 자가용?") "지하철 타고 가요." ("어디에서 타서 어디에서 내리세요?") "요즘 너무 멀어요. 여기 저 원인재에서 지하철 타고, 그리고 시청에서 2호선 갈아타고, 그래서 루원시티(Lu 1 City)에서 내려가고, 다시 버스 갈아타고." ("그러면 출근 시간만 몇 시간?") "한 1시간 반 정도."

("요즘에는 시간이 있으면 뭐 하세요?") "요즘엔 시간이 없어요. 요즘 계속 회사도 일이 많아서 시간 없어서요. 항상 퇴근 후에 바로 잤어요." ("그러면 퇴근한 다음에는 뭐 하세요?") "퇴근 후에 집에서 시간 있을 때 책 읽고 시간 없으면 그냥 자고." ("아기하고는 이야기를 많이 해요?") "아기들 이야기 많이 없어요. 아기들 이야기 많이 없어요, 요즘." ("시간이 없어서? 애기를 못 해요?") "네."

연구 참여자는 삶의 대부분을 회사 일을 하는 데 할애하고 있다. 이는 본인의 자발적 근로라기보다 회사에서 요구하는 업무량을 소화하기 위해 어쩔 수 없이 해야 하는 비자발적 근로라고 볼 수 있다. 그런데 연구 참여자는 다른 사람들도 그에 대해 불만을 제기하는 사람이 없다고 하면서 그 자신도 그에 대해 불만을 드러내지 않는다. 이를 통해 연구 참여자는 한국인 회사 동료들과 '우리'라는 연대의식을 가지고 있는 것으로 보인다.

> ("그 사람들도 잔업수당 안 받아요?") "음, 안 받는 것 같은데요." ("그러면 사장님이 얼마나 잘해주길래 그 회사에서 계속 있는 거예요? 잔업수당도 안 주는데?") "하하하 내가 모르는데." ("월급은 잘 나와요?") "월급 요즘 어려운데 조금 밀렸어요. 사장님 요즘에 기계 설치해주고 돈 못 받았어요. 그래서 우리도 월급 없어요." ("아, 월급이 안 나왔어요?") "네." ("몇 개월?") "한 달 정도만." ("한 달 정도 안 나왔어요?") "네." ("그러면 생활하기 좀 어렵겠어요?") "네. 그렇지요."

연구 참여자는 초과근로에 대한 임금을 받지 못하는 것은 자신이 외국인이라서 특별히 차별당해서가 아니라 회사가 그렇게 운영되고 있기 때문이라고 인식하고 있다. 최근에는 월급이 한 달 치 밀려서 생활이 어려워졌는데도 회사가 자금 사정이 어렵게 되었기 때문이라고 이해하고 있다. 그리고 이 또한 '우리'의 일, 즉 같은 회사에서 일하고 있는 사람들 모두에게 일어난 일이라고 보고 있다.

연구 참여자는 중국인으로서 한국인과 경계를 만들지 않으며, 스스로 중간지대에 위치하는 존재로 인식하고 있는 것으로 보인다. 이는 사드(THAAD)로 인해 빚어진 한국과 중국의 정치적 갈등 문제에 대해서도 동일하게 적용하는 원칙이다. 연구 참여자는 한국인의 입장과 중국인의 입장을 모두 전하며, 이는 감정적으로 생각할 문제가 아니라 이성적으로 풀어야 할 문제라고 본다는 입장을 밝힌다.

> ("요즘에 이제 중국하고, 한국하고, 사드(THAAD) 때문에.") "네. 그거는 내가 그 말이 많이 들었어요. 요즘 좀 갈등이 있잖아요. 한국 사람들이, 한국 친구들이 나한테 얘기했을 때 "아, 우리 이거는 자기 나라 보호하는데, 왜 중국 사람들이 나한테 안 좋은 거야?" 항상 이렇게였어요. 하지만 나의 중국 친구들이 나한테 얘기했을 때 '하, 한국 사람이 이거 사드 유지하면 우리 너무 불안하다.' 그래서 안 좋아요. 그래서 양국의 사람들이 생각이 완전 달라요. 자기 이성적으로 생각하지 않으면 문제가 나와요."

연구 참여자는 한국인 동료들이 불만을 가지지 않는 문제에 대해서는 자신도 불만을 가지지 않는다. 한국인 동료들이 잔업을 하면, 수당을 받지 못한다는 것을 알면서도 불평하지 않고 잔업을 한다. 이처럼 연구 참여자는 한국인 못지않은 '성실한 일꾼'으로서 회사에서 요구하는 업무량을 소화하기 위해 노력하며 이에 대해 불만을 가지지 않는다. 개인의 삶보다 한국인 동료들과 함께 일하고 있다는 소속감을 가지고 생활하고 있는 것이 특징적이라 할 수 있다.

③ 문화적응 전략 2: 한국인처럼 살기

연구 참여자 11은 현재 아내, 아들과 함께 한국에서 거주한 지 9년 정도 되었는데, 2년 전 회사에 입사하기 전까지는 한국어를 잘 사용하지 못했다. 현재는 한국어 사용에 익숙해진 편이지만, 글을 읽거나 할 때는 여전히 중국어로 찾아 읽는다. 그런데 초등학교에 다니는 아들은 중국어보다 한국어를 먼저 배우기 원한다. 연구 참여자가 아버지 입장에서 보기에 아들은 중국에 사는 자기 또래 아이들에 비해 중국어 어휘력이 부족한 편이다. 그러나 현재 한국에 살고 있기 때문에 반드시 중국어를 가르쳐야겠다는 생각은 하고 있지 않다. 또한 아들이 학교에서 중국어를 사용할 수 있는 환경이었으면 좋겠다는 바람도 가져본 적이 없다. 연구 참여자는 아들이 한국 사회에 적응하기를 바라고, 이를 위해서는 중국어보다 한국어에 먼저 익숙해져야 한다고 생각한다. 그래서 아들이 현재 중국어 실력은 부족해도 한국에서의 학교생활에는 문제가 없기 때문에 한국 학교의 언어 교육에 대해 문제의식을 가지고 있지 않다.

> ("아기는 학교생활 잘하고 있죠?") "네. 잘했어요." ("공부도 잘하고요?") "아기는 공부 잘하는데요." ("아기가 지금 이제 한국말을 한국 사람처럼 잘하잖아요.") "그렇죠." ("중국어도 학교에서 그렇게 충분히 사용해요?") "지금 중국어를 만약에 애들을 중국에서 가면 학교 갔을 때 이거 중국어는 부족한데요. 한국어는 괜찮은데 생활했을 때도 괜찮은데요." ("그래서 혹시 바람이 있다면 '우리 아들이 한국 학교에서 중국어를 계속 사용할 수 있는 환경이 됐으면 좋겠다.' 이런 생각은 안 해보셨어요?") "이런 생각을 안 해봤어요. 왜냐하면 우리 집에서. 그거는 내가 마음에는 안 좋은 거예요. 내 생각하기에 애들을 여기

서 가능하시면 학교에서는 다 한국어 환경으로 쓰면 애들이, 여기는 한국 사회 쪽으로 빨리 적응할 수 있을 거예요."

연구 참여자의 아들은 학교에서 교우관계도 좋은 편이다. 집에 학교 친구들을 데리고 오기도 하는데, 그러면 연구 참여자는 집에서 자신들이 늘 먹는 음식을 대접하기도 한다. 연구 참여자의 아들은 집에 친구들을 데려오는 데 거리낌이 없고, 연구 참여자도 그다지 특별한 일로 생각하지 않는다. 부모가 중국인이라는 사실이 연구 참여자의 아들에게 어떠한 불편도 주지 않는다고 생각하고 있다. 이는 연구 참여자가 중국인으로서 한국인과 다른 특별한 문화적 정체성을 부각시키지 않고 여느 한국인 가정의 부모처럼 아이들을 대하기 때문으로 보인다. 단적인 예로 연구 참여자의 집에서 늘 먹는 음식은 중국 음식이 아니라 한국 음식이라고 한다. 연구 참여자는 한국에 산 지 오래되어서 굳이 중국 음식을 찾아 먹지 않는다고 하면서 집에서도 한국에서 쉽게 구할 수 있는 음식을 항상 먹는다고 한다.

("아들이 지금 친구들 많아요?") "요즘 친구 많아요." ("집에도 데리고 와요?") "아, 몇 번 데리고 왔어요." ("그럼 집에 데리고 오면 친구들이 뭐라고 말해요?") "같이 게임하고 이렇게 하는 거예요. 우리 집에 있는 거 완구 가지고 같이 놀자, 이렇게 하는 거예요." ("그래 아기가 안 불편해해요?") "안 불편해요." ("그러면 엄마가 혹시 중국 음식도 해서 아기들한테 주고?") "우리 집 가족들이 여기서 몇 년 동안 살면서 그래, 지금 특별한 중국 음식은 이미 없습니다. 한국 음식. 네. 아기 친구 데려왔을 때를 아, 항상 여기 있는 거 그냥 작은 거, '요구르트야. 이거는 음료수야. 이거는 과일이야.' 주는

거예요."

한국 사회에 살고 있더라도 중국에서 살던 방식을 그대로 고수하며 사는 경우도 있는데, 연구 참여자의 가정은 한국인처럼 먹고 대화하는 방식을 취하고 있다. 그 자신이 한국인과 별다를 바 없이 생활하고 있기 때문에 다른 한국 사람들과 만날 기회가 있어도 그 사람들이 자신에게 특별하게 관심을 기울일 것이라고 생각하지 않는다. 연구 참여자는 아들의 학교 소풍 때 참여한 적이 있으나, 그때도 한국인 부모들이 자신을 다른 한국인 부모들과 똑같이 대했다고 느끼고 있다. 부모들이 자기 애들 외에 다른 사람에게는 관심이 없었기 때문이라고 하지만, 이를 통해 그 스스로를 다른 사람들과 마찬가지인 평범한 존재로 여기고 있음을 알 수 있다. 중국인이라는 정체성을 굳이 특별하다고 생각하지 않는 것이다.

> ("선생님은 학교 선생님 안 만나봤어요?") "애들을 데리고 같이 그 소풍 찾아갔을 때 선생님 만났어요." ("아, 소풍 갔었어요?") "네. 그때 하루 동안 같이, 같이 갔어요." ("그런데 불편한 거 없었어요?") "없어요." ("다른 그 아기 친구들 엄마들도 다 같이 갔어요?") "네. 다 같이 갔어요." ("그래서 '어? 저기 중국 아빠 오셨다.' 뭐 이렇게?") "아니요. 그런 말도 없어요. 없습니다. 부모님은 항상 자기 애들은 관심이 많아요. 다른 사람은 관심 별로 없어요."

연구 참여자는 자신이 떠나온 중국에 대해 몇 년 동안 가본 적이 없어서 더 이상은 잘 모른다고 한다. 중국은 자신의 현재 삶과 직접적인 관련이 있다고 여기지 않기 때문에 중국 내의 사정이 어떠한가에 대해서도 무관심한 것으로 보인다.

"중국에서 내가 알 수 있는 거는 저소득 사람들이 요즘은 많이 받을 수 있어요. 이거 정부에서 사람 만나고 그 한 달에 기본 생활비를 한 몇 백 원 정도만 줘요. 요즘 더 상세적으로 모르는데요. 중국에 몇 년 동안 안 들어가서 자세히는 몰라요."

("자유롭게 내가 글도 올리고 보고 할 수 있어요? 중국 내에서?") "중국 내에서는 지금 몰라요. 몇 년 동안 안 가봤는데 지금 상황도 몰라요."

연구 참여자는 한국인이 먹는 음식을 먹고 한국인 동료들과 많은 시간을 보내며 한국의 여느 아이들과 다르지 않게 자녀를 교육하려고 한다. 연구 참여자는 현재 한국에서의 삶에 중국으로부터 영향을 받는 바 없다. 중국과 일정한 거리 두기가 이루어지고 있는 것이다. 또한 연구 참여자는 일상생활에서 자주 마주치는 한국인 이웃들과 동질성을 추구하는 방식으로 한국 사회에서의 삶을 영위하고 있다는 것을 알 수 있다.

④ 희망하는 미래상: 안정적 신분 취득, 한국인과 동등한 교육 복지 혜택에 대한 기대

연구 참여자 11이 한국 사회에 거주하며 그리는 미래상은 크게 두 가지인 것으로 판단된다. 첫째, 장기 체류가 가능한 신분을 취득하여 생활을 더욱 안정적으로 영위할 수 있도록 하는 것, 둘째, 자녀가 한국인과 동등한 교육 복지 혜택을 받을 수 있게 되는 것이다.

연구 참여자는 이공계 업종에 종사하는 전문성을 가진 고학력자로 인정받아 현재 특정활동 비자로 한국에 거주 중이다. 그런데 이는 매년 비자 갱신을 위해 가족이 모두 출입국관리사무소를 찾아 절차를 밟아야 하는 번거로움이 있다. 연구 참여자는 그러한 번거로움 없이 장기 체류가 가능한 영주권을 받기 위해 방법을 모색 중에 있다. 연구 참여자의 현재 가장 큰 목표는 한국에서 경제활동 및 장기 체류가 가능한 신분을 취득하는 것이다. 이것이 현재의 삶을 가장 불편하거나 불안하게 하는 요소로 꼽고 있다.

("한국에서 제일 불편한 거 뭐 있어요? 아, 예를 들면 비자를 바꾸고 싶은데 뭐가 불편하다.") "아, 지금을 내가 비자를 몇 년에, 1년에 한 번, 이거는 불편한 거예요. 그래서 바꾸고 싶은데요." ("그러면 비자를 연장할 때 출입국에 직접 가서 하세요?") "네, 네. 직접 갑니다." ("그러면 세 가족 다 같이 가요?") "같이."

또한 연구 참여자는 비자 문제를 제외하고는 한국에서의 생활에 대해 거의 불편이나 불만을 토로하지 않는데, 자녀 교육 영역에서 한 가지 예외적인 경험을 이야기한다. 현재는 초등학생인 자녀가 유치원에 다닐 때의 일이기 때문에 정확한 시기를 제시하지는 않았으나 몇 년 전 일일 것으로 추정된다. 몇 년 전의 경험이지만 연구 참여자는 이 일을 외국인에 대한 제도적 차별로 의미를 부여하며 기억하고 있다. 연구 참여자가 자녀를 유치원에 보냈는데, 다른 한국인 가정은 교육비를 지원해주는 데 반해 연구 참여자의 가정은 교육비 지원 혜택에서 제외되었다는 것이다.

("한국에 오신 지 지금 9년이 됐는데, 혹시 한국에서 뭐 차별대우를 받았다거나 '한국 사람들은 되는데 외국인은 안 돼!' 이런 거는 없었어요?") "이런 거는 있어요. 사례가 뭐냐면 저의 아들의 교육비들 이거를 신청했을 때 국가 지원 신청했

을 때 한국 사람들이 받을 수 있어요. 우리는 신청했을 때는 받을 수 없어요." ("받을 수 없어요? 어디에다 신청했어요?") "학교에서, 유치원에서 여기서 신청했을 때 계속 받을 수 없었어요." ("여기 유치원 다닐 때 한국 사람들은 지원을 받을 수 있는데 외국인이기 때문에 지원을 못 받았어요?") "네. 지원을 못 받아요."

연구 참여자는 자신이나 자녀가 한국인으로부터 직접 당한 차별은 과거에도 없었고 현재에도 없다고 여기고 있다. 그러나 자녀의 교육비에 대해서만큼은 차별대우를 받은 것으로 기억하고 있는데, 이는 이 일이 연구 참여자에게 특별한 인상을 남긴 경험이었기 때문으로 볼 수 있다. 연구 참여자가 이 경험을 인상적으로 여기는 이유는 부모에게 자녀 교육이 생활에서 반드시 필요한 복지로 간주되는 데서 찾아볼 수 있다. 교육을 받을 권리는 인권 보장의 차원에서 기본적으로 보장받아야 할 권리 중 하나로 여겨지고 있는데, 그러한 기본권을 침해당한 것이기 때문에 깊은 인상을 가지고 있는 것이다. 즉, 이는 외국인의 기본적인 인권 보장과 관련한 문제이기도 하기 때문에 개선되어야 할 한국의 사회제도 중 하나라고 할 수 있다.

(3) 연구 참여자의 특징

연구 참여자 11이 한국 사회 적응 과정에서 보이는 인지정서적 특징을 정리하면 다음과 같다.

첫째, 한국에서의 원만한 사회생활을 위해 개인적 차원의 불편을 감수할 수 있다고 여긴다. 노동 외 시간에 초과근무를 하거나 제때 수당을 받지 못하는 것은 노동권을 침해당하는 것이다. 또 이로 인해 가족들과 정서적 유대 또는 여가를 위한 시간을 확보할 수 없고, 생활비가 부족해서 경제적으로도 어려움에 처해 있다. 그러나 연구 참여자는 이에 대해 불만을 가지지 않는다. 같은 회사를 다니는 한국인 직원들도 이를 감수하고 있기 때문이다. 한국인 동료들과 마찬가지로 불만을 표시하지 않고 성실하게 일하는 노동자로서 살아가고자 한다는 것이 두드러진 특징이라 할 수 있다.

둘째, 일상생활에서 중국에서의 방식을 고수하지 않고, 한국인이 생활하는 방식대로 사는 삶을 추구하고 있다. 연구 참여자의 경우 대표적인 예로는 음식과 자녀 교육이다. 한국 음식을 먹고, 자녀에게 중국어보다 한국어를 먼저 가르친다. 한국인과 다른 점을 내세우고 경계 짓기보다는 한국인과 같은 방식으로 생활하며 섞여 들어가는 것을 지향하고 있다.

이를 종합해보면, 연구 참여자는 문화적응의 유형 가운데 '동화인'에 해당한다고 볼 수 있다. 연구 참여자는 한국 사회 정주민과 자신의 경계를 흐리고 한데 어우러져 살아가는 존재로서 스스로를 규정하고 있다. 주생활 공간이나 대인관계의 대상이 외국인 또는 중국인보다 한국인과 더 많이 접촉하는 환경에 있기도 하지만, 연구 참여자 자신이 한국인의 방식으로 생활하는 것을 추구하는 문화적응 전략을 취하고 있기 때문이다.

마지막으로 연구 참여자의 경험에서 한국 사회의 사회제도적 개선점을 찾아보면 다음과 같다.

첫째, 노동시간 준수를 실현할 수 있도록 하는 제도의 개선이 필요해 보인다. 현재도 제도적으로 노동시간을 준수하도록 하고 있지만, 실제 노동현장에서 지켜지지 않고 있다는 것이 문제가 되고 있다. 이는 연구 참여자 같은 외국인 노동자에 대해서만이 아니라 한국인 노동자에 대해서도 지켜져야 하는 기본적인 권리이므로 실제 현장에서 실현 가능한 제도로 개선이 이루어져야 할 것이다.

둘째, 가족 단위의 외국인 가정에 다양한 여가활동을 가능하게 할 수 있는 복지 프로그램 제공이 필요해 보인다. 외국인 가정에 가족 단위로 함께 참여할 수 있는 여가활동 프로그램이 제공되면 가족 구성원 모두의 정서적 유대와 심리적 안정감 증진에 도움을 줄 수 있을 것이다.

셋째, 외국인 가정의 자녀가 한국에서 교육의 권리를 보장받을 수 있도록 하는 교육 복지 제도의 개선이 필요해 보인다. 특히 교육비는 내국인과 외국인의 차별을 두기보다 보편적 복지 차원에서 제공해야 인간의 기본권을 보장하는 사회 구현이 가능하게 될 것이다.

4.
재한 중국인 유학생

1) 연구 참여자 05(유학생)

(1) 문화적응 생애담 요약

연구 참여자 05는 중국 연길 출신으로 30대 중반의 조선족 여성이다. 2009년 중국에 있는 대학교에서 한·중 언어 비교로 석사학위를 취득했다. 그리고 6년 동안 중국 대학에서 학생들에게 한국어를 가르쳤다. 그런데 대학 강의를 하다 보니 전공 공부를 더 해야겠다는 생각을 하게 되었고, 이를 위해 한국으로 유학을 왔다. 연구 참여자는 결혼해서 남편과 자녀가 있는데, 가족들은 모두 중국에서 생활하고 있고 연구 참여자만 한국으로 건너와 생활하고 있다.

현재는 한국 대학교의 박사과정에서 '외국어로서의 한국어 교육'을 전공하고 있다. 한국으로 이주 후 가장 큰 어려움은 언어로 인한 것이었다. 조선족이기 때문에 다른 중국인보다 언어로 인한 어려움은 덜할 것으로 예상했으나 막상 와서 보니 조선족이 사용하는 언어와 한국 사람들이 사용하는 언어가 많이 달랐다. 특히 학문적인 영역에서 사용하는 한국어를 익히기 위해 각고의 노력을 기울여야 했다. 이처럼 학과 공부를 비롯한 학교생활에서의 어려움은 외국에서 유학 온 학생들과의 교류를 통해 서로의 고민도 공유하고 해결 방법에 대해 조언도 해주면서 극복하고 있다.

학생으로서의 어려움 외에도 한국에 거주하는 조선족으로서의 어려움도 있다. 한국 사회가 조선족에 대해 가지는 여러 편견을 만나게 되는 것이다. 미디어에서 조선족을 편향적으로 다루는 것을 보면 불편하지만, 실제 생활에서 만나는 한국 사람들은 대부분 조선족에 대해 편견을 가지고 배척하는 태도를 보이지 않는다. 연구 참여자는 조선족을 다루는 영화의 제작 자체에 거부감을 가지고 있지는 않지만, 그 파급력을 생각할 때 특수한 상황이라는 설명을 첨언할 필요는 있다고 생각한다. 그런 노력이 조선족에 대한 한국 사회의 편견을 바꾸어나갈 것이라고 믿고 있다.

(2) 문화적응의 내러티브

① 한국으로 이주를 결심한 계기: 전문 지식 습득을 위한 유학이주

연구 참여자 05는 한국으로 유학 오기 전 6년 동안 중국에 있는 대학교에서 학생들을 가르쳤다. 그러면서 중국에서 학생들을 가르치며 사는 삶 자체에 불만을 가진 것은 아니었다. 학생들을 가르치는 일이 육체적으로 힘들거나 시간에 쫓기거나 하지 않았기 때문에 가족들과 함께 충분한 시간을 보내는 일상을 즐겼다.

> "오기 전에는 제가 교육 쪽으로 많이 부족한 건 알겠는데 그래도 '공부를 많이 해야 되겠다. 논문 봐야겠다. 책 봐야 되겠다. 연구를 해야 되겠다.' 그런 생각은 한 적이 없어요. 저는 되게 아주 그냥 수업만 하고, 제가 하고 싶은 일, 그냥 집안일이나 하고, 애랑 놀고, 가족끼리 놀고, 이런 생활을 지향한다고 해야 할까요."

연구 참여자는 자신의 일상생활에는 만족하고 있었으나 계속 학생들을 가르치는 일을 하면서 더 잘 가르치려면 전공 관련 지식을 연마해야 할 필요가 있다는 내적 동기를 가지게 되었다고 한다.

> "더군다나 석사 때는 한중 언어만 공부를 했고 여기 와서는 교육을 하게 되잖아요. 전공이 비슷한 거 같기는 한데 사실은 많이 달라요. 제가 2009년에 석사를 졸업하고 중국의 대학에서 한국어를 가르쳤는데, 6년 동안 가르치면서 제가 참 모자라다는 걸 느끼고 공부를 더 해야 되겠다. 그래서 이쪽으로 공부를 하러 왔는데, 그래도 6년의 경험이 있고 또 언어를 한국 언어하고 중국 언어하고 비교하면서 공부를 했으니깐 여기 와도 큰 문제가 없겠지, 생각을 했거든요."

연구 참여자는 중국에서 일정한 사회적 지위가 보장되는 직업을 가지고 가족들과 함께하는 안정적인 삶을 영위하고 있었다. 그런데 이러한 안정적 삶을 스스로 내려놓고 학업 성취를 위해 한국 대학으로의 유학을 결심한 것이다. 물론 학업을 마치면 다시 돌아갈 계획이기는 하지만, 대학원과정을 수료하고 졸업하는 데는 몇 년이 소요되기 때문에 결코 짧은 기간이라고 할 수 없다. 그럼에도 연구 참여자가 학업에 대한 각오를 다지게 된 것은 중국에서는 하지 않았던 개인 연구 활동에 대한 고민을 한국에 와서 하게 되었기 때문이다. 연구 참여자는 한국에서 자신의 학문 영역에서 새로운 장을 열어가고 있다는 자부심을 가지게 된 것으로 보인다.

> "여기 와서 1년 반 공부하면서 '나도 좀 연구 같은 것을 해야 되지 않을까. 공부를 해야 되지 않을까. 궁금한 건 책에서 보고 논문에서 보는 것보다 내가 한번 해보고 확실한 답을 찾아봐야 하지 않을까.' 그런 생각도 조금 하고. 그래서 이번 학기는 전공적인 지식보다 연구 방법 그런 데 관심이 생겼는데 아직 시작은 안 했어요. 그냥 관심이 생긴 거예요. '혹시 그 위치에 있으면 이런 것들 좀 써야 되겠다.'라는 생각에 이런 걸 공부해야 되지 않을까. 돌아가서 깊은 연구는 아니지만 제가 좋아하는 쪽으로 연구를 해봐야 되지 않을까. 그런 생각을 해봤어요."

연구 참여자에게 한국으로의 유학은 개인적인 학업 수준의 격상을 의미한다. 이러한 지향이 연구 참여자로 하여금 한국에서의 유학생활을 지속하게 하는 원동력이 되고 있다고 볼 수 있다.

② 문화적응 전략 1: 자랑스러운 중국인으로서의 정체성을 기반으로 외국인 유학생과 정서적 유대관계 구축하기

연구 참여자 05는 자신이 조선족이기 때문에 유학 초기에 언어로 인한 어려움은 크지 않을 것으로 예상했다고 한다. 그런데 일상생활에서부터 학교생활에 이르기까지 가장 큰 고민을 하게 하는 것이 언어였다.

"근데 와서 보니깐 첫날부터 '오-' 되게 당황스러웠어요. 이렇게 어려운가. 제가 하나도 모르는 분야구나. 그런 걸 느끼고 되게 스트레스 받고 그랬었어요. 그리고 언어는 통한다고 생각을 했거든요. 근데 여기 와서, 한국의 언어가 외래어가 그렇게 많은지 생각 못했어요, 일상생활에. 저희 같은 경우에는 중국에서도 저희는 조선어라고 하거든요. 한자어하고 고유어를 되게 많이 쓰고. 외래어는 한국하고 비교를 하면 작은 비중이잖아요. 그렇게 많이 모르는 상태고. 저도 영어를 공부한 적이 없어서. 여기 와서 제일 어려운 게 외래어. 커피숍 시켜도. 작은 것, 중간 것, 큰 것, 이것마저도 다 외래어니깐 이해를 못 하겠고. 수업 중에도 가끔 영어, 전문 영어 같은 경우에는 외래어가 많으니깐 이해를 못 하겠고. 또 조선족이지만 중국에서는 조선어를 잘 안 했어요. 거의 다 중국어로 하고 사고도 중국어로 하고. 여기 와서 한국어를 하면서 번역을 해야 되어요. 머릿속에서 생각을 하고 한국어로 번역을 해야 되는 상황이기 때문에 좀 맥락 같은 걸 잘 이해를 못 할 때가 많아요. 이렇게 얘기를 할 때, 이게 어떤지 파악을 못 하는 경우가 좀 많아요. 문화 쪽이랑 다른 거겠죠. 같은 언어를 사용하고 있지만, 언어적 문화도 좀 다른 거 아닌가. 그런 것 때문에 좀 힘들고 전공이 조금 달라서 많이 힘들었던 것 같아요."

연구 참여자는 고향에서 사용하는 조선어와 한국에서 사용하는 한국어가 자신이 생각했던 것처럼 유사하지 않다는 것에 당황스러웠다고 한다. 이는 스트레스가 될 정도였다. 조선어에는 한자어와 고유어가 많은 데 비해 한국어에는 외래어가 많다. 또한 연구 참여자는 자신의 가계도를 보면 할머니는 조선 사람이고 할아버지는 중국 사람이었다고 하면서 중국인으로서의 혈통이 강하다는 것을 강조한다. 부모님은 물론 모두 중국에서 태어났고, 자신도 마찬가지이기 때문에 중국에서도 조선어보다 중국어를 더 많이 사용하는 가정환경에서 생활했다는 것이다. 연구 참여자는 그래서 자신은 조선어보다 중국어 사용이 더 익숙했던 데다 조선어와 한국어 사용자의 언어적 정체성마저 달랐기 때문에 한국어가 더 낯설고 어려웠다고 보는 것이다.

연구 참여자는 언어로 인한 어려움을 극복하기 위해 두 가지 해결 방식을 취했다. 첫째는 학교에서 기본적으로 이수하기를 원하는 과목보다 더 많은 과목을 수강하는 것이다. 공식적으로 수강 신청을 할 수 있는 과목은 세 과목이지만 세 과목을 더 청강했다. 또한 학문적 언어를 익히기 위해 논문과 책을 계속 읽었다. 이는 학문적 수준을 높이는 데 큰 도움이 되었다.

> ("그 과정에 어려움을 어떻게 극복한 거 같아요, 본인은?") "전공 쪽으로 많이 약하니깐 논문을 볼 수밖에 없겠죠. 책을 계속 봐야 되고, 그래서 첫 학기는 수강신청을 세 개 하고 청강을 세 개 들었거든요. 저는 어차피 모르니깐 계속 듣는 게 낫겠다고 생각하고 그냥 들어가서 듣고, 과제만 하고, 그렇게 한 학기 동안 지내고, 그러고 2학기 때는 줄여서 두 개만 신청했거든요. 그 수강신청을 세 개를 하고 청강을 두 개만 듣고 많이 좀 줄인 거예요. 그 과제가 하나 두 개라도 없는 게 되게 많이 없어진 거잖아요. 마음 좀 편히 공부를 할 수 있었고, 3학기 들어와서 약간 좀

퍼즐 맞추는 것 같은, 계속 여기저기서 듣고 하니깐 처음에는 뭔지 모르고 계속 들었는데, 이제 3학기 와서는 약간 퍼즐 맞추는 것, 아 이렇게 연관이 되는구나. 이런 걸 좀 이해가 될 그런 시기가 온 것 같아요."

둘째는 같은 처지의 외국인 유학생과 서로 도움을 주고받는 정서적 유대를 지속하는 것이다. 같은 학교에서 공부하고 있는 외국인 유학생 선배들은 수업에서 발표는 어떻게 하는지, 논문은 어떻게 찾는지 등 공부하는 방법을 구체적으로 가르쳐주었다. 수업에서 교수님과 한국인 선배들에게도 도움을 받았지만, 전공 공부를 어떻게 하는지에 대한 것은 외국인 유학생 선배들의 도움이 컸다. 외국인으로서 한국에서 공부하는 데 어떤 어려움을 겪는지에 대해 한국 사람들이 놓칠 수 있는 부분에 대해 먼저 같은 어려움을 경험한 선배들이 노하우를 전수해준 것이다. 또한 후배들도 연구 참여자가 일상생활 면에서 어려워할 일을 미리 예상하고 조언을 해주는 등 정서적 유대관계를 돈독하게 유지하고 있다.

("어려울 때 누구 도움 받은 적 있어요?") "도움이요? 선배들한테 많이 물어보죠. 논문을 어떻게 찾는지. 그런 것도 물어보고 발표를 할 줄도 모르니깐 '발표는 예전에 어떻게 했는가. 어떻게 준비를 해야 되느냐.' 그런 것도 도움을 받고 교수님한테도 많이 물어보고 근데 잘 알려주셨던 것 같아요. 알려주시니깐 저도 따라서 하는 거죠. 아니면 저도 힘들죠." ("선배들은 주로 어떤 선배들?") "저희 연구실. 저희 연구실에 5차, 6차 선배." ("외국인, 아니면 한국인?") "네, 외국인." ("유학생.") "그리고 수업을 같이 듣는 한국인 선배들도 이렇게 전공 쪽으로는 많은 얘기를 안 했지만 되게 따뜻하게 해주는 그런 것 때문에도 되게 좋았던 것 같아요. (중략)

생활도 그렇고 공부하는 면에서도 도움을 많이 받는 편이에요, 저는. 후배들한테도 도움을 받아요, 저는 평소에 성격이 자세한 편이 아니라서 그렇게 후배들한테도. 제가 길치거든요. 어디 가면 길을 못 찾아요. 가끔 혼자 전철 타면 후배들한테 전화가 와요. '언니 어디까지 갔냐. 어떻게 가는지 아냐.' 이런 식으로 이런 면에서 도움을 잘 받아요."

외국인 유학생 그룹에서 연구 참여자의 역할은 학문적 조언자다. 연구 참여자 역시 그간 어려움을 극복해온 노하우를 후배들에게 전수해주고 있다. 연구 참여자는 같이 공부하는 마음으로 후배들의 발표 원고를 읽어보고 조언을 해주면서 독려하고 있다.

("지금 후배들도 들어왔죠. 그들이 어떤 걸 또 어려워하던가요?") "저랑 똑같아요. 발표를 어떻게 하는지. 발표하기 전에 저한테 먼저 보여줘요. 이거 어떻게 해야 하는지. 이거 이렇게 해도 되는지. 그것보다 예를 들면 저는 요약문을 쓰는 것보다 개조식 그런 것 있잖아요. 좀 요렇게 했으면 좋겠는데 잘 모르겠다 할 때 한국 언어 문제. 이런 것 때문에 저한테 물어보는 경우가 좀 있고. 뭐 저랑 똑같은 길을 걷고 있는 것 같아요. 공부, 학업 면에서 가장 큰 어려움을 겪지 않을까." ("그럴 때는 조금씩 도와주기도 하고.") "도와주고 저도 같이 공부를 하는 거죠."

연구 참여자와 선배, 후배들은 학교 밖의 일상생활을 비롯해서 학교에서의 학업 성취 등 모든 면에서 어려움을 공유한다. 같은 어려움을 공유한 관계로서 서로가 서로에게 힘이 되어주며 공생을 추구하고 있다.

연구 참여자는 유학생으로서의 어려움을 스스로의 노력과 주위 사람들과의 연대를 통해 극복하고 있다. 어떤 어려움에 당면해서 주눅이 들고 좌절하는 소극적 태도가 아니라 문제해결을 위해 자신이 할 수 있는 일을 찾고 실천하는 적극적 태도를 보인다. 이러한 적극적 태도는 다른 한국 사회 정주민과의 관계 형성에도 영향을 미치고 있다.

연구 참여자는 처음 만나는 한국인에게도 필요하다면 자신이 중국인이라는 사실을 주저하지 않고 밝힌다. 중국과 한국이 사드(THAAD)처럼 민감한 정치적 갈등이 있을 때는 조심해야겠다고 생각하기도 했지만, 이는 국가 간의 문제이기 때문에 개인들의 만남에는 부정적 영향을 미치지 않는다는 것을 경험적으로 알게 되었다고 한다.

> "저희는 개인적으로는 요즘 상황 긴장해서 나라와 나라 간 사이가 긴장해서 우리도 조심해야겠다. 이런 생각을 했는데 사실 나가면 그렇지가 않아요. 저는 그게 감동이라고 할까요. 가장 긴장한 시간에 택시 타도 제가 말을 하지 말아야. 중국 사람인 것 알까 봐. 뭐 물어보면 간단하게 대답을 하고 그랬거든요. 근데 전혀 그렇지가 않더라고요. 그래서 무슨 얘기를 하다 '중국인인데요. 그게 무슨 말인지 모르겠어요. 다시 말씀해주시겠어요? 아니면 그 단어가 무슨 뜻이에요?' 이렇게 물어봐도 되게 편한 마음가짐을 갖게 되었어요. 처음에는 긴장했는데 한국에 있는 분들이 제게 그런 긴장감을 주지 않고 도리어 되게 '그게 나라 일이지. 우리는 환영한다.' 이렇게 잘해주니깐 그런 게 없어졌어요. 없어지고 어디 가도 '저 중국인입니다.' 그렇게 말할 수 있을 정도예요. 지금 어디 가서도 가끔 통화를 해도 여기는 보험이다 이런 전화가 많이 오잖아요. 무슨 말인지 몰라서 '저 죄송한데, 중국인인데요. 외국인이에요. 무슨 말인지 모르겠어요.' 이랬더니 '아, 외국인이세요? 한국

어를 잘하시길래.', '저 중국인이에요. 모르겠어요. 무슨 말인지. 그리고 저 이제 이번에 아니면 내년에 들어가는 거니깐 보험에 관심이 없어요.', '알겠습니다.' 이렇게 전화를 끊어요. 지금도 당당하게 중국인이라고 말할 수 있고 긴장할 땐 무서웠어요. 혹시라도 중국인에게 안 좋은 감정이 있는 분이라면 욕하고 그렇지 않을까 봐 걱정했었는데 아무도 없었어요."

연구 참여자가 이러한 결론에 도달하고 있는 원인을 연구 참여자가 유독 중국이라는 나라에 대해 편견을 갖고 있지 않은 한국 사람들하고만 대화를 나누었기 때문으로 볼 수도 있을 것이다. 그러나 개인의 경험은 개인이 세상과 관계를 맺는 방식에 의해 좌우되고 기억되는 것이라고 보면, 연구 참여자가 가진 어떤 특성이 그러한 경험을 가능하게 했으리라고 예상해볼 수 있다. 또한 연구 참여자의 특성 중 하나는 스스로에 대해 자부심을 가지고 당당하게 드러낸다는 것이다.

"저는 되게 중국인이라는 게 좋아요." ("어떤 점에서?") "그냥 제가 중국 사람이라는 자체가 좋아요. (중략) 전 제가 중국 사람이었다는 거 되게 자랑스러워요."

연구 참여자는 자랑스러운 중국인으로서의 정체성에 근거하여 어떠한 어려움에 맞닥뜨려서도 해결의 의지를 다지며 긍정적인 태도로 관계 맺기에 임하고 있다.

③ 문화적응 전략 2: 한국과 중국의 매개자로서 성실하게 살아가기

연구 참여자 05는 조선족과 중국인에게 향하는 한국 사회의 부정적 인식을 자신을 향한 것이라고 여긴다. 이를 통해 연구 참여자가 가지고 있는 정체성이 무엇인지를 확인할 수 있다. 연구 참여자는 재외 동포로서의 정체성과 중국인으로서의 정체성을 모두 고수하고 있다.

("한국 사람들이 직접적으로 이런 중국 사람들에 대해 안 좋은 이미지를 막 얘기한 적도 있었어요?") "직접적으로 얘기한 적은 없었는데 제가 요즘 알바를 하거든요. 알바를 하면서 한국의 학생들한테 얘기를 한 적이 있었어요. 저 「범죄도시」도 봤고 「청년경찰」도 봤어요. 저 2개를 보고 되게 충격을 받았어요. 그전에는 워낙 주변에서 그렇게 얘기를 해주는 사람도 없고, 한국의 선배님들도 이렇게 얘기를 안 해주니깐, 중국의 조선족이 한국에서 이미지가 어떻다는 걸 잘 몰랐어요, 그냥. 같은 민족이구나. 하고 되게 좋았는데. 다들 잘해주니깐 전 되게 좋았는데. 그 영화 때문에 저 충격 받았거든요. 왜 영화에서 이미지를 그렇게까지 부각하는 건지. (중략) 전국적으로 영화를 하고, 학생들도, 대학생들도, 고등학생들도 볼 거 아니에요. 그럼 그 학생들은 중국의 조선족은 이렇다고 생각하지 않을까요. 저는 그게 걱정이 돼요. 그래서 제가 가르치는 학생들은 대학생인데 제가 물어봤어요. 「범죄도시」 봤냐고. '「청년경찰」 봤냐. 어떻게 생각하냐?' 물어봤는데 이미지가 두 개. '하나는 조선족은 무섭다.' 또 하나는 '대림동은 무섭다.' 이렇게 나온 거예요. 요렇게 나온 거예요. 그래서 저는 웃기는 말로 저는 고민이라고. 저 조선족인데 한국에 있어야 되나, 말아야 되나, 되게 농담으로 했는데. 교수님 그게

아니라고. 자기도 영화를 보고 받아들이는 사람도 있겠지만 그냥 영화로 받아들이는 학생들도 있고, 그렇게 생각 안 해도 된다고, 저한테 그렇게 얘기를 하더라고요. (중략) 왜 굳이 중국의 조선족을 이렇게 이미지화시켰는지 그런 글도 본 적이 있어 그게 되게 궁금해요."

한국 사회는 조선족으로 대표되는 재한 동포에 대해 상호 모순되는 두 가지 태도를 취한다. 하나는 역사를 공유한 한 민족으로서 재외동포를 위하는 태도를 취하는 것이고, 다른 하나는 경제적 가치를 최우선으로 하여 낙후된 지역 출신으로 저평가하며 경시하는 태도를 취하는 것이다.

연구 참여자는 최근 개봉한 영화에 나타난 조선족 이미지를 통해 조선족을 향한 한국 사회의 편견을 간접적으로 경험하게 되었다. 그러나 이는 경제적 수준을 가치 평가의 척도로 삼는 한국 사회의 편향적 태도에 기인한 것이다. 따라서 이러한 편견은 조선족만을 향한 것이 아니라 중국인을 향한 것이기도 하다. 연구 참여자는 자신의 삶을 통해 조선족이자 중국인으로서 한국 사회의 편향된 이미지를 불식시키는 데 이바지하고자 한다. 또한 이를 위해서는 조선족이 중국 내에 한국 문화를 전파하고 열풍을 일으킨 매개 역할을 수행하며 한국 사회에 기여하고 있다는 것을 간과해서는 안 된다고 주장한다.

"외국 사람인 게 아니라 중국 사람이 특별히 그런 거 있는 것 같아요. 중국 사람한테 대한 안 좋은 이미지가 있나요, 여기는? 학생들한테는? 그런 것 있는 것 같아요."

("영화 때문에 혹시라도 조선족에 대한 자부심이 더 상처가 생기지 않았나. 그래서 물

어본 거거든요.") "저는 상처보다 이걸 바로잡아야겠다는 생각을 해요." ("어떻게?") "크게는 못 하겠죠. 저부터 보여주는 거죠. 제가 조선족이니깐. 거기서 나오는 조선족의 이미지는 이런 거겠지만 실제 생활 속에서 조선족은 다는 그런 거 아니다. 저부터 보여주는 것밖에 할 수 없겠죠. 그리고 전 그런 말들이 하고 싶은데 중국에서 한류가 엄청나잖아요. 근데 그 역할을 하는 사람이 중국 조선족이라고 생각을 해요. 저 개인적으로는." ("한류를 이끌어주는.") "한류를 받아주는 그 시점이 아무래도 95? 96? 91년도에 수교를 한 거죠? 그러면 95, 96년도에 그때부터 H.O.T., 젝키, 힙합 문화가 연변에 먼저 들어왔다고 생각을 하는데, 거기에 들어온 자체가 언어 때문에 들어온 거잖아요. 조선족 때문에 들어왔고, 조선족이 그걸 어떻게 받아들이고 그걸 널리 하지 않았을까. 그럼 그런 것도 생각해야 되는데, 되게 안 좋은 것만. 그래서 그런 걸 되게 얘기를 해주고 싶어요. 이런 걸 가지고 전체를 평가하지 말고 이건 매체일 뿐이다."

연구 참여자는 현재 조선족과 중국인에 대한 이미지의 악화는 한국 사회로 노동이주해온 사람들이 한국 사람들의 일자리를 빼앗고 있다는 위기의식도 한몫하고 있다고 판단하고 있다. 그러나 이는 앞서 언급했듯이, 조선족과 중국인에게 동일한 편견의 메커니즘이 작동되고 있기 때문이다. 연구 참여자는 이에 대한 해법으로 자신이 성실하게 살아가며 조선족이고, 중국인이라는 사실을 당당히 드러내야 한다고 여기고 이를 자신의 삶을 통해 실천하고 있다. 한 개인으로 사회적 편견이라는 거대한 힘에 맞서기 위해 자신의 자리를 지키고자 하는 결연한 의지를 드러내고 있다. 또한 한국 사회도 미디어에 의해 조선족의 부정적인 부분만 부각하고 있지만, 사실에 입각하여 새로운 인식으로 전환하려는 노력을 기울일 필요가 있다고 보고 있다.

> ("혹시 조선족이 한국과 중국을 이어주는 또 다른 역할을 했다고 저한테 자랑할 거? 아마 ○○○ 씨가 그렇게 생각한다는 것도 괜찮아요.") "처음으로 한국에 수교하러 한국에 오는 사람도 조선족이 아닐까요? 그것도 그렇고. 시작을 하고 지금은 워낙 많은 중국분들이 여기로 오게 되었잖아요. 지금은 약간 한국분들은 안 좋게 생각하겠죠. 중국 사람이 워낙 많으니깐. 그리고 노동력 때문에 많이 들어오고, 사람들이 일자리를 많이 상실한 것도 실제 상황이지만. 모든 일이 다 그런 거 있는 것 같아요. 좋은 일도 있고 그걸 따르는 단점도 있기 마련이니깐." ("그럼 그걸 안 좋게 보는 한국 사람들에게 하고 싶은 말이 있다면 어떤 게 있을까요?") "그것까지는 생각을 못 해왔죠. 그거는 생각을 못 해보고 그냥 제가 할 수 있는 것만은 지금 좀 요런 경우, 안 좋은 이미지를 전파하기보다는, 보여주는 이런 상태일 때는 저로서 할 수 있는 이미지를 어떻게 여기에 있는 분들에게 오픈하고 보여줄 수 있는가." ("○○○ 씨가 잘살아가고 예쁘게 살아가는 모습을 보여주면서.") "우리 민족, 우리 중국인은 다 그런 것은 아니다. 이렇게 사는 사람이 더 많다."

연구 참여자는 그 자신이 중국인이라는 것, 조선족이라는 것에 대해 자부심을 가지고 있어 중국인과 조선족을 향한 한국 사회의 편견을 회피하지 않고 자신의 문제로 받아들인다. 그리고 이는 부당한 것이기 때문에 바꾸어나가야 할 것으로 확신하고 이를 변화시키는 데 주도적 역할을 해야 함을 강조한다. 연구 참여자는 이러한 주체적 태도가 한국 사회에 변화를 가져올 수 있으리라 기대하고 있다.

④ 희망하는 미래상: 미디어에 대한 비판적 인식 갖기, 다름에 대해 수용하는 태도 갖기

연구 참여자 05가 한국 사회에 거주하며 그리는 미래상은 크게 두 가지인 것으로 판단된다. 첫째, 미디어가 조선족이나 중국인에 대해 왜곡하지 못하도록 하는 것보다 한국인이 그에 대해 비판적인 인식을 갖는 것이 더 중요하다고 여기며 이에 대한 개선이 필요하다고 본다. 이는 미디어를 통해 다루어지는 이미지가 왜곡되어 있다는 확신, 즉 조선족과 중국인의 실상이 그와 다르다는 확신에 기반을 둔 것이다. 또한 이는 한국 사회의 전반적인 인식 개선을 통해 가능한 것이므로 더욱 근본적인 대안이라고 할 수 있다.

> ("그걸 받아들이는 사람들에게 어떤 얘기를 해주고 싶어요?") "매체에서는 비판적으로 받아들였으면 좋겠어요. 한국분들 그런 거 잘하잖아요. 비판적으로 받아들이는 것. 정당이 많으니깐 여러 정당의 이런저런 이런 것도 다 비판적으로 하듯이. 매체도 그렇게 받아줬으면 좋겠어요."

둘째, 한국에 거주하는 중국인과 그들을 대하는 한국인이 모두 서로의 다름에 대해 이해하고 존중하는 태도를 갖기를 바라고 있다. 한국인은 특히 출신이 어디인지로 개인의 능력이나 가치를 평가하는 태도를 보이는데, 이러한 태도는 공생을 추구하는 데 걸림돌이 된다고 본다.

("한국 사람들은 어떻게 노력해요? 아까 단일 민족 사상이 너무 많다. 어렵다. 이렇게 말씀하셨는데.") "마음을 열어야 하죠. 일단 다문화라는 걸 문화가 다르다고 해서 차별시키지 말고, 우리는 문화는, 습관이 다르다. 문화가 다르다. 그리고 외국 사람이 중국에 그런 말이 있거든요. '그 지역에 가면 그 지역의 습관대로 살아라.' 그런 말이 있어요. 우리도 외국 사람들도 조금 노력도 하고. 한국 사람들은 외국에서 왔다고 해서 다르다고 생각하지 말고, 똑같은 사람이고 똑같이 지금 열심히 살고 있고, 노력하고 살아가기 위해 하고 있다는 것을 가지면 되는 것 같아요. 피부가 다르다. 나라가 다르다. 지방에서 왔다. 중국에서 왔다. 이런 거 따지지 말고 그냥 다 같이 살아가는 거죠. 나는 내 역할을 하고 너는 네 역할을 하고 같이."

이처럼 연구 참여자는 공생을 실현하기 위해서는 각자의 위치에서 성실하게 살아가며 상대를 구별하고 평가하려는 태도를 지양해야 한다고 강조한다. 연구 참여자는 한국 사회가 서로의 다름을 인정하려는 노력을 통해 건강한 미래상을 그려나갈 수 있기를 희망하고 있다.

(3) 연구 참여자의 특징

연구 참여자 05가 한국 사회 적응 과정에서 보이는 인지정서적 특징을 정리하면 다음과 같다.

첫째, 스스로를 어떤 어려움이든 극복할 수 있는 존재로 인식하고 있다. 한국 사회에서 중국인이나 조선족을 향한 편견에 마주해도 자신에게 자부심이 있기 때문에 주눅 들지 않고 잘못을 바로잡기 위해 노력하는 태도를 보인다. 이는 스스로에 대해 무시당할 만한 존재가 아니라는 확신을 가지고 있기 때문에 가능한 것이라 할 수 있다. 또한 이러한 인식은 연구 참여자가 대안을 모색해나가려는 의지의 원동력이 되고 있다.

둘째, 오늘보다 더 나은 미래를 꿈꾸고 이를 삶을 통해 실현시키는 실천적 태도를 가지고 있다. 이와 같은 태도로 인해 연구 참여자의 삶은 현재에 안주하지 않고 변화하고 성장해나가는 여정이 되고 있다고 볼 수 있다.

이를 종합해보면, 연구 참여자는 문화적응의 유형 가운데 '상호문화인'에 해당한다고 볼 수 있다. 연구 참여자는 자신의 중국인으로서의 정체성, 조선족으로서의 정체성을 소중하게 여기며 이를 유지하려 노력하고 있다. 그 가운데 한국 사회 정주민과의 공생을 도모하며 한데 어우러져 살아나갈 수 있는 방법에 대해 모색하는 문화적응 전략을 취하고 있기 때문에 '상호문화인'의 특징을 보여준다고 할 수 있다.

마지막으로 연구 참여자의 경험에서 한국 사회의 사회제도적 개선점을 찾아보면 다음과 같다.

미디어에서 조선족이나 중국인의 편향된 이미지를 다룰 때는 특정 사건이나 작품에 국한됨을 명시하는 제도를 마련할 필요가 있다. 미디어가 사회에 미치는 파급력을 고려할 때 특히 부정적인 인식을 조장할 가능성이 있는 작품의 허구성을 강조하여 이로 인해 피해자가 발생하는 것을 미연에 방지하는 효과를 거둘 수 있을 것이다.

2) 연구 참여자 08(유학생)

(1) 문화적응 생애담 요약

연구 참여자 08은 20대 중반의 한족 남성으로 2015년에 한국으로 이주해왔다. 한국으로의 이주는 어머니가 한국 남자와 재혼하면서 이루어졌다. 중국에서 고등학교를 졸업하고 2년간 군복무를 했다. 제대 후 한국으로 와서 현재는 가족들과 함께 거주하고 있다.

연구 참여자는 한국으로 이주할 당시만 해도 한국 대학교에 진학할 마음이 없었으나 부모님의 바람으로 대학교에 진학하게 되었다. 연구 참여자는 2017년 현재 대학교 1학년으로 20세인 여느 한국 대학교 1학년 학생들보다 나이가 많은 편이다. 한국으로 이주한 지 3년 정도 되었으나, 아직은 한국어로 소통하는 데 어려움을 느끼는 편이다. 이로 인해 대학 생활에서 학과 수업과 대인관계의 어려움을 겪고 있다. 학과 수업에서는 수업에 대한 안내나 내용을 이해하지 못해서 낭패를 보는 경우가 있다. 대인관계에서도 의사소통이 잘 이루어지지 않아 한국인 동기, 선 · 후배들과 긴밀한 관계를 맺기 어렵다.

연구 참여자는 대학에서 학과 외에 밴드 동아리 활동을 경험한 적이 있다. 중국에서 군대에 있을 때 시작한 기타를 계속하고 싶어서 가입했는데, 학과 공부를 병행하기 어려워 그만두었다. 아직 1학년이지만 진로에 관심이 많은데, 진로 상담에 관해 도움을 청할 데가 마땅치 않아 고민하고 있다.

(2) 문화적응의 내러티브

① 한국으로 이주를 결심한 계기: 어머니의 결혼이주

연구 참여자 08이 한국으로 이주한 계기는 중국인인 어머니가 한국 남자와 재혼해서 한국에서 살게 되었기 때문이다. 어머니를 따라 한국으로 이주해온 것이다. 연구 참여자는 자신의 의지로 중국을 떠났다기보다 어머니와 떨어져 살지 않기 위해 한국으로 삶의 터전을 옮긴 것으로 볼 수 있다. 이로 인해 이주 초기에는 한국에서의 삶에 대한 비전이 없었다고 한다.

> "저 처음 올 때 그냥 대학교 다니는 생각 없어요." ("처음에 대학교에 가고 싶은 생각 없었어요? 어떤 생각 있었어요?") "저는 지금 스물네 살이에요. 그래서 그냥 1학년 학생보다 나이가 좀 많아요. 그냥 대학교 다니는 시간 지났어요." ("지났다고 생각했어요? 그런데 한국에 온 이유는 뭐죠?") "저 부모님 여기 살아요." ("아, 부모님이 한국에 계세요? 아, 그러면 부모님께서는 모두 한국 사람이에요?") "아니요. 어머니는 중국 사람이에요." ("아버지는?") "예." ("그럼 중도입국청소년, 중간에 들어오셨네. 그렇죠? 어머니 따라서 왔네.") "네." ("그럼 대학교에 가는 게 목적이 아니에요. 그렇죠? 엄마가 오라고 해서 온 거에요?") "전 괜찮아요." ("오고 싶었어요?") "어차피 부모님 한국에 계셔서 와도 좋아요." (중략) ("그럼 어떤 목표는 없었어요?") "네." ("그럼 그렇게 하다가 어떻게 대학에 가게 되었어요?") "부모님과 부모님 친구, 다 한국에서 대학교 다니는 거 좋아해요. 그래서."

연구 참여자는 한국으로 오기로 한 결정도 자신의 의지에 의한 것이 아니었고, 한국 대학에 진학하기로 한 결정도 자신의 의지에 의한 것이 아니었다고 한다. 연구 참여자는 이렇게 하기를 바란 것은 부모님이었다고 하면서 자신은 부모의 결정을 수용한 것이라고 한다. 이를 통해 연구 참여자는 부모로부터 독립하는 삶보다 부모와 함께하며 부모의 뜻에 따르는 삶을 더 중요시하고 있다고 볼 수 있다. 또한 연구 참여자의 이주는 어머니를 중심으로 재편된 새로운 가정에 대한 정착을 의미하기도 한다. 즉, 삶의 터전뿐 아니라 생활의 기초가 되는 가족관계의 변화를 수용하는 선택인 것이다. 연구 참여자는 자신의 자발적 선택으로 결정한 한국으로의 이주는 아니지만 한국에 정착할 계획을 가지고 있다. 이 역시 가족이 한국에 있기 때문으로 보인다. 연구 참여자는 삶의 터전이 어디인가 하는 문제보다 누구와 함께 살아가고자 하는가 하는 문제를 더 중요한 삶의 가치로 삼고 있는 것으로 보인다.

> ("중국으로 돌아갈 계획 있어요? 없는 거 같아요? 한국 사람에게 바라는 거 또는 한국에 앞으로 살 거니까 한국 사회, 한국 정부에 혹시 '우리에게 이렇게 해줬으면 좋겠다.' 이렇게 바라는 거 있어요?") "너무 멀리 있어서 아직은 좀, 아직은 그런 생각이 없어요. 나중에 중국 돌아가지 않고, 한국에서 취직도 하고, 아마 나중에 여기서 살고 싶어요. 중국 돌아가지 않고."

연구 참여자는 일상생활에서도 부모님의 뜻에 따르는 것을 가장 중요하게 여기고 있는 것으로 보인다. 일상생활의 사소한 부분에 대해서도 이러한 원칙은 적용되고 있다. 연구 참여자는 어떤 방송 프로그램을 좋아하는 이유가 무엇이냐는 질문에 부모님이 좋아하기 때문이라고 대답한다.

("텔레비전이나 뭐 방송 중에서 좋아하는 프로그램 있어요?") "「런닝맨」." ("왜 그 걸 좋아해요?") "부모님이 다 좋아해요."

이를 통해 연구 참여자의 한국으로의 이주와 대학 진학 등은 부모님에게 순종하는 착한 아들로 살아가기 위한 노력의 일환인 것으로 볼 수 있다.

② 문화적응 전략: 경계에 위치한 고독한 나그네 되기

연구 참여자 08이 한국에서 적응하는 데 가장 큰 난관은 한국어다. 이주 초기에는 한국어를 잘 못해서 편의점에서 물건을 사는 간단하고 기초적인 생활도 어려웠다.

("2015년에 와서 한국어 배울 때 그때 이야기 좀 해주세요. 어땠는지. 처음 와서.") "그때는 다 어려워요. 그때는 그냥 편의점에서 뭐 사고 싶어도 그런 거도 어려워요."

한국으로 이주한 지 3년차인 현재는 같은 또래의 다른 중국인 유학생과 비교했을 때 한국어를 잘하는 편에 속한다. 그러나 여전히 한국 학생들과의 의사소통은 어렵다. 중국에서부터 취미로 연주하던 기타를 계속하기 위해 한국 대학에서 동아리에 가입해서 활동한 적이 있는데, 한국어로 소통이 잘 안 돼서 오해를 사기도 했다. 다른 계획이 있어서 한동안 동아리 활동에 참석할 수 없다는 뜻을 전달했다고 생각했는데, 제대로 전달되지 않아서 무단으로 동아리 활동을 불참한 것이 되어버렸다. 오해는 풀렸지만 결국 동아리 활동은 그만둘 수밖에 없었다. 학과 공부에 방해가 된다고 판단했기 때문이다.

동아리 활동은 학교생활에서 필수적인 것이 아니기 때문에 동아리 활동에 빠진다고 해서 생활에서 실질적인 불이익이 발생하거나 하지 않는다. 그런데 학과 수업은 다르다. 한국어를 잘 못해서 수업 내용을 잘 알아들을 수 없고, 방법 등에 대한 안내가 있어도 인지하지 못 한다. 요즘에는 대학에서 학과 수업에 대한 별도의 수단으로 인터넷을 활용하기도 하는데, 인터넷도 한국어를 할 수 있어야 이해할 수 있게 되어 있어서 활용하기 어렵다. 이와 같은 이유로 인해 연구 참여자는 학과 수업에서 좋은 성과를 낼 수 없다.

> "왜냐면 의사소통 좀 어려우니까. 그래서 아마 한국 사람과 한국 사람 사이에 서로 이야기할 때도 좀 되게 힘들어요. 조금 어려운 점이 있어서 특히 학우생들이 말이 빠르고, 어떤 단어도 우리 배울 때는 또 못 배우는 단어가 많고, 표현도 많이 쓰고, 그래서 이 친구는 좀 힘들다고." ("힘들다고, 그게 기타로서는 잘하는 편인데, 한국말 대화가 어려워서 조금 힘드네. 그렇죠. 네, 잘 알겠습니다. 그러면 동기들이나 선배들이나 지금 중국 학생보다 한국 학생이 더 많잖아요? 동아리에. 어떻게 ○○○ 학생을 도와줬으면 좋겠어요? 그 사람들이 어떻게 해줬으면 좋겠어요?") "특별한 도와주는 거 필요 없대요. 근데 좀 정상적으로 서로 좀 인사도 하고 서로 이야기도 하면 된다고 해요." ("그럼 지금은 그런 게 잘 안 돼요?") "이번 학기 안 간다고.*" ("왜요?") "시간이. 학

* 이 연구 참여자의 경우 한국어가 서툴러서 연구 참여자가 중국어로 말하면 제3자가 연구 참

업 시간이 많이 찼어요. 그래서 어차피 6시부터 10시까지 시간 많이 필요하니까요." ("아, 이번 학기에는 동아리 많이 안 갔어요? 그 동아리 가게 되면 선배들이 어떻게 친구들이 한국 사람들이 어떻게 해줬으면 좋겠어요? 동아리 가게 되면.") "개인 사정 때문에. 왜냐면 10시까지 선배님들과 동기들이 다들 야식도 같이 먹으라고 하니까, 식사 끝나면 거의 11시, 12시 집에 도착할 수 있어서 힘들어요. 과제도 제대로 못 쓴다고."

"어떤 교양 수업 무슨 영어 교양 수업을 들을 때, 예를 들어, 오늘 수업 끝나고 교수님이 오늘 몇 시까지 다음 주 시험 내용을 올릴게요. 학생들이 이거 참고해서 외워서 다음 주에 받아쓰기 실습한다고 하더라고요. 그런데 학생은 잘 몰라요. 교수님 말도 너무 빠르고. 그래서 이 학생이 이해하기가 어려워서 어차피 교수님 말씀 너무 빠를 때는 우리도 놓치기 쉬워요. 그래서 놓쳤어요. 그래서 다음 주 시험 봤을 때는 다 몰라요. 수업이 시작해서 오늘 시험 볼 거예요? 작은 퀴즈 그런 거 할 거예요? 그래서 몰라가지고 한번만 좀, 좀 실수 큰 실수한 거 같아요. 어차피 기말 점수랑 연결성이, 어차피 큰 연결이 아니고, 어차피 연결이 있으니까 조금 아쉬워요. 퀴즈 점수 못 보면 중간시험이랑 기말시험 점수 조금만 낮아도, 어차피 A+ 못 받을 거야. 이렇게 생각하고 있어요. 이런 작은 시험 계속 떨어지면 중간시험, 기말시험 어려워져요. 부담스러워져요."

"우리 학교 그냥 처음 학교 왔을 때는 아이클라스 어떻게 쓰는지, 어

여자의 말을 통역해주었다. 제3자가 하는 말은 연구 참여자의 말을 통역한 내용이기 때문에 연구 참여자의 말과 동일하게 표시한다. 이하 같음.

차피 학부생들이 과제 다 아이클라스에서 올려야 되는데, 가르쳐주는 사람이 없어서 학교는 통제적으로 교육이 없으니까, 그래서 과제 어떻게 제출하는지 몰라요. 그게 문제죠."

연구 참여자는 학과 성적을 잘 받고 싶은 마음을 가지고 있고 이를 위해 동아리 활동도 그만두는 등 나름대로 학과 공부에 신경을 쓰고 있으나 어떻게 공부해야 하는지 잘 몰라서 어려움을 겪고 있다.

이뿐만 아니라 이로 인해 연구 참여자는 한국 학생들과의 대인관계에도 소극적인 태도를 취하고 있다. 연구 참여자는 한국어가 서툴고, 한국 학생들은 한국어로만 소통하려고 하기 때문에 의사 전달이 잘 안 된다. 연구 참여자는 이로 인해 오해가 발생하는 것보다 침묵하는 것이 더 낫다고 판단하고 있다.

("한국어를 사용할 때 한국 사람을 만났을 때 가장 어려운 점이 뭐예요? 한국 사람들 만나면 어떤 게 제일 어려워요?") "그냥 바로 한국말 해요." ("한국말?") "자기 생각 전달할 때 한국말 해요." ("어려워요?") "예." ("그래서 한국 친구 사귀기가 조금 힘든가요? 한국어 때문에?") "예."

("사람들과의 관계에서 어려운 점이 있는지.") "의사소통이 좀 어려웠어요. 어차피 자기 어떻게 표현하는지 뭐 좀 어려워요. 바로 친구들이 이야기하는 거 잘 알아들을 수 있지만 의사소통하기 어려워요. 표현 어떻게 되는지 안 되는지 자기도 좀 걱정하고 있어서, 그래서 어떤 잘못 표현하면, 아마도 무슨 오해가 생길 수 있어 그래서 말이 많지 않았어요." ("말을 많이 안 하는구나. 말을 표현했을 때 상대방이 오해한 적도 있어요?") "있어요."

연구 참여자는 한국 학생들과 최소한의 필요에 의한 관계만 유지하고 있다. 그런데 이는 중국 유학생과도 마찬가지다. 연구 참여자는 중국 학생이 많이 지원하지 않은 학과이기 때문에 문화경영학을 선택했다.

> "보통 중국 사람들이 다 경영학과 쪽으로 갈 거예요. 그런데 아니면 아태물류, 국제 통상 상대하는지 아니면 국어교육학과. 그런데 왜 친구는 문화경영학을 선택했는지. 그 중국 사람이 많은 학부에 반에 나중에 중국 사람 사이에 그 경쟁을 해야 돼요. 어차피 한국 사람도 많아요. 그래서 좀 나중에 취직하기 어려워요. 힘들어요. 한 자리는 예를 들어 여러 사람이 구하고 싶어요. 그런데 문화경영처럼 외국 사람들이 많지 않아서 그래서 좀 잘하게 되면 나중에 취직하기 쉬워요."

연구 참여자는 중국인이 많이 지원하지 않는 학과를 전공하는 것이 특히 취업할 때 중국인으로서의 특수한 입지를 더 유리하게 활용할 수 있을 것이라고 보고 있다. 이를 통해 연구 참여자는 경쟁을 피하려는 성향을 가지고 있다는 것을 알 수 있다. 자신만의 특별한 능력을 연마해서 목표하는 바를 성취해야 한다고 생각하기보다 경쟁 상대가 적어서 경쟁하지 않아도 되는 상황을 만들고자 한다.

또한 연구 참여자는 중국인과 직접 소통하는 커뮤니티를 활용하기보다 불특정 다수의 대중을 향해 열려 있는 미디어를 활용해서 한국에서의 생활정보를 얻는다.

> "기본 상황은 제가 물어본 것은 어떤 사람이면 어떤 위채드 단체 방이거든요. 어디에서 그 정보를 알아봤어요. 친구는 그냥 지금 무슨 블

로그 아니고요. 중국 사람이 다 한국에 있는 한국에 살고 있는 사람을 위해 만드는 블로그 있어서." ("아, 한국에 살고 있는 중국 사람을 위한 블로그가 있어요? 거기에서.") "거기에서 정보를 알아봤어요."

연구 참여자는 가깝게 지내는 중국인 유학생 친구가 몇 명 있다고 하지만, 그들과 심리적으로 돈독한 유대관계를 유지하고 있는 것으로 보이지는 않는다. 생활에서 스트레스가 발생하면 그들과 소통하려고 하기보다 혼자서 기타를 연주하며 스트레스를 해소한다.

"○○○씨에게 이야기하는 것은, ○○○씨는 가족 환경 때문에 그래서 또 지금 대학을 다니긴 다니지만, 어차피 어려운 점, 싫은 점, 많아요. 아마 남자들이 마음이 더 넓어서요. 그래서 조금 스트레스 쌓이긴 하지만, 무의식적으로 쌓이고 있어요. 그래서 자기 다행이래요. 그 취미가 있어서. 그래서 이거 치면서 실은 또 무의식적으로 또 풀리고 있어요. 풀려 있어요."

연구 참여자는 외향적인 성향보다 내향적인 성향이 강한데, 그렇다고 하더라도 한국인과의 관계 맺기를 대체로 회피하고 있기 때문에 가족을 제외하면 한국인 중에는 긴밀한 관계를 맺고 있는 사람이 없다는 것도 특징적이라 할 수 있다.

③ 희망하는 미래상: 진로 상담 관련 학생 복지 개선

연구 참여자 08이 한국 사회에 거주하며 그리는 미래상은 외국인 유학생의 진로 상담과 관련한 복지 제도의 개선을 통해 이루어질 수 있다고 판단된다. 연구 참여자는 자신의 진로를 어머니가 있는 한국에서 계획하고 있다. 한국 대학교에 진학한 것도, 현재의 학과를 선택한 것도 한국에 좀 더 수월하게 정착하기 위해서다. 이를 위해서는 현재가 가장 중요한 시기라고 생각하고 있다.

그러나 한국에서 어떻게 하면 성공적으로 정착할 수 있는지에 대해 아는 바 거의 없다. 중국인인 어머니도 마찬가지 상황이어서 어머니에게 의지하는 것도 불가능하다. 연구 참여자가 미래의 삶을 구체적으로 계획하기 위해서는 진로에 대한 상담이 반드시 필요할 것으로 보인다.

> ("문화경영을 졸업하면 어떻게 취직할까라는 어떤 정보가 없는. 그러면 누구도 취직에 대한 이야기를 해준 적은 없는지?") "어머니가 어떻게 생각하냐고 물어봤어요. 그런데 어머니도 그냥 ○○○씨보다 더 모르는 상태라고 하셨어요." ("그렇군요.") "그래서 아마 이 어느 학교에 다니는지 어느 전공을 선택하는지, 거의 다 ○○○씨 스스로 선택하는 거예요. 어차피 중도입국청소년이라서 부모님들을 많이 의지할 수 없어요."

> "그래서 어 ○○○씨 뜻은 나중에 졸업하기 전에 자기 인생 방향, 자기 취직하는 방향, 좀 도와줄 수 있는 사람이 있으면 더 좋겠다고 생각했어요. 네, 좀 지도해주시고, 예를 들어 어떻게 가는지 어느 방향으로 가는지."

> "왜냐면 지금 도와주는 기관, 학교 안에 취직하는 도와주는 사람이 있긴 있지만, 그런데 한국 사람에 대해 이야기하는 거예요. 중국 사람

아니면 ○○○씨처럼 지금 어차피 나중에 영주권 받을 수 있는 사람, 아니면 화교에 대한 그거 도와주는 사람 지원이 없어요. 특히 한국 사람에 대한 많이 도와줘요. 외국 사람이 가서 물어봐도 우리 그런 책임 범위 아니다."

진로에 대한 불안은 한국에서 살아가는 미래에 대한 불안과도 직결된다고 할 수 있다. 연구 참여자는 진로와 관련해서 일자리는 어떻게 알아봐야 하는지 등 구체적인 방법 등에 대한 조언을 구하고자 하는데, 현재 학교에는 중국인 같은 외국인 유학생의 진로를 지도해주는 프로그램이나 기관이 없으므로 이에 대한 막막함을 호소하고 있다. 외국인 유학생의 진로 상담과 관련한 제도 개선이 필요할 것으로 보인다.

(3) 연구 참여자의 특징

연구 참여자 08이 한국 사회 적응 과정에서 보이는 인지정서적 특징을 정리하면 다음과 같다.

첫째, 어머니와의 관계를 중심으로 자신의 삶의 계획을 결정한다. 연구 참여자는 어머니의 말에 순종하며 자신의 진로에 대한 어머니의 바람을 이루어주기 위해 노력해왔다. 자신의 소망을 중시하고 실현하려 하기보다 어머니의 소망을 중시하고 실현시켜주려는 의지가 더 강하다고 할 수 있다.

둘째, 연구 참여자는 타인과의 관계에서 갈등이 생기는 상황을 회피하려는 성향이 있다. 한국인과의 대인관계를 피하는 이유는 한국어로 소통이 어렵기도 하지만 이로 인해 오해가 발생할 것을 걱정하기 때문이기도 하다. 연구 참여자의 경우 스트레스가 발생하면 대인관계를 통한 정서적 유대감 또는 사회적 지지 등을 통해 해결하는 것이 아니라 혼자서 하는 취미활동을 통해 해소한다. 이는 자칫 사회적 고립으로 이어질 우려가 있으므로 주의가 필요하다.

이를 종합해보면, 연구 참여자는 문화적응의 유형 가운데 '경계인'에 해당한다고 볼 수 있다. 연구 참여자는 중국인으로서의 정체성을 중심으로 중국인과의 관계만 맺으려고 하지도 않고, 이를 감추고 한국인과의 관계만 맺으려고 하지도 않는다. 한국인과의 관계에서도 소속감을 느끼지 못하고, 이는 중국인과의 관계에서도 마찬가지인 것으로 보인다. 이처럼 어떠한 종류의 대인관계로부터도 거리를 두고 혼자만의 시간을 보내려고 하며 스스로 어떤 사회에도 소속되지 않는 경계로 물러나 주변화되려는 특징을 보인다고 할 수 있다.

마지막으로 연구 참여자의 경험에서 한국 사회의 사회제도적 개선점을 찾아보면 다음과 같다.

첫째, 한국어가 서툰 외국인 유학생이 한국어로만 제공되는 학사 행정 및 학과 수업 관련 프로그램을 이용할 수 있도록 교육하는 제도의 개선이 필요하다. 외국인 유학생의 인권과 수업권을 보장하는 교육 복지 제도 보완이 도움이 될 수 있다.

둘째, 외국인 유학생의 진로 교육 및 상담 프로그램의 확충이 필요하다. 이 역시 외국인 유학생 인권과 수업권 보장과 동시에 한국 사회의 정착, 미래 삶에 대한 구체적 계획 수립 등에 기여할 수 있는 방안일 것이다.

3) 연구 참여자 10(유학생)

(1) 문화적응 생애담 요약

연구 참여자 10은 중국 연길 출신으로 20대 후반의 조선족 여성이다. 7년 전인 2010년에 한국으로 유학을 와서 대학교의 국제통상학부 과정을 졸업했다. 그 후 대학원 석사과정에 진학하여 현재 '외국어로서의 한국어 교육'을 전공하고 있다.

연구 참여자는 중국 연길에서 고등학교까지 조선족 학교를 다녔고, 집에서도 주로 조선어를 사용했다. 연구 참여자의 어머니는 한족 학교에서 교육을 받으셔서 한족만큼 중국어를 잘하시는 편인데, 연구 참여자에게 중국어를 너무 못하니 노력해야 한다고 지적하시기도 했다고 한다. 연구 참여자는 중국어보다 한국어나 조선어를 더 잘 사용한다. 한국 유학생활 중에도 중국어의 사용 빈도가 가장 낮다.

연구 참여자는 중국에서 조선족 자치주에 살았기 때문에 한족과의 차별을 경험한 적이 없다. 그러나 대학 진학을 위해 중국 내 다른 지역으로 간 친구들을 통해 중국 내 다른 지역에서는 한족에 의한 차별이 존재한다는 사실을 알게 되었다. 한족은 중국어 구사 능력이 떨어진다며 조선족을 무시한다고 한다. 그에 비해 대학 진학을 위해 한국으로 온 연구 참여자는 한국 내에서 존재하는 조선족에 대한 차별적 편견을 경험했다. 이를 통해 연구 참여자는 학교 밖에서는 조선족이라는 사실을 밝히지 않게 되었다. 학교 안에서는 조선족임을 밝혀도 차별을 경험한 적이 거의 없으나 학교 밖에서는 빈번하게 차별을 경험했기 때문이다. 연구 참여자는 중국 사람들이 한국 사람들을 부정적으로 말해도 싫고, 한국 사람들이 중국 사람들을 부정적으로 말해도 싫다고 하면서 스스로를 이도저도 아닌 존재라고 평가하고 있다.

현재 연구 참여자는 한국인 남자친구와 연애 중이고, 시간이 나면 독서를 즐긴다. 주로 읽는 분야는 자기계발서인데, 최근에는 심리학 분야에도 관심이 많아졌다. 연구 참여자는 장차 한국에 있는 한국어 교육 기관에서 외국인을 대상으로 한국어를 가르치는 일을 하고 싶은데, 심리학 책을 읽는 것은 학생들의 심리에 대해 잘 이해하기 위한 준비이기도 하다.

(2) 문화적응의 내러티브

① 문화적응 전략 1: 중국에서는 '중국인'처럼, 한국에서는 '한국인'처럼

연구 참여자 10이 한국으로 이주한 계기는 한국 대학교로의 진학이다. 국제통상학부를 졸업하고, '외국어로서의 한국어 교육' 전공 석사과정에 진학했다. 한국에서 학교를 다니는 7년 동안 연구 참여자는 학업과 아르바이트를 병행했다. 그러면서 학교 안에서만이 아니라 학교 밖에서도 다양한 사람을 만났다. 연구 참여자는 이를 통해 학교 안에서는 자신의 출신을 드러내지만 학교 밖에서는 자신의 출신에 대해 드러내지 말아야겠다는 생각을 하게 되었다. 연구 참여자는 학교 밖에서 만난 낯선 한국인에게 중국에서 왔다는 사실을 밝혔다가 낭패를 본 경험이 여러 차례 있었다. 한 번은 연구 참여자가 기숙사에서 일하다가 한국인 학부모와 언쟁하게 되었는데, 한국인 학부모가 중국인이라서 문화적 소양이 없느냐며 연구 참여자의 출신을 비하했다. 또한 연구 참여자가 택시를 탔다가 만난 택시기사는 한국과 중국이 정치적으로 갈등을 일으키는 이슈를 언급하며 중국인을 비난하기도 했다. 연구 참여자가 감당해야 하는 차별적 인식은 이뿐만이 아니다. 연구 참여자가 조선족임을 밝히면 조선족이 폭력적이어서 피하게 된다며 실제와는 다른 조선족에 대한 왜곡된 공포감을 언급하기도 한다. 이러한 경험을 통해 연구 참여자는 한국 사회에서 자신의 출신에 대한 낙인이 존재한다는 사실을 깨닫게 되었다.

> "나라보다는 제가 기숙사에서 일하면서 어떤 학부모님이랑 언쟁이 있었거든요. 그분이 좀 이상하시긴 했지만 저한테 뭐라 하면서 옆에 분이 제가 중국인이라 하니깐 '너가 중국인이니깐 그렇게 소양이 없는 거라고 배운 게 없어서 동방예의지국인 거 모르냐고 한국이. 넌 어떻게 배웠냐?' 이렇게 막 하는데 그때 제일 충격 받았죠." ("그때 어떤 느낌이었어요?") "일 때려치고 싶었어요. 제일 먼저 일 때려치고 싶고, 두 번째로는 '중국인이 뭐 어때서 이렇게 막 비하하면서 얘기하냐.' 싶기도 했고 그리고 다른 한편으로는 '그럼 한국인이 얼마나 잘나서 중국인 이렇게 욕하냐.' 이렇게 생각했었죠." ("그니깐 그 행동에 대해 혼내는 게 아니라 중국인이기 때문에 이렇게 하니깐 화가 난 거군요?") "그쵸. 그걸 건드리지 말았어야 했는데 그걸 얘기하시니깐 그래서 괜히 제가 지금 일할 때에도 제가 실수하는 거 무서워하는 것 중 하나가 중국인이라서 욕 먹을까 봐. 누가 조선족이라서 '뭐 그렇지, 조선족이 다 그렇지.' 이런 인식이 박힐까 봐 두렵기도 하고 거기다가 중국인 떠나서 조선족이 한국에서 범죄

율이 꽤 높았고 예전에는. 그리고 인식이 안 좋잖아요. 특히 요즘 「범죄도시」 봐도 사람들이 '대림 안 가겠다.' 이래서 또 괜히 신경 쓰이는 거예요. '내가 조선족이라고 얘기하면 이 사람들이 나 차별된 눈빛으로 보지 않겠나.' 좀 걱정도 많이 하죠. 괜히 일 잘못할까 봐. 더 인식이 안 좋아서."

("그러면 평소에 '나는 조선족입니다.'라는 걸 많이 밝히는 편이에요? 아니면 되도록 안 밝히는 편이에요?") "학교에서는 밝히죠." ("왜요?") "그냥 제 질문을 많이 받아요. '왜 한국어 잘하냐?' 그럼 제가 조선족이라고 얘기하거든요. 그래서 이 질문을 없애기 위해 '제가 조선족입니다.' 하면 그냥 '아, 조선족이라서 잘하는구나.' 이렇게 생각하시고. 그리고 딱히 여기서는 학교를 어느 정도 믿는 편이거든요. 같이 공부한 사람들이고 해서 큰 차별이 없을 텐데 밖에 나가면 좀 꺼려지죠. 괜히 택시 탈 때 '어디서 왔냐?' 하면은 순간 '내가 어디서 왔다고 해야 되나.' 해서 그냥 남자친구 고향을 말하거든요. 저 김제에서 왔다고. 그냥 이렇게 얘기에요. 괜히 또 진짜 중국에 안 좋은 감정이 있으신 분들이면 막 뭐라고 하시고 해서. 그냥 듣기가 싫어서." ("특히 학교 내에서는 더 이상의 그런 차별도 더 없을 것 같은 믿음 때문에 밝히고 있는 그대로 사회 나가면 왠지…. 미리 예측을 해서 차단하는 거예요?") "몇 번을 얘기해봤는데 좋은 글이 별로 없어서." ("몇 번 내가 '조선족입니다.' 했을 때 반응이 좋지 않았군요. 예를 들어서, 누구한테 어떤 얘기했을 때 어떤 반응이 왔어요, 구체적으로?") "택시 탔는데 기사님이 그때 아마 방학 때쯤일 거예요. '택시 탔는데 집에 안 가냐.'예요. 저는 집이 중국인데. 기숙사에서 일도 하고 저는 휴가가 좀 짧거든요. 한 2주간 기숙사 비울 수 있고, 그냥 쭉 기숙사에 있어야 되거든요. '저는 집이 중국이라서 좀

늦게 간다.' 했더니 '어디 사냐.'예요. 그래서 연길에 산다고. 연길이라면 가끔 아시더라고요. 그래서 '조선족이냐?'예요. 아, 맞다고 했더니 조선족들 별로라고 대놓고 얘기하시는 거예요. 무섭다고. 범죄자들도 그렇고 이렇게 얘기하시니 제가 할 말이 없는 거예요, 거기에. 제가 뭐 얘기해서 그 사람의 인식을 바꾸거나 아니고, 어느 정도 깊숙하게 안 좋은 인식이 있어서. 내가 그냥 그렇게 듣고 '아, 이제 얘기하지 말아야겠다.' 중국이라고 그냥 집을 중국이라고 얘기해서, 한 번 택시기사님은 갑자기 시진핑 얘기를 하면서 저는 정치 웬만해서는 얘기하고 싶지 않은데, 정치 얘기를 막 하시는 거예요. 저도 지금 사드(THAAD)가 뭐가 뭔지 잘 모르겠고 하는데, 막 욕하는데 계속 '예, 예.' 하다가 내렸어요." ("그때 기분이 어땠어요?") "그냥 얘기하지 말자. 그냥 그게 제일 먼저. 내가 중국이라는 걸 얘기하지 말자. 차라리 그냥 다른 데라고 얘기하면 하지. 중국이라고는 하지 말자."

이에 대해 연구 참여자가 취하는 전략은 자신의 출신을 감추고 침묵하는 것이다. 학교 밖에서 만난 누군가가 어디 출신이냐고 물으면 '김제' 출신이라고 한다. 서울에 사는 사람들이 주로 사용하는 한국어와는 억양 등에서 차이가 있기 때문에 서울이라고 할 수는 없지만, 그 경계를 벗어난 사람이라는 것을 감추기 위해 한국 사람이라고 하는 것이다. 그런데 이는 중국에서도 마찬가지다. 연구 참여자는 중국에서도 자신이 굳이 조선족이라는 사실을 밝히지 않는다.

("중국에서 살 때 중국에서는 '조선족이기 때문에 한국 피가 있어서 그 모양이야.' 뭐 혹시 이런 인식을 받아본 적 있어요? 한족이 아니기 때문에.") "없는 것 같아요. 연

변 자체가 조선족들이 우리 쪽 뿌리라고 해요. 뿌리라서 그 내에서는 딱히 그런 차별은 없어요. 한족들이. 저희가 어느 정도 주를 이루고 해서 딱히 그런 건 없어요." ("그럼 그 연변을 혹시 벗어났을 때.") "벗어났을 때 조선족이란 걸 밝히지 않아서 그런지 잘…." ("드러내지 않아요?") "네."

연구 참여자는 자신의 이중적 정체성, 과거에 중국으로 이주한 한국인의 후손이라는 정체성과 현재 한국으로 이주하여 살고 있는 중국인이라는 정체성 모두를 감추고자 한다. 연구 참여자는 두 정체성 모두에 애착을 느끼며 자신의 일부분이라고 여기고 있지만, 이 두 정체성은 연구 참여자가 소속된 사회 모두에서 문제를 일으킨다. 이로 인해 연구 참여자는 스스로에 대해 어디에서도 환영받지 못하는 존재로 규정하고 있다.

"좀 살짝 이도저도 아닌 느낌이에요. 전 개인적으로 중국 사람들이 한국 사람들 욕하면 기분이 안 좋거든요. 근데 한국 사람들이 중국 사람들 욕해도 기분이 안 좋아요. 그 사이에 있어요. 뿌리는 조선이다 보니깐 여기도 어느 정도 애착이 있는데, 중국에는 제가 살았었으니깐, 국적도 중국이고, 거기서 오래 살기도 하고 하니깐, 그걸 또 버리지 못하겠는 거예요."

연구 참여자는 한국 사회에서는 중국인으로서 비난당한다고 여기고, 중국 사회에서는 한국인으로서 비난당한다고 여긴다. 연구 참여자는 조선족에 대한 한국 사회의 부정적 인식이 중국인을 향한 것과 같은 종류로 보고 있다. 한국 사람들은 한국보다 중국이 경제적으로 더 가난하다고 여기고, 경제적 빈곤을 문화적 수준과 직결시켜 중국을 문화적 후

진국으로 평가한다고 본다. 또한 중국인은 문화적 소양이 없기 때문에 법과 규칙을 준수하지 않는다고 단정하며 일반화한다는 것이다.

("현재 경제적인 수준 때문에 일본에 대해서는 동경하고 중국에 대해서는 낮추는 그런 경향.") "네, 좀 문화적이나 보면은 일본이 한국보다 문화나 경제나 3년인가 몇 년인가 빠르고, 3년 전 일본에서 유행했던 게 지금 한국에서 유행하고, 이게 또 몇 년 뒤면 중국에서 유행하고 이게 돈다고 들었거든요. 또 보면은 한국, 그 다문화도 한국 사람이 유럽권 아니면 미국권 사람이랑 결혼해서 애 낳으면 엄청 '이뻐라. 이뻐라.' 하는데 동남아 쪽이나 중국 하면은 좀 '쓰-' 이런 시선? 그래서 그게 경제의 차이가 아닐까 싶어요." ("아, 경제가 중요하네요, 그죠?") "네. 잘살면은 '좋아라.' 하고 못살면은 '어차피 너네가 우리보다 못사는데.'라고." ("결국 결론은 또 경제로 연결되네요, 그죠?") "경제랑 문화. 이 나라 사람들에게."

연구 참여자는 이러한 한국 사회의 편견이 과도한 일반화의 결과라고 생각한다. 그리고 이러한 편견은 정면으로 맞서서 해결되는 것이 아니라 잠잠해질 때까지 자신을 드러내지 않고 몸을 낮추어야 한다고 인식하고 있다. 연구 참여자는 이를 위해 한국 내에서 조선족이 모여 사는 지역도 사라져야 한다고 보고 있다. 한국 사회 어디에 조선족이 있는지 드러내지 말아야 한다는 것이다.

"중국에서는 예전부터 60, 저희 자치주가 70년? 65년? 이렇게 꽤 오래되었고, 그리고 시작부터 '중국이다.'부터 시작됐으니깐 이질감이 없었거든요. 근데 여기는 한국인데 어느 순간부터 조선족들이 많이 이주하면, '이주하다 보니깐 자치주가 생겼네?' 이러면 받아 못 들일 것 같아요." (중략) ("조선족이 그냥 중간 중간에 섞여서 이렇게 살고 있다. 자치주 같은 거 없이 섞여서 막 이렇게 살고 있으면 차라리 그건 어때요?") "그게 차라리 나을 것 같아요. 오히려 이게 뭉쳐 있으면 한 사람이 잘못해도 전체가 문제시 같은데, 흩어져 있으면 파급효과도 좀 덜할 것 같아요." ("중국하고 출발이 다르기 때문에.")

연구 참여자는 조선족이 미디어에 비추어지는 것 자체에 대해서도 부정적으로 인식하고 있다. 긍정적인 이미지만 주고자 해도 사람들이 의도한 대로 받아들일 리 없기 때문에 원천적으로 이러한 위험을 피하기 위해서는 화제의 중심으로부터 멀어져야 한다고 본다.

"잘못된 편견 줄까 봐. 그렇지 않은데 진짜. 네. 그리고 「범죄도시」도 그때 몇 년 전 일이지 지금은 어떤지 모르겠지만, 모든 사람이 그렇지 않은데 이거를 대중화시킨, 좀 다 일반화시키다 보니깐 좀 그게 두렵죠. 지금도 「프로듀스101」 아세요? 거기 남자 버전에 조선족이 나오거든요. 엄청 걱정했었어요. 괜히 김용국이라는 애가 있는데 개가 조선족이거든요. 애가 나옴으로 인해 좀 욕을 먹을까 봐 걱정되는 거예요. 조선족이니깐. 근데 다행히도 팬들이 좀 많고 다 막 '오구오구 이쁘다.' 해주니깐 좀 뿌듯한 거예요." ("그러면 조선족이 앞으로 좋은 역할로 텔레비전에 많이 나왔으면?") "좋은 역할은 바라지 않고 그냥 안 나왔으면 좋겠어요. 괜히 좋은 역할로 나왔다가 또 다르게 비아냥."

연구 참여자는 자신이 한국에서 실수라도 하면 중국인이라서 그렇다는 비난을 당할 것을 두려워한다. 또한 조선족에 대해서도 범죄자 집단이라는 부정적 인식이 있기 때문에 자신이 조선족이라는 것을 드러내면 그것만으로 비난당할 가능성이 높다고 생각한다. 연구 참여자는 양국 모두에서 그 자신이라는 것만으로 손가락질당하는 '미운 오리 새끼'인 것이다. 이는 침묵하며 자신을 드러내지 않으려는 경향으로 나타나고 있다.

② 문화적응 전략 2: 조선족과 거리 두며 한국인과 특별한 관계 맺기

연구 참여자 10은 조선족이 한국으로 본격 이주하는 시기를 2000년대 초반으로 보고, 이주 초기에 연변에서 직업을 구하지 못했거나 학력이 낮은 사람들이 한국 사회로 돈을 벌기 위해 와서 무언가 잘못을 저질렀기 때문에 조선족에 대한 부정적 인식이 고착되었다고 본다. 특히 보이스피싱 같은 사기 사건에 조선족이 연루되어 있다는 것이 밝혀지면서 돈을 벌기 위해서라면 범죄도 서슴지 않고 저지르는 이미지가 덧씌워졌다는 것이다. 이는 애초에 실제 그런 사건들을 일으킨 조선족의 문제이고, 그들을 처벌하고 추방하는 것은 온당하다고 본다.

"2000년대 초반에 한국으로 넘어온 사람들 보면은 거의 중국의, 연변에서는 직업이 없어서 생계를 찾아야겠는데, 연변 내에서는 이게 월급이 워낙 적다 보니깐 한국으로. 그때 그 한국 비자 어느 정도 잘 나왔고 해서, 그때 한국으로 많이 넘어왔거든요. 막 다른 연변 지역에서 한 달에 중국 돈으로 2,000, 3,000위안 버는데, 한국에 오면 만 위안 넘게 벌어요. 당연히 여기 오죠. 그래서 직업이 없는 분들, 아니면 좀 학력이 좀 낮은 분들이 여기 오다 보니깐 좀 인식이 이때부터 잘못된 거 같아요. 그냥 연변 사람들이 이렇구나."

"그나마 좀 범죄율이 낮았다면 괜찮았을 텐데, 지금 보이스피싱이나 뭐 안 좋은 거는, 사람들이 제가 댓글 많이 보거든요. '조선족이다. 뭐 불법체류자들 퇴출시켜야 된다. 빨리 내보내야 된다.' 그 말은 맞아요. 불법체류자는 나가게 하는 게 맞는데. 이 몇 명 사람들 때문에 전체 조선족을 이렇게 본다는 게 좀 안 좋죠."

연구 참여자는 한국 사회에서 부정적으로 인식되는 조선족은 일부이고, 그들은 자신과 다르다며 거리 두기를 시도한다. 한국 사회에서 가지고 있는 조선족에 대한 부정적 인식은 그 자체가 잘못된 것이 아니라 조선족 모두에 대한 성급한 일반화이기 때문이라는 것이다.

연구 참여자는 한국인 남자친구와 연애 중이다. 연구 참여자에게 이 관계는 한국인과 정서적으로 교감하며 신뢰할 수 있는가를 시험하는 장이다. 일례로, 연구 참여자는 남자친구와 같이 조선족을 폭력적 존재로 형상화하는 영화를 관람했다. 이는 두 가지 의미로 해석해볼 수 있다. 하나는 자신이 범죄를 저지르는 일부 조선족과 다르다는 것을 주위의 신뢰할 만한 사람에게 입증 받으려고 하는 것이다. 또 하나는 남자친구가 과연 자신을 얼마나 신뢰하고 있는가를 시험하는 것이다. 즉, 이는 그들과 자신을 구별 지으려는 시도이면서 동시에 상대가 과연 자신이 신뢰하고 의지해도 좋을 사람인지를 확인하려는 것으로 볼 수 있다.

"처음 봤을 때는 후배랑 보고, 두 번째 봤을 때 남자친구랑 봤는데, 옆에 앉으면서 괜히 애가 이상한 생각할까 봐 무서운 거예요." ("어떻게 남자친구를 데리고 갈 생각을 했어요?") "그냥 재미, 처음 봤을 때 내용을 조선족인 걸 떠나서 내용은 재미있었거든요. 그래서 한 번 그냥 킬링타임으로 볼 만하다 해서 데리고 갔죠. 용기 가지고 데리고 갔죠. 그랬더니 얘는 딱히 그게 없어서 조선족에 대한 아직 인식이, 그래서 좀 그냥 '재밌다. 연기 잘한다.' 그래서 저한테 '그런 대사가 있었던데 한 번 연변말로 해 달라.' 이 정도로까지 하지 크게 뭐 없었어요." ("남자친구한테는 그 반응이 나쁘지 않았어요, 보고 나서?") "그냥 '뭐 따라 해달라.' 이 정도? 그리고 괜히 '연변말 잘하냐?'고 막 물어보고." ("진짜 그렇게 말해요?") "네. 본인이 처음에 막 따라 하는데 완전 다른 거예요. 그게 아니라고 해주면 걔가 다시 한번 해달라고 이 정도지. 크게 '막 무섭다.' 이건 아니었던 것 같아요."

연구 참여자는 남자친구를 통해 자신이 얻고자 하는 두 가지 답을 모두 얻었다. 남자친구는 연구 참여자를 편견에 사로잡히지 않고 대하는 한결같은 사람이었다. 또한 자신은 남자친구에게 그러한 신뢰를 얻을 만한 사람이라는 것도 입증되었다. 이를 통해 연구 참여자는 남자친구와 긴밀하면서도 신뢰가 가득한 관계를 맺고 있음을 알 수 있다. 그리고 이러한 두 사람의 관계는 주위 다른 사람들이 조선족에 대한 편견을 내려놓게 하는 긍정적 효과를 거두고 있다.

"진짜 인식 바꾸는 거는 또 그 사람 주변에 그, 이에 대한 좋은 인식을 가지고 있는 사람들이 많이 얘기해줘야 된다고 생각해요. 저 같은 경우에 남자친구 아버지가 처음에 저 엄청 반대했대요. 조선족이라고. 내 남자친구가 엄청 막 얘기하고 하고 해서 지금은 그 생각이 없어져서 괜찮다는데, 이 참 노력이 필요한 것 같아요. 그냥 뭐 한두 개 봐서 이게 쉽게 바뀌지가 않아서."

또한 연구 참여자의 남자친구는 한국인 가정의 자녀다. 한국의 기성세대인 남자친구의 아버지는 연구 참여자의 사람 됨됨이에 대해, 또 두 사람의 관계가 어떠한지에 대해 알기 전에 조선족에 대해 부정적 인식을 가지고 두 사람의 관계를 반대했다. 한국 사회가 조선족에 대해 품고 있는 편견이 연구 참여자를 실제로 경험하기도 전에 작동한 것이다. 그러나 결국 남자친구의 아버지는 두 사람 사이를 허락하셨다. 연구 참여자와 남자친구가 서로에 대해 깊은 신뢰를 가지고 아버지가 조선족에 대해 가지고 있는 믿음이 실제와 다른 편견이라는 사실을 차근히 입증했기 때문에 가능한 것이라 할 수 있다. 이처럼 연구 참여자는 가까운 사람과 신뢰를 쌓고, 그 신뢰를 기반으로 관계의 장을 넓혀나가는 것으로 어려움을 극복해나가고 있다. 연구 참여자와 연구 참여자 남자친구의 서로를 향한 신뢰가 주위의 관계로도 번져가고 있다.

("그래서 어떻게 보면 조선족을 대표하는 사람의 한 사람으로서. 그죠?") "그래도 한 사람이라도 좀 더 노력하면 인식이 조금이라도 바뀌지 않을까 생각을 하죠."

"'나 하나가 잘못한다고 해서 뭐 어쩌겠어?' 이런 마음가짐보다는 '나라도 잘해야지.' 이런 마음으로. 그리고 인식도 많이 바뀌었으면 좋겠고, 그리고 중국 사람들도 많이 바뀌었으면 좋겠다는 게 그냥. 거의 카피의 왕국이잖아요, 중국이. 근데 그것도 어찌 보면 중국 사람들이 어느 정도 잘못했으니깐 그런 명칭이 붙은 건데, 이렇게 된 이상 어떻게라도 이거를 벗어나도록 많이 노력해야 되는 것처럼, 노력을 많이 해야 된다고 생각해요, 중국 사람들이. 잘못을 많으니깐, 잘못보다는 좀 어긋나는, 상식에 어긋나는 부분이 있었지만, 이거를 다시 되찾기 위해서는 모두가 함께 다 노력해야 돼요. 그러지 않나. 그냥 '저 사람들이 왜 나를 욕하지?' 이렇게만 생각하지 말고 '아, 예전에는 어땠으니깐.' 이거 좀 생각하면서 '제대로 노력하자.' 이런. 무작정 그냥 '아, 싫다.' 이게 아니라."

연구 참여자는 중국인과 조선족을 향한 편견을 극복하기 위해서는 지금부터라도 자신이 무엇을 잘못하고 있지는 않은가에 대한 점검이 필요하다고 본다. 이처럼 자신의 잘못에 대해 성찰하고 바꾸어나가려는 개인의 노력이 쌓이면 사회에 만연한 부정적 인식의 변화도 이뤄낼 수 있으리라는 희망을 품고 있다.

③ 희망하는 미래상: 차별적 인식과 정치적 발언에 대한 반성적 성찰 요구

연구 참여자 10이 한국 사회에 거주하며 그리는 미래상은 사회제도적인 측면보다 인지정서적인 측면에서의 변화로 실현되는 것이라고 판단된다. 첫째, 한국 사회가 조선족에 대해 가지는 이미지도 잘못된 것이지만 이를 한 개인을 판단하는 준거로 삼는 것도 개선되어야 할 점이다. 연구 참여자는 조선족 출신의 몇 사람이 저지른 범죄가 미디어를 통해 다루어지면서 조선족 전체에 대한 폭력적 이미지가 확장성을 갖게 되었다고 본다. 소수가 조선족 자체를 대표하게 되었다는 것이다. 그러나 연구 참여자는 개인을 집단의 일부나 부속품으로 여기는 이러한 인식에서 벗어나 개인을 한 사람의 고유하고 특별한 존재로 경험해주기를 바라고 있다.

"저는 그냥 이왕이면 이런 범죄영화를 만들 때 안 좋은 부분을 비추어야죠? 범죄영화다 보니깐. 근데 그것과 같이 조선족들이 어떠한 좋은 사람도 있고, 같이 내비쳤으면 좋겠어요. 그래야 이런 범죄가 이렇게 일어나는데, 한편 다른 장면 봤는데, 이렇게 도움도 주고 하면은 어느 정도 나아지지 않을까 그런 생각이 들어요. 그냥 무작정 안 좋은 거만 비추는 것보다는." ("그래요. 그러면 이제 시간이 한국은 한국 사람들끼리만 살다가 이제 외국인이 산 지가 그다지 오래되지 않았잖아요, 역사가. 이제 앞으로 한국 사회가 어떻게 되었으면 좋을 것 같아요?") "한국 사회요? 차별이 없었으면 좋겠어요. 인식이 조금. (중략) 그냥 이 민족이나 나라를 보는 게 아니라 그 사람을 봐줬으면 좋겠어요."

"서로가 변했으면 좋겠어요. 한국 사람뿐만 아니라 중국 사람들도 어느 정도 인식을 가지고 본인에 대한 인식을 바꾸고자 하는 노력을 보였으면 좋겠고. 그리고 한국 사람들이 기존의 그 이미지로만 사람을 판단하지 말고 그냥 이 사람 자체, 이 사람 하나로 그냥 받아들이거나, 아니면 받아들이지 않거나 이 사람 한 명이 좋다고 해서 다 좋다고 생각하면 좋겠지만, 이 한 명이 자기한테 잘못하거나 안 좋다고 해서 이 전체를 그렇게 보는 사회가 아니었으면 좋겠어요."

둘째, 연구 참여자는 한국의 정치인들이 그들의 정치적 목적에 의해 조선족을 이용하는 발언을 삼가주기를 바라고 있다. 최근 한국의 한 정치인이 조선족을 한국으로 많이 이주하게 해야 출산율을 높일 수 있다는 취지의 발언을 했다. 연구 참여자는 조선족을 한국의 출산율 회복을 위한 도구로 삼으려는 의도가 내재되어 있다고 보고 이를 불쾌하게 받아들이고 있다. 이러한 인식과 태도에는 조선족을 인간으로서 존중하는 마음이 결여되어 있다고 보는 것이다.

> "정치인들이 조선족에 대한 발언을 아직은 금지했으면 좋겠어요. 예전에 ○○○이 한번 조선족들을 고국에 많이 들여와야 뭐 출산율이 높아진다나 뭐 정책 같은 거 얘기한 적 있었거든요. 그때 후폭풍이 엄청 심했어요." ("네, 어떤 폭풍이 있었죠?") "'불법체류자들을 자꾸 끌어들이려 하나, 조선족은 사람도 아니다.' 이런 댓글이 엄청 많이 달리고." ("그럼 그 제도는 좋은 제도였어요? 본인이 생각할 때?") "그 제도는 많이 영입하겠다는 건 좋았지만 발언이 좀 위험하지 않았나 싶었어요. 지금 한국의 출산율이었나? 그것 때문에 외부인을 영입한다는 것 자체가 좀 위험한 발언인. 그리고 또 좀 유명한 국회의원이잖아요. 유명하면은 웬만해선 기사나 뉴스나 접하신 분들이 다 알 텐데 괜히 또 안 좋게 생각할까 봐. 파급력이 크다고 생각해요. (중략) 이런 뭐 ○○○당 ○○○ 대표가 저출산 대책으로 조선족을 대거 수용한다고 이렇게 했는데, 뭐 저출산율이 낮다고 해서 조선족을 마치 진짜 육아, 사랑, 아기를 낳는 도구로 보는 것도 싫었고, 그리고 '왜 우리가 굳이 대체를 해야 되냐?' 이런 생각을 했었거든요. 그리고 한국 사람들이 우리를 받아들이는 그런 분위기도 아닌데, 이런 말을 함으로 인해 더 딱 불난 집에 부채질하는 격이었어

요. 우리는 지금 불이 났는데 ○○○이 막 이러고. 그게 좀."

연구 참여자는 사회적 인식을 개선하는 방법의 일환으로 미디어에서 중국인이나 조선족의 인간적인 면모를 있는 그대로 전달하려는 노력을 기울일 필요가 있다고 보고 있다. 또한 경제 성장을 위해 상도를 벗어나 비윤리적 행동을 서슴지 않던 과거에서 벗어나기 위해 노력하고 있다는 것도 사람들에게 알릴 필요가 있다고 보고 있다.

"그나마 다행인 게 다큐멘터리도 꽤 보거든요. 다큐멘터리 예전에 뭐 무슨 중국에 관한 다큐멘터리 4부짜리 제목은 지금 까먹었는데." ("「빅차이나」인가 있었어요.") "네. 그거 있었어요. 그거 보면서 중국에 대해 좀 좋게 얘기한 부분도 있어서. 그리고 어제도 제가 우연히 EBS에서 봤는데, 그쪽 거기에서도 요즘 중국 디자이너들이 카피하는 것보다 혁신적으로 본인 중국 색채를 띠게끔 디자인하는 걸 추구한다. 예전에 중국인이 아니다. 이렇게 하는데. 차라리 이런 게 더 좋은 것 같아요. 다큐멘터리로. 그냥 조금 조금씩. (중략) 자연스럽게 스며드는 게 중요한 것 같아요. 인위적으로 하는 것보다 보여주기 자연스럽게 스며들면서 '아, 중국 남자들도 괜찮구나.'"

("정대세, 조선족이었죠?") "조선? 뭐 일본에 재일교포 4세인가, 3세인가, 이런데? 축구로 뛸 때는 예전에 1번 조선, 그쪽으로 뛰었고. 지금은 한국 국적인데 일본에서 뛰고 있고. 좀 많이 이래서 사람들이 좀 많이 욕했었거든요. 이도저도 아니고 막 '조선 거기 할 때는 울더니 얘는 또 일본 맞네.' 이런 식으로 했다가 지금 「동상이몽」 나오는데 진짜 추자현

이 임신했을 때 엄청 혼자 꺼이꺼이 울었거든요. 이게 잡혀서 호감 이미지가 엄청 높아졌어요. 애가 참 순수한 사람이구나. 진짜 한순간이더라고요, 사람이. 진짜 한순간." ("그 매체의 역할이 참 중요하겠네.")

연구 참여자는 이러한 인간적 면모에 대한 재발견이 조선족에 대한 이해와 존중을 가능하게 할 것이고, 나아가 사회적 편견을 불식하는 데도 긍정적인 영향을 미칠 것이라고 기대한다.

(3) 연구 참여자의 특징

연구 참여자 10이 한국 사회 적응 과정에서 보이는 인지정서적 특징을 정리하면 다음과 같다.

첫째, 연구 참여자는 중국인으로서의 국가 정체성과 한국인으로서의 민족 정체성으로 인해 자신이 속해 있는 두 나라 모두에서 환영받지 못하는 존재라고 여기고 있다. 연구 참여자는 이러한 이중적 정체성으로 인해 어느 쪽에도 완전한 소속감을 갖지 못하고 있다. 이는 그 사회에서 받아들여지는 정체성의 일부만 드러내며 다른 일부는 은폐하려는 시도로 드러난다. 연구 참여자는 사회적 풍조에 촉각을 곤두세우고 예민하게 반응하는 특징을 가지고 있는데, 이로 인해 중국에서는 조선족에 대한 차별이 존재하고 한국에서는 중국인에 대한 차별이 존재한다고 받아들이고 있다. 그 결과 중국에서는 중국 사람으로, 한국에서는 한국 사람으로 보호색을 띠며 자기 자신을 보호하려는 전략을 취하게 되는 것이다.

둘째, 연구 참여자는 회피하는 것만으로는 근본적인 문제 해결에 이를 수 없다고 여기고 있다. 연구 참여자는 자신이 가진 민족적 · 국가적 정체성을 향한 적대적이고 배타적인 사회적 편견을 변화시키기 위해 노력해야 한다고 여기고 있다. 개인적 차원의 노력이지만 자기 자신부터 성실하고 정직하게 살아가려고 노력하고, 이러한 몇 사람의 노력이 모이면 언젠가 한국 사람들이 조선족에 대해 신뢰를 가질 수 있을 것이라고 보는 것이다. 그래서 연구 참여자는 자신부터 잘살아가기 위해 노력하고 있다. 또한 이는 한국인 남자친구와의 성공적인 신뢰관계 구축에 영향을 받은 것으로 보인다. 자신을 향한 한국인의 신뢰를 경험하며 자신의 정체성을 향한 사회적 편견은 실질적 관계 맺기로 극복할 수 있다는 것을 깨닫게 된 것으로 볼 수 있다. 연구 참여자는 남자친구에게 자신의 정체성을 조심스럽게 드러내는 과정을 통해 그 자신에 대해서는 긍정할 수 있게 되고 남자친구에 대해서는 신뢰할 수 있게 된 것으로 보인다. 즉, 연구 참여자는 자기 정체성에 대한 부정과 은폐에서 긍정으로 나아가는 정체성 협상 과정 중에 있다고 할 수 있다.

이를 종합해보면, 연구 참여자는 문화적응의 유형 가운데 '동화인'에서 '상호문화인'으로 나아가는 과정에 해당한다고 볼 수 있다. 연구 참여자는 한국 사회로 이주한 초기부터 현재까지 자신의 민족적 · 국가적 정체성을 감추고 필요에 따라 해당 사회의 정주민으로 위장해왔다. 그러나 점차 자신이 잘살아가는 것을 통해 부정적 인식을 긍정적 인식으로 변화시킬 수 있다는 자신감으로 가까운 사이인 한국인과의 관계에서부터 신뢰를 쌓아가고 있다. 한국인에게 자신이 조선족임을 드러내며 상대로부터 이해와 존중을 구하고자 하는 것이다.

마지막으로 연구 참여자의 경험에서 한국 사회의 사회제도적 개선점을 찾아보면, 인간의 기본권을 훼손하고 명예를 실추시키는 미디어에 대한 심의와 규제의 필요성을 들 수 있다. 사회제도적으로 미디어에서 조선족이나 중국인의 편향된 이미지를 다룰 때는 특정 사건이나 작품에 국한됨을 명시해야 한다는 것이다. 미디어가 사회에 미치는 파급력을 고려할 때 특히 부정적인 인식을 조장할 가능성이 있는 경우 작품의 허구성을 강조하여 이로 인해 피해자가 발생하는 것을 미연에 방지하는 효과를 거둘 수 있을 것이다.

2부

중국계 이주민의 생활세계 사례: 인지정서적 영역

2부에 나온 글들은 본 연구팀의 참여 연구원들이 학술논문으로 발표한 내용을 일부 수정 · 보완한 것임.

5.
진로 영역: 결혼이주민의 전환학습을 통한 진로개발 경험*

1) 들어가기

인간은 누구나 살아가면서 여러 생애사건(life events)을 경험하고, 그 생애사건을 통해 삶의 전환과 발전을 도모한다. 학습의 본질이 경험을 통해 성장하고 발전하는 것이라고 할 때, 개인의 삶에 성장과 발전을 가져오는 생애사건은 학습으로서 의미가 있는 것이라 할 수 있다. 이 글에서는 삶의 전환을 가져오는 경험을 생애사건으로 보고 이에 대한 이해를 도모하고자 한다.

다양성이 증대되고 있는 오늘날의 세계에서 성인의 삶은 시기마다

* 이 글은 정지현 · 김영순(2018), 「중국계 결혼이주민의 진로개발 경험에 나타난 전환학습 탐색」, 『교육문화연구』 24-2호에 게재된 논문을 수정 · 보완한 것이다.

생애전환을 경험하게 된다. 생애전환 시기에는 학습활동이 집중적으로 일어나며(김신일, 2000), 성인의 생애전환은 학습 이후에도 개인의 삶에 지속적으로 영향을 미치게 된다.

결혼이주민에게는 국경을 초월하여 정주국에서 새로운 삶을 꾸려 나가는 과정 자체가 가장 기억할 만한 상황이자 다양한 의미로 경험되는 생애사건이 된다. 이처럼 정주민과 달리 국제이주 배경을 지닌 결혼이주민은 자신들의 진로개발 과정에도 정주민과 상이한 생애전환을 경험하게 된다.

이 글은 결혼이주민의 생애사건 중 '결혼'과 '이주'라는 중대한 개인적 경험 가운데 진로개발 과정이 나타나는 생애전환 경험에 주목한다. 결혼이주민의 진로개발은 한국 사회에서의 안정적인 정착 및 경제적 자립을 위한 노력을 내포한다. 결혼이주민은 한국 내 사회구성원으로 살아가면서 자녀 양육이나 진로 등 여러 가지 삶의 변화를 야기하는 결정적인 생애사건들을 경험하게 된다. 따라서 결혼이주민의 생애전환 경험을 이해하는 것은 한국 사회에서의 안정적인 정착 및 경제적 자립 과정에 대한 실질적인 지원을 가능케 하는 방안을 마련하는 데 기여할 수 있다.

2018년 3월 말 한국 내 결혼이주민은 국내 체류 외국인 225만 4,085명 중 15만 6,439명으로 전체 중 7%를 차지한다. 특히 중국계 결혼이주민은 총 7만 9,540명(37%)으로 한족이 5만 7,901명, 조선족이 2만 1,639명이다. 이들은 5년 전인 2013년 15만 865명 대비 3.6% 증가했으며, 매년 꾸준한 증가세를 유지하고 있다.

결혼이주민의 증가에 따라 한국 정부에서는 이들의 안정적인 정착을 지원하기 위해 2008년 「다문화가족지원법」을 제정하고, 생활 및 교육 그리고 취업 등의 생활 영역에서 제도적 지원을 제공하고 있다. 이러한 정부 차원의 지원에도 불구하고 결혼이주민은 한국 사회의 적응 과정에서 문화적 배경의 차이 등으로 인해 많은 어려움을 겪고 있다(이혜자, 2016).

이에 따라 결혼이주민의 한국 사회의 안정적인 정착을 위해 정책적 측면에서 이들의 지원 및 사회통합에 관한 연구(성용구, 2010; 문형란, 2016; 송민혜 · 양승범, 2017)가 진행되어왔고, 경제적 측면에서 이들의 경제적 활동 실태 및 경험(김경아, 2012; 이형하, 2013; 유진희, 2014; 전미경 · 손서희 · 이은주, 2017), 취업 결정요인 및 요구 지원에 관한 연구(박재규, 2013; 박미숙 · 김영순 · 홍유나, 2014; 장명선 · 김선욱, 2017)가 진행되어왔다. 그러나 결혼이주민의 생애주기 과정에서 중대한 사건인 결혼과 이주에 대한 생애전환 시기의 진로개발 경험을 분석한 연구는 다소 미비한 실정이다.

이 글은 그동안 결혼이주민에 대한 연구가 이들의 정착 지원에 집중되어 있어 정착 과정에 나타나는 경험을 다층적으로 보여주지 못하고 있다는 문제의식에서 출발했다. 따라서 결혼이주민의 정착 과정을 전환학습으로 규정하고, 한국 사회 구성원으로 살고 있는 결혼이주민이 생애전환 시기에 어떠한 학습 경험을 하고 있으며, 그러한 경험이 그들의 삶에 어떠한 영향을 미치는지에 대해 살펴볼 것이다.

이 글에서는 전환학습이론에 기초하여 한국으로 이주해온 중국계 결혼이주민이 진로개발 과정을 통해 새롭게 형성하거나 변화를 일으킨 관점과 경험의 의미가 무엇인지 심층적으로 이해하고자 했다.

이를 위해 구체적으로 살펴볼 문제는 다음과 같다.

첫째, 중국계 결혼이주민은 생애전환 과정에 어떠한 진로개발 경험을 하는가?

둘째, 중국계 결혼이주민의 진로개발 경험에 나타난 전환학습의 의미는 어떠한가?

2) 결혼이주민의 진로지원 정책

결혼이주민의 경제적 어려움을 완화하고, 나아가 한국 사회 내의 경제적 통합을 증진시키기 위해 중앙부처 및 산하 기관들은 취업지원사업을 실시하고 있다. 2009년 국무총리실 산하 다문화가족위원회가 설립되었고, 이를 바탕으로 제1차, 제2차 다문화가족정책 기본계획이 수립되어 결혼이주민 대상의 취업지원사업이 진행되고 있다(김복태 · 이승현, 2015). 2013년부터 2017년까지 실시되어오고 있는 제2차 다문화가족정책 기본계획은 여성가족부, 고용노동부, 보건복지부, 행정안전부, 농림축산식품부, 지방자치단체, KOTRA 등에서 일자리 확대, 직업교육훈련지원 과제를 통해 결혼이주민의 취업을 지원하고 있다(유진희, 2014; 김복태 · 이승현, 2015).

다음 〈표 2-1〉은 결혼이주민의 취업지원 정책을 제시한 것이다(유진희, 2014).

〈표 2-1〉 결혼이주민의 취업지원 정책

정부부처	정책 내용
여성가족부	- 결혼이민여성 인턴 운영(여성결혼이민자 채용기관에 지원금 지원) - 결혼이민여성 직업교육훈련 - 여성새로일하기센터(새일센터): 결혼이민여성 인턴 운영 - 여성새로일하기센터(새일센터): 직업교육훈련 운영
고용노동부	- 결혼이민자취업지원(알선)사업 - 내일배움카드제(직업능력개발계좌제): 교육 훈련과정 지원 - 취업성공패키지(직업훈련 등 취업지원)
교육부	- 이중언어 강사 양성사업
행정안전부	- 여성결혼이민자 지도자 양성교육 - 다문화 IT방문지도
보건복지부	- 국내거주 외국의료인 진료코디네이터 양성사업

이처럼 결혼이주민을 위한 다양한 취업지원 정책이 실행되고 있으나 결혼이주민이 이러한 정책에 용이하게 접근할 수 있도록 하기 위해서는 생애전환 시기에 진로개발에 대한 관심을 가져야 할 것이다. 우리 사회가 결혼이주민의 경제적 자립을 돕는 것은 그들의 물질적 안정뿐만 아니라 사회 적응과 정체성 확립을 위한 것이다. 따라서 결혼이주민의 경제활동 참여는 능동적인 시민성 확보를 통해 경제적인 통합을 비롯하여 진정한 의미에서의 사회통합을 이룰 수 있는 기제가 된다(박주현, 2015).

결혼이주민의 진로 혹은 취업 관련 선행연구들을 살펴보면 다음과 같다.

우선, 제도적 측면에 관한 연구로는 결혼이주민의 경제활동 실태를 점검하고 문제점을 분석하여 한국 사회의 통합을 위한 경제활동지원 정책 과제에 시사점을 제공한 연구(양인숙 · 민무숙, 2010), 결혼이주민의 국내 취업 활동을 허용하는 방안을 마련하기 위해 결혼이주민을 둘러싼 사회 · 경제적 실태를 조사 · 분석하여 관련법 개정 방안을 제시한 연구(조현 · 고준기, 2013), 2015년 다문화가족실태조사 자료를 활용하여 결혼이주민 중 임금 근로자에게 취업지원 서비스의 효과성 평가를 실시하여 정책적인 개선 방안을 찾고자 한 연구(황민철, 2016), 결혼이주민의 다양한 경제활동지원에 대한 인식 유형을 파악하고 이들의 욕구를 토대로 현실적이고 실증적인 경제활동지원 정책의 방향을 제시한 연구(이혜자, 2016) 등이 있다.

다음으로 경험적 측면에 관한 연구로는 결혼이주민의 취업 경험이 갖는 의미와 본질을 탐색하여 사회복지적 관점에서 결혼이주여성의 취업 활동을 지원하는 데 도움이 되는 실천적 방안을 제언한 연구(김현미, 2009; 박미은 · 신희정 · 이미림, 2012), 취업한 결혼이주민이 일과 가정생활을 병행하면서 경험한 바를 심층적으로 이해함으로써 일 · 가정 양립을 위한 실천적이고 정책적인 대안을 모색한 연구(박현성, 2014), 고학력 결혼이주민의 구직 활동과 과정, 직장생활의 어려움과 성취, 향후의 직업적 전망과 실천에 대해 내러티브적 접근에 기초하여 살펴보고, 이들의 취업 촉진과 직장 적응에 관한 시사점을 제시한 연구(전은희, 2014), 취업 경험이 있는 결혼이주민을 대상으로 취업 동기와 취업 시 어려움을 탐색하여 이들이 취업을 하는 데 요구되는 지원을 파악한 연구(공수연 · 양성은, 2014; 박미숙 · 김영순 · 홍유나, 2014), 결혼이주민이 국제결혼으로 인한 이주 이후 취업에 성공하기까지 학습 경험에 따라 취업 경로를 살피고 이를 바탕으로 평생교육 현장에서 활용 가능한 실제적인 이론을 구축한 연구(박신영, 2014; 박신영 · 이병준, 2015) 등이 있다.

이 글에서 중국계 결혼이주민의 진로개발 경험을 파악하고자 하는 것은 이 문제가 이들의 경제적 자립뿐 아니라, 사회 공동체의 구성원으로 성공적으로 적응할 수 있는가 하는 문제와 관련이 있기 때문이다.

3) 전환학습이론

전환학습이론(transformative learning theory)은 삶의 경험이나 사건을 통해 개인이 가지고 있던 기존의 의미관점을 비판적으로 사고하고 반성하여 통합적이고 포괄적인 관점전환이 이루어지도록 함으로써 새로운 관점으로 행동하도록 하는 것을 의미한다(Mezirow, 1991).

이러한 전환학습이론은 하버마스(Habermas), 프레이리(Freire), 쿤(Kuhn) 등의 영향을 받아 메지로(Mezirow)가 이론화한 성인학습이론(Mezirow, 2000)

으로, 개인의 생애전환 경험을 학습의 관점으로 설명하는 이론적 렌즈라 할 수 있다. 즉, 개인은 생애전환 경험을 통해 지금까지 가지고 있던 관점을 반성적으로 성찰하고 그 결과 새로운 관점으로 나아가는 학습 기회를 가질 수 있다.

이 글에서의 전환학습은 중국계 결혼이주민이 진로개발 과정에서 새롭게 습득하고 인식한 경험을 통해 자신이 가지고 있던 기존의 의미관점을 변화시켜 전문인으로서 성장하는 것을 의미한다.

전환학습이론의 주요 개념은 "개인이 혼란스러운 딜레마 상황에 직면하여 비판적 성찰과 이성적 담론을 형성하는 과정을 통해 기존에 자신이 가졌던 가정, 전제, 가치 등의 인식 틀이 개방적이고 포괄적으로 전환되는 학습(Mezirow, 1991, 2000)"이라고 정의할 수 있다.

메지로(Mezirow, 2000)는 오랜 기간 학업 공백을 거쳐 대학에 재입학한 83명의 주부를 선정하여 그들의 학습 경험 과정을 연구했다. 연구를 통해 주부 개인이 생애에서 마주한 결정적 사건이나 경험을 통해 기존에 자신이 가졌던 전제들을 비판적 반성과 이성적 담론을 형성하며 의미구조를 변화시켜나가는 과정을 〈표 2-2〉와 같이 10단계로 제시했다.

1단계는 개인이 살아가면서 혼란스러운 딜레마 상황에 직면하게 된다. 2단계는 그 사건으로 인해 일어나는 분노, 수치심, 죄의식 등의 감정을 느낀다. 3단계는 그 사건을 통해 기존에 자신이 가졌던 사회적 · 문화적 · 심리적 가정이나 전제에 대해 비판적으로 성찰한다. 4단계는 타인과의 대화를 통해 자신의 경험에 대해 공유하고, 그 의미를 해석하며 평가해본다. 5단계는 자신의 새로운 역할과 관계를 정립하기 위해 대안을 탐색한다. 6단계는 새로운 행동을 구체적으로 계획하며, 7단계는 계획을 실행하기 위해 필요한 지식과 기술을 습득한다. 8단계는 새로운 역할을

<표 2-2> 메지로의 전환학습 10단계

단계	전환학습 단계
1단계	혼란스러운 딜레마 직면
2단계	두려움, 분노, 수치심 등의 감정에 대한 자기평가
3단계	자신의 인식, 가정에 대한 비판적 반성
4단계	타인과 자신의 불만족과 전환 과정 공유
5단계	새로운 역할, 관계, 행동을 위한 대안 탐색
6단계	새로운 행동 방향 계획
7단계	새로운 계획을 실행하기 위한 지식과 기술 습득
8단계	새로운 역할을 시험적으로 시도
9단계	새로운 역할과 관계에 대한 자신감과 능력 구축
10단계	새롭게 형성된 관점으로 삶을 재통합

자료: Mezirow(2000), Learning as Transformation: Critical Perspectives on a Theory in Progress, San Francisco: Jossey-Bass. p. 22.

시험적으로 시도해본다. 9단계는 새로운 역할에 대한 자신감을 얻고 능력을 갖춘다. 10단계는 일련의 과정을 통해 새롭게 형성된 관점을 기반으로 삶을 재통합하게 된다.

전환학습은 "개인이 미래의 행동을 결정하기 위해 자신의 과거 경험을 통해 경험의 의미를 새롭게 수정하고 변화시켜나가는 과정으로, 달라진 세계를 인식하고 진정한 자아로 나아가는 내적 탐색"으로 정의할 수 있다(Mezirow, 2000). 즉 전환학습은 의미체계를 새롭게 하거나 전환시키며, 전제에 대한 반성이 이루어진다면 전환된 의미관점을 갖게 한다. 전환학습에서 관점전환을 위한 과정은 비판적 반성, 담화, 행동을 포함한다(Merriam, Caffarella & Baumgartner, 2012).

결혼이주민의 전환학습 관련 선행연구들을 살펴보면 다음과 같다.

크게 두 가지 흐름이 있는데, 결혼과 이주를 통한 삶의 전환 과정에서 삶의 주체자로 변화하는 과정에 관한 연구(임현숙, 2011; 이은숙, 2013; 김연희 · 이교일, 2017), 결혼과 이주를 통한 삶의 전환 과정에서의 활동 및 프로그램 참여 경험에 관한 연구(이은경 · 나승일, 2009; 김도헌, 2016) 등이 있다.

다시 각각의 연구를 좀 더 자세히 들여다보면 다음과 같이 정리해볼 수 있다. 결혼과 이주를 통한 삶의 전환 과정에서 삶의 주체자로 변화하는 과정에 관한 연구에서는 결혼이주여성이 삶의 전환 과정에서 한 개체로서의 자신에서 사회적 주체자가 되어가는 경험을 한다고 보고 그 의미와 본질을 파악한 연구(임현숙, 2011), 결혼이주민은 가족생활이라는 일차적 사회화 과정을 통해 다양한 삶의 맥락을 경험하게 되고 이는 사회문화적응 과정에서의 학습 경험과 상통한다는 것을 규명한 연구(이은숙, 2013), 결혼이주여성이 새로운 사회에서 정착하는 초국적 이동 과정에서 미디어 테크놀로지에 대한 경험을 통해 삶의 주체로 거듭나는 현상에 행위자네트워크 이론을 적용하여 분석한 연구(김연희 · 이교일, 2017)가 있다.

다음으로 결혼과 이주를 통한 삶의 전환 과정에서의 활동 및 프로그램 참여 경험에 관한 연구에서는 한국으로 이주해온 이민자 가운데 영농에 정착한 여성들이 결혼과 이민, 농촌 생활 및 영농 활동을 통해 변화되는 과정에서의 경험을 메지로의 전환학습이론에 기초하여 탐구한 연구(이은경 · 나승일, 2009), 결혼과 이주 후 이중언어 강사 교육프로그램에 참여했던 결혼이주민의 경험을 통해 이들의 삶의 맥락에 영향을 준 변화와 그 의미들을 전환학습이론 관점에서 탐색하여 성인교육 및 학습의 방향성에 대한 실천적 시사점을 제공한 연구(김도헌, 2016) 등이 진행되고 있다.

결혼과 이주 과정에서 문화변동을 겪을 수밖에 없는 이주민의 진로

개발에 경험 및 인식의 전환이 요구됨에도 선행연구에서는 결혼이주민의 진로개발과 연계한 전환학습 관련 연구를 찾아보기 어려웠다. 이 글은 결혼과 이주를 통한 중국계 결혼이주민의 진로개발 경험을 온전히 이해하기 위해 메지로가 제시한 전환학습이론을 통해 전환학습의 의미를 살피고자 한다.

4) 중국계 결혼이주민의 사례

이 글은 중국계 결혼이주민의 진로개발 경험에 나타난 전환학습의 의미를 살피기 위해 질적 연구 방법으로서 사례연구 방법을 수행했다. 자료수집은 반구조화된 인터뷰 가이드를 바탕으로 2017년 9월부터 12월까지 두 차례의 심층인터뷰를 실시했다. 결과를 도출하는 과정은 결혼이주민과의 심층인터뷰를 녹음하여 전사한 후, 전사된 내용을 다시 글래서(Glaser, 1965)의 반복적 비교분석법(Constant Comparison Method, CCM)을 응용하여 반복적으로 확인했다. 각각의 의미들은 메지로의 전환학습 과정을 중심으로 주제 단위로 통합하여 범주화한 후 상위 주제를 도출했다. 또한 전환학습 단계를 중심으로 결혼이주민의 진로개발 과정의 경험이 각 전환학습 단계에서 어떠한 과정을 거치는지 상위 주제와의 비교를 통해 구조화하는 등 일련의 순환적인 과정을 거쳐 수정 · 보완했다.

이 글에서는 결혼과 이주라는 생애전환 과정에서 자신의 진로개발을 위해 한국의 대학에 진학하여 전환학습 경험을 한 4명의 결혼이주민을 선정했다. 글의 타당성을 높이기 위해 동료연구자 박사 3명의 조언을 통해 결혼이주민의 진로개발 경험에 나타난 전환학습의 주제와 의미가 최대한 드러났는지를 검토하여 연구자의 오류를 줄이고자 했다. 다음 〈표 2-3〉은 결혼이주민 연구 참여자들의 인적 사항이다.

결혼이주민 연구 참여자 08은 조선족으로 한국어가 유창하지만, 한국 사회에서 중국 조선족에 대한 곱지 않은 시선으로 힘들어했다. 다문화가정에 대한 차별과 무시를 자주 경험했고, 한국 사회에서는 중국에서 일한 경력을 인정해주지 않고 오직 학력을 요구하는 곳이 많아 자신의 진로개발을 위해 대학에 진학하여 공부를 마쳤다. 아들이 학교에서 차별받자 불합리함을 호소했고, 사건에 대한 학교 측의 처리가 미흡하자 다른 학부모들에게 이를 알리고 위원회를 열어 대응했다. 다른 결혼이주민에 비해 학부모 활동과 사회 활동을 활발히 하고 있으며, 대학 졸업 후 현재 다문화 강사, 중국어 강사, 이중언어 강사로 활동하고 있다.

결혼이주민 연구 참여자 13은 중국에서 대학교 1학년을 수료하고 일본에서 1년 동안 유학했으나 적응하지 못하고 다시 중국으로 돌아가서 공부하다가 산업연수생으로 한국으로 이주한 후 결혼했다. 출산 후 산후조리를 도우러 온 친정엄마가 가사일을 도와주는 중국 남자와 연구 참여

〈표 2-3〉 결혼이주여성 연구 참여자의 인적 사항

구분	나이	민족	이주 연도	학력	이주 전 직업	현재 직업
08	39	조선족	2008	대졸	회사원	다문화 강사, 중국어 강사, 이중언어 강사
13	39	한족	2008	대재	회사원	회사원, 생활 원예사, 기자봉사단
17	38	한족	2001	대졸	유학생	이중언어 강사, 펄벅재단 해외봉사활동
18	35	한족	2008	대재	생산직(공장)	자영업(미용시술)

자의 남편을 비교하면서 남편과의 갈등이 심해지기도 했다. 평소 학업에 대한 열정과 결혼 전에 이루지 못한 자신의 진로에 대한 꿈을 내려놓지 못하여 우울증도 겪었다. 임신과 출산, 우울증 등을 겪으면서 자신의 진로개발을 위해 현재 대학교에 재학 중이며, 의사의 권유에 따라 원예 활동을 병행하면서 우울증을 극복했다.

결혼이주민 연구 참여자 17은 중국에서 대학을 졸업하고 한국의 대학으로 어학연수를 왔다가 월미도에서 군인인 남편을 만나 결혼했다. 그녀는 친정아버지가 중국에서 군인으로 근무하며 비교적 부유하게 자랐다. 한국의 군인도 중국의 군인처럼 국가에서 모든 것을 제공해주는 좋은 직업인 줄 알았으나 한국의 군인은 월급도 적고 제대 후 직업을 찾아야 한다는 것을 알고 후회했다. 중국에서 대학교 유아교육과를 졸업했으나 진로와 연계시키지 못하여 한국에서 다시 대학에 진학하여 공부했다. 그리고 6개월 과정의 이중언어 강사 교육을 받고 현재 이중언어 강사로 활동하고 있으며, 펄벅재단에서 해외 봉사 활동도 하고 있다.

결혼이주민 연구 참여자 18은 중국 길림 출신으로 부모님이 모두 돌아가시고 오빠와 함께 살면서 중학교를 졸업하고 공장에서 일하다가 남편을 만나 결혼이주했다. 남편은 장남인데 결혼하기 위해 선을 여러 번 봤으나 실패하자 부모님 모르게 중국에서 결혼하고 한국에 돌아와 중국 여자와 결혼한 사실을 알렸다. 이에 충격을 받은 시어머니가 쓰러지자 연구 참여자는 시어머니에게 사랑을 받고 싶어서 빨리 아기를 가지려고 노력했다. 아기를 낳아서 양육하다가 자신의 진로개발을 위해 초 · 중 · 고 · 대입 검정고시를 마치고 대학에 진학했다. 또한 의료 코디네이터 과정을 수료하고 치과에서 근무한 적이 있으나 남편이 아기가 어리다는 이유로 직장생활에 동의하지 않아 의료시술을 배워서 혼자 독립하여 일하고 있다.

5) 진로개발 경험에 나타난 전환학습

중국계 결혼이주민은 결혼과 이주를 통해 한국 사회의 낯선 환경뿐 아니라 시댁이나 남편과의 새로운 관계에서 혼란을 경험했다. 또한 이 과정에서 현실을 직시하면서 자아를 발견하고 주변에 대한 성찰을 통해 불만족을 만족으로 전환하고자 진로개발을 경험하게 된다. 결혼이주민은 새로운 행동으로의 전환을 꾀하며 이를 위해 탐구하고 계획하고 실천하고자 배움의 길을 선택했다. 이를 통해 가정과 사회에서 주체자로서 살아가기 위해 노력했다.

〈표 2-4〉 결혼이주민의 전환학습의 의미

전환학습 단계	상위 주제	의미 단위
딜레마 상황 (전환학습 1단계)	결혼과 이주, 낯선 환경에서의 새로운 관계	- 감옥 같은 쉼터, 혼자 겪은 우울증 - 대화가 부족한 군인 남편, 쓰러진 시어머니
자기 평가 (전환학습 2단계)	기대와 다른 실제 생활세계에 대한 부정적 인식	- 학력 때문에 하고 싶은 일을 할 수 없는 처지 - 집에서 보낼 수밖에 없는 무의미한 시간
성찰 및 전환 과정 (전환학습 3, 4단계)	현실 직시를 통한 자아 발견과 주변에 대한 성찰	- 잊고 있었던 자신에 대한 성찰과 역지사지 - 진로에 대한 남편의 지지, 되찾은 안정감
대안을 위한 지식 습득 (전환학습 5, 6, 7단계)	현실을 견딜 수 있게 한 배움에 대한 열정	- 취업의 벽을 넘기 위한 필사적인 공부 - 마음속 아름다움을 표현하는 또 다른 배움
실천 및 관점의 재통합 (전환학습 8, 9, 10단계)	가정과 사회에서 주체자로서의 삶을 통한 만족감	- 꿈이 현실이 된 다문화 강사, 그리고 창업의 꿈 - 기자봉사단 활동과 해외 봉사 활동

이 글에서 도출해낸 결혼이주민의 진로개발 경험에서 나타난 전환학습의 의미는 위의 〈표 2-4〉와 같다.

메지로의 전환학습 단계에 비추어볼 때, 중국계 결혼이주민의 진로개발 과정은 전환학습 단계에 따라 순차적으로 나타나고 있지만 일부 단계는 복합적으로 나타났다. 그 결과, 상위 주제로는 결혼과 이주, 낯선 환경에서의 새로운 관계, 기대와 다른 실제 생활세계에 대한 부정적 인식, 현실 직시를 통한 자아 발견과 주변에 대한 성찰, 현실을 견딜 수 있게 한 배움에 대한 열정, 가정과 사회에서 주체자로서의 삶을 통한 만족감으로 나타났다.

(1) 결혼과 이주, 낯선 환경에서의 새로운 관계

① 감옥 같은 쉼터, 혼자 겪은 우울증

결혼이주민 연구 참여자 08은 부푼 꿈을 안고 한국으로 이주하여 결혼했으나 남편과 시댁과의 갈등을 경험하면서 이주여성 쉼터에 가게 되었다. 쉼터에서는 가족과 연락 없이 6개월이 지나면 자동이혼이 된다고 하며 휴대전화도 사용하지 못 하게 했다. 그녀는 쉼터에서 이틀 동안 감옥 같은 생활을 경험했다고 한다. 다행히 쉼터로 찾아온 남편과 함께 다시 집으로 돌아오게 되었으나 한동안 가족과의 갈등은 지속되었다.

결혼이주민 연구 참여자 13은 유학으로 고민하던 중에 한국 남자를 만나 한국으로 이주하여 결혼했다. 그녀는 결혼 이후 새로운 환경에서 출산을 경험하면서 자신이 유학으로 학업을 계속하지 못하여 한국 사회에서 할 수 있는 일이 없다는 생각 때문에 5년간 혼자서 심각한 산후 우울증을 겪었다. 5년이 지난 후 병원 치료를 받게 되면서 건강이 호전되자 다시 학업에 대한 꿈과 현실적인 문제 사이에서 어려움을 경험했다.

"우리는 중국에서 결혼중개업소를 통해 만났어요. 결혼하고 보니까 경제적인 부분도 있고 문화적인 차이도 있고요. 시부모 사이에서도 서로 안 맞는 부분이 있다 보니까…. (중략) 이주여성 쉼터에 갔어요. 무슨 감옥에 들어간 느낌. 그냥 갇혀서 아무것도 못하고 연락도 못하고 그 연락이 안 되면 몇 개월인가 지나면, 연락이 안 되고 이러면 자동이혼 그런 식으로 해준다고 하더라고요. (중략) 한국에서는 제가 할 수 있는 게 없더라고요." (연구 참여자 08)

"한국에서 유학할까, 일본에서 할까, 유학을 고민할 때 신랑을 만난 거예요. 신랑을 만날 때부터 대학 가야 된다고 얘기했어요. (중략) 결혼해서 애 낳아서 다음에 산후 우울증 때문에 5년 동안 힘들었어요. 제가 하고 싶었던 방향으로 가야 하는데, 그때 길이 막혀 있는 느낌이. (울음) 처음에는 몰라서 참았다가, 참았다가 점점 심해지는 거고, 그래도 4년, 5년 정도 혼자 견뎌내다가…. (중략) 학교도 다녀야 하는데, 우울증 때문에 때를 놓치고, 대학 가려고 서류 준비하고, 그때 병원도 다니고, 제 길을 찾아야 되고 그래서, 서류 준비하고, 어려웠어요." (연구 참여자 13)

② 대화가 부족한 군인 남편, 쓰러진 시어머니

결혼이주민 연구 참여자 17은 서울에 있는 어학당에 공부하러 왔다가 중국 사람들이 많이 모여 살고 있는 인천으로 관광을 왔는데, 그때 군인 신분의 한국 남자를 만나 결혼을 결심하고 한국으로 이주했다. 아버지가 중국에서 안정적인 직업이라 할 수 있는 군인이었기 때문에 한국의 군인도 그럴 것이라고 기대했으나, 실제 생활은 중국과 많은 차이가 있었다. 특히 말이 없는 남편의 성격으로 인해 그녀는 이주 후 새로운 생활에 적응하기가 쉽지 않았다.

결혼이주민 연구 참여자 18은 남편이 시어머니도 모르게 중국에 와서 자신을 만나 결혼했다. 시어머니는 장남인 아들에 대한 관심이 각별했는데, 아들이 자신과 상의 없이 중국인 며느리를 데리고 오자 결혼을 반대하고 며느리도 무척 싫어했다. 그녀는 결혼과 이주라는 생애 큰 전환을 경험하면서도 남편밖에는 의지할 사람이 없었다. 그녀는 두려움과 기대를 동시에 가지고 새로운 한국 생활을 시작했다. 그녀는 시댁에서 신혼생활을 시작했다. 신혼 초기에는 시어머니의 마음에 들고 싶어서 아기라도 빨리 낳아서 보여드리기를 기다리면서 초조한 마음으로 생활했다.

> "한국에 어학당에 왔어요. (중략) 옛날에 그래도 차이나타운 동인천 지하상가 많이 다녔었거든요. 그쪽에 살고 있는 중국 사람도 있고 친구도 있어요. 만나서 놀 수 있는 곳이 자유공원과 월미도예요. 거기서 놀다가 남편 만나게 된 거예요. 제 남편은 군인이었는데 한국에 군인은 중국하고 달랐어요. (중략) 전에 남편하고 엄청 싸워가지고. 제가 입원할 정도로 화났어요. 왜 싸우냐면 지금은 통틀어 생각해보면 문화 차이일 수도 있지만 대화가 부족해요." (연구 참여자 17)

> "남편하고 사랑해서 결혼한 것이 아니라 불안하지요. 신랑이 엄마가

반대하는 결혼했어요. 엄마한테 갑자기 중국에 간다고 하더니 중국에서 결혼했잖아. 우리 남편 장남이야. 그래서 시어머니 쓰러졌어. (중략) 시어머니 나 안 좋아해. 그래서 빨리 애기 낳고 싶었어. 너무 급해서 그때는 빨리 낳고 싶었어요. 결혼하고 바로 애기 낳고 싶었는데 1년 만에 애기가 생겼어." (연구 참여자 18)

(2) 기대와 다른 실제 생활세계에 대한 부정적 인식

① 학력 때문에 하고 싶은 일을 할 수 없는 처지

결혼이주민 연구 참여자 13은 중국에서 대학교 경제학과 1학년에 다녔다. 그러나 한국에 와서 한국 사회가 학력을 중시한다는 것과 자신이 가진 학력으로는 하고 싶은 일을 할 수 없다는 것을 알게 되었다. 그래서 자신의 진로개발을 위해 대학교 진학을 계획하고 준비했으나 결혼 후 바로 임신과 출산을 하게 되었다. 이로 인해 자신이 꿈꾸었던 길로 가는 일이 좌절되면서 심한 우울증을 겪게 되었다.

결혼이주민 연구 참여자 18은 중국에서 부모님이 일찍 돌아가셔서 공부를 충분히 하지 못했다. 결혼과 이주를 통해 한국에서 생활하면서 그녀는 남편과 나이 차이로 인한 갈등을 경험했다. 남편이 퇴직하기 전에 가계에 경제적인 도움이 되고자 자신의 일을 찾기 시작했으나 학력이 발목을 잡았다. 그녀는 안정된 일을 갖기 위해서는 자신의 진로개발이 우선되어야 한다는 것을 알게 되었으나 신혼 초기에 현실적인 어려움에 맞닥뜨리며 마음이 무거운 나날을 보내게 되었다.

"제가 중국에서 대학교에 다녔는데 졸업은 못 했어요. 중국에서는 출납, 돈을 관리했어요. (중략) 중국에서 어떤 정도 배워서 일을 했지만 한국에서 제가 하고 싶은 일 못해요. 한국에서 학력을 인정받으려면 힘들어요. 서류 때문에 어렵고, 공증도 좀 번거로워서, 차라리 여기 한국에서 한국말 배우면서 공부해서 졸업장 따는 거 더 인정받을 수 있는 거 같아요." (연구 참여자 13)

"선생님이 한국에서 뭐 일 찾으려면 고등학교 정도 해야 된다고 얘기했어요. (중략) 요즘 최대 고민 거는 나중에 좀 남편과 나이가 차가 많아서, 남편이 지금 50대 가니까 만약에 먼저 퇴직되면 일이 못 찾으면 제가 생활이 어려우니까 그때 어떻게 살지 고민이죠." (연구 참여자 18)

② 집에서 보낼 수밖에 없는 무의미한 시간

결혼이주민 연구 참여자 08은 활동적인 성격으로 아이의 학교생활에도 관심이 많았다. 아이가 학교에서 친구들로부터 불합리한 일을 당한 적이 있었는데, 그 당시 그녀는 학교를 찾아가 사실을 규명하려고 노력했다. 그러나 학교 측에서 사건을 미흡하게 처리했고, 그녀는 학부모위원회를 여는 등 적극적인 행동을 보여주었다. 그녀는 자신처럼 자녀의 학교에서든 사회에서든 아니면 자신의 진로개발을 위해서든 적극적으로 행동할 수 있는 능력을 지녔음에도 남편과 시댁 어른들의 규제로 인해 밖에 나가지도 못하고 집안에서 무의미한 시간을 보내는 결혼이주민이 많다는 것을 지적했다.

결혼이주민 연구 참여자 18은 자신을 아름답게 꾸미고 화장하는 것을 좋아했다. 자녀의 학교에 참관수업이 있는 날은 학교 선생님이나 자녀의 친구들에게 예쁘게 보이고 싶어서 더욱 신경을 써서 학교에 가곤 했다. 그러나 남편은 그런 그녀를 말리면서 학교에서 그녀가 중국인인 것을 알게 되면 아이가 왕따 당하게 될지도 모른다며 학교에 가지 못하게 했다. 그녀는 사람들이 자신이 중국인이라는 것을 알게 되더라도 당당하게 활동할 수 있는 사회가 되기를 바라고 있으며, 또한 가족들도 자신이 무슨 일을 하더라도 믿어주기를 바라고 있었다.

"전에보다 많이 좋아지긴 했는데, 아직까지 집에서 나오지 못하는 엄마들이 있지 않나 싶어요. 여자가 남편분들이 못 나가게 한다던가, 집에만 있어라, 애기 봐라, 시어머니는 왜 밖에 나가냐, 그러고 그런 것을 이해를 해줬으면 좋은 부분인데…. (중략) 어린 나이에 결혼했으니 나가 놀고 싶고 이런 부분이 있는데, 괜히 집구석에 있으라니 더 역효과가 나죠." (연구 참여자 08)

"학교에서 참관수업 있을 때 아이 아빠가 아는데도 아빠가 저에게 학교에 안 가도 된다고 했어요. (중략) 그래서 우리 갈등 있었어요. 제가 무슨 일을 하고 싶은데, 잔소리 많아요. 이거 안 된다고, 저거 안 된다고, 친구 만나지 말고 빨리 오라고…. (중략) 우리 나이 차이 많이 있어요. 그래서 생각 달라요. 나 믿지 못해요. 그래서 나 밖에 안 나가니까 답답하고 우울해요." (연구 참여자 18)

(3) 현실 직시를 통한 자아 발견과 주변에 대한 성찰

① 잊고 있었던 자신에 대한 성찰과 역지사지

결혼이주민 연구 참여자 08은 남편과의 갈등으로 인한 심리적 요인으로 상담을 받은 경험이 있다. 그러나 상담원은 연구 참여자에게 잘못이 있다고 하면서 한국 남자들의 문화에 따라야 한다고 했고, 이는 심리적 문제 해결에 전혀 도움이 되지 않았다. 이러한 일을 겪고 난 후 그녀는 주변에 자신과 같은 처지에 있는 사람들이 많다는 것을 알게 되었다. 그녀는 자신의 상담 경험이 불만족스러웠기 때문에 오히려 결혼이주여성인 자신이 나서야 그들에게 실질적인 도움을 줄 수 있을 것이라는 생각을 하게 되었고, 이를 위해 다문화 상담사가 되어야겠다는 꿈을 갖게 되었다.

결혼이주민 연구 참여자 13은 결혼과 이주, 그리고 출산 이후 진로 개발을 하지 못하여 하고 싶은 일을 할 수 없다는 생각에 우울증으로 혼자 고생했다. 5년이라는 긴 시간이 지난 이후에 병원 치료를 받으면서 비로소 건강의 소중함을 알게 되었고 의사의 권유를 통해 자신이 정말 하고 싶은 일에 대해 깊이 있게 성찰하게 되었다.

> "애 아빠랑 사이가 안 좋아서 상담을 받아봤는데, 저는 상담사들마다의 문제가 있지 않나 싶어요. 왜냐하면 상담을 받으러 왔으면 이 사람의 마음을 치유해주고 다른 좋은 방법을 이렇게 가라 설명해주면 좋잖아요. 그런데 저의 상담사는 한국 남자의 편을 많이 들어주는 거예요. (중략) 시부모와 갈등, 애 아빠한테도 이런저런 그런 것이 있으니까

제가 다문화 상담사 자격증을 따가지고 이렇게 고통 받는 사람들한테 조금 도움이 되고 싶어요." (연구 참여자 08)

"의사 선생님이 그랬어요. 자기 하고 싶은 거, 그냥 약만 먹지 말고, 자기를 찾아라. 여유 생활을 찾으라고 했어요. 그래서 음악이든가 운동이든가 이렇게 찾으라고 했는데, 음악도 안 좋아하고, 아무리 찾아도 없는 거예요. 아프면은 아무도 없는 거예요. (중략) 친한 친구한테 얘기하지만, 그래도 서로 같이 얘기할 때는 마음이 편한데, 또 집에 들어가면 똑같아요. 치료한다고 맨날 친구를 만날 수도 없고. … 그래서 나 혼자 내가 정말 하고 싶었던 거를 생각했어요." (연구 참여자 13)

② 진로에 대한 남편의 지지, 되찾은 안정감

결혼이주민 연구 참여자 17은 돈보다 중요한 것이 사회적인 지위라고 생각했다. 자신은 한국 사회에서 결혼이주민이라는 사회적 소수자로서 취약한 입지 조건을 가지고 있지만 이를 극복하기 위해서는 공부를 해서 능력을 갖추어야 한다고 생각했다. 그녀는 여자가 능력이 있으면 남편에게 힘이 될 수 있고, 이로 인해 가정도 평화로울 수 있으며, 자녀에게 안정적인 울타리가 될 수 있다고 했다. 남편은 그녀의 이러한 노력에 지지를 보내며 버팀목이 되어주고 있다.

결혼이주민 연구 참여자 18은 한국어를 가르쳐주는 선생님으로부터 한국에서 진로를 찾기 위해서는 어느 정도의 학력이 필요하다는 이야기를 들었다. 그녀는 토픽시험 공부보다 더 우선적으로 해야 할 것이 검정고시라는 것을 깨닫고 그날 이후 학업에 대한 구체적인 계획을 세우게 되었다. 그녀는 모든 일을 남편과 상의했고, 이에 남편은 적극적인 지지 의사를 보여주었다.

"아무리 잘못하더라도 여자가 어느 정도 능력과 지위가 있으면 남편 정신 돌아오지 않을 수가 없어요. 여자도 여자같이 꾸미지 않고, 여자가 너무 자기를 버리면 안 돼요. 우리 남편은 나가는 거 싫어하고 일하는 것도 싫어해요. (중략) 그런데 부인이 잘났어요. 돈을 벌어요. 능력 있어요. 예쁘게 꾸며요. 그거를 더 좋아해요. 그래서 저는 공부하려는 꿈이 있어요." (연구 참여자 17)

"한국어 선생님이 한국에서 뭐 일 찾으려면 학력이 필요하다고 했어요. 그때 제 남편이 공부해라, 이야기했어요. 제가 공부 시작한다고 할 때 우리 남편이 열심히 해라, (웃음) 그랬어요. (중략) 공부는 힘들지 않아요. 집에는 별일 없으니까. 하는 일이 없어서 집에서도 있으니까 답답해서 차라리 좋아요. 저는 결심 먹고서 포기하지 말고 쭉 가야 하는 거야, 목표 세워서." (연구 참여자 18)

(4) 현실을 견딜 수 있게 한 배움에 대한 열정

① 취업의 벽을 넘기 위한 필사적인 공부

결혼이주민 연구 참여자 08은 중국에 있는 실업학교에서 3년 동안 유아교육을 전공하고 2003년부터 1년간 유치원에서 일한 경험이 있었다. 한국으로 이주 후 중국에서 공부하고 일한 경력을 이어가고 싶었으나 인정되지 않아 고용센터에서 운영하는 9개월간의 디딤돌 과정을 이수한 후에야 단기 계약직으로 어린이집에서 일할 수 있었다. 그러나 계약직은 한시적인 일이고 미래가 보장되지 않기 때문에 이러한 여건에 변화를 주기 위해서는 진로개발을 위해 공부에 전념할 필요가 있다고 판단했다.

결혼이주민 연구 참여자 18은 자신의 진로개발을 위해 학업을 처음부터 다시 시작하기로 했다. 그녀는 초등학교 검정고시부터 공부했으며, 단계를 거칠 때마다 성취감과 열정은 배가되었다. 공부하면서 자신의 진로에 대해 구체적인 꿈도 가지게 되었다. 그녀는 대입 검정고시까지 무사히 마치고 현재 대학교에 재학 중이다.

> "제가 한국에서 일을 하려고 하면 자격증 같은 게 필요하고 한국에는 보통 학력이 있어야지 취직이 가능하더라고요. 원래는 학과는 중국에 있을 때 유아교육 전공이었어요. (중략) 중국에 있는 자격증을 한국에서 인정을 안 해주는 것 같아요. 한국에서 다시 공부하려고 하니까 4년이란 시간을 헛되게 보내야 하는 상황 같고. (중략) 하지만 그래도 저는 대학공부를 마쳤어요." (연구 참여자 08)

> "제 공부 한국에서 인정 안 해서 다시 했어요. 그래서 검정고시 초, 중, 고, 대입 다 했어요. 대학교 중어중문학과 전공했어요. 너무 힘들었어요. 그런데 그때 남편 많이 도와줬어요. 우리 남편은 요만큼 공부하는 책에도 샀어요. 그 무슨 문제지였어요. 문제지 그래도 한국어는 그 모르는 거는 물어보고 다 알려줬어요." (연구 참여자 18)

② 마음속 아름다움을 표현하는 또 다른 배움

결혼이주민 연구 참여자 13은 대학에서 공부를 마치고 현재 졸업만 남겨두고 있는 상태에서 회사에 취업도 했다. 그녀는 회사생활을 하면서 또 다른 배움을 통해 자신을 개발하고 있다. 그녀는 공부를 통해 자신이 꿈꾸었던 사회인으로 거듭나게 되었으며, 여가생활로 생활원예를 하며 마음속의 아름다움을 표현하고 있다.

결혼이주민 연구 참여자 17은 대학교를 졸업했으며, 교육청에 소속된 이중언어 강사로서 사회 활동도 하고 있었다. 또한 그녀는 일을 하면서 여가를 이용하여 배드민턴을 배우고 한국 전통춤을 배우고 있었다. 이제 그녀는 한국의 다문화가정 자녀들이 엄마 나라의 언어를 사용할 수 있는 이중언어 환경이 조성되기를 소망하고 있다.

"여가생활은 ○○○센터에서 꽃 만드는 프로그램이 한번 있었어요. 일주일에 한 번. 두 달 과정인지 3개월 과정인지. 처음에는 그냥 선생님이 한번 해봐라 해서 했는데, 아무 느낌이 없었는데 들어가서 열 번쯤 했더니, 괜찮네, 생각했어요. (웃음) (중략) 대학교도 졸업하고 생활원예도 다 공부하고, 마음이 아픈 사람에게 꽃 키우는 것을 권유하고 싶어요." (연구 참여자 13)

"대학을 졸업하고 나서 제가 좋아하는 요새 춤을 배우는 거예요. 오후에 제가 자유시간이에요. 제가 에너지 충전하는 거는 배드민턴 치는 거랑 춤을 추는 거예요. (중략) 춤추는 건 자조모임에서 배워요. 원래 다른 나라 일본, 필리핀 사람 다 있는데 이사 가고 뭐 하면 빠지고 이제

중국 사람만 남았어요. 우리 배우는 춤은 장구랑 부채춤 이런 거 한국 전통춤이에요." (연구 참여자 17)

(5) 가정과 사회에서 주체자로서의 삶을 통한 만족감

① 꿈이 현실이 된 다문화 강사, 그리고 창업의 꿈

결혼이주민 연구 참여자 08은 자녀들의 미래, 나아가 우리 사회의 미래를 위해 1세대인 자신들이 한국 사회에 잘 정착해야 한다는 인식을 가지고 있었다. 이것이 그녀가 자신의 진로를 개발하는 이유이기도 했다. 그녀는 현재 다문화 강사로서, 중국어 강사로서, 미래 창업자로서의 꿈을 동시에 가지고 있다. 또한 그녀는 다양한 자원봉사나 동아리 활동을 통해 자기만족뿐 아니라 다문화가정에 대한 한국 사람들의 인식을 변화시키는 데 기여하고 싶어 한다.

결혼이주민 연구 참여자 18은 의료 코디네이터로서 활동했으나, 자녀가 아직 너무 어려서 밖에 있는 시간이 자유롭지 못했다. 그래서 그녀는 현재 개인사업으로 독립하여 미용시술을 하고 있다. 그녀는 한국 정부에서 자신과 같은 결혼이주민을 위해 취업 전 교육뿐 아니라 취업 후 재교육도 시행해야 할 필요가 있음을 강조했다.

"학교에 다문화 강사로 나가본 적 있어요. 그때 제가 다문화 수업으로 1학년 1반, 2반, 3반, 4반 다 들어가고 그랬거든요. (중략) 창업할 수 있으면 창업할 수 있는 기회를 지원을 해준다던지 이런 부분들 물론 거의 경제적인 부분이니까 그런 경제적 어려움을 덜어줄 수 있는. (중략) 그리고 뭔가 사회를 위해 우리들의 능력을 펼칠 수 있는 그런 기회가 있으면 좋겠어요." (연구 참여자 08)

"우리 남편은 너무 늦게까지 일하면 안 된다고, 애기 어리니까 그래서 제가 일을 찾았을 때는 한 달에 뭐 돈을 많이 버는 것도 아니고. 한 일주일에 두 번씩 해요. 왜냐면 남편은 애기 있으니까 나가서 늦게 오면 안 된다고 반대해요. (중략) 그래서 지금 제가 혼자서 하는 사업, 미용시술하는 사업을 하고 있어요." (연구 참여자 18)

② 기자봉사단 활동과 해외 봉사 활동

결혼이주민 연구 참여자 13은 자신의 진로개발을 위한 공부와 생활원예를 병행하며 삶의 에너지를 충전했다. 그러한 과정에서 우울증도 극복했다. 현재 그녀는 기자봉사단에 참여하여 활동하고 있으며, 자신이 힘들었던 지난 시간에 대한 글을 써서 자신과 같은 처지에 있는 사람들에게 용기를 주고 있다.

결혼이주민 연구 참여자 17은 집에만 머물러 있는 사람은 사회의 흐름을 따라갈 수 없으므로 반드시 어떠한 활동이든 바깥 활동을 해야 한다고 주장했다. 그녀는 이중언어 강사로서 활동을 지속하면서 해외 봉사 활동에도 참여하고 있었다. 그녀는 결혼이주여성도 사회발전을 위해 적극적으로 활동하고 있다는 사실을 한국 사람들이 인정해주기를 바라고 있었다.

"제가 몇 달 전에 기자봉사단에 참석했어요. 저기 기자단에 제 글을 실렸어요. 우울증 걸린 사람들에게 시선을, 시선을 다른 데를 바라보라고 썼어요. 그러면 마음이 좋아지고 병이 자연적으로 나을 수 있다고. (중략) 글 쓰고 싶은 사람, 그리고 한국말 배우고 싶은 사람은 기자봉사단 활동할 수 있어요. 저는 3년째인데 총 10명 정도 활동하고 있어요." (연구 참여자 13)

"저는 자원봉사 좋아서 부담을 안 느껴요. (중략) 다문화 어머니들 모여갖고 이제 1년 정도 했어요. 활동해갖고 수익금을 갖고 해외봉사를 가요. 펄벅재단 거기 가요. 이 엄마들 마음속의 아름다움이 텔레비전 나오면 좋겠어요. 이 나라 정치하는 사람에게 알려주고 싶어요. 다문화 사람들 교육 제대로 안 되었다, 알고 있지만 이런 사람도 있다. 얘기 좀 해주면 좋겠어요." (연구 참여자 17)

6) 나가기

이 글은 중국계 결혼이주민의 진로개발 경험에 나타난 전환학습의 의미를 살피고자 했다. 그 결과, 중국계 결혼이주민은 전환학습 1단계인 딜레마 상황 단계에서 결혼과 이주, 낯선 환경에서의 새로운 관계를, 2단계인 자기 평가 단계에서는 기대와 다른 실제 생활세계에 대한 부정적 인식을, 3, 4단계인 성찰 및 전환 과정 단계에는 자아 발견과 주변에 대한 성찰을, 5, 6, 7단계인 진로개발을 위한 지식 습득 단계에서는 현실을 견딜 수 있게 한 배움에 대한 열정을, 전환학습 8, 9, 10단계인 실천 및 관점의 재통합 단계에서는 가정과 사회에서 주체자로서의 삶을 통한 만족감을 나타냈다.

결혼이주민은 초기 적응 과정에서 결혼과 이주라는 생애전환 경험을 통해 시댁과 남편과의 갈등을 경험하고, 사회인으로 활동하기 위해서는 학력이 필요하다는 현실적 문제에 직면했다. 이 과정에서 자신의 진로를 어떻게 정해야 하는지에 대해 길을 잃는 등 딜레마 상황을 경험했다. 우리 사회는 이들이 이주 초기부터 순탄하게 한국 사회에 적응할 수 있도록 협조하기 위해 진로개발에 도움을 줄 수 있는 교육적 지원 방안을 마련해야 할 것으로 보인다. 아직 제도적으로 이러한 뒷받침이 미비함에도 결혼이주민은 학업을 통해 스스로 자신의 진로개발을 계획하고 실행하며 문제 해결을 주도하는 전환학습을 경험하고 있었다. 이 과정에는 진로개발과 관련하여 학업을 지원할 수 있는 프로그램 마련과 함께 가족의 이해와 지지가 필요할 것이다. 끝으로 결혼이주민은 이중언어 강사, 다문화 강사, 창업, 그리고 다양한 봉사 활동을 통해 경제적 자립과 사회적 적응을 이뤄가며 사회의 구성원으로 자리매김하고 있었다. 우리 사회는 이들이 사회발전에 적극적으로 참여하고 있음을 인지하고 인정해야 하며, 실질적 공존을 위해 다수자가 어떠한 역할을 해야 하는지에 대해 고민해야 할 것이다.

전환학습은 교수자가 지식을 전달하고 학습자는 그것을 습득하는 방식이 아니라 성인 스스로 자신의 상황 및 환경적 문제를 인지하고 해결하는 과정이라 할 수 있다. 연구에 참여한 결혼이주민은 결혼과 이주로 인해 낯선 환경에 놓이게 되었음에도 진로개발을 통해 자신의 현실을 직면하는 방식으로 문제를 해결하고 있다. 이 글이 결혼이주민의 진로개발 경험에 나타난 전환학습의 의미를 이해하고, 이들의 진로개발에 대한 지원을 계획하는 데 기초자료로 활용될 수 있기를 기대한다.

6.
언어 영역: 결혼이주민 자녀의 이중언어 교육*

1) 들어가기

세계화가 급속히 진전되면서 한국 사회도 점차 다양화되어가고 있다. 최근 우리나라의 가장 큰 변화 중의 하나는 외국인 인구의 증가로 인한 인구학적 변화를 꼽을 수 있다. 외국인 증가로 인해 결혼의 유형, 산업현장, 교육 등에서 변화의 바람이 인 지 오래다. 2018년 1월 우리나라의 등록외국인은 117만 2,906명으로, 국적별 현황을 살펴보면, 중국 52만 7,657명(45.0%), 베트남 15만 220명(12.8%), 우즈베키스탄 4만 7,196명(4.0%), 캄보디아 4만 5,865명(3.9%), 필리핀 4만 5,253명(3.8%), 인도네시아 3만 7,005명(3.2%), 기타 31만 9,710명(27.3%) 순으로 나타났다.

---

* 이 글은 박봉수 · 김영순(2018), 「중국계 결혼이주민의 자녀 이중언어 교육경험에 관한 연구」, 『한국언어문화학』 15-1호에 게재된 논문을 수정 · 보완한 것이다.

이는 2016년 12월 통계(116만 1,677명)보다 1.0% 상승한 수치다.

국민의 외국계 배우자는 15만 5,157명(1.7%) 중국 한족이 5만 7,461명, 조선족이 2만 1,519명(37.2%), 베트남 4만 2,077명(27.1%), 일본 1만 3,382명(8.6%), 필리핀 1만 1,770명(7.6%), 캄보디아 4,459명(2.9%), 태국 3,613명(2.3%), 몽골 2,399명(1.5%), 기타 1만 9,815명(12.8%)이다(출입국외국인정책본부, 2018). 이 통계를 미루어보아 국제결혼으로 이루어진 다문화가정이 증가하면 당연히 이들의 자녀 수도 증가할 것이라는 추정이 가능하다.

2017년 행정안전부 통계에 따르면 출생과 동시에 한국 국적을 취득한 국내 출생 자녀는 19만 1,459명(95.1%)이다. 이 가운데 부모 중 1명 이상이 외국인인 가정은 중국 한족이 3만 7,963명, 조선족이 3만 6,610명으로 상당수를 차지하고 있다(행정안전부, 2017년 외국인주민현황조사).

이와 같이 다문화가정 자녀의 수가 증가함으로써 그에 따른 문제도 다층적으로 나타나 사회 각층에서 이슈가 되고 있다. 그중 하나가 다문화가정 자녀의 언어에 대한 이슈다. 2017년 다문화가족지원센터의 조사에 따르면 다문화가정 자녀들의 한국어 구사 능력은 약 90%가 비교적 잘한다고 답한 반면, 외국계 부모의 모국어 구사 능력은 쓰기를 제외한 말하기에 대해서만 비교적 좋은 편이라고 한다(천지아 · 이영선 · 김영순, 2017). 이로 인해 교육현장에서 다문화사회로의 변화에 대응하는 이중언어 교육의 필요성이 지적되고 있다(고은, 2010; 권순희, 2008; 박성혁 · 성상환, 2008). 다문화가정 자녀의 이중언어 교육은 가정의 환경, 공교육 환경, 지역사회의 지지에 의해 결정된다고 한다(천지아 외, 2017; Huang, S. S, 2011; Yamamoto, 2001).

다문화사회를 경험한 북미, 유럽, 호주 등의 주요 선진국에서는 이미 오래전부터 사회통합을 위한 수단으로 이중언어 교육을 적극 활용하고 있다(권순희, 2008). 이에 우리 정부에서도 중앙부처와 지방자치단체 등을 중심으로 사회통합을 위해 이중언어 교육의 제도적 변화를 모색하고 있다. 다문화가정 자녀의 이중언어 능력을 국가의 경쟁력으로 활용할 수 있도록 하기 위해 교육부와 여성가족부에서 지원 정책을 시행하는 등 긍정적인 움직임도 포착할 수 있다.

교육부에서는 2006년에 처음으로 '다문화가정 학생 교육지원계획'을 발표하여 다문화가정 학생을 대상으로 한 교육지원 정책을 시행해왔다. 특히 다문화가정 자녀 대상 교육지원 정책 중 이중언어 강사 제도는 2009년 '이중언어 강사 양성 배치 사업'이 처음 시행된 이후로 많은 발전과 변화의 과정을 겪어왔다. 이중언어 강사 양성 배치 사업을 처음 시작한 것은 2009년 서울시교육청이다. 이어 전국으로 확산되면서 학교현장에도 적용되었다. 그러나 이러한 노력에도 다문화가정 자녀의 이중언어 수준은 다른 선진국에 비해 여전히 낮은 것으로 나타났다(원진숙, 2014).

다문화가정 자녀의 언어와 관련된 연구를 살펴보면 우선 다문화가정의 자녀는 한국어가 서투른 외국인 어머니로 인해 부정적인 영향을 받는다는 것을 들 수 있다(성상환, 2010; 송유미, 2009; 오성배, 2007; 팜티휀짱 · 김영순 · 박봉수, 2014). 이 밖에 다문화가정 자녀의 언어와 관련해 한국어 사용에 대한 것을 넘어서 이중언어, 다중언어, 모국어, 계승어에 대한 관심으로 확장시킨 연구도 있다(고은, 2010; 권순희, 2009; 이창덕, 2010; 이혜련 · 이귀옥, 2006; 천지아 · 이영선 · 김영순, 2017). 그리고 이들을 지도하는 이중언어 강사, 즉 교육부에서 학교로 파견한 이중언어 강사와 여성가족부에서 다문화가족지원센터를 통해 운영하는 이중언어 강사에 관한 연구도 이루어지고 있다(강종훈 · 전주성, 2014; 김윤주, 2017).

이와 같은 연구는 크게 결혼이주민이 자녀에게 모국어를 가르치지 않는 이유와 이중언어 교육이 자녀에게 미치는 긍정적 영향을 밝히는 두 가지 경향으로 나누어 설명할 수 있다. 첫째, 중국계 결혼이주민이 모국어를 가르치지 않는 이유를 자신의 모국어 사용이 자녀의 언어 발달에 부정적인 영향을 미칠 것에 대한 두려움(남혜경 · 이미정, 2014; 이다혜 · 정유선, 2014; Laurie, 1890), 배우자나 가족의 반대(이승숙 · 송나리 · 이문옥, 2014), 자신으로 인해 자녀가 차별대우를 받을 것에 대한 두려움(봉진영, 2011; 천지아 · 황해영, 2016) 때문인 것으로 논의하고 있다.

둘째, 이중언어 교육이 자녀에게 미치는 긍정적인 결과에 대해서는 다시 사회적 차원과 개인적 차원으로 나누어볼 수 있다. 사회적 차원에서는 서로 다른 문화 간 갈등을 해소하고 소통과 이해를 촉진시키기 때문에 궁극적으로 사회통합에 기여하고(이종열 · 범령령, 2009), 서로 다른 문화적 배경을 가진 이들이 '우리'라는 공동체 의식을 함양하는 데 기여한다(권순희, 2008). 개인적 차원에서는 부모-자녀 간의 의사소통과 정서적 유대감을 강화하고 자녀의 정체성 확립을 촉진하며(이다혜 · 정유선, 2014), 아동의 언어 능력은 물론이고 인지발달에도 긍정적인 영향을 미친다고 밝혔다(고은, 2010; 이귀옥 · 전효정 · 박혜원, 2003).

이중언어에 대한 시대적 요구에도 아직까지 한국 사회에서 이중언어 교육이 왜 이렇게 답보 상태에 놓여 있는지에 대한 논의가 필요한 시점이다. 선행 연구결과 긍정적 결과를 가져옴에도 결혼이주민이 자녀에게 모국어를 가르치지 않는 것은 무엇 때문일까? 그리고 자녀에게 이중언어 교육이 이루어지지 않음으로써 발생하는 문제를 해결하기 위한 방법은 무엇일까?

따라서 이 글에서는 한국에서 자녀를 양육하고 있는 중국계 결혼이주민이 어떻게 자녀에게 이중언어 교육을 실시하고 있는지, 이중언어 교육에 어떠한 어려움이 있는지, 그리고 그들이 이중언어 교육을 위해 한국 사회에 기대하고 있는 바는 무엇인지 등에 대한 탐색이 이루어질 것이다. 이를 통해 지속적인 발전이 가능한 이중언어 교육의 방안을 제언하고자 한다. 이 글이 사회통합을 위한 다중언어 교육의 제도의 기틀을 마련하는 데 기초자료로 활용될 수 있기를 기대한다.

2) 이중언어 교육 현황

우리 사회의 인구학적 다양성으로 인해 공동체 의식이 요구되면서 타문화와 언어에 대한 이해와 존중도 필수불가결해졌다. 이와 더불어 다중언어, 이중언어, 제2언어, 계승어 등의 다양한 용어가 더 이상 생소한 용어가 아니게 되었다. 제2언어(second language)의 사용은 태어나면서부터 사용한 모국어를 제1언어로 사용하면서 모국어가 아닌 다른 외국어를 배우는 것을 지칭한다(이창덕, 2010). 제2언어 학습의 목적 중 하나는 아동의 인지발달과 타문화에 대한 민감성을 키우는 데 있다(Gallagher-Brett, 2005). 이중언어 사용자란 두 가지 이상의 언어를 사용하는 사람을 일컫는다. 그리고 다중언어 사용자는 여러 가지 언어를 사용하는 사람을 의미한다(Colin Baker, 2014). 그러나 실제로 사회언어학에서는 두 용어를 동일한 의미로 본다(Romaine, 1994; Hudson, 1996). 다언어주의는 어떤 공간에서 여러 언어가 함께 사용된다는 뜻이다. 그리고 다중언어주의는 개개인이 여러 언어를 사용할 수 있다는 것이다(Council of Europe, 1992). 모국어는 이민 환경으로 인해 본인이 속한 가정이나 공동체에서 본인과 부모에 의해 모국어라고 여겨지는 언어를 일컫는다(원진숙, 2014). 계승어는 부모로부터 이어받은 언어이지만 부모의 모국어가 자녀의 모국어는 아니며, 실제 사용 여부와는 무관하게 개인의 문화적 배경과 연계된 언어다(이재분 외, 2010; 천지아 · 김영순 · 이영선, 2016).

현재 우리나라에서는 다문화가정 자녀의 역량 개발 증진을 위해 교육계와 여성가족부에서 이중언어 교육 정책을 시행하고 있다. 교육부에서는 2009년 다문화가정 학생 맞춤형 교육지원계획을 세워 각 시 · 도 교육청에서 결혼이민자 중 일정한 자격을 갖춘 이들을 이중언어 강사로 양성하여 학교에 배치하는 사업을 추진하고 있다. 이중언어 강사란 다문화가정 학생들의 문화적 · 언어적 배경을 고려하여 그들이 이중언어를 잘 구사할 수 있도록 지원하는 지도 강사를 의미한다(원진숙, 2014). 다문화가정 학생을 위한 이중언어 교육 정책에는 학교생활 지원의 측면에서 다문화가정의 학부모를 다문화언어 강사로 양성하여 활용하고, 취학 전 유아의 발달 및 교육 지원, 한국어 및 기초학습 교재 개발, 언어 · 인지 진단 도구 개발, 학교 내 한국어 수준별 보충 프로그램 지원, 교사의 다문화 이중언어 교육을 위한 전문 연수과정 설치, 다문화 교육 정책 연구학교 운영, 지역 커뮤니티 지원을 통해 다문화가정 학부모의 교육 참여 기회 제공 등이 포함되어 있다(이수자, 2017).

그리고 여성가족부에서는 다문화가정 자녀의 이중언어 교육을 위한 언어 영재 교실을 운영하고 있다. 언어 영재 교실은 여성가족부가 다문화가족지원센터를 통해 운영하는 것으로 다문화가정 자녀를 대상으로 하는 언어 및 문화 교육 프로그램이다(다문화가족지원 프로그램 안내, 2011). 2009년에 5개 다문화가족지원센터에서 시범운영을 거쳐 2010년에는 52개 다문화가족지원센터 특성화 사업으로 운영된 이중언어 교실은

2011년에 언어 영재 교실로 그 명칭을 바꾸어 운영되었고, 2012년에는 102개 다문화가족지원센터에서 122명의 이중언어 강사가 언어 영재 교실을 운영했다(다문화가족지원 프로그램 안내, 2017).

그러나 2014년에는 이중언어 환경 조성 사업의 일환으로 이중언어 부모 코칭 사업이 시범단계를 거쳐 2015년부터 본격적으로 전국의 다문화가족지원센터로 확대되어 운영되고 있다. 이중언어 부모 코칭 사업은 2009년부터 교육부와 여성가족부에서 운영한 이중언어 교육 사업에 대한 보완 대책이라 할 수 있다. 기존의 이중언어 교육 사업은 대상과 내용이 중복되고, 교육부의 이중언어 강사 양성 사업은 다문화 이해 교육으로 변질되었다는 지적과 여성가족부의 언어 영재 교실은 주류 언어만을 중심으로 하는 외국어 교육으로 변질되었다는 지적 때문이다. 두 기관은 이와 같은 문제점을 극복하고자 제8차 다문화가족정책위원회에서 여성가족부가 그동안 추진해온 '언어 영재 교실'을 다문화가족 '이중언어 환경 조성 사업'으로 개편하여 운영하기로 한 것이다(다누리, 2017). 즉, 지금까지 운영해오던 다문화가족의 언어문화 환경을 재구조화하여 이중언어를 사용하는 문화를 만들려는 의도다(정해숙 외, 2014). 이는 다문화가족의 강점을 활용하여 부모-자녀 간의 상호작용을 촉진하고, 인력을 양성하기 위한 프로그램을 개발하는 데 목적을 둔 것이다.

이중언어 부모 코칭 사업의 대상은 영유아 자녀를 둔 다문화가족 또는 출산 예정인 결혼이주여성이다. 이중언어 부모 코칭 사업의 내용은 일상생활 내에서 영유아기부터 자연스럽게 이중언어로 소통할 수 있는 다양한 방법을 코칭하는 것이다(다누리, 2017). 이중언어 부모 코칭은 놀이를 통한 교육에서부터 교구를 직접 만들어 활용하는 활동까지를 포함하여 부모-자녀 간의 의사소통과 정서적 유대감을 강화하고 자녀의 정체성 확립을 촉진하는 데 기여할 것으로 기대되고 있다.

3) 자녀의 이중언어 교육 경험

이 글에서는 다문화가정 자녀에 대한 이중언어 교육의 현주소를 살피기 위해 중국계 결혼이주민 6명을 대상으로 한 인터뷰를 분석했다. 인터뷰에 나타난 이중언어 교육에 대한 경험을 3개의 주제 영역과 이에 따른 세부 의미 주제로 구분하여 기술했다. 다음 〈표 2-5〉는 결혼이주민 연구 참여자 6명의 인적 사항이다.

그 결과, 결혼이주민의 이중언어 교육 환경은 '모국어 사용에 대한 우려'와 '자녀의 이중언어 교육 환경', '모국을 활용한 자녀의 이중언어

〈표 2-5〉 결혼이주여성 연구 참여자의 인적 사항

구분	나이	민족	이주 연도	학력	이주 전 직업	현재 직업
08	39	조선족	2008	대졸	회사원	다문화 강사, 중국어 강사, 이중언어 강사
13	39	한족	2008	대재	회사원	회사원, 생활원예사, 결혼이민자 기자봉사단
16	49	한족	2004	고졸	회사원	모텔 청소 아르바이트
18	35	한족	2008	대재	생산직(공장)	자영업(미용시술)
23	34	한족	2007	고졸	보석 디자이너	자영업 (화장품 가게 운영)
24	41	조선족	2007	대졸	회사원	자영업 (인터넷 쇼핑몰 운영)

〈표 2-6〉 주제 영역과 세부 의미 주제 구분

주제 영역	세부 의미 주제
모국어 사용에 대한 우려	- 자녀의 언어 발달지체에 대한 우려 - 학교 및 지역사회에서 차별에 대한 우려 - 가족 구성원의 부정적 인식
자녀의 이중언어 교육 환경	- 조선족 발음과 사투리에 대한 우려 - 가정형편으로 인한 사교육의 한계 - 사회적 지지기반 빈약 - 결혼이주민의 자존감 결여와 교육방법 미숙
모국을 활용한 자녀의 이중언어 교육	- 중국으로 유학 - 방학을 활용한 친정 방문 - 외할머니 초청

교육'으로 주제 영역을 나눌 수 있었다. '모국어 사용에 대한 우려'에는 첫째, 자녀의 언어 발달지체에 대한 우려, 둘째, 학교 및 지역사회에서 차별에 대한 우려, 셋째, 가족 구성원의 부정적 인식이 나타났다. 그리고 '자녀의 이중언어 교육 환경'에는 첫째, 조선족 발음과 사투리에 대한 우려, 둘째, 가정형편으로 인한 사교육의 한계, 셋째, 사회적 지지기반 빈약, 넷째, 결혼이주민의 자존감 결여와 교육방법의 미숙이 나타났다. '모국을 활용한 자녀의 이중언어 교육'에는 첫째, 중국으로의 유학, 둘째, 방학을 활용하여 친정 방문, 셋째, 외할머니 초청으로 모국어를 교육하는 것으로 나타났다. 위의 〈표 2-6〉은 연구결과를 주제 영역과 세부 의미 주제로 구분한 것이다.

(1) 결혼이주민의 모국어 사용에 대한 우려

① 자녀의 언어 발달지체에 대한 우려

결혼이주민 연구 참여자 6명 중 연구 참여자 08, 13, 18, 24는 자신이 모국어를 사용함으로써 자녀의 언어 발달에 부정적인 영향을 미칠 것을 우려하여 가정에서 모국어를 사용하지 않는 것으로 나타났다.

"중국어를 가르쳐야 한다는 것은 알지만 안 가르치는 것보단 못 가르친 거죠. 중국어를 가르치면 대신 한국말이 서툴다는 것이에요. 애가 유치원 가서 한국말 못할까 봐 두려워서 아예 중국말은 안 썼죠. 나는 조선족이다 보니 중국어 발음도 완전 한족 같지 않고, 한국어 발음도 좋지 않고 다 쉽지 않죠." (연구 참여자 08)

"엄마하고 자꾸 중국어만 이야기하면 애가 한국말 못한다고, 그리고 '애가 먼저 한국어를 알아야 사회생활을 할 때 어려움을 겪지 않겠다.' 이런 생각이 들거든요. 그러다 보니 보니까 자연스럽게 한국어만 하게 되더라고요. 근데 엄마의 발음이 자녀에게 영향이 미치잖아요. 엄마는 어쨌든 한국 발음이 서툴기 때문에 해봤자 자녀한테 안 좋은 거 아니까 힘들지요." (연구 참여자 24)

연구 참여자 08과 24는 자녀에게 모국어를 가르치고 싶었다. 그리고 가끔은 집에서 모국어를 사용했다. 그러나 자녀가 자라 어린이집에 가면서부터 모국어 사용을 자제했다. 그것은 자신이 모국어를 사용함으로써 자녀의 언어 발달이 지체되어 자녀가 어린이집이나 학교에서 또래관계를 형성하지 못하고 사회성 발달에도 부정적인 영향을 받을지도 모른다는 두려움 때문이었다. 그러나 선행연구에 의하면 일시적 지체를 보이는 자녀의 언어 능력은 5, 6세가 넘으면 두 가지 언어 모두 단일 언어를 구사하는 아동들과 유사한 수준이 된다고 한다(고은, 2010; 이귀옥 · 전효정 · 박혜원, 2003). 하지만 엄마로서 한국어만 사용해도 자신이 가지고 있는 조선족 특유의 방언과 발음이 영향을 미쳐 자녀가 다른 또래 친구들에 비해 부자연스러운 한국어를 구사한다는 것을 알게 되어 딜레마에 빠진 경험도 가지고 있다.

"내가 중국말 하면 애기 한국말 못할까 봐. 내가 중국말 안 쓰는 거구. 학교에서는 친구들이 한국말 쓰니까. 애기 중국어 쓰면 친구들이 못 알아들으니까. 내가 중국말 안 하는 거지." (연구 참여자 13)

"중국말 하면 한국말 늦을까 봐서요. 어렸을 때부터 중국말 하면 한국말 못한다고 걱정해서요. 만약에 중국말 많이 하면 애기 헷갈려요. 중국말 하면 애기는 한국말 못하고, 또 못 알아들으니까 선생님은 이 애기는 바보 같은 애라고 생각할까 봐요. 애기 생각해서 중국말 그냥 그거 많이 안 했어요." (연구 참여자 18)

연구 참여자 13과 18은 중국 한족이다. 중국에 있을 때는 한국어를 학습한 경험이 없어서 한국어를 전혀 못하는 상태에서 한국으로 이주했다. 결혼을 한 후부터 한국어를 배우기 시작했다. 이들은 자녀를 출산하고 양육하는 과정에서 모국어를 사용할 수밖에 없었음에도 모국어를 사용하지 않고 서툰 한국어를 사용했다. 그래서 자녀에게 자신의 감정을 충분하게 전달할 수 없었다.

② 학교 및 지역사회에서 차별에 대한 우려

연구 참여자 6명 모두 학교 및 지역사회에서 차별에 대한 우려 때문에 자신의 모국어를 사용하지 않는다고 했다. 이들은 6명 모두 지역사회에서 모국어로 인해 차별을 당한 경험이 있다고 한다.

> "어떤 엄마들은 자기가 중국에서 왔다는 것을 표현하기 싫어서 중국말을 안 하고, 중국 사람이다 교포다 하면은 아이가 학교에서 왕따를 당한다고 할까 그런 부분이 있어요. 엄마가 중국인이어서 왕따를 당하거나 차별을 당하거나 이런 것…." (연구 참여자 08)

> "그냥 이렇게 중국 엄마라는 거 숨겨서 사는 거를 원해요. 사람들의 눈빛을 봐서도 알 수 있는 거 같아요. 친구들이 엄마가 중국 사람이라고 놀렸다고. 그래서 밖에서 절대 중국말 안 해요." (연구 참여자 13)

> "엄마가 외국 사람이기 때문에 뭐든지 모른다면서 자꾸 엄마가 한국사람이면 좋겠다고 하고. 어쩔 때 내가 중국어 하면 엄마가 중국말 하니깐 한국말 잘 못한다고 해요. 이거 사실 나 한국말 못해서 아니야. 엄마가 중국 사람이라는 숨기고 싶어서예요. 나 집에 있으면 친구들도 안 데리고 와요. 친구들 앞에서 내가 말하면 발음 때문에 친구들이 금방 알아요. 그래서 절대로 말을 못하게 해요." (연구 참여자 16)

"내가 학교에 가면 애들이 내가 중국 사람이라는 거 알게 될까 봐. 내가 중국 사람이라는 거 알면 아들이 친구들한테 놀림받는다고 남편은 내가 학교 가는 거 싫어해요. 못 가게 해요. 그리고 시어머니도 반대해요. 그래서 학교에 가도 말도 하나도 안 하고 구경만 하고 와요. 내가 한국말 하면 발음 안 좋아서 외국인이라는 거 다 알아요. 그래서 상담도 못해요." (연구 참여자 18)

"옛날에 교실 안까지 데려다줘도 괜찮고, 학교 앞까지 데려다줘도 괜찮았는데, 3학년, 2학년 때는 교문 밖에. 이제는 길 건너기 전에 그냥 들어가라고 해요. 딸은 제가 중국 사람이라는 거 비밀로 하고 싶어해요." (연구 참여자 23)

"이 사회에서 다문화가족으로 산다는 거 자체가 어려운 거 같아요. 편견이 많을 뿐만 아니라 선을 많이 긋는 거 같아요. 사실은 한번 상처받으면 사실은 쉽게 마음이 열기는 쉽지는 않거든요. 중국어는 집에서는 가끔 사용하고, 밖에 나가서는 사용을 안 하죠. 주위의 시선이 제일 어려웠던 거 같애요. 다문화가족이라 하면 한국분들이 시선이 벌써 다르잖아요. 그래서 사실 학부모 모임 할 때, 솔직히 제가 다문화가족이라고 공개하지 않아요. 왜냐면 우리 애가 학급 생활에서 좀 어려워질까 봐…. 그게 두려워서 학교에서 다문화가정 자녀한테 해주는 제도도 한번도 이용을 안 해봤어요. 뭐 누구의 문제보다도 이 사회의 흐름, 그런 거 때문에 다문화가정으로 살기가 힘들어요." (연구 참여자 24)

연구 참여자 6명 모두 자녀에게 모국어를 가르치지 않는 가장 큰 이유로 자신으로 인해 자녀가 학교 또는 지역사회에서 차별대우를 받을지도 모른다는 것에 대한 두려움을 토로했다. 이들은 자신이 중국인이라는 것이 알려지면 자녀에게 부정적인 영향을 미칠까 봐 두려워 심지어 중국인이라는 정체성을 숨기고 산다. 연구 참여자 16은 아들이 엄마가 중국인이 아니라 한국인이었으면 좋겠다고 하고, 어쩌다 밖에서 중국어로 이야기를 하면 엄마가 자꾸 중국어를 하기 때문에 한국어를 못하는 것이라고 핀잔을 주기도 한다. 무엇보다 연구 참여자 16의 아들은 엄마가 집에 있으면 친구들을 집으로 데리고 오지 않는다. 엄마가 중국 사람이라는 것을 친구들이 아는 것에 대한 염려 때문이다. 그리고 연구 참여자 18은 자녀의 학교에서 하는 부모 참관수업에 참여하고 싶지만, 남편과 시어머니의 반대로 아들의 학교에 갈 수 없다고 한다. 가끔이라도 자녀의 학교에 가면 말은 한 마디도 하지 않고 참관만 하고 온다고 한다. 연구 참여자 23은 자녀가 초등학교 3학년이다. 그녀는 자녀가 어렸을 때는 항상 중국어로 대화하고 직접 어린이집에 데려다주기도 했다. 자녀가 어린이집에 다닐 때만 해도 엄마가 중국인이라는 것에 대해 거부감을 토로하지 않았기 때문이다. 그러나 자녀가 초등학교에 들어가면서부터 점차 엄마가 학교에 오는 것을 거부하고 있다. 그녀 또한 자녀가 차별을 받을 것에 대한 두려움으로 멀리서 배웅한다. 연구 참여자 24의 경우에는 자녀가 다문화가정 자녀라는 이유로 친구들로부터 상처를 받은 적이 있다고 하면서 그 상처 때문에 부모는 죄인으로 산다고 했다. 그녀는 우리 사회에서 다문화가정이 차별대우를 받는 것은 다문화가정 구성원의 문제가 아니라 우리 사회의 문제라고 인식하고 있다.

③ 가족 구성원의 부정적 인식

연구 참여자 08, 18, 24는 자녀에게 모국어를 가르쳐 모국어로 의사소통을 하고 싶지만, 한국인인 가족들이 중국에 대한 부정적 편견을 가지고 있고 중국어 사용에도 부정적 태도를 취하고 있어 자녀에게 중국어를 가르치지 못하는 것으로 나타났다.

"애기가 어렸을 때는 집에서 남편도 반대하고 시부모님들도 반대하고 그래서 아이한테 중국어를 가르치지 못했어요. 아직도 중국을 못사는 나라로 보고, 내가 애기하고 비밀 얘기하는 줄 알아요. 그런 게 있어요." (연구 참여자 08)

"나는 시어머니랑 같이 살았어요. 우리 시어머니는 내가 중국말 하는 거 싫어해요. 중국어 시끄럽다고 하고, 중국 사람은 예의도 없다고 하고. 중국 사람은 다 그렇다고 하면서 애기한테 가르치지 못하게 해요." (연구 참여자 18)

"아빠가 개방적인 생각을 가지고 있으면 그게 가능해요. 하지만 우리 남편은 중국어 가르쳐봤자 소용없다고 아빠가 못 가르치게 해서…. (중략) 싸우기 싫으니까 포기하고 가르치지 않아요." (연구 참여자 24)

연구 참여자 08과 18, 24는 자녀에게 모국어를 가르치려고 시도한 경험이 있다. 그러나 시어머니와 남편이 중국은 경제적으로 가난하고 문화적 수준도 뒤떨어진다며 반대해 가르치지 못했다. 심지어 연구 참여자

08은 자녀와 중국어로 이야기하면 다른 가족들이 자녀하고만 비밀을 갖는다고 생각하기도 하여 중국어를 사용하지도, 가르치지도 못한다고 한다.

(2) 자녀의 이중언어 교육 환경

① 조선족 발음과 사투리에 대한 우려

연구 참여자 08과 24는 자녀에게 모국어를 가르치지 않는 이유로 조선족 특유의 발음과 사투리에 대한 염려도 제시하고 있다.

> "좀 안쓰럽기는 한데요. 저 같은 경우는 교포고 하다 보니까 발음이 굳어 있어요. 그리고 저는 조선족이니까 조선족 사투리를 해요. 그래서 우리 아들도 조선족 발음이 있어요. 한족 엄마 애기들하고 달라요. 그래서 내가 가르치면 안 돼요." (연구 참여자 08)

> "조선족이 아무리 중국어를 잘한다고 해도 한족만큼 발음이 좋지 않아요. 저는 대학에서 교육학을 전공하고 초등학교 교사도 했지만 중국어는 한족만큼 완벽하지 않았어요. 우리 도시는 조선족이 많이 살다 보니 사투리도 많고요. 그래서 딸한테 중국어를 가르치는 것도 조금은 부담이 되지요." (연구 참여자 24)

연구 참여자 08과 24는 중국의 조선족으로 중국 길림에 살다가 이주했다. 길림에는 조선족이 많이 살기 때문에 집에서는 자연스럽게 조선어를 하고, 밖에 나가서 친구들과 어울릴 때는 중국어를 했다. 그러나 조선족은 중국어 발음이 한족같지 않다. 게다가 길림에는 한국의 지방 사투리도 많아 자녀에게 한국어를 가르칠 때 지방 사투리와 발음을 물려줄 것에 대해 염려하고 있다.

② 가정형편으로 인한 사교육의 한계

연구 참여자 08, 13, 16, 18은 자녀에게 중국어를 가르치지 못하는 이유로 사교육을 할 만한 가정형편이 안 된다는 것을 들었다.

"애한테 이런 특기가 있는데 어쨌든 경제적으로 어려움이다 보니까 학원에 가려면 비싸고, 얼마나 비싸요." (연구 참여자 08)

"여기는 학교 끝나고 학원 보내는 거. 그거는 돈이, 경제적으로는 돈이 많이 들어가요. 사교육이 너무 비싸서 못 보내요." (연구 참여자 13)

"학원비도 비싸서 가르칠 수 없어요. 진짜 생활비도 없어요. 다섯 달 정도 가스비도 안 내서 끊겼어요. 가스회사 와서 가스도 끊었어요. 그리고 물세도 3개월 안 냈어요. 어떻게 가르쳐요." (연구 참여자 16)

"처음에는 만약에 정말 가르치려는 결심하면 가르칠 수 있으니까, 우리가 좀만 더 잘하면 된다고 생각했어요. 그런데 가르치는 것이 생각처럼 잘 안 됐어요. 애기들이 이제 다 컸으니까 못 가르쳐요. 지금은 학원 보내고 싶은데 비싸서 못 보내요." (연구 참여자 18)

대부분의 연구 참여자는 자녀가 고학년이 되면서 중국어 교육에 대한 필요성을 느끼게 되었다. 그러나 주요 과목에 대한 교육에 치중하다 보니 중국어는 가르칠 만한 시간도 경제적 여유도 없다. 중국어를 가르치려면 학원을 보내야 하지만 형편이 어려워 학원도 보낼 수 없다. 특히 자녀가 자신의 모국어에 특기가 있다는 것을 알면서도 경제적 여건으로 인해 가르칠 수 없는 상황이라는 것을 매우 안타깝게 생각하고 있다.

③ 사회적 지지기반 빈약

연구 참여자 08과 24는 자녀들에게 모국어를 가르치지 못하는 것은 개인적인 사정도 있지만 무엇보다 사회적 지지기반이 약하기 때문이라고 한다.

> "가르치고 싶은데 애기가 나랑 하는 거 싫어해요. 엄마가 하면 짜증내요. 그래서 동아리 필요해요. 우리 친구들이 서로 가르치면 돼요. 그런데 동아리 공간 없어요." (연구 참여자 08)

> "아이들이 자기 엄마의 나라의 언어를 마음껏 사용할 수 있는 그런 환경이 필요한데 지금은 그런 것이 전혀 안 되어 있다고 보아야 할 것 같아요. 사실 우리들의 장점이 뭐예요? 이중언어 교육 환경이잖아요. 실은 정부에서 혹은 지역사회에서 조금만 신경써주면 자녀들의 이중언어가 쉽게 활성화될 수 있는 환경이잖아요. 근데 사실은 이것을 그냥 정부에서는 개인한테 많이 맡기잖아요. 사회적이나 기반이 뒷받침해주지가 않아요. 우리도 사회에 기여하고 싶은데 안타깝지요." (연구 참여자 24)

연구 참여자 08과 24는 자녀에게 모국어를 가르치는 데 있어 무엇보다 사회적 지지기반이 필요하다고 한다. 연구 참여자 08은 자녀에게 이중언어 교육을 시도한 경험이 있다. 그러나 자녀는 엄마와 둘이 공부하는 것을 싫어해서 모국에서 온 친구들과 같이 동아리를 만들어서 가르치기로 했다. 그러나 동아리를 할 수 있는 공간이 없어서 활동하지 못하고 있다. 연구 참여자 24 또한 이와 같은 맥락이다. 자녀들이 어머니 나라 언어를 마음껏 사용할 수 있는 환경을 만들기 위해서는 가정환경도 중요하지만 정부나 지역사회의 지지가 동시에 이루어져야 한다. 그러나 지금은 그 모든 것을 개인에게 맡기고 있어 원활히 이루어지지 않는다는 것에 큰 아쉬움을 표현하고 있다.

④ 자존감 부재와 교육방법의 미숙

대부분의 연구 참여자는 자녀들에게 직접 모국어를 가르치고 싶은 마음도 있으나 체계적으로 교육하는 방법에 대해 잘 모르고, 무엇보다 자녀에게 중국인 엄마라서 죄책감을 가지는 등 자존감이 떨어지는 것이 모국어 교육을 주저하게 한다고 한다.

> "엄마들이 중국말 하면서 애도 따라서 하면 된다고 생각했어요. 근데 쉽지 않아요. 그 방법도 안 되고 부족한 게 많고요. 누가 해주면 좋겠어요." (연구 참여자 13)

> "지금도 가르쳐주고 싶은데 내가 방법 잘 모르잖아. 그리고 시간이 많이 없어요. 나는 최고의 엄마이고 싶은데, 엄마 마음인 것 같아요.

(울음) 저도 애들한테 많이 죄책감을 갖고 있어요. 나 때문에 다문화가정 자녀가 됐으니까요." (연구 참여자 18)

"이 사회가 나를 이렇게 만들지 않았나 싶어요. 저도 참 당당한 사람인데 지금은 좀 자존감이 없거든요. (중략) 제 개인적 역량도 있겠죠. 사실 더 전문적인 지식을 가르치고 싶은데 제가 혼자서는 힘들어요. 그런 기관이 없어서 너무 안타까워요." (연구 참여자 24)

대부분의 결혼이주민은 당연히 모국어 사용에 자신감을 가지고 있고, 자녀와의 대화에서 모국어를 사용하는 정도의 이중언어 교육은 가정에서도 할 수 있다고 여기고 있다. 또는 별도로 학습 시간을 마련해서 이중언어 교육을 시도하기도 하는데, 한창 부모에게 반항하는 시기인 사춘기에 접어든 자녀와는 학습 외의 문제까지 결부되어 여러 가지 난관에 부딪히게 된다는 진술이다. 특히 자존감이 약한 결혼이주민에게는 더욱 더 어려운 일이 되고 있다.

(3) 모국을 활용한 자녀의 이중언어 교육

① 중국으로 유학

연구 참여자들은 자녀의 이중언어 교육을 위해 모국의 자원을 활용하고 있다. 특히 연구 참여자 13과 24는 자녀가 좋은 대학에 가지 못하면 차선책으로 중국으로 유학을 보낼 계획을 가지고 있다.

"친구 중에 딸을 중국으로 유학 보낸 친구가 있어요. 엄마가 중국 사람인데 여기에서도 충분히 가르칠 수 있는데 주변 시선이 무서워서 중국어를 마음 놓고 사용할 수 없기 때문에 할 수 없이 중국으로 유학을 보냈어요. 저도 애가 중학생이 되면 외할머니한테 보낼까 생각 중이에요." (연구 참여자 13)

"여기에서 마음 놓고 중국어를 할 수 있으면 좋은데 지금은 그런 환경이 없어요. 그래서 진짜 중국으로 유학 보낼 거예요. 만약에 한국 애들이 중국어를 잘하는 것과 우리 애들이 중국어를 잘하는 것은 다른 시선으로 보거든요. 다문화가정이라는 낙인 때문이에요. 여기에서는 중국어 공부하기 힘들어요." (연구 참여자 24)

연구 참여자 13과 24는 한국에서 제2외국어 구사 능력을 중요하게 여긴다는 것을 알고 있다. 하지만 우리 사회 분위기가 한국 일반 가정의 자녀가 제2외국어를 잘하는 것은 칭찬하고 다문화가정 자녀가 어머니 나라 언어를 잘하는 것은 당연하게 생각하는 차별적인 시선을 가지고 있다고 생각한다. 한국 사회는 다문화가정 자녀에게 '다문화가정'이라는 낙인을 찍고 제2외국어를 잘해도 언어 능력을 함양한 것으로 보지 않는 것이다. 그래서 자녀를 중국으로 유학 보내 그로부터 벗어나게 해주려는 생각을 가지고 있다.

② 방학을 활용한 친정 방문

연구 참여자 08과 13은 자녀에게 자신의 모국어를 가르치기 위해 방학을 활용하여 중국에 있는 친정을 방문하는 것으로 나타났다.

> "저 같은 경우는 교포이다 보니까 발음이 안 좋아요. 이번 글로벌 브리지 프로그램을 하면서 알았어요. 그래서 내가 가르치는 것보다 방학 때마다 중국에 있는 친정에 보내서 가르치려고요." (연구 참여자 08)

> "애기가 나랑 하는 거 싫어하니까, 이제는 어차피 중국어를 많이 해야 해서 어렸을 때는 1년에 한 번씩 중국 보내서 한 달, 두 달 보냈거든요. 이제는 학교 공부가 어려워지니까 그렇게도 못해요. 시간이 없어요. 이제는 2주나 3주 정도 저기서 살다가 와요. 그렇게 가르치고 있어요. 해마다 돈 들여서 중국 보내는 거, 그것도 1년에 한 번씩 너무 힘들지요." (연구 참여자 13)

연구 참여자 08은 중국 조선족이다. 그녀가 생각하기에 자신은 조선족으로서 특유의 발음이 있어서 자녀에게 중국어를 직접 가르치는 것보다 방학을 활용하여 중국에 있는 외갓집에 머물도록 하거나 친척집을 방문하게 하여 자연스럽게 중국어를 접촉할 기회를 마련하는 것이 더 낫다고 여기고 있다.

연구 참여자 13 또한 방학에는 자녀를 중국에 있는 외갓집으로 데리고 가서 머물면서 중국어를 가르치고 있다. 하지만 자녀가 고학년이 되면서 장기간 외갓집에 머물 시간도 나지 않고, 1년에 한 번씩 중국을 오가는 비용 마련도 쉽지 않다고 한다.

③ 외할머니 초청

연구 참여자 13과 23은 자녀의 이중언어 교육을 위해 자신의 어머니인 자녀의 외할머니를 인적 자원으로 활용하는 것으로 나타났다.

> "친정엄마가 한국에 계시니까 엄마하고는 중국말을 해야 하잖아요. 엄마가 한국말 못하니까 우리 ○○이가 도와줘야 해요. 특히 엄마가 교회에 가면 ○○이가 통역해요. ○○이는 저랑 중국어로 대화하면 공부라 생각하고 외할머니하고 공부하는 것은 공부라고 생각하지 않아요. 그래서 엄마가 오시면 중국말을 많이 해요." (연구 참여자 13)

> "제가 출근하니까 부모님이 한국에 오셔서 ○○이도 봐줬어요. 그때는 ○○이가 중국어를 정말 잘했어요. 외할머니하고 얘기하려면 어쩔 수 없어. 얘기도 외할머니하고는 공부도 잘하고 얘기도 잘해요." (연구 참여자 23)

연구 참여자 13과 23은 방학이 되면 친정 부모님을 한국으로 초청하여 자녀에게 이중언어를 자연스럽게 익히도록 하는 것으로 나타났다. 자녀가 어머니인 자신과 중국어로 대화하면 공부라고 생각하고 싫어하지만, 다행히 한국어를 잘 못하는 친정 부모님에게 중국어로 설명하며 대화하는 것은 공부라고 생각하지 않고 잘하기 때문이다.

4) 나가기

이 글은 중국계 결혼이주민 6명을 대상으로 한 인터뷰에서 그들의 자녀를 위한 이중언어 교육의 현황이 어떠한지, 이중언어 교육의 걸림돌이 되는 요인이 무엇인지, 그리고 자녀의 이중언어 교육을 위해 어떻게 노력하는지 등을 탐색하고자 했다. 이를 위해 2017년 11월부터 2018년 1월까지 중국계 결혼이주여성을 대상으로 심층인터뷰를 실시하고 이에 대해 내러티브 연구 방법을 적용하여 자녀의 이중언어 교육 경험을 기술했다.

그 결과, 첫째, 모국어 사용에 대한 우려로 '자녀의 언어 발달지체에 대한 우려', '학교 및 지역사회에서 차별에 대한 우려', '가족 구성원의 부정적 인식'이 나타났다. 둘째, 자녀의 이중언어 교육 환경으로 '조선족 발음 및 사투리에 대한 우려', '가정형편으로 인한 사교육의 한계', '사회적 지지기반 빈약', '결혼이민자의 자존감 결여 및 교육방법 미숙'이 세부 의미 주제로 도출되었다. 셋째, 모국을 활용한 자녀의 이중언어 교육방법으로 '중국으로 유학', '방학을 활용한 친정 방문', '외할머니 초청' 등이 나타났다.

이러한 결과는 봉진영(2011)의 결혼이주여성은 모국어를 사용하고 싶지만 자녀의 언어 발달지체와 학교 및 지역사회에서 차별, 그리고 가족 구성원의 부정적 인식 때문에 가르칠 수 없다는 연구와 이은경 · 오성숙(2012), 최윤경 외(2011)에서 밝힌 체계적 교육방법에 대한 무지로 자녀에게 직접 이중언어 교육을 할 수 없다는 연구와 같은 맥락에 있다. 그러나 이승숙 외(2014)에서 결혼이주민인 어머니들이 자신의 모국어에 대한 자녀 교육의 필요성이나 장점 등을 대부분 잘 인식하지 못하고 있고, 어머니의 한국어 수준에 따라 이중언어에 대한 인식이 다르다고 지적한 것과는 차이가 나타난다. 본 연구에 참여한 연구자들은 자신의 한국어 수준과 무관하게 자녀의 이중언어 교육에 대한 중요성을 인식하고 있고, 자녀와의 대화에서 모국어를 사용하여 교육하고자 노력했다. 자녀가 어머니 나라의 언어를 사용하지 못하는 것은 가정환경 탓이라기보다는 자녀들이 자유롭게 모국어를 사용하는 것을 허용하지 않는 사회적 환경의 문제로 인식하고 있었다. 이로 인해 한국 사회에서는 이중언어 교육이 어렵다고 인식하고 있고, 이를 극복하기 위해 모국을 적극적으로 활용하는 것으로 나타났다. 연구 참여자들은 자녀의 이중언어 교육을 위한 마지막 대책으로 모국으로의 유학을 고려하고 있었다.

이러한 연구결과를 토대로 결혼이주민 자녀의 지속 가능한 이중언어 교육 방안을 제안하고자 한다. 첫째, 한국 사회의 다문화가정에 대한 인식을 전환해야 한다. 본 연구에 참여한 결혼이주민은 모국어를 사용하고 싶지만 자녀가 사회적으로 차별대우를 받거나 주변인으로부터 왕따 당할 것을 우려하여 모국어를 사용하지 않는 것으로 나타났다. 이러한 문제를 해결하기 위해서는 가족 구성원 간의 상호문화적 이해와 신뢰가 우선되어야 한다. 자녀의 이중언어 능력은 개인적으로나 국가적으로도 매우 유용한 자산임에 틀림없다. 따라서 다문화가정이라는 배경을 국가적 자원으로 활용할 수 있도록 인식의 전환이 요구된다.

둘째, 모든 이주민 자녀들이 마음 놓고 부모 나라의 언어를 사용할 수 있도록 다중언어 환경을 조성해야 한다. 본 연구에 참여한 결혼이주민은 자신에 대한 자존감이 결여되어 있고, 사회적으로도 자녀의 모국어 사용에 대해 지지받지 못하고 있어 자녀에게 이중언어를 교육하기 어렵다고 한다. 또한 이중언어를 교육하려고 해도 교육을 위한 공간이 확보되지 않는다고 한다. 이를 해결하기 위해 결혼과 동시에 자녀에 대한 이중언어 교육이 일상생활 속에서 자연스럽게 이루어질 수 있도록 하는 환경 조성이 필요하다. 또한 결혼이주민 스스로 자녀의 교육을 위해 교재, 교구는 물론 놀이를 통한 교육을 할 수 있도록 부모 교육이 이루어져야 한다. 결혼이주여성이 자조 모임을 결성하도록 지원하고, 이중언어 활동실을 별도로 마련하여 공간을 지원하며, 교육에 활용할 교재를 개발하여 공급해야 한다. 또한 자녀 돌봄을 위한 예산 확보도 필요하다. 특히 가족 모두 이중언어 교육에 동참할 수 있도록 지역사회를 교육의 장으로 조성해야 한다. 이중언어 교육에 활용할 수 있는 공간은 주말에도 적극적으로 개방해야 한다. 또한 학교에서는 다문화가정 자녀를 포함한 전체 학생을 대상으로 이중언어 교육이 이루어져야 한다. 그뿐만 아니라 학교에서 제2언어에 대해 잘 배웠다 하더라도 공동체에서 이를 활용할 수 없고 학교 밖에서 경제적 지원이 이루어지지 않는다면 제2언어는 학교 안에서만 사용 가능한 언어로서 한계를 가질 수밖에 없다. 따라서 이중언어 사용이 가능한 사회 네트워크가 형성될 수 있도록 지역사회와 공동체, 가족과 이웃이 연대하여 환경 조성을 위해 노력을 기울여야 할 것이다.

7. 문화 영역: 결혼이주여성의 춘절문화와 한국의 설날문화 비교*

1) 들어가기

세계화가 진행됨에 따라 세계 각국의 경제시장과 노동시장 개방이 확대되면서 국제적으로 인구 이동 현상이 두드러지게 나타났다. 이러한 사회 변화로 인해 한국 사회는 매우 단기간에 다문화사회를 형성했다. 오랫동안 단일민족 신화를 유지해온 한국 사회는 국제결혼이주민, 외국인 노동자 등의 급격한 유입으로 외국인 인구가 증가하면서 다인종 · 다민족 · 다문화 시대로 접어들었다. 그리고 이로 인한 다문화사회의 통합 정책은 중요한 국가적 문제로 부각되었다.

---

* 이 글은 오영훈(2018), 「중국계 결혼이주여성이 경험하는 중국 춘절과 한국의 설에 대한 사례연구」, 『다문화와 평화』 12-1호에 게재된 논문을 수정 · 보완한 것이다.

여성가족부(2016)에서 발표한 결혼이주민 실태조사에 따르면, 2015년 결혼이주민과 귀화자의 수는 30만 4,516명인데, 이 중 여성이 81.5%를 차지한다. 결혼이주여성의 출신국은 중국(조선족)이 30.8%로 가장 많고, 중국(한족)이 22.4%, 베트남이 20.8%, 필리핀이 6.0% 순으로 중국계 결혼이주민이 전체의 과반 이상을 차지하고 있다.

중국계 결혼이주여성은 국제결혼을 통해 새로운 가족관계를 형성하며 한국 사회의 새로운 문화를 접하지만, 모국에서 형성된 문화와 한국에서 경험하는 문화 간 차이로 인해 넓게는 지역사회에서의 갈등을, 좁게는 가족 간 갈등을 경험하고 있다. 진정한 사회통합을 위해서는 우리의 문화를 '이방인이 아닌 이방인'인 그들에게 강요함으로써 한국 사회로 동화시키는 방식보다는 그들의 문화에 관심을 가지고 공유하는 방식이 더 효과적이라고 생각한다. 결혼이주여성의 문화에 관심을 두는 것은 결혼이주여성에게는 고향에 대한 향수를 달랠 수 있도록 하고, 한국 사회 정주민에게는 타문화에 대한 이질감, 타문화에 대한 편견을 줄여 문화적 장벽을 허무는 데 긍정적인 영향을 줄 것으로 기대된다.

따라서 이 글에서는 상호문화주의적 관점에서 결혼이주여성의 문화적응을 도모하는 방안에 대해 제안했다. 한국의 사회통합을 위해 동화주의적 관점에서 결혼이주여성에게 한글과 한국 문화를 가르치는 다문화정책만큼 일방향성을 넘어서 쌍방 소통을 가능하게 하는 상호문화정책도 필요하다. 이렇게 함으로써 한국 사회 정주민과 결혼이주여성이 서로의 편견과 문화적 장벽을 허물고 사회의 발전을 위한 논의가 이루어지는 공공의 장을 형성할 것이다. 이를 위한 출발점으로 국내 결혼이주여성 중 가장 많은 수를 차지하는 중국계 결혼이주여성의 춘절과 한국의 설에 대한 경험의 의미를 살펴보았다. 이를 통해 그들의 문화에 대한 이해의 지평을 확장하고, 상호문화적인 관점에 기초한 공존 가능성을 고찰했다.

2) 중국계 결혼이주여성의 현황과 중국의 춘절

최근 한국 사회에서는 국제결혼의 양적 증가 추세와 함께 결혼이주여성에 대한 사회적 관심이 갈수록 높아지고 있다.

1992년 한·중 수교 이후, 앞에서 언급한 것처럼 한국으로 이주한 중국계 결혼이주여성이 전체 결혼이주여성 중 과반을 차지할 정도로 그 수가 많다. 그럼에도 한국 사회 전체 인구 비율에서는 중국계 결혼이주여성이 차지하는 비율이 크지 않은 소수 집단이기 때문에 중국계 결혼이주여성은 한국의 문화를 익히고 적응하기 위해 노력하고 있다. 이러한 적응과정에서 이들은 시부모나 가족관계에서 문화적 가치관에 대한 혼란을 경험하기도 한다(오영훈 외, 2014). 또한 결혼이주여성은 새로운 문화와 음식 등 생활습관의 차이에서 오는 갈등, 가부장적(家父長的)이고 전통적인 한국 사회의 인습으로 인해 나타나는 남편의 폭행과 학대, 사회적인 차별과 편견에 노출되고 평가절하 당하는 등의 문제로 인해 한국 문화적응에 어려움을 겪는다. 중국계 결혼이주여성은 한국의 효 사상에 대해서는 긍정적으로 받아들이기도 하지만, 자신의 나라와 다른 문화에 대해 부정적으로 인식하는 등의 이유로 갈등을 경험하기도 한다.

중국계 결혼이주여성은 조선족과 한족 출신이 각기 다른 양상의 문화적인 갈등을 보이고 있다. 중국계 결혼이주여성(조선족)은 한국의 언어와 문화적인 유사성을 가졌음에도 한국 사회의 외부인으로서 긴장하며 살고 있다. 이들은 자신에 대한 한국 사회의 부정적인 시각과 스테레오타입에 대한 불편한 강요로 인한 부담감 속에 살아간다. 중국계 결혼이주여성(한족)은 최근 급부상한 중국의 경제적 위상에 걸맞은 자부심과 자아정체성을 유지하고 있다. 하지만 이들은 한국 사회에서는 자신이 소수 이주민일 뿐이라는 점을 불편해하며 살아가고 있다.

한국과 중국은 지리적으로 가깝고, 유교문화라는 공통적인 문화권을 형성하고 있기 때문에 설날과 춘절 등 주요 명절이 유사하다. 춘절은 중국인에게 가장 중요한 명절이다. 춘절이 되면 중국인은 온 가족이 모여 교자를 먹으면서 폭죽 소리를 들으며 한 해를 시작한다. 중국인은 춘절 기간에 조상에게 제사를 지내는데, 이는 중국인이 가족들과 항상 함께하고 있다고 여기는 것에서 비롯된다. 매년 거행되는 제사는 가족들을 한자리에 모이게 하는 이유로, 가족 내 단결의식을 강화한다. 이들은 섣달 그믐날 밤에 전 가족이 모여 제사를 지냄으로써 조상의 은혜를 기린다.

현대 춘절에는 웃어른이 아랫사람에게 빨간 봉투에 돈을 짝수로 넣어 세뱃돈을 주는 문화가 자리매김했다. 춘절에 친척집을 방문하여 세배하는 것은 한국과 동일하다. 부모나 웃어른에게 큰절을 하거나 허리를 다소 숙이는 절을 하기도 한다. 아랫사람이 절을 하면서 "건강하시고 만사가 형통하길 빕니다"라는 등의 말도 한다.

현대 춘절의 음식문화로는 자오쯔를 꼽을 수 있다. 자오쯔는 명대 이후 북방의 춘절 음식으로 자리 잡았는데, 지금은 중국 전 지역의 문화로 확대되었다. 춘절에 자오쯔를 먹는 것은 자오쯔의 형태가 중국 역대 왕조의 화폐와 비슷하여 재운이 온다고 생각하기 때문이다.

춘절을 앞두고 사람들은 새로운 옷을 사 입거나 깨끗한 옷을 준비한다. 한국의 설날문화와 유사한 중국의 춘절 의복문화에서 새로운 옷은

복을 가져다주고 액을 쫓는 기능을 하므로 묵은 옷을 버리고 새로운 옷을 입음으로써 새로운 생명을 받는 것을 의미한다. 중국 사람들은 춘절에 전통 복장을 거의 입지 않아 춘절에 입는 새옷은 일상에서도 입을 수 있는 옷인 경우가 많다.

춘절의 대표적인 놀이는 폭죽놀이다. 폭죽이 붉은 종이로 포장되어 있어 계속해서 폭죽을 터뜨리면, 온 뜰이 붉어진다. 이것은 "복되고 상서로운 기운이 집안에 가득하고, 재물이 물 흐르듯 들어와 집안이 나날이 불꽃같이 일어나라"는 의미를 지니고 있다. 또한 춘절의 폭죽은 새로운 해가 시작된다는 것을 의미하며, 폭죽 소리는 낡은 것을 보내고 새로운 것을 맞이한다는 의미를 지니기도 한다. 하지만 최근에는 화재 위험이 있고, 춘절 폭죽놀이가 대기오염의 주범으로 지목되어 지역에 따라 폭죽 행사를 금지하기도 한다.

중국의 춘절은 현대에 와서 그 모습뿐만 아니라 의미도 점점 약화되고 있다. 현대의 춘절은 중요한 명절임과 동시에 산업경제와 소비를 촉진하는 중요한 역할을 하고 있다. 과거에는 가족이 모여 집에서 음식을 만들었지만, 최근에는 집에서 음식을 만들지 않고 마트에서 만들어진 음식을 구매하거나 식당에서 모임을 가지기도 한다. 춘절 연휴 기간에 사람들이 쇼핑하거나 비행기 및 기차, 버스 등을 이용해서 먼 거리를 이동하는 등 춘절은 중국의 경제, 문화, 교통, 여행 등에 긍정적인 영향을 미치고 있다(유소홍 · 양명모, 2017).

한국 사람들의 경우에도 예전에는 설날에 고향을 찾아온 가족이 함께 지냈지만, 현대에 와서는 고향으로 설을 지내러 가는 사람이 있는가 하면, 일부는 설 연휴 기간을 이용하여 외국이나 국내 여행을 가는 사람들도 많아지고 있다. 어떤 사람들은 직접 산소를 찾아가서 차례를 지내기도 하지만, 기독교를 믿는 사람들이 증가하게 되면서 차례를 지내지 않는 경우도 많아지고 있다.

3) 연구 동향

중국에서 춘절은 중국 국민에게 큰 영향을 미치지만, 한국의 학계에서는 관련 연구가 활발하게 진행되지 않은 편이다. 한국에서 이루어진 중국의 춘절에 대한 연구와 중국계 결혼이주여성의 문화적응 및 결혼 만족에 관한 연구 동향은 다음 3가지로 분류할 수 있다.

첫째, 중국의 춘절과 한국 설에 대한 비교 연구다. 유소홍 · 양명모(2017)는 한국과 중국에서 설날의 어원과 유래, 주요 풍속의 공통점과 차이점을 분석하고 설날의 변천 및 이것이 사회에 미치는 영향을 밝혔다. 안창현(2015)은 CCTV의 '춘완'이 새로운 의례의 자리를 차지하게 된 이유, 그리고 그와 동시에 의례화 과정을 거치면서 '춘완'이 담아내고자 하는 이데올로기를 분석했다. 그는 중국 정부가 '춘완'이라는 의식을 통해 사회적 갈등을 치유하고 질서를 회복하고자 했다고 밝혔는데, '춘완'은 여러 사회 집단을 한마음으로 통합시키는 역할을 하여 사회를 합법적으로 대표하는 권위에 충성을 다짐하게 만든다고 주장했다.

둘째, 중국계 결혼이주여성의 문화적응에 관한 연구다. 아사노가나 · 윤지현 · 류시현(2014)은 중국계 결혼이주여성을 한족과 조선족으로 나누어 이들의 식생활 실태, 식생활 적응, 한식에 대한 인식 그리고 한국 이주 후 식습관 및 식품 섭취 빈도 변화 등에 대해 비교 분석했다. 문경

연(2011)은 중국계 결혼이주여성(한족)의 이혼 현상에 주목했다. 다시 말하면, '결혼이주여성은 영구적으로 한국에 거주할 사람'이라는 전제가 무너졌을 때 국가가 이들을 어떻게 관리하고 대응하는지, 그리고 여성들은 이에 어떻게 대처하는지를 살펴보았다. 이 연구에서는 여성들의 삶을 궤적에 따라 크게 국제결혼 이전의 삶, 결혼생활과 이혼, 이혼 후 생활로 구분했고, 이주, 결혼, 이혼 등이 여성들의 행위성(agency)에 의한 선택이었다는 것을 밝혔다. 오영훈 · 박미숙 · 장영신(2014)은 중국계 결혼이주여성이 한국에서 가정생활을 하면서 한국의 효 문화를 어떻게 인식하고 경험하는지를 살펴보았다. 연구결과, 중국계 결혼이주여성은 한국 남편들이 중국 남편들에 비해 아내들에게 훨씬 더 많은 인내를 강요했고, 친정과 시댁을 구분하여 다르게 대한다고 인식하고 있었다. 이로 인해 결혼이주여성은 부부간의 갈등이 더 커지고 있다고 주장했다. 김윤정(2014)은 혼인 후 5년 이상 된 시부모를 부양한 경험이 있는 한국의 기혼 여성, 중국계 결혼이주여성 및 일본 여성을 대상으로 한국에서의 시부모 부양 경험을 분석했다. 그는 한국에서 시부모를 부양하는 여성이 한국의 부계중심적 사고와 가장권을 가지고 있는 시부모의 독단적인 의사결정 등 불합리한 가부장적 문화를 참아야 하는 어려움을 겪고 있다고 주장했다.

셋째, 결혼이주여성의 결혼 만족에 관한 연구다. 김철희 · 조남예(2017)는 한국에서의 문화적응 과정의 의미를 결혼이주여성의 관점에서 체험한 경험을 분석하여 그 의미가 무엇인가를 탐색했다. 이 연구에서는 베리(Berry)의 문화변용과정을 활용한 결혼이주여성의 주기별 생애과정을 이주 전 단계, 이주 초기의 적응단계, 중간단계, 문화통합의 네 단계로 구분하여 이들의 이주 적응 과정에서 필요한 사회복지 실천에 제공해주는 함의를 제시했다. 권복순 · 차보현(2006)은 농촌 지역 결혼이주여성의 사회인구학적 특성 및 의사소통능력과 문화적 정체성이 결혼만족도에 미치는 영향을 규명했다. 이 연구에서는 결혼이주여성의 의사소통능력과 문화적 정체성을 향상시켜 문화적응을 돕고, 결혼 만족을 향상시켜 궁극적으로 건강한 사회 구성원으로 육성하기 위한 사회복지 실천방안을 제언했다. 김경미(2012)는 여성 결혼이주민의 사회연결망이 한국생활 만족에 미치는 영향을 살펴보았다. 사회연결망은 가족 연계, 정서적 연계, 모임 수준으로 구분했다. 이 연구결과에 따르면, 가족 연계 변인 중에서는 모국 가족 접촉 빈도가 생활 만족도에 영향을 미쳤으며, 동거가족 크기는 유의미한 효과를 나타내지 못했다. 또한 결혼이주 초기에는 가족연결망이 생활 만족도에 중요한 영향을 미치지만, 결혼이주 기간이 늘어날수록 다른 사회연결망의 효과가 유의미하다는 것을 밝혔다.

이상의 연구에서는 중국의 춘절과 한국 설의 비교 및 중국계 결혼이주여성의 문화적응과 생활 만족도 등을 대부분 양적 연구를 통해 다루었다. 인간의 개별 삶의 양상이 모두 다른 만큼 중국계 결혼이주여성이 한국에서 명절을 경험하면서 겪고 있는 어려움을 이들에게서 직접 듣는 질적 연구 방식은 거의 이루어지고 있지 않은 실정이다. 이 장에서는 양국의 문화를 직접 경험한 중국계 결혼이주여성의 이야기를 통해 상호문화적인 관점에서 두 국가의 춘절과 설 문화를 이해하고자 한다.

4) 연구 방법

이 글은 춘절과 설 명절에 대해 결혼이주여성의 경험에 대한 구체적이고 심층적인 이해를 위해 질적 사례연구 방법을 수행한 결과를 제시한다. 사례연구는 학문적 배경으로 인류학, 사회학, 심리학, 역사학을 포함하며, 제한된 체계 혹은 사례를 시간의 흐름에 따라 집중적으로 묘사하고 분석한다(Creswell, 2013).

특히, 이 글에서는 중국계 결혼이주여성이 결혼한 후 가정이라는 작은 사회단위체계에서 경험한 설문화를 살펴보고, 이와 함께 이들이 경험한 설문화의 상황들을 구체적으로 기술하고 분석했다. 중국계 결혼이주여성의 한국 설문화의 경험을 중국 춘절의 경험과 함께 살펴본다는 것은 두 문화의 공통점과 차이점을 밝혀서 두 문화를 이해할 수 있는 기반을 닦는 기초자료로 활용 가능하다.

연구 참여자는 현재 경인지역에 거주하는 중국계 결혼이주여성 네 명으로 한족 두 명, 조선족 두 명으로 구성되었다. 아래 〈표 2-7〉에 나타난 것과 같이 연구 참여자 모두 한국 국적을 취득한 중국계 결혼이주여성이고, 대졸 학력을 가지고 있다는 공통점이 있으며, 대부분 20대 후반

〈표 2-7〉 결혼이주여성 연구 참여자의 인적 사항

구분	나이	민족	이주 연도	최종 학력	현재 직업	자녀(명)
08	39	조선족	2008	대졸	중국어 강사	1명
13	39	한족	2008	대졸	회사원	1명
28	47	한족	2007	대졸	주부	2명
30	40	조선족	2010	대졸	중국어 강사	1명

에서 30대 초반에 한국에 입국했기 때문에 청소년기에 중국의 춘절을 경험한 기억을 가지고 있었다. 이들의 한국 거주 기간은 8년 이상으로 한국의 설문화를 직접적으로 경험하고 있었다. 이러한 연구 참여자들의 구성은 중국 춘절문화와 한국의 설문화를 구체적으로 비교하는 데 용이할 것으로 판단된다.

5) 연구결과

이 연구에서는 중국계 결혼이주여성의 설문화 경험을 명절 전날의

〈표 2-8〉 중국계 결혼이주여성의 설문화 경험에 대한 의미

범주	하위 범주	의미 단위
명절 전날의 경험	중국 춘절 전날의 경험	가) 음식 준비는 일주일 전부터 나) 자오쯔 준비는 필수
	한국 설 전날의 경험	가) 음식 준비는 설 전날부터 나) 제사 음식은 필수
명절 당일의 경험	중국 춘절 당일의 경험	가) 춘절에 폭죽놀이와 복(福) 자 거꾸로 붙이는 것은 필수 나) 빨간 양말 선물과 빨간색 주머니에 세뱃돈 받기
	한국 설날 당일의 경험	가) 일은 여자 혼자서 감당하지만, 제사에서는 제외 나) 설날에 부정적인 개인사 질문하는 분위기
한국의 설 명절에 바라는 점	① 남녀 구분 없이 가사 분담하기 ② 중국에서처럼 재미있게 보내기	

경험, 명절 당일의 경험, 한국의 명절에 바라는 점 등 시간상의 3가지 범주로 재구성했다. 3가지 범주를 4가지 하위 범주로 구분하고, 의미 단위를 각각 두 가지씩 도출했다. 이를 정리하면 위의 〈표 2-8〉과 같다.

(1) 명절 전날의 경험

중국계 결혼이주여성은 중국의 춘절을 여러 명절 중 가장 중요한 날로 여긴다. 중국 사람들은 춘절에 흩어져 지냈던 가족들이 모두 한 자리에 모여 서로 덕담을 나누며 새해를 맞이하면서 건강과 재물을 빌어준다. 또한 모든 가족이 한 자리에 모여 남녀를 구분하지 않고 함께 음식을 준비한다. 하지만 한국의 설 명절은 가족들끼리 듣기 싫은 소리를 하는 등 분위기 자체가 팽팽한 긴장감으로 가득해 즐겁지 않고, 음식을 준비하는 과정에서 여자, 특히 며느리만 많은 일을 한다.

① 중국 춘절 전날의 경험

가) 음식 준비는 일주일 전부터

중국 춘절은 항상 추워서 음식을 많이 장만해도 상하지 않기 때문에 일주일 전부터 가족들이 모두 모여서 명절 음식을 준비한다고 한다. 동시에 춘절 일주일 전부터 집안 청소와 함께 몸을 깨끗이 한다.

> "추우니까 많이 준비해도 상하지 않고요. 상하지 않고. 물가가 춘절이 다가올수록 비싸지니까 미리 한 달 전에는 음식을 조금씩 쌓아놔요.

그런 다음 음식을 할 때는 일주일 전부터 하루 날을 잡아서 고기를 삶아요. 우리 지역은 추우니까 거의 돼지 한 마리를 잡아서, 돼지 머리는 설날 한 달 후에 먹는 날 따로 있습니다." (연구 참여자 13)

"설날은 중국어로 딴옌, 음력 12월 23일은 샤오넨(작은 설날), 그날부터 시작하는 거예요. 이날부터 청소하고 뭐, 대청소 해야지. 치울 거 치우고 이불 다시 다 빨래해야 하고, 그럼 깨끗해야 하고. 샤워하고 목욕탕에 사람들이 꽉 차는 거예요." (연구 참여자 28)

한국에서도 대부분 설날 전에 몸을 깨끗이 하기 위해 목욕탕 또는 사우나에 가서 목욕하는 관습이 있다. 이러한 관습은 중국과 한국의 설 문화에서도 유사하게 나타난다. 연구 참여자 13은 요즈음에는 냉장고 등 음식을 보관하기 용이한 전자 제품들이 많이 보급되어 이제는 더 이상 음식을 일주일 전부터 준비하지 않아도 된다고 덧붙였다.

나) 자오쯔 준비는 필수

춘절에 자오쯔를 필수적으로 준비하는 이유는 만두가 상징하는 여러 가지 이유가 있기 때문이다. 하나는 지난해와 새로운 해가 만난다는 것이고, 다른 하나는 지난해에 있었던 나쁜 것을 없애 새로운 해에 더 좋은 일이 일어나길 바란다는 것이다. 또한 자오쯔 안에 동전이나 땅콩을 집어넣기도 하는데, 이것이 들어 있는 자오쯔를 먹는 사람은 행운이 있다고 한다.

"지난해에 일어났던 그 나쁜 의미는 없애버리고, 새로운 해에 더 좋은 일을 빈다는 의미에 만두를 먹는다는 의미도 있고, 해라는 뜻도 있어요. 막 지나가는 해하고 새롭게 나타나는 해가 서로 만나는 거죠. 딱 12시에 2017년하고 2018년은 만나는 거예요." (연구 참여자 13)

"모두 만두를 만들고 12시부터 그 만두를 삶아서 그거 먹고, 딱 12시 잖아요. 다음날 음력 새해가 시작하는 거예요. 만두에 동전이 집어넣어서 삶아요. 동전이 들어 있는 만두를 먹는 사람은 복이 있어요. 어떤 사람은 동전이 더러우니까, 그것 말고 땅콩을 넣는 사람도 있어요." (연구 참여자 28)

"우리 어렸을 때는 그 설날 전날 밤에, 물론 낮에도 만두를 많이 빚어. 냉동실에 냉동을 해서 먹는데. 설날 12시 전에. 11시부터 준비해서 12시 땡하고 그러면 삶아가지고 그거 먹었거든요." (연구 참여자 30)

자오쯔의 생김새가 중국 명대의 화폐와 비슷해서 사람들은 춘절에 자오쯔를 먹으면 재운을 불러온다고 생각한다. 또한 자오쯔는 복이나 재운 또는 장수의 의미가 있는 땅콩이나 동전 같은 여러 가지 상서로운 음식을 소로 넣고 빚기가 쉽기 때문에 사람들이 자오쯔에 이러한 소를 넣고 새해 소망을 빌었다는 설도 있다. 이처럼 자오쯔를 먹는 풍습이 지금까지 내려오고 있다.

② 한국 설 전날의 경험

가) 음식 준비는 설 전날에

결혼이주여성은 설 하루 전날 시댁에 가서 음식을 준비하는데 보조 역할만 담당하고 있다. 시댁 식구들의 권유로 중국 요리를 만들기도 했지만, 시댁 식구들이 입맛에 맞지 않는다고 하여 더 이상 중국 요리를 만들지 않는 연구 참여자도 있었다.

> "설날 전날에 가서 저희는 이제 그 오전에 장을 봐요. 저희 형님이랑 장을 보고 와서 야채를 다듬고, 오후에는 전을 부치기 시작해요. 조카들이랑 같이 앉아서 저는 전 담당이에요. 근데 형님은 채소를 가지고 반찬 만들고, 갈비찜 뭐 이런 것들도 요리하고…." (연구 참여자 08)

> "중국 음식인 만두를 만들면 시어머님이랑 안 드시는 남편들이 있으면 이제 안 먹는다고 이런 거 하지 말라고 하는 부분이 좀 있어서. 그러니까 서로 존중을 안 해주는 부분이죠. 그거는 이분이 먹고 싶어서 이렇게 만들어서 먹고 하는 건데 냄새난다거나 집에서 하지 않았으면 좋겠다. 심각한 분들은 그렇게도 말씀하시고…. 시어머니하고 갈등하는 부분에 힘들어하시는 분들이 있어요." (연구 참여자 08)

> "설 전날에 시댁에 가면 우리 형님이 요리하면, 나는 야채를 다듬고, 요리할 때는 형님이 직접 해요. 끝나고 내가 설거지만 해요." (연구 참여자 13)

오랜 기간 동안 다른 식문화에서 성장한 결혼이주여성이 한국의 전통 식문화를 짧은 기간에 이해하기란 어려운 일이다. 역으로 배우자나 시댁 식구들이 결혼이주여성이 만든 음식을 낯설어하는 것도 당연하다. 강윤주 · 정희선(2013)이 국내 결혼이주여성을 대상으로 한 연구에 따르면, 한국 전통행사 중 설이 가장 인식도가 높다는 결과를 도출했다. 특히 설에 한국 음식을 준비하는 데 가장 많은 도움을 준 사람이 남편과 시어머니라고 한다. 결혼이주여성은 남편과 시어머니를 통해 한국 음식을 배우기를 바라며 도움을 구하려 한다는 것을 알 수 있다. 타문화를 존중할 수 있는 상호문화주의적인 관점에서 배우자와 시댁 식구들이 결혼이주여성의 식문화에 관심을 가진다면 훨씬 더 가족관계의 화합에 일조할 것이다.

나) 제사 음식은 필수

결혼이주여성은 중국 춘절 당일에는 조상에게 제사를 지내지 않는 반면, 한국에서는 반드시 설 제사를 지내는 것을 다른 문화로 인식하고 있었다.

> “춘절에 제사지내는 것은 없어요. 춘절 기간 전에 산소 가서 제사 지냈어요. 춘절에는 제사 다 필요 없고, 그다음에 자손들이 같이 상 차려서 먹지, 제사 드리는 것은 안 해요. 산소를 벌초하는데 수시로 서로 연락하고 어느 날 시간이 되면 서로 시간을 맞춰서 가는 거예요. 편하게.” (연구 참여자 13)

> “제사 음식에 돈을 투자하면서 사실 먹을 거 몇 개 없어요. 차라리 식

구들이 좋아하는 음식만 준비해서 같이 모아서 노는 거 좋은데. 그다음에 제사할 때 그냥 똑같이 하지 말고, 그냥 돌아가는 분 좋아하는 음식도 하고, 이렇게 하면 서로 좋고. 서로 편할 것 같은데." (연구 참여자 13)

"제사하는 거, 추석과 설날에 제사지내는 것은 중국에서 하지 않아요. 제사 하면 그냥 청명날에 제사 하고, 다른 날은 제사 안 해요. 그리고 저는 산소가 무서워서 가기 싫어요. 하지만 한국에서 제사지낼 때 중국처럼 맛있는 거 많이 했으면 좋겠어요. 아침에 숙주나물, 무슨 닭 삶아놓은 거 그것밖에 없어요. 한국은 음식 그 제사상에서 놓는 음식은 맛이 별로에요. 중국은 뭐 사천요리, 산동성 요리 종류도 많이 있잖아요. 그래서 먹고 싶은 것도 엄청 많아요." (연구 참여자 28)

"한국 제사 먹는 거는 다 차가워서 너무 놀랐어요. 우리 중국 사람들은 이해할 수 없어요. 왜냐하면 반찬이던지 제사니까 전도 미리 다 해놓고 해놓잖아요. 우리 중국에서는 바로 한 것, 따뜻한 것을 드실 수 있도록 하는 건데, 한국에는 미리 다 해요. 저는 따뜻한 음식이 맛있는 것인데, 왜 전날에 다 식은 것 일부러 식혀놓고, 이해도 못하고." (연구 참여자 30)

중국의 춘절과는 달리, 한국의 설에는 조상에게 제사를 지내는 풍습이 있다. 한국에서는 제사상에 올리는 음식을 설 전날 만든다. 한국에서 설날에 제사 음식을 차리는 것은 전통적인 풍습으로 제사 형식과 제사 음식의 종류 등이 시대의 흐름에 따라 변화하고 있다. 따라서 차가운 음식이 아닌 따뜻한 음식을 제사상에 올리는 것이 좋지 않겠느냐는 연구 참여자 30의 말은 우리나라의 제사 음식도 '실제적이고 실용적으로 변모해야 되지 않나'라는 고민과 함께, 해결하기 어렵지만 우리에게 한번쯤 생각해볼 과제를 안겨주고 있다.

(2) 명절 당일의 경험

① 중국 춘절 당일의 경험

중국에서는 춘절 당일에 온 식구가 모여 음식을 장만하고 나면, 음식을 먹으면서 폭죽을 터뜨리는 등 밤새도록 가족끼리 오락을 즐긴다. 그리고 춘절 당일 아침에는 웃어른에게 세배를 드리거나 술을 따라주면서 인사를 하고 빨간색 봉투에 담긴 세뱃돈을 받는다.

가) 춘절에 폭죽놀이와 복(福) 자 거꾸로 붙이는 것은 필수

중국 사람들은 춘절이 시작되는 밤 12시에 폭죽을 터뜨린다. 이것은 옛날부터 전해오는 관습으로, 괴물을 쫓아내는 의미를 지니고 있다. 현대에는 나쁜 액운을 쫓아내는 의미를 가지고 있다. 또한 집안에 한 해 동안 계속해서 행운이 있기는 바라는 마음으로 복(福) 자를 거꾸로 써서 대문에 붙인다.

> "복 자 글씨를 집에다가 거꾸로 뒤집어 붙이고. 네 근데 폭죽 같은 것도 여기서 터뜨릴 수 없는 상황이니까 못 터뜨리는 것이고, 중국 같은 경우는 폭죽을 어마어마하게 터뜨리고 있죠." (연구 참여자 08)

“옛날부터 어떤 괴물들을 쫓아내기 위해 어떤 사람들이 폭죽 하면 소리 나오잖아요. 빵빵빵. 그러면 신화에 나오는 그 괴물들이 무서워서 도망가요. 또한 ‘복(福)’ 자를 문에 거꾸로 붙이는 것, 대문 옆에 이거 빨간색 글자 쓰는 거.” (연구 참여자 28)

“우리는 설날 밤 열두 시에 폭죽 터뜨리잖아요. 그러면 우리는 가족끼리 밥 먹고 다음날은 우리는 설 다음날은 친척집에 가지 않아요. (중략) 복 자 있잖아요. 복 자도 거꾸로 붙이고. 조선족은 아니고 중국 사람들만 붙여요. 복이 도착했다는 말이에요. 복 자를 거꾸로 붙여서 복이 그 사람들 집에 도착했다고 하면 상대방이 좋아해요. 복 자를 이렇게 쓰는데, 거꾸로 붙여가지고 벽에 붙이거든요. 그럼 중국 사람들은 발음 때문에 복이 도착했다는 뜻이에요. 그러면 그 집에는 상대방이 들어도 기분 좋잖아요. 복이 왔다고. 한족들은 이거 한 줄 이거 양쪽 또 붙이는 빨간 것 있잖아요. 집의 문마다 다 붙여요.” (연구 참여자 30)

중국의 춘절에 터뜨리는 폭죽은 새로운 일 년이 시작되며, 오래된 것을 보내고 새로운 것을 맞이한다는 의미를 지니고 있다. 하지만 최근에는 폭죽으로 인한 화재와 공기 오염을 방지하기 위해 지역에 따라 폭죽 행사를 엄격하게 금지하기도 한다. 복(福) 자를 대문에 거꾸로 붙이는 것은 명 태조 주원장이 한 사람을 죽이기 위해 복 자를 대문에 붙였는데, 이를 눈치 챈 마황후가 남경에 있는 모든 집에 복 자를 붙이게 했다는 데서 유래한다. 그런데 문맹인 한 집이 다른 집에 붙은 글자를 보고 자기 집에 따라 붙이려다 복 자를 거꾸로 붙였고, 거꾸로 복 자를 붙인 집만 살아남게 되었다는 것이다. 이후에 사람들이 복 자를 거꾸로 붙이게 되었다고 전해진다(유소홍 · 양명모, 2017).

나) 빨간 양말 선물과 빨간색 주머니에 세뱃돈 받기

중국 춘절에는 웃어른에게 세배를 하고 한국의 설날과 같이 세뱃돈을 받는다. 세뱃돈은 일 년 동안 학생 신분인 사람에게는 공부를 잘하라는 의미를, 또 장성한 자녀들에게는 잘살라고 하는 의미를 지니고 있다. 또한 자녀들의 십이 간지 띠에 맞는 해가 되면 빨간 속옷을 선물하기도 한다.

"어른들이 손주들에게 빨간 양말, 자식들한테 빨간 양말을 사서 갖고 계시다가 설날에 세배하면 빨간 양말도 주고, 자기 띠에 올해가 개띠이면 개띠에 맞는 자식한테는 빨간 팬티 속옷을 엄마가 사줘요. 자기 띠 해에 다치지 말고 편안히 잘살고, 물론 미신이긴 하지만 엄마가 사줘요." (연구 참여자 08)

"아이들이 세배하면 돈을, 용돈을 받잖아요. 노인들은 일 년 동안 잘 살아라, 공부 잘해라 이렇게 바라는 목적이 있어요." (연구 참여자 13)

"우리 집은 세배 안 했어요. 아버지한테 술 따르면서 '건강하세요, 돈 많이 버세요' 말해요. 그러면 아버지가 '공부 잘해라' 하면서 용돈을 줘요." (연구 참여자 28)

"중국은 빨간색 옷 입어요. 내복도 빨간색. 양말도 빨간색. 그리고 자기 띠. 만약에 2018년이 개띠이니까 개띠인 사람들은 내복, 양말 다

빨간색, 그러면 나중에 또 좋은 일이 생긴다는 거예요." (연구 참여자 30)

중국의 춘절에 친지를 방문하여 세배하는 풍습은 한국과 동일하지만, 중국에서는 어른들이 붉은 실로 엮은 엽전을 세뱃돈으로 주던 것이 후일 홍빠오(紅包)로 변했다고 한다. 현대에 이르러 이 풍속은 웃어른이 아랫사람에게 빨간 봉투에 짝수로 세뱃돈을 마련해주는 풍속으로 바뀌게 되었다(유소홍 · 양명모, 2017). 한국에서는 이와 다르게 웃어른이 아랫사람에게 짝수에 상관없이 일정한 액수의 현금을 준다.

② 한국 설날 당일의 경험

가) 일은 여자 혼자서 감당하지만, 제사에서는 제외

결혼이주여성은 중국과 달리 한국에서는 설날에 며느리가 혼자 일을 많이 하고, 남자는 도와주지 않는다며 한국의 명절문화에 매우 실망했다. 또한 일을 많이 했음에도 제사 지낼 때는 아들, 딸과 달리 절도 하지 않고, 제사를 지낸 후에는 여자들이 따로 밥을 먹는 등 남녀 차별적 모습에 몹시 당황했다. 연구 참여자들은 한국의 설문화를 중국과 비교하며 재미가 없다고도 했다.

"한국에서의 설은 너무 단순한 거 같아요. 뭔가 재미가 없는 느낌. 왜냐하면 밥 먹고 그냥 끝나고 각자 집에 가고 재미가 없어요. 저희 시어머니 같은 경우에는 음식을 싸서 주고 하거든요. 가서 먹고 바리바리 싸오는 거죠." (연구 참여자 08)

"중국에서는 남자는 대기하고 있어요. 무거우면은 남자가 와서 도와주고, 중국 요리할 때는 설날 때 무조건 다 잡아서 해야 되고. 돼지나 생선 무조건 해야 되고. 이렇게 더러운 거 무거운 거 좀 뜨거운 거. 남자는 다 많이 도와주고 많이 여럿이 하잖아요. 한국에서는 무조건 여자만 그다음에 여자도 며느리만. 딸도 아니고 시어머니들 많이 도와주지 않잖아요. 중국에서는 시어머니나 며느리나 다 모여서 같이 해요. 한국은 여자만." (연구 참여자 13)

"한국에서 설에 제사 마친 후에 밥 먹을 때 남자들이 먼저 먹고, 여자들은 나중에 남자들이 다 먹고 난 다음에 음식을 다시 가지고와서 먹죠. 그렇게도 하고, 그다음에 제사 지낼 때, 중국에서는 남자와 여자가 다 같이 산소에 가서 절하고 다 자손인데, 왜 한국은 남자만 자손이야, 여자는 그냥 들어갈 자격도 없어요. 여자는 절도 못하고." (연구 참여자 13)

"며느리 입장에서는 제가 시누이 좀 같이 일했으면 좋겠어요. 그냥 가만히 앉아서 일이 많이 하고 치워야 하고 다시 이거 차려야 하고, 중국에서는 다 같이 일하고, 여기는 며느리만 시키고. 다른 사람은 그냥 가만히 있어요." (연구 참여자 28)

연구 참여자들은 설음식을 준비하는 과정에서 여자이기 때문에 더 많은 몫을 분담한다며 불만을 토로했다. 특히 집안일을 하는 데 한국에서의 남녀관계가 중국에서의 남녀관계와 달라서 더 어려움을 호소하고 있었다. 김윤정(2014)에 따르면, 결혼이주여성은 시부모와의 관계에서 아들만 선호한다거나, 여성의 사회 참여에 대해 부정적으로 인식하는 등

이러한 가부장적 문화에 대한 거부감과 어려움을 경험하고 있다. 김철희 · 조남예(2017)의 연구에서도 베트남, 중국, 몽골 출신 결혼이주여성은 남녀평등 문화를 갖고 있기 때문에 남성 중심의 한국 가정문화에 적응하는 데 어려움을 호소하고 있다고 주장했다.

나) 설날에 부정적인 개인사 질문하는 분위기

결혼이주여성은 중국 춘절에는 가족끼리 모여서 좋은 이야기, 잘살라는 이야기 등을 하며 화기애애하게 보내는 데 반해, 한국 설날에는 다른 가족들 앞에서 공개적으로 약점을 들추는 등 부정적인 행동을 한다며 실망했다고도 했다.

> "중국 춘절은 식구들끼리 굉장히 화목하고 서로 좋아서 만나는데, 한국의 설은 분위기가 재미있다거나 즐긴다거나 이런 분위기가 아니고 뭔가 팽팽한 분위기가 있어요. 장가 안 간 사람은 장가 언제 가냐, 살 빼라 이런 것 제일 싫어하는 건데 자꾸 아이들한테 살 빼라 하고. 그러면 기분 나빠서 후다닥 일어나고 저희 조카들도 그러거든요. 굳이 좋은 날에 이런 말을 해야 되나 그런 것도 느끼고." (연구 참여자 08)

> "서로 오랜만에 만나면 서로 이야기하니까 좋은데, 비교하는 것은 안 좋은 것 같아요. 오랜만에 만나면 분위기를 살려야 되는데. 중국에 있을 때 안 물어봐. 따로 불러서 어떠냐 서로 안부 묻고 해요. 그런데 한국은 무조건 사람들 앞에서 물어보고 너무 창피한 말이 나오니까."
> (연구 참여자 13)

과거에는 춘절이 가족의 화평과 함께 종교적 의미나 제사 의식의 의미를 지녔다. 하지만 오늘날 춘절은 이러한 의미들이 거의 사라진 채 가족과 친지가 한데 모여 묵은해를 보내고 새해를 맞이하는 의미를 가지며 한 해의 가장 중요한 명절로 여겨지고 있다. 이런 의미 있고 기쁜 날에 서로 간의 안부를 묻거나 좋은 말을 하는 것은 어쩌면 당연한 일인지도 모른다. 하지만 한국의 설날은 가족들이 함께 모여 가족들 앞에서 상대방의 기분을 상하게 할 말들을 늘어놓는 상황이 자주 연출된다. 이를 지켜보는 결혼이주여성은 중국의 분위기와는 완전히 다른 분위기에 적잖은 당황스러움을 느낀다. 상대방의 입장을 고려하지 않는 한국인의 이런 모습은 결혼이주여성이 한국 문화에 적응하는 데 하나의 걸림돌로 작용할 것으로 여겨진다.

(3) 한국의 설 명절에 바라는 점

① 남녀 구분 없이 가사 분담하기

결혼이주여성은 중국에서 하는 것과 같이 한국에서도 모든 일에 남녀 구분 없이 서로 분담하기를 바라고, 설날에도 상황에 따라 친정어머니와 시어머니를 각각 따로 방문하기를 원했다.

"설날에 딸은 친정을 가고, 남편은 그사이 시댁으로 가는 게 제일로 좋은 방법인 것 같아요. 왜냐면 그게 공평하거든요. 그런데 이제 아까같이 그 혼자 계시는 어머님이 친정엄마가 혼자일 때는 외롭잖아요? 그러니까 몰래 그러니까 시댁 몰래 외로운 분이니까 먼저 가서 위로해드리고 이렇게 가는 것도 좋은 방법인 것 같아요. 남편들이 이런 부분에 대해 이해를 많이 해주고 도와주어야 할 부분이에요." (연구 참여자 08)

"저기서 요리하고 제사는 하고 끝나면 설거지하고 애도 챙겨야 되고. 남자는 아무도 해주지 않아요. 중국에서는 남자도 요리할 때 도와주고 밥 먹을 때도 같이 앉아서 먹고. 한국에서는 안 그래요. 따로따로 먹고. 같이 먹고 여자도 놀 수 있게 저기 여자들이 설거지도 하고 남자도 애도 봐주지요. 여자들이 놀라고 남자들이 도와주고 애도 봐주고 이런 식으로 해요." (연구 참여자 13)

"중국은 여자들 일 안 해요. 여자 왕이야. 나도 문화가 다르게 살다 왔는데 신랑은 자꾸 남자라서 누르려고 하고. 나는 그거 아니라고 했어요. 중국에서는 거의 남자들이 살림 다해요. 직장도 하겠지만, 집에 오면 빨래도 해야 되고, 애기 양육도 해야 되고. 여자도 그냥 놀아요. 아무것도 하지 않아요." (연구 참여자 30)

중국에서는 여자들이 남편에게 대접을 받고, 한국에서는 남자들이 아내에게 대접을 받고 있다는 것은 여러 연구결과를 통해 제시되어 있다(오영훈 외, 2014; 김윤정, 2014). 이러한 한국 남성들의 인식은 유교관념에서 비롯되었다. 남편이 가정생활에서 주도적인 사람이 되고, 아내는 남편을 따르고 순종해야 한다고 생각하는 것이다. 한국 사회는 겉으로는 남녀평등 사회를 주장하지만, 아직도 여성에 대한 차별적인 의식이나 관행이 도처에 넘쳐난다(김윤정, 2014). 한국 사회는 여전히 가부장적인 전통과 남성 위주의 생활문화가 일상생활에 깊이 뿌리내려져 있다. 부부관계의 평등은 서로 존중하고 존중받을 때 시작된다는 것을 잊어서는 안 된다(오영훈 외, 2014).

② 시댁을 방문한 후에는 중국과 같이 재미있게 보내기

결혼이주여성은 중국의 춘절 행사와는 다르게 한국의 설날 행사를 재미있어하지 않았다. 이들은 시댁을 방문한 후 가족들끼리 사람이 많이 모여 있는 곳에서 공연을 본다든지, 아니면 자조모임에 음식을 가져와서 친구들과 함께 먹거나 놀러가는 것을 원하고 있다.

> "설에 모여가지고 음식 만들기를 한다거나, 아니면 음식도 본인이 한 가지씩 가지고 와서 어느 한 집에 모인다거나 이런 방법이도 있고, 음식을 먹은 후에 노래방 갈 수도 있고, 여자들이야 수다 떨다 보면 서로 이제 많이 풀리는 부분이 있고, 이렇게 좀 풀어주면 네, 좋지 않을까요?" (연구 참여자 08)

> "우리는 제사 끝나면 별 할 일 없어요. 내가 사는 지역에 그 춤추는 거 있어요. 공연은 시간 정해서 있어요. 그런 것을 보러 가요. 우리가 사는 지역에서는 나무 위에서 하는 특이한 춤이 공연도 있어요. 친척들이 같이 보러 가거나 친구들과 함께 같이 보러 가요. 어른끼리도 같이 가고." (연구 참여자 13)

> "다른 친구 만나서 우리도 한번 중국 사람들 만나서 어디 가서 같이

요리하고, 같이 놀고, 놀았으면 좋겠어요. 다 가족 모여서 누구 집에도 나갈 수가 없잖아요. 지금은 친구랑 같이 모이고, 제가 좀 동창 친구와 술 먹고 우리가 한번 중국 가면 친구랑 밥 먹으면, 5시부터 8시까지 먹어요. 일찍 먹는 거예요. 같이 마작하는 사람도 있고, 안 되면 집에 가고, 안 되면 노래방에 가서 춤추고, 중국은 너무 신나요." (연구 참여자 28)

"설날에 좀 번쩍번쩍하면 재미가 있는데. 중국 사람들이 야시장을 좋아하는 이유는 사람 많이 오니까. 사람 만나는 거 재미있거든요. 그러면 찜질방 가든지, 시장이든지, 쇼핑하고 사람 많은 곳 가기 좋아해요. 사람이 없는 조용한 곳도 좋겠지만, 설날이니까 가족끼리 구경하면서 보는 즐거움을 느끼고 싶어요." (연구 참여자 30)

김경미(2012)는 한국 거주 기간이 상대적으로 긴 중국 출신 결혼이주여성이 모국인 친구모임을 가지는 것이 생활만족도 향상에 영향을 미친다고 분석했다. 다시 말하면, 중국 출신 결혼이주여성의 경우 가족모임 외에도 모국인 친구모임에 참석하는 빈도가 잦을수록 생활 만족도가 높다는 연구결과가 도출된 것이다. 이러한 연구결과는 결혼이주여성이 가정 또는 시댁과의 갈등에서 발생하는 스트레스를 자조모임 또는 사회적 연결망을 통해 해결한다는 측면에서 우리에게 시사점을 안겨주고 있다.

6) 나가기

이 글은 중국계 결혼이주여성의 입장에서 그들이 경험하는 중국의 춘절과 한국 설날문화의 차이를 살펴보았다. 연구결과, 중국계 결혼이주여성의 경험은 시간적으로 먼저 명절 전날의 경험, 명절 당일의 경험, 한국의 설 명절에 바라는 점으로 범주화했다. 중국 춘절과 한국 설날에 대한 연구 참여자들의 경험은 다음과 같다.

첫째, 중국계 결혼이주여성은 설음식을 준비하면서 설 전날에 가족끼리 화기애애하게 음식 준비를 모두 함께하는 것을 기대했지만, 기대와 달리 여자들만 설음식을 준비하는 데 실망했다. 중국에서는 춘절 음식을 준비할 때 가족 모두 참여하는 하는 데 반해, 한국에서는 여자만 일을 하는 데서 서로 다른 '문화의 낯섦'을 경험했다. 또한 설 전날 제사 음식을 준비하는 것에 대한 '문화의 낯섦'을 경험했다. 조상의 제사상에 올리는 음식을 왜 전날 만들어서 차가워진 채로 제사 음식으로 사용하는지, 그리고 맛이 없는 음식만 제사상에 올려놓는지에 대해 이해하지 못했다.

둘째, 중국계 결혼이주여성은 설날 당일에 남녀의 역할이 확연히 구별되어 있으며 대부분 여성의 역할이 많다는 점에 실망했다. 특히, 대부분의 일은 며느리 혼자 감당하지만, 제사에서는 제외되고 밥도 남자들이 먹고 난 후에야 먹어야 한다는 것에 몹시 당황했다. 중국에서는 춘절의 음식 준비부터 춘절 당일의 힘든 일과 무거운 일까지 남자가 모두 함께 한다. 또 며느리나 딸이 구분되지 않고 여자들은 가벼운 일과 음식 만드는 일에만 참여한다고 한다. 그리고 가족들끼리 좋은 말들만 하는 중국의 춘절과 비교하며 한국의 설날에는 상대방의 기분이 상할 수 있는 말들이 오가는데, 이는 서로 삼가는 것이 좋다고 했다.

셋째, 결혼이주여성이 한국 설날에 가장 바라는 점은 노동의 분담과 시댁을 방문하는 것처럼 친정도 방문해야 한다는 것이었다. 그리고 설날 당일 가족행사를 마친 후에는 가족과 함께 또는 모국 출신 결혼이주여성과 만나서 재미있는 대화를 나누거나 즐겁게 노는 것을 바라고 있었다. 이러한 결혼이주여성의 희망사항은 한국인 배우자와 시댁 식구들의 인식이 변하지 않는 한 이루어질 수 없다. 하지만 다문화에 대한 인식이 상호문화적으로 변화하고 있는 한국 사회에서, 또한 남녀평등 사상이 확대되고 있는 시대적 흐름에 따라 결혼이주여성의 희망사항도 점진적으로 성취될 수 있을 것이다. 우리 문화를 일방적으로 전파하는 것이 아닌, 그들의 문화를 재현하는 방향으로의 다문화정책이 시행되어야 다문화가정과 외국인, 또 한국인 사이의 정서적인 간격을 좁히는 데 도움이 될 것이다(김민석, 2016).

이 글에서는 첫째, 한국 문화에 대한 일방적 수용을 강요하는 정책에서 벗어나 결혼이주여성의 모국 문화를 이해하기 위한 노력이 수반되어야 하며, 이를 위해서는 TV 매체나 인터넷을 통해 그들의 문화를 재현하여 전달하는 방안이 필요하다는 것을 제언한다. 특히, 현재 우리나라에 거주하고 있는 많은 결혼이주여성의 모국 문화 중 가장 중요하다고 생각하는 명절을 선택하여 재현할 수 있는 사례를 검토하면서, 어떻게 행사가 이루어지고 어떠한 의미를 가지는지 조명할 수 있는 프로그램을 계획하는 것도 상호문화주의적인 관점에서 긍정적일 것으로 판단된다. 하지만 상호문화주의적 관점에서 심층적이고 비가시적인 '보이지 않는 문화'보다 표층적이고 가시적인 '보이는 문화'만 강조하는 것은 아닌지 반성할 필요도 있다. 타문화의 역동적인 생활과 이를 구성하는 정신세계를 고려하지 않은 채 의식주나 명절 같은 가시적인 문화만 집중하여 조명한다면 자문화 중심적인 관점에서 타문화를 이해하는 문화 다양성 교육은 '여행자 교육(tourist education)'으로 전락할 가능성이 농후하기 때문이다(Erickson, 2009).

둘째, 중국계 결혼이주여성과 배우자 모두에게 중국의 설문화에 담긴 함축적 의미 및 배우자 나라의 정서를 상호 이해시킬 수 있는 교육방법을 강구해야 한다. 이를 위해서는 이들에게 상대방 나라의 설문화뿐만 아니라, 각종 세시풍속에 관한 다양한 사진자료와 동영상, 설날의 현장 참여, 문화적 배경 답사 등의 방법을 잘 활용해야 한다. 또한 자국과 배우자 나라 간 각종 세시풍속 문화의 유사성과 차별성을 숙지하여 상호 의견을 교환할 수 있도록 하는 장을 마련해야 한다. 이렇게 함으로써 결혼이주여성이 모국의 문화를 한국에 알리고, 이것이 새로운 한국 문화발전의 원동력이 될 수 있을 것이다.

한 연구 참여자가 "남편들도 아내의 문화를 알고 공부하고 결혼해라. 지금 출입국사무소에서 남편 교육을 별도로 하는 시간이 있어요. 그거 다 한국 사람이 해요. 차라리 우리 결혼이민자가 가서 강의했으면 좋겠어요."라고 한 말은 다문화가정에 대한 한국 사회의 정책이 어떠한가에 대해 우리에게 시사하는 바 크다.

8. 여가 영역: 유학생의 사회통합을 위한 여가 경험의 의미*

1) 들어가기

고등교육 국제화는 세계적으로 매우 빠른 속도로 확장되고 있으며, 한국은 세계 여러 나라에서 인재를 유치하여 국내 고등교육의 경쟁력을 강화하기 위해 외국인 유학생에게 큰 관심을 보이고 있다. 한국에서는 교육부가 각국의 우수 인재 유치와 더불어 고등교육 경쟁력 강화를 위해 2004년 유학생 유치 확대 종합방안(Study Korea Project)을 마련했으며, 2011년에는 외국인 유학생 유치 · 관리 역량 인증제 도입, 2012년에는 고등교육 국제화 추진전략 발표, 2014년에는 전략적 유학생 유치 및

* 이 글은 오세경 · 김영순(2018), 「사회통합적 접근에서 본 재한 중국 유학생의 여가 경험의 의미 분석」, 『여가학연구』 16-2호에 게재된 논문을 수정 · 보완한 것이다.

정주 지원방안을 통해 외국인 유학생의 학업과 생활 적응지원을 강화하고 취업지원 확대방안을 마련했다(교육부, 2015). 이러한 적극적인 외국인 유학생 유치로 2014년에는 8만 4,891명, 2016년에는 10만 4,262명, 2017년에는 12만 3,858명으로 2012년 8만 6,878명에 비해 43% 증가했고, 2020년까지 20만 명의 외국인 유학생을 유치하기 위해 다각적인 노력을 기울이고 있다(교육부, 2015; 교육부, 2017).

정부는 우수한 외국인 유학생을 유치하기 위해 다각적으로 노력하고 있지만, 국내에 입국한 외국인 유학생의 사회적응, 생활환경에는 크게 주목하고 있지 않다. 선행연구에 따르면 국내 체류외국인 유학생은 낯선 문화로 인한 긴장과 불편, 정서적 욕구의 결핍, 문화정체성의 혼돈과 차별, 한국에서의 집단주의 · 권위주의 · 배타적 성향, 대학 내에서의 무관심과 사회적 편견 등으로 인해 힘들어하고 있다(남부현 외, 2014; 오세경 외, 2015; 주동범 · 김향화, 2013). 또한 외국인 유학생의 불법체류, 반한감정, 취업기회 부족, 학업 중도포기 등이 사회문제로 부상하면서(배소현 · 김희수, 2014) 외국인 유학생의 향후 사회통합 문제가 주요 화두가 되기도 했다.

외국인 유학생이 한국에서 어떤 생활세계를 구축하고 있는가를 들여다보는 것은 외국인 유학생의 사회통합 문제의 핵심 사항을 내재적으로 살펴볼 수 있다. 이 글에서는 중국 유학생의 다양한 생활세계 경험 중 여가 경험에 주목했다. 여가는 우리의 일상생활에 긍정적인 영향을 미치므로 외국인 유학생의 여가 경험은 유학생활의 만족과 건강한 삶을 영위하는 데 기여하고 사회통합에도 긍정적인 영향을 미칠 것이다(Glass, Gómez & Urzua, 2014).

중국 유학생을 대상으로 삼은 이유는 전체 외국인 유학생 12만 3,858명 중에서 중국 유학생이 6만 8,184명, 전체 55%로 가장 높은 비율을 보인다(교육부, 2017). 국내 체류 유학생 중 비율이 가장 높고, 대내외적 파급력과 영향력이 가장 큰 집단이다. 유학생의 유학생활에 대한 만족도는 학업에 대한 성취만이 아니라 여가 경험에 의해서도 좌우된다. 따라서 이 글에서는 한국 사회에 유학 중인 중국 유학생의 여가 경험이 한국 사회를 긍정적으로 받아들이는 데 어떠한 영향을 미치는지에 대해 살펴보았다. 즉, 이 글은 한국 사회에서 고등교육 국제화의 핵심 구성원으로서 중국 유학생이 경험하고 있는 여가 경험의 의미를 탐색하는 데 목적이 있다. 이는 외국인 유학생을 유치하고 관리하는 체계의 기틀을 마련하여 성공적인 유학생활을 설계할 수 있도록 하는 기초자료로 활용 가능하다.

2) 중국 출신 유학생의 한국 생활

외국인 유학생 유치를 위한 한국 정부의 지속적인 노력에도 외국인 유학생은 교육 환경에서 언어, 문화적응 등 다양한 어려움을 겪는다(나임순, 2006; Mallinckrodt & Leong, 1992). 안드라데(Andrade, 2006)는 현지 국가 학생들과 외국인 유학생을 비교하는 연구에서 외국인 유학생이 적응하는 데 어려움이 더 크고, 스트레스와 불안감을 더 많이 경험한다고 보고했다. 또한 외국인 유학생은 언어, 학습적인 적응 및 사회문화적인 적응 등의 문제에 노출된다고 밝혔다. 또한 이는 외국인 유학생이 사회적 지지를 덜 받기 때문이라고 언급했다. 외국인 유학생은 사회문화적으로 차별적인 지위에 놓여 있어 많은 어려움을 경험하게 된다는 것이다. 따라서 정부는 외국인 유학생 유치 노력뿐만 아니라 효율적인 사후 관리에 대해서도 공을 들여야 하는 상황이다.

선행연구에서는 국내의 대학생 간 상호교류를 목적으로 일부 대학에서 시행하고 있는 한국인 학생(멘토)과 외국인 학생(멘티) 간의 멘토링 프로그램, 한국에 거주하고 있는 유학생들 간의 SNS 활용 등이 제안되기도 했다(이용균, 2015). 이러한 프로그램을 통해 외국인 유학생은 한국 친구와 교우관계를 형성하고 한국 문화에 대한 이해도 증가했다(서효봉 · 서창갑, 2011). 이러한 연구는 외국인 유학생이 타인과 교류하면서 한국 문화에 더욱 쉽게 적응할 수 있음을 보여준다. 또한 김경오(2013)는 유학생이 새로운 문화 및 환경에 적응하는 데서 신체활동이 중요하다고 주장했다. 신체활동은 더욱 건강한 삶을 살아가는 데 매우 중요하며, 공동체 수준에서 외국인 유학생에게 건강서비스를 제공해야 한다고 강조했다(김경오, 2013).

이처럼 한국 학생과의 상호 교류 및 커뮤니티 활동을 위한 지원이 필요하다는 점, 신체활동을 위한 건강 프로그램 등이 필요하다는 점 등이 선행연구에서 지적된 바를 보면, 한국 사회가 문화적응을 위해 외국인 유학생의 여가문화를 지원할 필요가 있다는 것이 드러난다.

다문화사회는 세계화 추세와 깊은 관련이 있으며, 이에 따른 다문화정책은 외국인 노동자, 국제결혼이주민, 외국인 유학생 등의 소수집단이 주류사회의 기존 시민과 어떤 구조를 이루며 살아나가도록 하는지 살펴보아야 한다(이인원, 2013).

3) 문화적응과 여가

(1) 문화적응의 주요 이론

사회문화적응은 새로운 문화를 접하면서 일어나는 변화를 의미한다(Berry, 1990). 중국 유학생은 한국에 체류하면서 다양한 대내외적 경험을 하게 되는데, 문화적응은 그들이 문화 간 접촉 상황에서 변화하는 것을 의미한다.

사회문화적응의 주요 이론으로 문화학습 이론(문화적 측면), 스트레스 대처 이론(정서적 측면), 문화 정체감 이론(관계적 측면)이 있다. 첫째, 문화학습(culture learning) 이론은 비교문화적 적응에 필요한 타문화에 대한 지식과 기술, 언어 구사 능력, 새로운 문화권 사람들의 관점에서 생각하고 이해하는 것과 같은 문화적 측면에서의 통합적 접근이다. 문화학습 이론은 의사소통과 상호 간의 예절에 관한 문제가 중점적으로 다루어진다. 그러나 이 같은 문화학습 이론은 두 가지 딜레마를 내포한다. 이는 체류자들이 현지 문화를 배우고 그 문화에 동화되어야 한다고 보는 관점으로, 사회적인 상황에 따라 문화 접촉이 유동적임에도 현지 문화를 그대로 학습해서 적용하는 일방향적인 관점이라는 한계를 지닌다(정진경 · 양계민, 2004). 이러한 견해는 점차 발전하여 문화적응의 의미가 "타문화권에서 유능한 행동을 실행할 수 있는 능력을 갖추는 것"으로 정의되면서 상호문화 학습으로서의 접근이 시도되고 있다. 상호문화적 접근은 다른 문화적 배경을 가진 구성원이 역동적으로 교류하고 상호작용하는 과정에서 관용, 공감, 협력, 갈등 해결 능력 등을 갖추게 하는 사회문화적 학습을 추구한다(정기섭, 2011). 플레시히(Flechsig, 1997)는 상호문화 학습을 "상호문화 이해를 통해 타문화와 소통할 수 있는 능력을 개발하는 학습 행위"로 정의하고 있다(민춘기, 2003 재인용). 즉 상호문화 학습은 타문화권의 문화적 맥락, 상황, 관계 등을 학습하고, 타문화권의 사회구성원 사이에 상호이해를 촉진하는 방법이다. 이 같은 접근은 중국 유학생이 한국 문화를 접촉하는 상황에서 한국 문화에 대한 지식과 기술을 습득하고, 자신의 고유문화에 대해 성찰하는 문화 간 의사소통을 가능하게 한다.

둘째, 스트레스 대처(stress and coping) 이론은 문화적 이동으로 발생하는 스트레스를 인식하고, 바람직한 대처반응이 필요하다고 보는 정서적 측면에서의 통합 접근이다. 이 접근법은 문화이동 자체를 스트레스로 바라보고, 이를 극복하기 위해 개인과 환경의 역동적 상호작용에 초점을 둔다. 역동적 상호작용 관점에서의 스트레스는 환경적 요구와 개인의 대처자원 간의 불균형을 의미한다고 보고, '대처'라는 심리적 매개 변인을 중요시한다(Lazarus & Folkman, 1984). 여기에서 의미하는 대처는 문화이동 과정에서 발생하는 여러 가지 스트레스적 상황에 대한 효과적인 반응으로, 대처능력 및 대처자원을 뜻한다. 중국 유학생은 한국 문화와 접촉하면서 학교생활 적응과 문화적 차이에서 오는 갈등 등의 스트레스를 경험하고 있다. 따라서 중국 유학생이 문화적응 과정에서 경험하는 역기능을 '문화적응 스트레스'로 정의할 수 있다. 국내 중국 유학생의 문화적응 스트레스는 고국에 대한 향수, 사회적 적응 문제, 문화적 가치 갈등, 일상생활의 어려움, 소외감, 우울감 같은 스트레스 행동을 동반한다(나임순, 2006; Mallinckrodt & Leong, 1992). 문화적응 스트레스는 삶의 질을 저해하는 요인으로 작용하고, 더불어 정신건강 문제 발생의 원인이 된다(윤명숙 · 김남희, 2013 재인용). 따라서 외국인 유학생의 문화적응 스트레스를 조절하기 위해서는 대처능력 및 자원에 주목해야 한다.

셋째, 문화 정체감(cultural identification) 이론은 문화 간 이동 과정에서 경험하는 정체감의 변화와 그에 대한 대응방식으로서 관계적 측면에서의 통합 접근이다. 문화 정체감은 자신이 속한 문화 집단과의 유대관계 속에서 파악되는 개인의 주관적인 자아 개념으로(Banks, 2006), 사회적 집단에 대한 가치와 소속된 집단에 관한 지식에서 파생된 개인적 자기 개념의 한 부분이다(Phinney, 1992). 또한 문화 정체감은 언어, 가치, 역사적 이해 등의 사회문화적 차원뿐만 아니라 특정 문화를 공유하는 구성원의 가치관, 생활양식을 받아들이고 자신을 해당 집단의 일부로 인식하고 동일시하는 것으로 정의되기도 한다(장인옥 · 김현아, 2014). 이와 같이 문화 정체감은 개인이 소속된 집단에 대한 유대감 및 귀속감을 비롯하여 민족 문화 집단의 언어, 문화적인 이해와 이를 실천하려는 태도와 가치를 의미한다. 이와 같은 문화학습 이론, 스트레스 대처 이론, 문화 정체감 이론이라는 관점에서 사회통합 개념을 제시하면 다음 〈표 2-9〉와 같다.

〈표 2-9〉 문화적응 이론을 적용한 사회통합의 개념화

문화적응 이론	사회통합 측면	개념
상호문화 학습	문화적	상호문화와 관련된 지식과 기술의 교환(문화적 역량 획득) 및 상호문화적인 이해와 이를 실천하려는 태도와 가치
스트레스 대처	정서적	심리적 환경의 조절 및 대처 역량
문화 정체감	관계적	개인이 소속된 집단에 대한 유대감 및 귀속감

(2) 여가활동과 문화적응

한국 사회에서의 적응을 자신의 힘으로 해내야 하는 입장에 놓인 중국 유학생의 적응 스트레스를 감소시키기 위한 대안으로 여가활동은 중요한 변수가 될 수 있다(오세경 외, 2015). 여가란 일상생활 속에서 단순히 시간을 보내기 위한 휴식 활동뿐만 아니라 삶의 질을 높이기 위해 가장 필요하고 유익한 활동으로, 긍정적인 정서를 형성하는 매개체이자 촉매다(오세경, 2014). 여가에 대한 인식은 한국 사회에서 스트레스 해소와 재충전을 위한 협소한 의미를 넘어서 삶을 더욱 풍요롭게 하는 자기 발전을 위한 활동의 의미로 확장되고 있다.

기존 연구에서 밝히고 있는 중국 유학생의 여가 경험 특징을 살펴보면, 중국 유학생의 여가 동기는 개인적 즐거움, 스트레스 해소, 대인관계 및 교제 등이며, 가장 선호하는 여가활동은 문화예술 관람 활동과 취미오락 활동인 반면, 만족도가 높은 여가활동 유형은 스포츠 관람 및 참여 활동으로 보고되었다(한광훈 · 박봉수, 2012). 또한 중국 유학생의 학업 스트레스에는 정신적 · 신체적 여가활동이 영향을 미치고, 학교생활 적응에는 정신적 · 사회적 여가활동이 영향을 미치며, 사회적응에는 오락적 여가활동이 영향을 미친다고 논의되었다(전준범 · 이세형, 2016). 실제로 외국인 유학생은 한국 문화적응 과정에서 낯선 문화에 대한 이질감과 한국인과의 관계 맺기의 어려움을 경험하지만, 이를 여가활동으로 극복해나가고 있다(오세경 외, 2015). 요컨대 외국인 유학생은 미디어와 한국 문화 체험을 통해 한국 문화를 직간접적으로 경험하면서 상호문화 이해를 학습하고, 여가 스포츠 참여를 통해 스트레스에 대처하고 있으며, SNS 이용과 여가 동아리에 참여하여 문화 정체감을 형성하며 한국 유학생활에 대한 만족감을 높이고 있는 것으로 나타났다(오세경 외, 2015). 이처럼 여가는 우리의 삶에 긍정적인 요소로 작용하고 있으며, 외국인 유학생의 여가 참여는 적응 과정에서 필수불가결한 활동이다. 이 외에도 중국 유학생의 온라인 여가활동 참여 동기와 여가 만족에 관한 연구(곽춘려 · 이희승, 2011), 재한 중국 유학생 여가활동이 삶의 질에 미치는 영향(마경기, 2011), 한중 대학생의 여가활동 동기, 제약, 만족 등이 대학생활의 만족에 미치는 영향을 비교한 연구(강홍렬, 2011) 등의 관련 연구가 진행되었다. 이를 통해 중국 유학생의 여가 참여가 삶의 질 개선에 영향을 미치고 있음을 알 수 있다.

4) 유학생의 문화적응 경험 이야기

이 글은 국내 체류 중국계 유학생의 한국 문화적응과 여가생활 간의 관계를 살펴보았다. 연구 대상자를 선정하기 위해 연령은 20대 초반부터

〈표 2-10〉 중국계 유학생 연구 참여자의 인적 사항

구분	나이	민족	성별	이주 연도
01	21	한족	여자	2015
02	25	한족	남자	2015
08	26	한족	남자	2013
10	29	조선족	여자	2010
11	27	한족	여자	2014
14	37	한족	여자	2006

30대 중반까지로 제한했고, 전공은 아태물류학과, 문화경영학, 한국어학 등으로 한국 체류 기간 1년 이상인 중국계 유학생을 대상으로 진행했다. 위의 〈표 2-10〉은 이 글에서 분석 대상으로 삼은 연구 참여자의 인적 사항을 정리한 표다.

중국계 유학생의 한국 생활 적응의 어려움과 문화적응 전략으로서 여가 경험을 어떻게 활용하고 있는지에 대한 의미 탐색을 위해 심층인터뷰 방법을 실시했다. 심층인터뷰는 2017년 11월부터 2018년 2월까지 인터뷰한 연구 참여자 가운데 6명이다. 이들을 총 1~2차에 나누어 개인별로 면담을 진행했다. 인터뷰 질문은 5단계 핵심사항을 바탕으로 다음 〈표 2-11〉과 같이 상황에 맞추어 수정 혹은 보완하는 반구조화된 방식을 사용했다.

면담은 휴게실과 학교 주변의 조용한 카페를 활용하여 약 1시간에 걸쳐 진행되었다. 면담의 전 과정은 연구 윤리에 따라 연구 참여자들에

〈표 2-11〉 면담 내용의 범주

단계	항목	면담의 주요 내용
opening question	중국 생활	- 출신 국가에서의 주요 여가활동은 무엇인가?
introduction	한국 생활 초기 어려움	- 한국에 와서 가장 어려웠던 점은 무엇인가?
transition	한국 적응과 여가생활	- 한국의 문화에 적응했는가? - 한국에서의 여가활동은 무엇인가? - 여가활동 참여 동기는 무엇인가?
key	여가 경험과 사회통합	- 여가활동 참여가 사회통합에 도움이 되었는가? - 여가활동 참여가 어떻게 사회통합에 도움이 되었는가?
closing	희망하는 여가 프로그램	- 원하는 여가활동 프로그램 및 지원은 무엇인가?

게 연구내용을 간략히 설명한 후 서면으로 연구참여동의서를 받았으며, 사전 허락하에 모든 면담 내용은 소형 녹음기를 통해 녹취되었다. 또한 면담 이후 추가로 필요한 자료는 전화나 이메일을 통해 개별적으로 수집되었다.

자료 분석 방법은 스트로스와 코빈(Strauss & Corbin, 1990)의 비교분석법을 활용하여 진행되었다. 비교분석법은 전사 자료를 반복적으로 상호 비교·분석하면서 자료 내 유사점과 특이점, 차이점 등을 비교하여 자료의 주제를 통합할 수 있는 범주를 구성하는 방법이다. 먼저 수집된 심층면담 녹음 자료는 음성을 텍스트로 옮기는 전사 작업을 거친 뒤, 그 전사 자료를 연구의 원자료로 사용하는 방식을 사용했다. 원자료를 반복적으로 읽으면서 주제나 패턴을 고려해서 유의하다고 판단되는 개념을 추출하여 코드를 도출했다. 도출된 코드 중에서 의미 있는 코드를 주제별로 묶어 심층 코딩하여 개념화했다.

본 연구는 윤리적 엄격성 확보를 위해 신뢰성, 전이 가능성, 감사 가능성, 확인 가능성(오세경, 2014)이라는 검증을 통해 연구의 신뢰성을 높였다. 연구의 신뢰성을 높이기 위해 심층인터뷰 외에 연구 참여자들의 일상생활 및 여가활동 등을 관찰하여 내적 타당도를 높였고, 일반성과 대표성을 의미하는 전이 가능성 확보를 위해 연구 참여자를 선정하는 과정에서 2년 이상, 모든 학위과정(학사, 석사, 박사)을 포괄하는 등의 노력을 기울였다. 또한 연구 참여자의 수를 사전에 한정하지 않고, 이론적 포화가 성립했을 때, 연구 참여자 선정을 중지했다. 감사 가능성 확보를 위해 연구자가 해석한 자료를 연구 참여자 2인에게 재확인하는 작업을 거쳐 연구결과에 대한 타당도를 높이고자 했으며, 연구 문헌자료, 녹음된 음성 파일, 면담 전사 자료 등을 보관하여 언제든지 확인할 수 있도록 했다.

(1) 사회문화적 갈등 경험

① 문화적 측면: 차별과 배제의 대상으로서 이방인

연구 참여자들은 일상생활과 학교생활에서 '중국인'이기 때문에 차별과 무시를 받는다고 언급했다. 한국 주류집단의 중국인에 대한 부정적인 사고와 차별적인 행위는 문화적 동질성을 추구하는 한국 문화의 특성이 드러난 결과라 할 수 있다.

> "한국에 온 학생에 대해 무시하지 말고, 미국사람 맞나? 캐나다? 그 친구한테 말 좀 친절하게 하고, 말 좀 하고, 드실래요? 하면 포장하면, 포장하면 드실래요? 이런 거 물어보는 것도 많아요. 그런데 저한테는 끝." (연구 참여자 02)

연구 참여자는 한국 사회에서 자신이 단순히 외국인이기 때문에 차별받는 것이 아니라 한국인이 중국에 대한 부정적인 인식을 가지고 있어 불공정한 대우를 받는 것이라고 말했다. 결국 그들이 겪는 불공정함은 자신이 주류집단에게 국가적인 '차별'과 '무시'를 받는다고 여기는 '지각된 차별감'으로 이어지며, 이 같은 양상이 한족보다는 조선족 참여자들에게서 두드러지게 나타나고 있음이 확인되었다.

> "한국 사람이 조선족에 대해 첫인상 안 좋아서. (중략) 아마 양쪽에 비교하면 한족이 조금 더 나을 것 같아요. 근데 실은 좀 비슷한 것 같아요. 어차피 한국 사람이 그 중국 사람 싫으면 완전 다 싫어. 이유 없

어. 다 싫어요. 뭐 뉴스 보고 무슨 드라마 보고 안 좋은 소식 많이 들어서 그냥 많이 싫은 이유가 될 수 있어서. 그래서 아마 서로 잘. 올바르지 않은 정보를 많이 들어서 그래요." (연구 참여자 01)

한국 적응 과정에서 연구 참여자는 '차별'과 '무시'의 대상이 되지 않기 위해서는 자신이 조선족이라는 사실을 숨기고 주류집단에 순응하며 생활해야 한다는 것에 대한 불편한 기색을 보이기도 했다.

"누가 조선족이라서 '뭐 그렇지, 조선족이 다 그렇지.' 이런 인식이 박힐까 봐 두렵기도 하고 거기다가 중국인 떠나서 조선족이 한국에서 범죄율이 꽤 높았고 예전에는. 그리고 인식이 안 좋잖아요. (중략) '내가 조선족이라고 얘기하면 이 사람들이 나 차별된 눈빛으로 보지 않겠나.' 좀 걱정도 많이 하죠. 괜히 일 잘못할까 봐. 더 인식이 안 좋아서." (연구 참여자 10)

② 정서적 측면: 정서적 욕구 결핍에 의한 스트레스

타국에서 생활하는 유학생은 가족에 대한 그리움, 혼자 생활해야 하는 외로움, 고국에 대한 향수병 같은 스트레스 상황에 직면한다. 스트레스 상황은 결국 유학생의 한국 생활 적응에 부정적인 영향을 미치게 되고, 두통, 우울감, 고독감, 좌절, 울음, 비난 등과 같은 생리적 · 정서적 · 행동적 증상으로 나타나기도 한다(한금선, 2005). 연구 참여자 11은 한국 생활에서 정서적인 안정감을 줄 주변 지인이 부재한 상황에서 외로움에 대한 힘듦을 경험했다고 언급했다.

"혼자 있기 때문에 외로울 때가 많아요. 처음에 왔을 때 친구도 별로 없고. 그때는 조금 힘들었어요." (연구 참여자 11)

이처럼 타국에서의 스트레스 경험은 학업 성취와 한국 생활의 만족감을 저하시키는 주요 요인으로 작용할 수 있다. 특히, 연구 참여자들은 현재의 상황 혹은 문제를 스스로 해결해야 하는 부담감을 안고 있었다. 연구 참여자 01은 학교생활을 위한 수강신청을 혼자 힘으로 하기에는 시스템 사용이 어려워 누군가의 도움이 필요하다고 말했다.

"그래서 아까 물어봤을 때는 어려운 점이, (중략) 학부 때는 그냥 수강신청 했을 때 이게 큰 문제 같아요. 그래서 국제 교류처 가서 물어봐도 '스스로 해결해야 돼요.' 그런 말이 많아요. 수강신청 했을 때 어려워요. 처음에." (연구 참여자 01)

수강신청 시스템뿐만 아니라 온라인 과제 제출의 경우, 제출 방법을 알지 못해 어려움을 겪었다는 연구 참여자 08은 한국에서 학위를 획득하고자 노력하는 과정에서 학업에 대한 스트레스를 가장 많이 받고 있다.

"우리 학교 그냥 처음 학교 왔을 때는 아이클라스 어떻게 쓰는지 어차피 학부생들이 과제 다 아이클라스에서 올려야 되는데 가르쳐주는 사람이 없어서 학교는 통제적으로 교육이 없으니까 그래서 과제 어떻게 제출하는지 몰라요. 그게 문제죠." (연구 참여자 08)

한편, 연구 참여자 11은 중국에 있을 때 친구들과 즐겨하던 나들이 같은 여가활동을 한국에서는 정보가 부족하여 하지 못했다고 밝혔다. 민속촌을 방문하여 한국 문화를 체험하고 싶은 마음이 간절했지만, 함께할 동반자의 부재로 경험하지 못한 것에 대한 아쉬움을 드러내기도 했다.

> "예전에 중국에 있을 때 친구들이랑 같이 나들이? 봄에는 가을 많이 가봤어요. 그런데 한국에 와서 어디 가는지 모르고, 길 찾는 거 불편하고 뭐 장소 같은 거 뭐 여러 불편한 점이 많아서 그냥 안 갔어요. (중략) (민속촌) 같이 갈 사람이 없어서. 한번 가자고 했는데 언니가 재미없대요." (연구 참여자 11)

이와 같이 연구 참여자들은 타국에서의 외로움, 스스로 학교 시스템을 알아가야 하는 부담감과 제한된 정보 등을 이유로 정서적인 욕구가 충족되지 못함으로써 스트레스를 경험하는 것으로 나타났다.

③ 관계적 측면: 관계 맺기의 어려움

연구 참여자들은 주류집단의 언어 사용에 대한 어려움을 느끼고 있었으며, 언어적 표현에 대한 오해가 생길 것을 우려해 한국 친구들과 대화하는 것을 회피하고 있었다. 연구 참여자 08은 20일 동안 자전거여행을 한다는 의미로 선배에게 이야기했는데, 그 선배는 20일까지 갔다 온다고 이해해 상호 간의 오해가 발생한 적이 있다고 말하기도 했다.

> "자전거로 이용해서 부산에 가려고요. 그런데 자전거로 부산에 가면 보통 20일 동안 필요하니까 근데 선배님들 오해가 생겨서 20일까지 갔

다 올 수 있어요. (중략) 의사소통이 좀 어려웠어요. 어차피 자기 어떻게 표현하는지 뭐 좀 어려워요. 바로 친구들이 이야기하는 거 잘 알아들을 수 있지만 의사소통하기 어려워요. 표현 어떻게 되는지 안 되는지 자기도 좀 걱정하고 있어서 그래서 어떤 잘못 표현하면 아마도 무슨 오해가 생길 수 있어 그래서 말이 많지 않았어요." (연구 참여자 08)

언어적 의사소통 문제로 인해 한국인 또래집단보다는 중국인 또래집단과 어울리게 된다고 밝힌 연구 참여자들의 이야기처럼 그들이 의사전달 과정에서 겪는 문제는 타인과 관계적 유대관계를 형성하는 데 부정적인 역할을 하고 있었다. 자국에서는 다양한 네트워크를 가지고 있지만 한국에서의 네트워크는 자국보다 현저히 빈약하다. 이 때문에 연구 참여자들은 심적으로 지지받을 수 있는 또래집단을 필요로 하고 있었다.

"저는 한국어 전공이기 때문에 다른 친구들보다 한국어 조금 잘하지만 못 알아듣는 상황도 많아요. 그때는 조금 어려워요. 계속 물어볼 수도 없고 상황에는. 계속 물어보면 조금 가끔 그런 상황 아니기 때문에 물어볼 수 없어요. 그럴 때는 너무 답답해요." (연구 참여자 11)

연구 참여자 01의 경우, 언어적 의사소통이 원활하지 않아 일상생활과 학교생활에 대한 상담을 받을 수 없는 상황들이 있었다고 언급했다. 이는 연구 참여자들을 위해 한국어 교육뿐만 아니라 중국어가 능통한 상담가를 교내에 배치할 필요가 있음을 시사한다.

"상담은 그냥 언어도 통할 수 없어서 어떻게 상담을 받을 수 있냐고.

그래서 이것도 문제고." (연구 참여자 01)

한편, 연구 참여자 14는 언어적 의사소통이 가능할지라도 일상생활에서나 학교생활에서 한국인 또래집단과의 교류가 원활하게 이루어지지 않는다고 밝혔다. 연구 참여자들은 한국인 또래집단과의 소통을 원하고 있음에도 교류할 기회가 많지 않음에 아쉬움이 있는 것으로 파악되었다.

> "할 수 있으면 좋겠죠. 좋죠. 또 저희 학과의 경우도 한국 학우 있어도 저희도 나이 드신 분, 직장 다니거나 가정이 있거나 그냥 평소 학교에서 공부할 때 만나는 거죠. 실제적으로 같이 놀거나 그런 기회가 없었어요. 친해지는 기회도 그렇게 많지 않아요. (중략) 학업에서도 그렇게 교류가 많지 않아요." (연구 참여자 14)

이와 같이 연구 참여자들은 한국 친구들과의 교류를 원하고 있지만, 언어적 의사소통의 어려움을 겪으면서 동일 언어를 사용하는 중국인 또래집단과 어울려 지내는 것으로 확인되었다.

(2) 문화적응을 위한 여가활동 경험

① 문화적 측면: 사회적 포용으로서 상호문화 이해

연구 참여자들은 중국 또래집단뿐만 아니라 한국 친구들과 함께 여가생활을 보내기 위해 노력하고 있었다. 연구 참여자 11의 경우, 한국 친구와 노래방에 가서 각자의 국가 노래를 불렀다고 밝혔다. 노래를 부르는 과정에서 어색함이 감돌았지만, 서로의 국가 노래를 잘 모르더라도 상호 간의 이해와 존중이 있기에 가능했을 것으로 파악된다.

"중국 노래. 한국 노래는 가사가 너무 어려워서. 한국어 조금 알지만, 가사 이렇게 부르는 거 조금 어려워요. (중략) 근데 한국 친구 부르는 한국 노래, 저도 모르고. 저도 부르는 중국 노래 한국 친구도 모르고 조금 어색했어요. (중략) 한국 친구? 그때는 한 시간, 두 시간 정도?" (연구 참여자 11)

또한 연구 참여자 14는 한국어 교과서에 나온 한국의 명소를 직접 눈으로 보게 되어 좋았다고 말했다. 한국의 명소를 방문한 직접 경험은 미디어 혹은 서적에서 본 간접 경험보다 영향력이 더 크며, 한국 문화를 직접 체험해봄으로써 한국 문화에 대해 긍정적으로 인식하게 되는 것으로 확인되었다.

"한국어 교과서에서. 네. 또 한국의 책, 그 처음의 한국어 배웠을 때 교과서에서 자꾸 충무로, 을지로 그런 거 나왔는데 (중략) 실제 한번 느껴보는 게 그거, 그때도 조금 흥분해요. (중략) 저 제주도 작년 여름에 간 거 처음이었거든요. 그 옛날에 교과서에서 자꾸 제주도 사투리로 심하다고 그런 얘기 들었는데 그래서 또 가서 말을 못 알아들을까 그런 생각도 들었었어요. 근데 실제 가봤는데 또 근데 할아버지 할머니라도 표준어 할 줄 아는 것 같아요. 그래서 의사소통에도 별 지장이 없었어요. 그리고 거기 사람도 착한 것 같아요. 좋았었어요." (연구 참여자 14)

또한 연구 참여자 01은 학교 교내 축제에서 중국인이 즐겨 먹는 양꼬치를 판매할 수 있는 기회를 얻게 되어 좋았다고 했다. 아울러 연구 참여자 11도 한국 문화 체험 이외에 한국 친구와 중국 문화를 함께 공유하기 위해 중국 전통 샤브샤브 음식점에 방문한 적이 있다고 언급했다. 이처럼 연구 참여자들은 중국의 음식들을 한국 친구들과 함께 나누기를 원하고 있었으며, 단순히 한국 문화에 대한 동화주의적인 측면이 아닌, 여가활동을 통해 상호문화 이해적인 문화 공유 인식을 드러내고 있음을 확인했다.

"학교 축제. 좋았어요. 우리 학생회도 양꼬치 팔았어요." (연구 참여자 01)

"가본 적이 있는데, 근데 샤브샤브 같은 거 한국 친구들이 너무 매워했어요." (연구 참여자 11)

이와 같이 연구 참여자들은 한 문화에 종속되는 것이 아닌, 평등한 관계에서 상호 문화를 향유하는 것을 선호하는 것으로 나타났다.

② 정서적 측면: 사회적 치유로서 스트레스 대처

연구 참여자들은 한국생활 적응 및 학교생활 속에 발생하는 스트레스를 여가활동을 통해 해소하고 있었다. 연구 참여자 14는 한국에서의 여가활동이 신체적 건강과 스트레스 해소, 기분전환에 효과가 있었으며, 마음의 휴식을 취할 수 있도록 하여 스트레스 관리에 효과적이라고 했다.

"처음에는 체력 때문에 맨날 공부해서 맨날 앉아서 정말 몸도 굳어지고 그런 생각에 가게 되었는데 가게도 가서 또 스트레스 푸는 것도 좋은 것 같아요. (중략) 마음의 휴식을 얻을 수 있는 그런 활동이라고 생각해요." (연구 참여자 14)

또한 연구 참여자 08은 가족환경 및 학교생활의 어려움으로 발생하는 스트레스를 해소할 수 있는 주요 취미 활동이 있다는 사실이 다행이라고 언급한 만큼 여가를 중요한 활동으로 인식하고 있다는 것을 알 수 있다. 그녀는 여가활동을 통해 스트레스로 인한 우울감, 좌절감 같은 부정적인 정서를 감소시키고, 스스로 스트레스를 조절하고 대처하는 관리 행동을 보여주었다.

"가족환경 때문에 그래서 또 지금 대학을 다니긴 다니지만 어차피 어려운 점, 싫은 점 많아요. 아마 남자들이 마음이 더 넓어서요. 그래서 조금 스트레스 쌓이긴 하지만 무의식적으로 쌓이고 있어요. 그래서 다행이에요. 그 취미가 있어서. 그래서 이거(기타) 치면서 실은 또 무의식적으로 또 풀리고 있어요. 풀려 있어요." (연구 참여자 08)

한편, 연구 참여자 10은 대인관계에서 겪는 스트레스를 여가활동을 통해 해결해나간다고 하며, 평소 독서를 통해 마음의 치유를 도모한다고 한다.

"좀 어떻게 답답하니깐 해결책으로 책이라도 보면서 '아, 내가 이렇게 하면 되구나.' 남자친구랑 싸울 때는 『더 이쁘게 사랑하는 법』이라

는 책이 있더라고요. (중략) 한번 읽어보고 또 마음을. 치유가 돼요." (연구 참여자 10)

이와 같이 중국계 유학생은 여가 문화 향유를 통해 스트레스에 대처하고, 여가 경험은 중국계 유학생의 한국 유학생활 적응 및 만족감을 높이고 있다.

③ 관계적 측면: 사회적 연대와 결속으로서 지지체계 형성

연구 참여자들은 주로 중국인이 운영하는 온라인 매체를 통해 한국생활에 대한 정보를 공유하고 있는 것으로 나타났다. 온라인 매체를 통해 한국에 거주 중인 중국인 간의 커뮤니티가 형성되었고, 서로 도움을 주고받으면서 한국생활의 어려움을 극복해나가고 있었다. 연구 참여자 08의 경우, 한국에서 축제를 즐기기 위해 중국인 커뮤니티를 이용하여 송도 축제에 대한 정보를 얻게 되었다고 말했다.

"9월 때는 송도 맥주축제 있거든. (중략) 인터넷을 통해 찾았어요. (중략) 기본상황은 제가 물어본 것은 어떤 사람이면 어떤 위채드 단체 방이거든요. 어디에서 그 정보를 알아봤어요. 친구는 그냥 지금 무슨 블로그 아니고요. 중국 사람이 다 한국에 있는 한국에 살고 있는 사람을 위해 만드는 블로그 있어서." (연구 참여자 08)

또한 연구 참여자 08은 한국 친구들과의 일상적인 대화는 힘들지만, 같은 여가를 공유하는 한국 친구들과의 소통에는 문제가 없다고 했다.

그는 한국 친구와 함께 여가활동으로 기타를 치며 기타에 관련된 이야기를 나누다 보니 공감대가 형성되어 자연스럽게 상호 소통이 이루어졌다고 했다. 또한 그는 동아리에 소속되어 한국인과의 거리감을 좁힐 수 있는 방안으로 여가활동을 활용하고 있었다.

> "동아리 이름이 아세스예요. 기타 쳐요. 너무 좋아요. 정상적으로 대화할 수 있다고요. 그래서 보통 다른 이야기 많이 하지 않고. 그냥 기타 어떻게 하는지, 이 노래 어떻게 진행하는지, 사이사이 어떻게 잘 어울리게 하는지 그래서 좀 이야기했어요. 그래서 기타에 관련된 내용은 많이 이야기하고 다른 문제없어요." (연구 참여자 08)

또한 중국인 친구들 간의 친밀한 네트워크를 형성하고 있다는 연구 참여자 01과 명절이나 생일에는 중국인 친구들과 함께 만두를 빚어 먹는다는 연구 참여자 14를 통해 한국에서의 중국인 간의 교류는 지지체계의 형성으로 이어져 적응 및 학업에 긍정적인 영향을 미치고 있음이 확인되었다.

> "그냥 같은 중국 사람이었으면 우리 친해요. 우리도 고향이 다르잖아요. 근데 친해요. 근데 친해질 때는 이 학생 이 친구 무슨 문제 생길 때 저한테 도와달라고 할 일 있으면 최대한 도와드릴 거예요. (중략) 우리 서로서로 연결." (연구 참여자 01)

> "가끔씩 해요. 뭐 누가 생일일 때나 또 뭐 추석 이런 경우 안 돌아가면, 또 혼자 있으면 외롭기도 하잖아요. (중략) 그러면 몇 명 모여서 만

두 빚기도 해요." (연구 참여자 14)

이처럼 연구 참여자들은 여가활동 참여 과정에서 중국인 간의 커뮤니티를 통해 소속감을 가지게 되고, 불편하기만 했던 한국인과의 관계에서도 거리감을 줄일 수 있다고 했다. 이를 통해 사회적 관계의 확장이 이루어지고 있다는 것이 확인되었다.

5) 나가기

중국 유학생의 한국생활 및 학교생활 적응에 긍정적인 영향을 미치기 위해서는 첫째, 상호문화 학습을 통한 기틀을 마련하는 것이 중요하다. 중국 유학생의 한국 문화에 대한 동화주의적인 접근이 아닌 한국인과 중국 유학생의 상호문화 학습 프로그램을 구성하여 타문화에 대한 이해의 과정이 마련되어야 한다. 유학생은 문화접촉으로 인해 자국의 문화와 한국 문화 사이에서 갈등을 경험하며, 가치관과 사고방식의 차이를 느끼게 된다. 이처럼 외국인 유학생은 문화적응 과정에서 문제를 경험하지만, 이는 자연스러운 현상이다. 유학생이 자연스럽게 주류 문화권의 문화체계를 이해하고, 자국의 문화와 한국 문화와의 차이를 인식하여 상호이해 관점으로 바라보게 된다면, 낯선 문화에 대한 이질감을 극복할 수 있을 것이다.

둘째, 다양한 사회적 지원을 통해 중국 유학생의 자기효능감을 높이는 방안이 모색되어 문화적응 스트레스 지각을 낮출 수 있는 체제를 마련해야 한다. 이에 여가활동은 휴식과 기분전환의 효과뿐만 아니라 학교생활 적응 및 문화적응에도 도움을 줄 수 있다.

셋째, 중국 유학생과 한국인이 학습 공동체를 형성할 수 있도록 하는 프로그램을 고안하여 상호 간 교류할 수 있는 시스템을 구축하는 것이 필요하다. 외국인 유학생은 한국 문화에 적응하기 위해 한국인과의 상호작용을 원하고 있지만, 한국인과의 관계 형성에 어려움을 느끼고 있다. 외국인 유학생은 한국인과의 먼 사회적 거리감을 느끼면서 문화적응에 불안, 고통, 외로움 등을 경험하고 있다. 사회적 거리감은 개인이 특정 집단이나 구성원에게 가지고 있는 거리감에 대한 태도를 의미한다(임성택, 2008). 이와 같은 결과는 우리에게 '다문화 시대'라는 패러다임 전환 속에 비판적인 성찰을 요구한다. 따라서 중국 유학생의 사회적 지지체계를 구축할 수 있는 방안이 모색되어야 한다. 예를 들어, 다문화센터 등에서 중국 유학생이 봉사활동을 할 수 있는 지원체제를 마련하는 것이다. 중국 유학생의 인적 자원을 활용하여 자국민을 위한 상담 및 한국어 교육이 가능하도록 할 수 있다.

넷째, 중국 유학생이 자국의 문화정체성을 잃지 않으면서 한국 문화 적응을 잘할 수 있도록 돕는 문화적응 프로그램이 개발되어야 한다. 외국인 유학생은 한국 문화를 직접 체험함으로써 문화 간의 차이를 인지하고, 한국 문화의 특수성을 이해할 기회로 삼을 수 있다. 이로 인해 한국생활에 대해 자신감도 생길 수 있다. 즉, 외국인 유학생을 위한 여가문화 프로그램을 개발하여 이들이 문화적응을 하는 데 도움을 줄 수 있다. 따라서 '다문화사회 구성원 모두가 함께 공존하며 한국에서 행복한 삶 살기'를 목표로 사회통합 차원에서 유학생을 포용하는 방안을 적극적으로 고민하고, 대안 마련을 위해 초석을 닦아야 할 것이다. 한국 사회는 문화적 다양성을 존중하며, 국민의 다문화 시민 역량을 강화할 수 있는 대안을 마련해야 할 것이다.

9.
대인관계 영역: 재한 중국 유학생의 대인관계 양상

1) 들어가기

21세기는 세계화의 시대이다. 전 세계 국가들은 의사소통, 운송 및 컴퓨터 기술의 발달로 그 어느 때보다 상호 의존성이 커지고 있다. 특히, 국가를 넘나드는 초국적 이주가 가속화되면서 문화적 배경이 다양한 구성원과 서로 영향을 주고받으며 살아가고 있다.

한국 사회도 2000년대 중반 들어 결혼이민자를 포함하여 거주 외국인 수가 매년 증가하고 있다. 2017년 7월 체류외국인은 206만 3,659명으로 2015년 대비 8.5%(159,922명) 증가했다(출입국 · 외국인정책본부 통계연보, 2017). 또한 이에 따르면 체류외국인 중 외국인 유학생의 비율은 2017년 7월 기준 총 11만 9,710명으로, 전년 대비 19.4% 증가했다. 이들의 체류 목적은 유학(D-2) 7만 7,640명, 한국어 연수(D-4 · 1) 4만 2,069명 등으로 나타났다. 그리고 외국인 유학생 중 가장 높은 비율을 차지하고 있는 유학생은 중국(한국계 포함)이다. 그다음이 베트남, 몽골, 우즈베키스탄 등의 순으로 나타났다. 다양한 국적 출신의 유학생 수가 많아짐으로써 서로 다른 문화를 가진 구성원끼리의 공존이 화두로 떠오르고 있다. 유학생은 한국에서 유학생활을 하기 위해 적응하는 과정에서 낯선 학업환경과 새로운 문화에 적응해야 하는 다중적 어려움을 겪게 된다(양계민 · 조혜영, 2011). 즉 이들은 출신국에서의 생활방식보다 새로운 문화를 습득할 것을 요구받게 되며, 새로운 관계 형성과 다양한 도전에 직면한다. 그리고 이로 인한 위험과 두려움은 극복해야 할 과제가 되고 있다(Jim & Suen, 1990).

특히, 유학생은 대인관계 문제가 많을수록 대학생활 적응에서 어려움을 겪는다. 황해연(2006)은 중국 유학생의 대학생활 적응과 대인관계 문제의 관계를 분석한 결과, 유의미한 부적 상관이 나타났다고 밝혔다. 대인관계 문제가 유학생의 적응에 부정적인 영향을 미친다는 것이다. 허춘영(1998)도 한국에 유학 온 중국 학생이 한국문화에 적응하는 과정에서 경험하는 여러 어려움 가운데 대인관계 형성에 대한 어려움이 가장 큰 비중을 차지한다고 보았다. 신뢰할 사람이 없는 것과 한국 친구가 없는 것으로 인한 대인관계 문제가 가장 심각하다는 것이다. 또한 이 문제는 일정 기간이 지나도 여전히 개선되지 않아 그 심각성이 가중된다. 최금해(2008)는 중국 유학생의 학교생활과 사회생활 적응의 본질은 교우관계, 교수와의 관계, 배우자와의 관계, 소속 학교 및 학과의 특성, 그리고 기숙사 생활에서의 스트레스 경험에 있다고 주장했다. 이러한 중국 유학생의 어려움을 해결하기 위해 김삼화(2005)는 중국 유학생의 대학생활 적응을 돕기 위해서는 대인관계의 중요성을 인식하고, 다문화적 맥락에서 대인관계 교육 프로그램을 개발할 필요가 있음을 강조했다. 이처럼 많은 학자들이 유학생의 한국 대학생활 적응을 위해 대인관계가 중요함을 강조하지만 이에 대한 실제적인 논의는 부족한 실정이다. 이러한 문제를 개선하기 위해 이 글에서는 한국에 거주하고 있는 중국 유학생이 대인관계를 형성해나가는 과정을 심도 있게 살펴볼 것이다.

2) 대인관계에 대한 이해

우리는 타인과의 상호작용을 통해 자아정체성을 형성하고, 발달시킨다. 또한 친밀감과 애정 욕구를 충족시킨다(Sullivan, 1953). 대인관계는 두 사람 또는 그 이상의 사람들과의 친밀한 관계를 말한다. 이러한 대인관계는 인간이 성장하고 발달하는 과정에서 매우 중요한 역할을 한다. 일반적으로 '대인관계'라는 말은 '인간관계'라는 말과 구별된다. 염영옥(1999)은 인간관계란 "인간과 인간 간의 심리적인 관계의 모든 측면을 지칭하는 것"으로 보았고, 대인관계(Interpersonal relation)는 "두 사람 사이의 일대일 관계에 더욱 중점을 두고 있는 것"으로 보았다. 대인관계는 사람을 대하는 개개인의 보편적인 심리적 지향성이라는 측면에서 인간관계와는 다르다.

대인관계에 대한 개념은 여러 학자에 의해 다양하게 정의되고 있다. 먼저, 하이더(Heider, 1964)는 "대인관계란 일반적으로 두 사람 사이의 관계를 말한다. 개인이 타인에 의해 어떻게 생각하고 있으며, 어떻게 느끼고 있는가, 타인을 어떻게 지각하고 있으며, 타인에 대해 어떠한 행위를 하는가, 타인이 무슨 행위 또는 생각하기를 기대하는가, 타인의 행동에 어떻게 반응하는가?" 하는 것으로 정의하고 있다. 리어리(Leary, 1978)는 대인관계의 행동적인 측면을 강조하면서 대인행동을 "다른 사람과의 분명하고 의식적이며 윤리적이거나 상징적인 것과 연관성 있는 행동"이라고 한다. 또한 이형득(1982)은 "두 사람 이상의 사람 간의 역동적이고 계속적이며 복잡한 상호작용 과정"으로 정의하고 있다. 이러한 대인관계를 잘 형성하면 할수록 만족스러운 삶을 산다고 볼 수 있다(장석진, 2007). 위에서 살펴본 것처럼 대인관계는 인간과 인간 간의 상호작용 속에서 나타나는 내적인 심리적 특성과 외적인 행동 특성이라고 볼 수 있다. 여기에는 개인의 타인에 대한 생각, 느낌, 지각, 행위에 대한 인지가 포함되고, 동시에 타인이 자신에게 해주기를 바라는 생각, 행위 등, 또한 그들의 행동과 태도에 대한 반응이 포함된다.

그러나 우리는 항상 만족스러운 대인관계를 유지할 수 없고, 다른 사람과의 사이에서 다양한 이유로 갈등을 겪게 된다. 서로 간의 만족스러운 대인관계를 형성하지 못하면 개인의 정서 · 인지적 발달이 저해된다. 이는 환경 부적응과 정서 문제, 스트레스 유발의 원인이 되고, 개인의 사회적응에도 심각한 악영향을 미친다.

대인관계에서의 부정적인 경험은 서로 간에 도움을 주고받지 않는 단순한 관계의 단절과는 다르다. 루엘만과 캐롤리(Ruehlman & Karoly, 1991)는 대인관계에서의 부정적 경험은 타인과의 관계에서 적대감, 갈등, 조롱, 무심함, 거절, 비난 등을 경험하는 것이라고 보았다. 이는 정서적으로 불쾌감을 주고, 갈등을 일으키며, 마음을 상하게 하는 것이다. 또한 룩(Rook, 1984)도 대인관계에서의 부정적 경험을 질투, 곤란한 상황, 논쟁, 사적 영역의 침범 등 부정적인 결과를 초래하는 상호작용이라고 했다. 애셀타인(Aseltine, 1990)은 대인관계의 부정적 경험으로 인해 상대에 대한 실망, 갈등, 불쾌함, 긴장 등의 스트레스가 발생하지만, 이는 회피할 수 없는 상호작용이라고 보았다.

이상의 연구결과를 통해 대인관계에서의 부정적인 경험은 갈등, 간섭, 불쾌감 등의 여러 요소가 복합적으로 영향을 주고받는 상호작용을 통해 발생한다는 것을 알 수 있다. 이에 이 글에서는 중국 유학생이 한국 생활에서 경험하게 되는 다양한 대인관계의 양상에 대해 살펴보고자 한다.

3) 유학생의 현황과 대인관계 특성

OECD의 정의에 의하면 유학생이란 "면학을 목적으로 전 거주국 혹은 출신국으로부터 다른 국가로 이동하여 살고 있는 학생"을 뜻한다. OECD가 발표한 자료(Education at a Glance, 2013)에 따르면, OECD 국가 중 자신의 국적과 다른 국가의 고등교육기관에 등록한 학생 수가 1975년에는 80만여 명이었으나 2011년에는 430만여 명으로 5배 이상 증가했다. 이처럼 학생들의 국가 간 이동이 크게 증가한 이유는 크게 두 가지 측면에서 생각해볼 수 있다. 먼저 경쟁력 있는 학력자본 형성과 좀 더 안전하고 나은 환경에서의 학습, 미래의 이주 계획, 타문화 경험 등에 대한 욕구의 충족 등 개인적 동기(이민경, 2009)가 있다. 또 해외 유학을 통해 자국의 학생들이 선진국의 교육환경에서 학습할 수 있도록 하고, 글로벌 마인드를 함양할 수 있도록 하기 위해 적극적으로 지원하는 국가정책도 영향을 미친다(백성희, 2013). 외국인 유학생의 자국 유치는 경제적 효과와 함께 고용 확대, 우수 인재 유치를 통한 글로벌 국가경쟁력 확보, 향후 국가 간 가교 역할을 기대할 수 있는 우호적인 인적자본 형성, 캠퍼스 국제화를 통한 내국인 학생의 다문화 경험 장려 등 여러 면에서 도움이 되는 것으로 평가되고 있다(법무부 출입국외국인정책본부, 2010). 이에 따라 세계 각국은 우수 인재를 자국의 대학으로 유치하기 위해 중 · 장기적 종합계획을 수립하는 등 다양한 노력을 기울이고 있다.

다양한 국적의 유학생 중에서 가장 많은 비율을 차지하는 중국인 유학생의 대인관계 특성을 살펴보면 다음과 같다. 위야오(2016)는 '인정', '체면', '관시', '취엔즈'라는 4가지를 제시했다. 첫째는 인정이다. 이는 중국인의 대인관계에서 가장 중요한 특성으로, 심리적 거리에 따라 상대에게 어떤 행동을 할지를 정하는 심리적 메커니즘이라고 볼 수 있다. 중국인은 친밀함의 정도에 따라 자기인(自己人, 자기), 외인(外人), 숙인(熟人)으로 구분한다.

둘째는 체면이다. 한국인도 중국인처럼 체면을 중시하지만, 한국인과 중국인은 차이가 있다. 중국인의 체면이 한국인의 체면보다 좀 더 자기중심적이라고 볼 수 있다. 예를 들어, 중국인은 자신을 평가할 때는 매우 후한 점수를 주는 반면, 상대를 평가할 때는 박한 점수를 준다. 그래서 다른 사람에게 부정적인 평가를 받는 사람도 스스로는 긍정적인 평가를 하는 경우가 많다. 이러한 습성으로 인해 중국인은 자신의 실수를 잘 인정하지 않는다. 따라서 중국인을 대할 때는 비평하기보다 체면을 세워주는 것이 더 중요하다.

셋째는 관시(關係)다. 김익수(1998)는 관시를 "가족, 씨족, 혈연, 고향, 직장, 교육배경 등 연고관계에 기초하여 맺어진 사람 간의 인맥관계"로 정의했다. 관시는 특별한 목적을 위한 의도적 행동으로 볼 수 있다. 중국인에게 법률, 규범, 준칙 등에 어긋나지 않는 범위에서의 관시는 합법적인 것이다. 이들은 관시를 형성하고 만들어가는 것을 삶의 중요한 수단이라 생각하며, 관시를 유지하기 위해 노력한다.

마지막은 취엔즈다. 취엔즈는 '범위'라는 의미로, '개인과 개인의 관계 범위'를 지칭한다. 사회 내에 공통의 화제나 목표 등을 중심으로 형성된 특정 무리를 뜻한다. 무리에 소속되지 못하면 생존이 어려워지기 때문에 대가를 치르고서라도 원하는 무리에 진입하기 위해 노력한다. 이 글에서는 위야오(2016)가 밝힌 이 4가지 중국인의 대인관계에서의 특성이 한국 사회에 적응하고자 하는 재한 중국인 유학생의 대인관계에서 어떻게 나타나는지에 대해 살필 것이다.

4) 중국 유학생의 대인관계 양상 살펴보기

이 글에서는 중국 유학생이 경험하고 있는 대인관계의 양상을 살펴보기 위해 한국에 체류하고 있는 중국 유학생 3명을 대상으로 인터뷰를 진행했다. 다음의 〈표 2-12〉는 이들의 인적 사항을 정리한 것이다.

이들은 모두 여성이며, 나이는 20대 후반, 30대 초 · 중반으로 다양

〈표 2-12〉 유학생 연구 참여자의 인적 사항

구분	나이	민족	성별	이주 연도	학위과정
05	35	조선족	여자	2016	박사과정
07	30	한족	여자	2008	박사과정
11	27	한족	여자	2014	박사과정

하다. 민족 구성을 보면 3명 중 2명은 한족이고, 1명이 한국계 중국인(조선족)이다. 그리고 모두 인천 지역에 있는 대학교에서 박사과정 재학 중에

〈표 2-13〉 중국인 유학생의 대인관계 경험 분석 결과

상위범주	범주	핵심개념
대인관계 형성에 도움을 주는 요인	① 의지처가 되는 같은 나라 출신 선후배	• 친밀감 • 동병상련 • 상호의존
	② 관심을 가져주는 한국인 선후배	• 한국 생활 적응 • 따뜻함 • 관심
	③ 스스로 노력하는 나	• 상호작용 • 시행착오
대인관계 형성 시 어려움	① 정치적인 이슈	• 평화로운 관계 • 중국인에 대한 거부감
	② 미디어에 나타난 부정적인 이미지	• 미디어 속 부정적 이미지 • 미디어에 대한 비판적 시각
	③ 중국과 한국의 다른 교육시스템	• 교육시스템의 차이 • 호칭의 다른 의미
	④ 언어 · 학습능력의 부진	• 조별 활동의 어려움 • 원활한 의사소통을 위한 노력
	⑤ 문화차이	• 선후배 관계의 다른 모습 • 존칭어 사용의 어려움
대인관계 향상을 위한 방안	① 편견 깨기	• 특정 민족에 대한 편견 • 차별과 편견에 대한 수용
	② 자신을 인정하고 마음 열기	• 자신의 소중함 인식 • 타자에 대한 인식 • 다름을 인정하기
	③ 애정과 배려	• 지도교수와의 인간적인 관계 • 상호 신뢰

있다. 이들의 대인관계 특성을 살펴보기 위해 대인관계 형성에 도움을 주는 요인, 대인관계 형성 시의 어려움, 대인관계 향상을 위한 방안 등을 자세하게 질문했다. 구체적인 분석 결과는 위의 〈표 2-13〉과 같다.

위의 표에서 나타난 바와 같이 한국에 거주하고 있는 중국인 유학생의 대인관계 경험에서 3개의 상위범주에 11개의 범주, 25개의 핵심개념이 도출되었다. 다음에서는 이와 관련한 인터뷰 자료와 자세한 분석을 제시할 것이다.

(1) 대인관계 형성 요인

대인관계 형성에 영향을 주는 요인에는 개인적 요인과 환경적 요인의 유기적 연결성이 나타난다. 개인적 요인에는 유학생이 스스로 적응하려는 노력과 의지처가 되는 같은 나라 출신의 선후배가 영향을 주고 있었고, 환경적 요인에는 유학생에게 관심을 가져주는 한국인 선후배가 있었다.

① 의지처가 되는 같은 나라 출신 선후배

한국에서 재학 중인 중국인 유학생은 같은 나라 출신 선후배에게 친밀감, 동병상련을 보이며 상호의존적 관계를 맺고 있었다. 중국인 유학생은 먼저 한국으로 유학 온 선후배에게 학업 수행과 일상생활에 필요한 많은 정보를 얻는 등 실질적인 도움과 함께 정서적인 지원도 받고 있었다.

"도움이요? 선배들한테 많이 물어보죠. 논문을 어떻게 찾는지. 그런 것도 물어보고 발표를 할 줄도 모르니깐 '발표는 예전에 어떻게 했는가. 어떻게 준비를 해야 되느냐.' 그런 것도 도움을 받고 교수님한테도 많이 물어보고, 근데 잘 알려주셨던 것 같아요. 알려주시니깐 저도 따라서 하는 거죠. 아니면 저도 힘들죠." (연구 참여자 05)

"중국 친군데 저보다 언니이고, 두 명 있는데 엄청 내 마음을 잘 알아주고, 같이 놀아주고. 그런 언니 있어요." (연구 참여자 11)

연구 참여자 05는 한국인 학생에게 대학원생으로서 반드시 해야 하는 논문 작성법뿐 아니라 중국에서 잘 사용하지 않아 낯선 파워포인트로 발표하는 방법 등에 대해 실질적인 도움을 받고 있었다. 그리고 연구 참여자 11은 한국의 대학교 생활을 이미 경험한 중국인 유학생을 통해 정서적 지원을 받고 있었다.

② 관심을 가져주는 한국인 선후배

중국인 유학생은 한국 학생들로부터 따뜻함과 관심을 받고 있었고, 이로 인해 한국 생활 적응이 수월하다고 했다.

"그리고 수업을 같이 듣는 한국인 선배들도 이렇게 전공 쪽으로는 많은 얘기를 안 했지만 되게 따뜻하게 해주는 그런 것 때문에도 되게 좋았던 것 같아요. 수업 중간 쉬는 시간에 이런 생활에 대해 물어보고, 한국 적응은 어떻게 되냐 이런 것도 물어보고, 어디어디 가봤느냐 이런 것도 물어보고. (중략) 후배들한테도 도움을 받아요, 저는 평소에 성격이 자세한 편이 아니라서 그렇게 후배들한테도. 제가 길치거든요. 어디 가면 길을 못 찾아요. 가끔 혼자 전철 타면 후배들한테 전화가 와요. '언니 어디까지 갔냐. 어떻게 가는지 아냐.' 이런 식으로 이런 면에서 도움을 잘 받아요." (연구 참여자 05)

"그 우리 수업시간에 교수님 뭐가 가르치는 거 다 끝나고 요약해서 저한테 A4용지 출력해서 주고, 숙제 있으면 미리 교수님, 오늘 만약 오늘 교수님이 숙제 뭐뭐이면 그 수업 끝나자마자 저한테 다 설명해주고, 이렇게 하면 돼요. 그 시험, 시험 전에도 범위가 교수님이 이만큼, 책 한 권 이만큼 다 보라고 하는데 그 동생은 그냥 다 가자마자 요약해서 줘요." (연구 참여자 07)

연구 참여자 05는 중국 유학생의 낯선 한국생활 적응에 관심을 가지고 도움을 주고 있었다. 연구 참여자 07은 한글에 능숙하지 않은 유학생을 위해 수업 내용에 대한 요약과 시험 준비를 도와주는 등 먼저 다른 유학생에게 관심을 보이며 배려하는 모습을 보여주고 있었다.

③ 스스로 노력하는 나

중국인 유학생은 한국의 대학생활에 잘 적응하기 위해 한국인 교수, 학생들과 긍정적인 상호작용을 하려고 노력하고 있었다. 특히, 한국 문화에 적응하기 위해 말조심을 하거나, 교수자의 말에 순응하는 모습을 보이기도 했다.

“저는 개인적으로 잘 모르겠는데, 교수님께서 그런 말을 하시더라고요. 제가 교수님 수업 듣고 이번 학기 안 듣고 다른 수업을 듣게 되는데, 가끔 만난 적은 있잖아요. 얘기를 하다 보면 ‘요즘 누구누구한테서도 공부, 학업, 공부 면에서 누구의 도움을 받았다.’ 하면 항상 제 얘기가 나온대요. 근데 저는 그런 기억이 별로 없는데 누구를 도와줬다 그런 거는 별로 없는데 애들한테는 그런 생각을 들어요. (중략) 저랑 똑같아요. 발표를 어떻게 하는지. 발표하기 전에 저한테 먼저 보여줘요. 이거 어떻게 해야 하는지. 이거 이렇게 해도 되는지. 그것보다 예를 들면 저는 요약문을 쓰는 것보다 개조식 그런 것 있잖아요. 좀 요렇게 했으면 좋겠는데 잘 모르겠다 할 때 한국 언어 문제. 이런 것 때문에 저한테 물어보는 경우가 좀 있고. 뭐 저랑 똑같은 길을 걷고 있는 것 같아요. 공부, 학업 면에서 가장 큰 어려움을 겪지 않을까.” (연구 참여자 05)

”말조심해야 돼요. (웃음) 불필요한 말 하지 말고, 그냥 예. (웃음) 그렇게 지내면 아무 일 없어요. (중략) 근데 저는 교수님 뭐 하라고 하면 다 하고, 공부의 일 같은 거는 월요일부터 금요일까지 항상 학교에 있어서, 학교에 있고 공부하고, 말을 잘 듣는 편이기 때문에 아마….” (연구 참여자 11)

(2) 대인관계 형성 시 어려움

중국인 유학생은 한국과 중국 간의 사드(THAAD) 같은 정치적인 이슈, 영화나 텔레비전 등 미디어에 등장하는 중국인에 대한 과장 및 부정적 이미지로 인해 대인관계를 맺고 유지하는 과정에서 어려움을 겪는 것으로 나타났다. 또한 중국과 다른 교육시스템과 자신의 부족한 한국어 실력, 학습능력 부진 등도 대인관계 형성에 부정적인 영향을 주었다.

① 정치적인 이슈

중국인 유학생은 한국생활에서 다양한 이유로 대인관계의 어려움을 경험하고 있다. 사드(THAAD)처럼 한국과 중국의 정치적 긴장을 유발하는 이슈는 대인관계 형성에도 영향을 미치고 있었다. 그리고 역사적으로 중국과 한국이 맺어온 관계가 현재 한국에서 유학생활을 하고 있는 중국 학생들에게 간접적으로 영향을 주고 있다고 볼 수 있다.

> "일단 학교 안에서는 없잖아요. 여기는 학문적으로 가는 분위기 때문에 그런 거는 없고. 저는 사드(THAAD) 때문에 조금 걱정했었어요. 그때 가족도 저희 남편도 괜찮냐고. 그때는 중국에서는 일이 컸잖아요. 한국하고 중국 관계 때문에. 저는 중국인이고 한국에 있으니깐 똑같은 안 좋은 상황이 아니냐. 그러면 돌아와라. 이런 식으로 계속 전화하고 막 이랬었는데. 저도 그래서 그때 나갈 때 되게 걱정한 게. 나가서 중국어 하지 말아야겠다. 한국어를 많이 해야 돼. 아니면 한국 사람들이 지금 중국 사람을 특히 싫어하지 않을까. 그런 걱정이 있어요. 당연히 있었고." (연구 참여자 05)

> "중국이랑 관계. 어차피 너무 가까워요. 그리고 또 일부는 너무 가까우니깐 우리 세 국가, 아시아 국가라서 왜 뭐지? 평화롭게 살면 안 되

냐고 그런 거 많이 생각해요." (연구 참여자 07)

연구 참여자 05는 '사드(THAAD)'라는 정치적인 이슈로 인해 중국인 가족들로부터 걱정을 들었다. 그래서 본인도 가능하면 중국어를 사용하지 않는 등 중국인임을 드러내지 않으려고 했다. 연구 참여자 07은 한국과 중국의 관계가 과거에 긴장되어 있었다는 점에 대해 말하며 이러한 정치적 · 역사적 관계로 인해 한국인과 대인관계를 맺는 데 어려움이 있다고 했다.

② 미디어에 나타난 부정적인 이미지

미디어에 등장한 중국인의 모습은 과장되었거나 거짓인 경우가 많다. 특히, 「청년경찰」과 「범죄도시」 같은 영화 속 중국인의 모습에는 잠재적 범죄자로 인식될 수 있는 오해의 소지가 많다. 심지어 한국인은 미디어 속 이야기를 현실과 동일시하는 경우가 많다. 이를 극복하기 위해 한국인에게 미디어를 비판적으로 바라보는 시각을 갖게 하는 것이 필요하다.

"제가 가르치는 학생들은 대학생인데 제가 물어봤어요. 「범죄도시」 봤냐고. 「청년경찰」 봤냐. 어떻게 생각하냐 물어봤는데 이미지가 두 개. 하나는 조선족은 무섭다. 또 하나는 대림동은 무섭다. 이렇게 나온 거예요. 요렇게 나온 거예요. 그래서 저는 웃기는 말로 저는 고민이라고. 저 조선족인데 한국에 있어야 되나 말아야 되나 되게 농담으로 했는데." (연구 참여자 05)

"중국에 있던, 한국에 듣는 미디어 통해 다 이만큼 일이 이렇게 과대하는 거 같아요. 저도 몇 년 전에 어떤 한국 선생님이 저보고 중국에서 무슨 약? 그때 무슨 약 분자? 무슨 약이 아예 뭐 만들어서 뭐 그 약이 그때 그런 사건이 있다고 저보고 너희들 먹는 약이 그렇게 다 만드냐고 그렇게 물어봤어요. 아, 맞아요. 그거. 태반보다 더 심한. 아무튼 애기 얻은 거, 나쁜. 애기한테 나쁘게 하고 그 약을 만든 거 있대요. 그거 뉴스에서 되게 크게 나오는데 우리는 솔직히." (연구 참여자 07)

연구 참여자 05는 영화에 등장하는 중국인의 모습에 대해 한국인이 거부감을 느끼는 경우를 많이 보았다고 했다. 이러한 상황에 대처할 수 있는 방법은 농담을 던지는 것이었지만 내심 불편함을 느꼈고, 이러한 감정은 주변의 한국인과의 관계를 서먹하게 만들었다고 한다. 연구 참여자 07 또한 한국의 미디어에 나타난 중국인의 부정적 이미지로 인해 부당한 선입견에 불편함을 느낀 적이 있음을 토로했다. 이러한 문제는 미디어 자체의 자정 노력과 더불어 미디어를 비판적으로 수용하는 태도를 갖게 하는 교육을 통해 해결할 수 있을 것이다.

③ 중국과 한국의 다른 교육시스템

중국인 유학생은 한국과 중국의 다른 교육시스템으로 인해 수업에서 어려움을 경험하고 있었다. 임춘희(2009)에 따르면, 중국인 유학생은 한국의 수업방식 중 지나치게 빨리 진행되는 발표자료(PPT) 중심의 수업, 휴강, 빠른 진도, 수업 시간의 단축, 너무 포괄적인 질문 등이 어렵다고 응답했다. 이러한 어려움은 자신감을 잃게 했다. 언어와 문화가 익숙하지 않은 상황에서 자신에게 익숙한 교수방법이 아니라 새로운 교수방법에 적응해야 한다는 것은 대인관계에도 부정적인 영향을 미치는 것으로 나타났다.

"수업에서는 그런 그룹, 팀 활동을 되게 많이 하는가 봐요. 과제로. 근데 얘 말 들어보니깐 워낙 한국어 공부는 했었지만 그렇게 잘하는 건 아니잖아요. 그리고 교육 배경도 다르고 그니깐 중국에서 받는 교육방식이랑 여기서는 완전히 다르니깐 조금 못하는 경우가 조금 많아요." (연구 참여자 05)

"주로 대학교 때는 강사가 앞에서 강의하는 편이 많고, 발표는 가끔, 한 학기에 한 번? 근데 여기 와서 많이 했어요." (연구 참여자 11)

연구 참여자 05는 중국과 확연히 다른 한국의 교육방식으로 인해 어려움을 겪고 있다고 했다. 특히 토론, 문제해결식 수업, 팀별 활동, 발표 등의 교수방법은 유창한 한국어 실력을 필요로 하기에 자신들에게는 어려움이 많다고 했다. 학업에서의 어려움은 심리적인 위축과 자신감을 잃게 만들고, 결국 한국인 학생과의 대인관계에서도 소극적인 태도를 가지게 하는 것으로 나타났다. 연구 참여자 11도 중국의 강의식 · 주입식 교육과 달리 학생 중심의 참여식 교육에 어려움을 겪고 있는 것으로 나타났다.

④ 언어 · 학습능력의 부진

중국인 유학생은 팀별 과제를 수행함에 있어 자신의 한국어 실력이 부족하고 학습능력이 부진하여 한국 학생들이 자신들과 같은 팀 구성원이 되기를 꺼린다는 것을 알고 있었다. 이러한 결과는 신혜정(2016)이 주장한 한국어 능력 수준이 대학생활 적응에 큰 영향을 미친다는 결과와 일치한다. 언어로 인한 스트레스는 의사소통, 수강신청, 수업, 한국인 친구나 교수와의 소통 등 유학생활 전반에 영향을 미칠 만큼 비중이 컸다.

> "문제는 팀워크, 팀 과제를 할 때, 5명이라면 중국인 1명, 2명 들어가면 나머지 한국 학생들이 싫어해요. 나한테 도움을 줄 수 없으니깐. 한국 사람이 생각하기에는 오더(order)도 안 통하고 어차피 이 과제를 하면서 도움도 안 되고 왜 들어왔냐. 이런 생각이 있는 것 같아요. 그런 학생들이 좀 힘들어해요." (연구 참여자 05)

> "특별히 주변 활동 있으면 한국사람 다 싫어해요. 원래 5명, 원래 한 조 5명인데 같은 과제 다섯 명 이렇게 나누어서 해야 되는데, 만약에 저랑 같은 조면 이렇게 뭐라고 시켜도 제가 못하잖아요. 그래서 4명이 5명 거 다 해야 돼서 다 싫었어요. (중략) 다들… 아, 외국인 하면 같이 앉지 않아요. 그 이렇게 가깝게 앉으면 이렇게 한 조, 한 팀이 이렇게 하면 또 같이해야 되니까 피해 갈까 봐. ○○대는 가장 그… 느낀 거는 우리 유학생은 계속 유학생은 고아다." (연구 참여자 07)

연구 참여자 05와 07은 팀별 과제에서 한국인이 자신들과 같은 팀 구성원이 되기를 싫어하는 경험을 했다. 특히 연구 참여자 07은 자신을 '고아'라고 표현할 만큼 한국인과 단절감을 느끼는 것으로 나타났다. 자신들이 팀별 과제를 대등하게 수행하지 못하기에 한국 학생들에게 피해를 주게 되어 이로 인해 한국 학생들과 긍정적인 대인관계를 맺기 어렵다고 인식하고 있음을 알 수 있다. 이러한 결과는 베이커와 시릭(Baker & Siryk, 1984)이 유학생이 대학생활에 잘 적응하기 위해서는 학업적 적응이 무엇보다 중요하다고 강조한 내용과 일치한다.

⑤ 문화차이

중국과 한국은 유교문화권이어서 문화적으로 유사한 면도 많이 있지만, 상이한 경우도 많다. 특히, 유학생은 경어법과 호칭 문제에서 문화적 차이를 많이 경험하는 것으로 보인다. 이장한 외(1999)도 사회주의 국가에서 성장해온 중국 유학생은 위계질서, 상하관계, 남존여비, 예의존중 등이 아직도 중요시되는 한국 문화에 적응하기 힘들어한다고 보았다.

> "저는 한국 와서 선후배 그런 관계가 있는 거, 처음, 그럼 미묘한 느낌 처음으로 느껴보고, 중국 사람들끼리는 그런 선후배 같은 개념 같은 거 그렇게 심각하지 않아요. (중략) 뭐 어떤 말할 때 높임말 쓰는 거 조금 불편해요. 저는 가끔 편하게 말할 때 그냥 높임말 없이 말하는데, 아마 상대방이 어떻게 생각하는지 모르지만, 아마 조금 그렇게 '왜 나한테 높임말 안 쓰나?' 아마 선배 마음속에 그런 생각이 있겠죠. (중략) 중국에서는 교수님 부르면 진짜 나이가 많으신 그런 진짜 교수님. 한국이랑은 조금 달라요. 한국처럼 강사도 선생님 그렇게 부르고 교수님 부르지 않고, 다 선생님 이렇게 중국에서는. 한국에서는 교수님 조금 높게 보는 그런 느낌이 있어요." (연구 참여자 11)

연구 참여자 11은 중국에서의 선후배 관계와 한국에서의 선후배 관계에 문화적으로 많은 차이가 있다고 대답했다. 중국에서는 선배와 후배의 관계에서 한국처럼 서열, 권위, 연령을 중시하지 않고 친구 같은 관계를 더 선호한다. 또한 말하는 대상에 따라 사용하는 높임말이 달라지는 등 다양한 한국의 공경문화에 대해서도 낯설고 어렵다고 응답했다. 호칭 문제의 어려움도 강조했다. 중국에서는 원로 교수에게만 '교수'라는 호칭을 사용하고, 일반적으로는 '강사'라는 호칭을 사용한다고 한다. 하지만 그러한 구별 없이 강의를 하는 사람에게 대부분 '교수'라는 호칭을 사용하는 한국 문화에 대해 낯설다고 했다.

(3) 대인관계 향상을 위한 방안

중국인 유학생은 대인관계 형성의 어려움을 극복하고, 향후 좀 더 발전적인 대인관계 형성을 위해 한국인이 가지고 있는 중국인에 대한 부정적 편견을 바꾸고자 노력하고 있었다. 이를 위해 무엇보다 자신의 정체성을 인정하고 먼저 마음을 열고 다가가기 위해 노력하는 것을 알 수 있다.

① 편견 깨기

편견이란 한쪽으로 치우친 부정적인 견해를 말한다. 유학생은 한국인이 자신들을 바라보는 부정적인 생각을 바꾸고자 노력하고 있었다.

"조선족에 대한 편견을 가득. 그 영화를 그대로 받아들인 거죠. 아까 ○○○ 학생처럼. 그대로 받아들여가지고. 왜 한국 사회는 조선족을 받아들여서 이렇게 만드는지 모르겠다라고 적나라하게 편견을 얘기해요. 그러면서 대화를 자꾸 이끌어나가요. 그러면 결론은 뭐냐 하면 '이건 일반화시킬 수 없는 순수한 그냥 허구가 있는 영화일 뿐이다.'라는 것을 스스로 제가 얘기하는 답을 주는 게 아니라 학생들이 스스로 토론 속에서 답을 얻도록 그렇게 유도를 하죠." (연구 참여자 05)

연구 참여자 05는 영화에 등장하는 중국인의 모습으로 인해 한국 사람들이 자신에게도 부정적인 편견을 갖는 것을 경험했다. 한국에서 중국어 강의를 하고 있는 연구 참여자 05는 이를 해결하기 위해 수업 시간에 편견과 관련한 주제를 설정하고, 학생들과의 지속적인 토론을 통해 잘못된 편견을 알아차리도록 하여 이를 바로잡으려고 노력했다.

② 자신을 인정하고 마음 열기

유학생은 자신이 중국인임을 자랑스럽게 생각하고 있었다. 그리고 중국과 한국의 문화가 다름을 틀림으로 인식하지 않고 상호 존중하는 것이 필요하다고 강조했다.

"그냥 제가 중국 사람이라는 자체가 좋아요. 그래서 여기 올 때부터 처음 왔을 때부터 제가 언어 쪽으로는 크게 힘든 거는 그런 거는 없잖아요. 일상 소통에서는. 그니깐 제가 한국 사람으로 본 사람들도 있었대요. 선배님 중에. 저는 '중국 사람이에요' 이렇게 얘기를 하고. 한번은 아는 선생님이 교포라는 개념을 잘 모르겠는데 교포? 동포? 요런 걸 잘 모르겠는데 저랑 같은 민족이에요. 저는 같은 민족인지 아닌지 모르겠는데 '전 중국 사람이에요' 이러는 거예요. 아는 선생님한테 전 제가 중국 사람이었다는 거 되게 자랑스러워요. (중략) 우리는 나누는 거 그냥 어떤 사람의 말 들어서. '남방 사람이에요?' 그거 고려해서 구별하는 것도 아니고 그냥 저랑 달라요. 그거 생각하면 되지. 구별하지 않아요. (중략) 마음을 열어야 하죠. 일단 다문화라는 걸 문화가 다르다고 해서 차별시키지 말고 우리는 문화는 습관이 다르다. 문화가 다르다. 그리고 외국 사람이 중국에 그런 말이 있거든요. '그 지역에 가면 그 지역의 습관대로 살아라.' 그런 말이 있어요. 우리도 외국 사람들도 조금 노력도 하고. 한국 사람들은 외국에서 왔다고 해서 다르다고 생각하지 말고 똑같은 사람이고 똑같이 지금 열심히 살고 있고 노력하고 있다는 것을 가지면 되는 것 같아요. 피부가 다르다. 나라가 다르다. 지방에서 왔다. 중국에서 왔다. 이런 거 따지지 말고 그냥 다 같이 살아가는 거죠. 나는 내 역할을 하고 너는 네 역할을 하고 같이." (연구 참여자 05)

연구 참여자 05는 대인관계를 향상시키기 위해 먼저 자신부터 스스로를 인정하고 사랑할 줄 알아야 한다고 강조했다. 그다음으로 다른 문화를 틀렸다고 하기보다 다르다는 것을 받아들이는 열린 자세가 필요하다고 했다. 이를 통해 서로 간의 원활한 소통과 아울러 유연한 상호작용이 가능할 것으로 보인다.

③ 애정과 배려

유학생은 한국에서 지도교수와 인간적 관계를 유지하고 있으며, 상호 간에 높은 신뢰감도 가지고 있는 것으로 나타났다. 하지만 김삼화(2005)의 연구에서는 중국인 유학생이 많은 어려움을 느끼는 관계가 교수나 학교 선후배와의 관계라고 주장했다. 이러한 상반된 연구결과를 통해 지도교수나 선후배와의 대인관계에 대해 좀 더 심도 있게 연구할 필요성이 있음을 확인할 수 있다.

> "그 강의 계획 있지만 만약에 우리 이해 못 하면 교수님이 다 천천히 해주고 다 수정해서 이런 식으로 강의 계획서대로 딱딱 이렇게 다 해야 된다 이런 거 없어서 너무 좋아요. (중략) 아, 지금 생각해보면 한국에서 아직까지 가장 행복한 일이 제가 그 1학년 때 ○○대 처음 갔을 때. 원래 이가 너무 안 좋은 거예요. 이가 너무 아파서 한국에서 치과 가면 되게 비싸고, 우리 보험도 안 되어 있고 보험 되는데 그 치과는 이렇게 보험에 포함되지 않아요. 그때 그냥 참자. 방학 때 집에 가서 하자고 생각했는데 너무 아파서 참을 수 없는 거예요. 그래서 어쩔 수 없이 그 지금 터미널? 인천터미널 근처 뭐 치과 가서 그 이 뽑으러 갔는데. 사랑니 뺐어요. (중략) 그때 원장님이 직접 해주셨어요. 원장님이 유학생은 그 돈 안 받기로 했대요. 아, 그때 그랬어요. (중략) 그냥 아버지처럼 그런 따뜻한 점 항상 느껴요. 교수님한테." (연구 참여자 11)

연구 참여자 11은 지도교수가 유학생의 학업 수준에 맞추어 강의를 진행하고 있고 지도교수가 아버지처럼 느껴질 정도라고 응답했다. 이러한 사례를 통해 알 수 있는 것은 유학생과 교수의 관계가 긍정적인 상호작용으로 이루어지는 대인관계임을 알 수 있다. 이러한 관계를 통해 얻은 신뢰와 존중은 향후 타인과의 대인관계에도 긍정적인 영향을 미치는 요인이 될 수 있다.

5) 나가기

이상으로 한국에서 거주하고 있는 중국 유학생 3명의 대인관계 경험을 살펴보았다. 이를 통해 대인관계의 특성을 크게 3가지로 정리해볼 수 있다.

첫째, 중국인 유학생이 대인관계를 형성하는 데 긍정적 영향을 미치는 요인은 개인적인 요인과 환경적인 요인으로 나누어볼 수 있다. 개인적인 요인에는 '스스로 노력하는 자신'이 해당하고, 환경적인 요인에는 '의지처가 되는 같은 나라 출신 선후배'와 '관심을 가져주는 한국인 선후배'가 나타났다. 이들은 자국 출신 선후배들을 통해 친밀감, 상호의존, 동병상련을 경험하고, 한국 생활과 학습에 관심을 가져주는 한국인 선후배로부터 정서적 안정감을 경험하고 있었다. 이는 한국 생활 적응에 긍정적 요인이 되고 있다.

둘째, 대인관계 형성 시 느끼는 어려움에는 다양한 요인이 있었다. 유학생은 대인관계에서 '정치적인 이슈'와 '미디어에 나타난 과장된 이미지', '중국과 한국의 다른 교육시스템', '언어와 학습 능력의 부진', 그리고 '문화차이' 등의 이유로 어려움을 겪고 있었다. 특히, 사드(THAAD) 문제 같은 정치적인 이슈가 등장하면 조성되는 국가 간의 긴장은 개인 간의 대인관계에도 큰 영향을 미치는 것으로 확인되었다. 그뿐만 아니라, 「청년경찰」, 「범죄도시」, 뉴스 등 미디어에 등장하는 중국인의 모습이 왜곡되고 부정적인 이미지로 그려지는 데 대한 불편감도 호소했다. 많은 한국 사람이 미디어에 등장하는 이미지를 그대로 수용함에 따라 대인관계를 형성하는 데 어려움이 따른다는 것이다. 마지막으로, 문화차이도 크게 나타났다. 특히 호칭과 경어사용법 같은 공경문화에서 큰 차이를 보였다.

셋째, 대인관계를 향상시키기 위한 노력에는 '편견 깨기', '자신을 사랑하고 마음 열기', '애정과 배려'가 있었다. 특히, 대인관계를 좀 더 발전시키기 위해서는 먼저 자신에 대한 사랑과 존중이 우선시되어야 함을 알 수 있었다. 이러한 밑바탕이 있어야 타자에 대한 이해와 인정이 가능하게 될 것으로 생각된다. 특히 다르다는 것을 틀린 것으로 받아들이지 않는 인식과 다양성을 수용하는 열린 마음이 필요함을 알 수 있었다. 무엇보다 지도교수나 한국인 학생들과의 긍정적인 대인관계를 통해 신뢰와 존중을 경험하는 것이 중요했다. 이러한 내용을 토대로 재한 중국인 유학생이 한국 사회에 잘 적응할 수 있도록 하는 방안을 마련할 수 있을 것으로 기대한다.

3부

중국계 이주민의 생활세계 사례: 사회제도적 영역

3부에 나온 글들은 본 연구팀에 참여한 연구원들이 학술논문으로 발표한 내용을 일부 수정 · 보완한 것임.

10.
교육 영역:
유학생의 대학교육서비스 경험*

1) 들어가기

최근 대학에서 나타나는 중요한 변화 중의 하나로 어학연수나 학위 취득을 위해 해외에서 한국으로 이주하는 외국인 유학생 수의 증가를 꼽을 수 있다. 외국인 유학생의 이주는 고등교육기관 정원의 확보와 재정 확충의 경제적 측면 등에서 여러 가지 긍정적 효과가 있다(박은경, 2011). 그 예로 국내 학생들의 경우 문화적 다양성 측면에서 외국 유학생의 나라의 언어, 역사, 문화, 사회, 경제 등에 관심을 가질 수 있다. 또한 외국인 유학생의 경우에도 우리나라의 정치, 경제, 사회, 문화 등에 대한 이해를 도모할 수 있다. 이와 같은 문화적 이해와 교류는 장기적인 관점에서 외

* 이 글은 정경희 · 김영순(2018), 「중국인 유학생들의 대학교육서비스 경험에 관한 연구: 수도권 지역의 A대학교를 중심으로」, 『교육문화연구』 24-3호에 게재된 논문을 수정 · 보완한 것이다.

국 유학생이 학위를 취득하여 모국으로 돌아갔을 경우 한국에 대한 관심과 지지를 유지하는 데 좋은 영향을 미칠 수 있다(노종희 외, 2003).

이러한 점에서 한국의 많은 대학과 한국 정부는 외국인 유학생 유치를 위한 방안으로 2005년 교육부의 핵심 정책 중 하나로 'Study Korea Project('05-'12)'를 계획하고, 정부의 외교정책과 연계하여 유학생 유치 및 고등교육 국제화를 추진해왔다(남수경, 2012). 당시 교육부는 개발도상국의 인적 자원을 개발 · 지원하고 국내 교육체제를 세계화함으로써 한국이 선진국과 개발도상국을 잇는 가교적 역할을 담당할 수 있기를 기대했다(교육부, 2012). 차후 교육부는 지속적으로 유학생 저변 확대, 출신국 다변화 및 한국 유학 매력 제고의 3대 전략을 바탕으로 '유학생 유치 확대 방안'을 수립했다(교육부, 2015). 교육부는 이와 같은 발표를 통해 고등교육기관의 외국인 유학생 비율을 2023년까지 5% 이상으로 상향하여 외국인 유학생 규모 확대뿐만 아니라 다양한 배경과 우수한 역량의 유학생을 양성하고 그들을 적극적으로 활용함으로써 고등교육의 국제화 및 국가 브랜드 가치 제고에 기여할 것으로 기대하고 있다(교육부, 2015).

통계청(2016)이 발표한 보도자료에 따르면 전국 외국인 유학생 수는 2008년 대비 약 63.0% 증가했다. 수도권 외국인 유학생은 2012~2014년을 제외하고 2008년부터 5% 이상씩 꾸준히 증가하여 2016년에는 전년 대비 17.1% 증가했으며, 외국인 유학생은 비수도권 지역보다 상대적으로 수도권에 많이 거주하고 있다. 그리고 외국인 유학생 중에서도 중국 국적 유학생은 약 6만 명이고, 이 중 54.1%인 3만 1천 명이 수도권 지역 대학에 재학 중이다. 이처럼 최근 한국의 대학들은 대학의 국제화 촉진, 국제 경쟁력 강화 및 운영의 활성화를 위한 방안으로 외국 유학생을 유치하기 위해 활발하게 움직이고 있다. 이로 인해 국내 대학의 학위과정에 있는 외국인 유학생은 학교의 중요한 일원으로 자리 잡을 만큼 기하급수적으로 늘어나고 있다(견주연, 2017). 하지만 일련의 정부 정책과 사업을 통해 외국인 유학생을 국내 대학에 유치하려는 계획과 지원은 확대된 반면, 입학 이후 대학에서의 학업 수행을 위한 제반 교육서비스에 대한 관심은 높지 않다(주휘정, 2011). 한국 대학에 온 유학생이 경제적 어려움과 언어 문제 등으로 대학에 적응하지 못하고 이탈하고 있다(중도일보, 2017년 11월 15일자). 이는 서울 주요 대학들이 내국인 대학생 등록금 동결과 입학금 폐지로 줄어든 수입을 외국인 유학생의 등록금 인상으로 만회하려고 하는 것(서울신문, 2018년 1월 22일자)과 대학들이 학생들의 언어 학습 능력을 고려하지 않은 입학 조건 등으로 외국인 유학생 유치 장사를 하려고 하는 것(the webdaily 2017년 10월 31일자)과 무관하지 않다.

이에 외국인 유학생이 중도에 이탈하지 않고 유학의 목적인 학위 취득을 할 수 있도록 대학 당국의 질 높은 교육서비스에 대한 모색이 필요하다. 외국인 유학생 또한 사회통합의 대상자로서 외국인 유학생을 위한 학습자 중심의 교수와 제반 교육행정서비스의 개선은 대학 차원의 이미지 제고를 넘어 장래의 국가 간 교류에서 잠재적 파트너이자 인적 자원의 양성으로 이어질 수 있다.

따라서 이 글은 한국에 유입된 유학생 수가 가장 많은 중국인 유학생을 대상으로 대학에서 강의와 교육행정서비스를 경험한 내용을 심층인터뷰했다. 이를 바탕으로 대학 차원에서 더 나은 교육서비스를 제공하고, 지속적으로 외국인 유학생을 유치할 수 있는 방안을 마련하여 사회통합에 기여하고자 한다. 연구 문제는 다음과 같다. 첫째, 중국인 유학생이 경험한 대학교육서비스는 어떠했는가? 둘째, 대학 당국에서 제공하고 있는 교육서비스는 사회통합에 기여하고 있는가?

2) 유학생에 관한 연구동향과 대학교육서비스

(1) 외국인 유학생에 관한 연구동향

2000년 이후부터 활성화된 국제화의 흐름은 각 국가의 교육정책과 제도에 큰 영향을 미치고 있다(엄상현 · 변기용, 2012). 이에 맞추어 한국에 유입된 외국인 유학생에 관한 다양한 학술적 논의와 연구가 이루어지고 있으며, 이를 바탕으로 외국인 유학생을 유치하기 위한 정책과 개선 방안도 제시되고 있다.

한국 사회에서 생활하고 있는 외국인 유학생과 관련된 선행연구를 살펴보면, 먼저 외국인 유학생의 대학생활 적응 또는 전반적인 생활이나 문화적응에 관한 연구(나임순, 2006; 박은경, 2011; 김선영, 2015; 심미경 외, 2015; 견주연, 2017; 최은숙, 2017), 유학생을 유치할 목적의 정책 모색, 또는 외국인 유학생 유치가 경제적인 효과가 있는지에 관한 연구(남수경, 2012; 엄미정 외, 2012; 이천문 · 이일용, 2014; 하연섭 외, 2015; 김한나 외, 2016; 이정석, 2017), 외국인 유학생을 위한 교육 과정 또는 프로그램 개발에 관한 연구(권은영, 2013; 김경훤 · 신영지, 2014; 김인주, 2017; 김지혜, 2017) 등 여러 영역에서 활발하게 이루어지고 있다.

한편, 주휘정(2010)은 외국인 유학생의 국내 대학 학습경험을 기술하여 학습환경 및 학습의 영향요인 등을 도출하고 이를 바탕으로 대학교육 개선을 위한 시사점을 제안했다. 그리고 홍성헌(2011)은 중국인 유학생 관점에서 한국 대학교육서비스 평가요인에 관한 연구를 통해 대학교육의 서비스 품질의 평가요인과 속성을 도출하여 교육서비스 수출 촉진 요인을 모색했다.

위에서 외국인 유학생 관련 선행연구를 살펴본 결과, 외국인 유학생의 한국 문화적응에 관한 연구나 외국인 유학생 유인을 위한 정책 연구, 교육과정 및 프로그램 개발에 관한 연구 등 다양한 영역에서 연구가 진행되고 있으나, 외국인 유학생의 입장에서 대학교육서비스가 제공되고 있는지에 관한 질적인 연구는 제한적임을 알 수 있다. 이에 본 연구에서는 중국인 유학생을 대상으로 그들이 경험한 대학교육서비스에 대해 심층인터뷰를 시행하여 대학교육서비스의 현주소를 살피고, 사회통합에 기여할 수 있는 개선 방안에 대해 모색했다.

(2) 유학생을 위한 대학교육서비스

세계화 시대를 맞이하여 외국인 유학생 및 이주민이 증가하고 이질적인 문화권 간의 교류가 활발해지면서 이들이 한 사회 내에서 함께 공존할 수 있는 방안에 대한 관심이 높아지고 있다. 타문화권 출신의 이주민 수가 증가하면서 사회적 이질성과 문화적 갈등 문제에 적극적으로 대응하기 위해 이주민을 한국 사회로 통합하는 방안이 현안 과제로 대두되기 시작했다(이성순, 2013: 162). 이에 대한 대책으로 「재한외국인처우기본법」(2007)은 한국에 거주하는 외국인의 법적 지위를 보장하고 한국 사회에 건전한 구성원으로서 적응할 수 있도록 하는 지원 등 사회통합을 위한 법적 근간을 마련했다. 「재한외국인처우기본법」에 따르면, 사회통합 정책의 대상은 국내에 거주하는 모든 외국인으로 규정된다. 일례로 법무부가 시행하는 사회통합 프로그램의 경우 교육 대상은 결혼이민자, 외국인 근로자, 유학생, 동포, 난민 등 외국인 전체로 규정하고 있다.

사회통합의 대상인 외국인 유학생의 정의를 살펴보면, 나라마다 다소 차이가 있지만, OECD(2012)는 유학생을 외국인 학생 및 국제학생 등으로 구분한다. 외국인 학생은 "국가의 시민권은 부여되지 않고 영주권만 부여된 학생"을 의미하며, 국제학생은 "자국을 떠나 다른 국가에서 공부하는 학생으로 유학 체류국가의 거주권자가 아닌 학생이거나 또는 사전 교육을 다른 국가에서 이수한 학생"으로 정의한다(서영인 외, 2012). 이 글에서는 외국인 유학생을 "학업을 목적으로 한국의 고등교육기관에서 유학하며 체류 자격을 가지고 있는 외국인"으로 정의한다.

사회통합의 개념을 살펴보면 학계나 현장에서 통용되는 구체적인 정의는 없으며, 학계는 물론 사회통합과 관련된 부처에서도 특별한 정의 없이 '사회통합'이라는 용어를 사용하고 있다. 사회통합 정책 또한 이민 정책 혹은 다문화 정책과 혼용되어 사용되고 있다. 이처럼 사회통합이라는 개념이 분명치 않고 자리를 잡고 있지 못한 이유는 다문화의 역사가 짧은 우리나라에서 이론적 논의보다 대중매체를 통해 먼저 알려지면서 나타난 현상이기 때문이다(이성순, 2013: 163). 그러나 이민 정책, 다문화 정책 및 사회통합 정책은 엄밀히 구분되어야 하며, 그 대상의 범위도 재규정이 필요하다.

사회통합에 대해 문형표(1994)는 "개인이나 집단이 한 사회에서 어떻게 적응하고 함께 살아가느냐에 대한 사회적 유대"라는 의미로 사용되는 개념이라고 하며, 주류집단과 비주류집단 간의 갈등을 최소화하고 상호 존중하는 것을 지향한다고 보았다. 그 외 비통합적 상태에 있는 사회 내 집단이나 개인이 서로 적응함으로써 단일의 집합체로 통합되어가는 과정으로, 각 개인의 존엄성과 회복 및 사회 공동체의 물질적 · 정신적 풍요를 달성할 수 있는 사회발전을 위한 사회개발 전략이자 모든 집단이 조화롭게 더불어 잘살 수 있는 일종의 사회정의 구현이라고 했다. 이러한 측면에서 외국인 유학생은 차세대의 인적 자원으로서 미래의 국제교류 구성원으로 사회발전에 기여할 수 있는 사회통합의 대상으로 볼 수 있다.

미래 우리나라 대학은 세계화 · 지식화 · 다양화 · 정보화 등으로 특징되는 대학시장의 변화와 함께 학령인구 감소로 인한 수요 감소, 교육시장의 개방, 대학 특성화 지원 사업 등과 같은 교육환경이 변화함에 따라 무한 경쟁으로의 패러다임 전환을 요구받고 있다. 이러한 대학환경의 변화로 대학은 소비자 중심의 시장지향성이라는 마케팅 개념의 도입을 요구받고 있다. 대학교육서비스의 품질에 대한 정의는 여러 학자에 의해 시도되었다. 아스틴(Astin, 1980)은 대학의 품질에 대해 신비적 견해, 명성적 견해, 자원적 견해, 성과적 견해, 부가가치적 견해의 5가지 견해를 제시하고 있으며, 파라슈라만, 자이사플과 베리(Parasuraman, Zeithaml & Berry, 1985)는 지각된 서비스 품질의 개념을 고려해볼 때 대학이 제공하는 교육서비스의 품질은 학생들의 대학생활 경험을 반영하는 과정과 함께 정의되어야 한다고 했다. 이를 통해 학생들의 대학 서비스에 대한 지각에 기초하는 개념으로 볼 수 있다. 또한 학생들의 생활경험의 상대적 가치는 학생들의 대학에 대한 기대, 대학의 목표와 임무, 교수, 교육 자원, 기타 여러 가지 요인에 따라 결정된다고 할 수 있다(이경철, 2004: 289). 이 글에서는 중국인 유학생이 대학생활을 하면서 대학교육의 제반적인 교육서비스 경험을 통해 교육서비스의 품질과 개선 사항을 살펴보고자 한다.

3) 중국인 유학생의 대학교육서비스 경험

이 글은 중국인 유학생이 국내 대학에서 학습하는 과정에서 어떤 교육서비스를 경험하는지 그들의 입장에서 조망하며 이해하고자 한다. 질적 연구는 현상에 대한 심층적 이해를 목적으로 하며, 사람들이 구조화한 의미를 이해하는 데 관심을 가지고 있다. 또한 사람들이 어떻게 세상과 그 세상 속에서 경험을 이해하는지에 대해 연구한다(Merriam, 1998). 이에 중국인 유학생의 대학에서의 교육서비스 경험을 통해 한국 대학의 교육서비스 현황과 미래 사회의 사회통합을 위해 해결해야 할 바를 분석하기 위해 질적 연구 방법을 활용했다. 이 글의 연구 참여자들의 인적 사항은 다음 〈표 3-1〉과 같다.

〈표 3-1〉 중국계 유학생 연구 참여자의 인적 사항

구분	나이	민족	성별	이주 연도	전공	학위과정	거주 형태
01	21	한족	여자	2015	아태물류학과	대학생	기숙사
03	26	한족	여자	2015	외국어로서의 한국어교육	석사과정	기숙사
05	35	조선족	여자	2016	외국어로서의 한국어교육	박사과정	자취
07	30	한족	여자	2008	외국어로서의 한국어교육	박사과정	자취
08	24	한족	남자	2013	문화경영학과	대학생	자택
11	27	한족	여자	2014	외국어로서의 한국어교육	박사과정	기숙사
14	37	한족	여자	2006	외국어로서의 한국어교육	박사곽정	자취
15	28	한족	여자	2010	국어국문학	박사과정	자택

이 연구를 위한 자료를 수집하기 위해 연구 참여자와 개별 심층인터뷰를 실시했다. 연구 참여자들은 수도권 지역에 있는 A 대학교 중국인 유학생 15명이고, 인터뷰는 2017년 11월 6일부터 2017년 12월 23일까지 진행했다. 이 중에서 유의미한 자료로 활용할 수 있는 연구 참여자는 8명이었다. 인터뷰 장소와 일정은 각 연구 참여자의 동의하에 조용하게 이야기를 나눌 수 있는 카페와 사무실 등을 이용했다. 모든 인터뷰 내용은 인터뷰가 시작되기 전에 연구 참여자들의 동의를 구하고 녹음했다. 인터뷰는 반구조화된 질문을 사용했으며, 인터뷰 시 상황에 따라 융통성 있게 다양한 질문이 가능하도록 했다. 자료 분석은 심층인터뷰 시 녹음했던 내용을 전사한 전사록을 분석 대상으로 삼았으며, 수집된 자료의 코딩과 분석은 일정비교분석을 활용했다(Merriam, 1998).

(1) 교육행정서비스

① 행정처(국제교류처)의 업무

일반적으로 대학생은 입학 초기에 새로운 환경에 적응하는 데 부담감을 가진다. 새 학기가 되면 등록금 납부 또는 수강신청 등 처리해야 할 행정 문제가 발생하는데, 타국 생활에 익숙지 않은 외국인 유학생에게는 행정 절차가 더욱 복잡하게 느껴진다. 중국 유학생은 이러한 업무를 해결하기 위해 국제교류처나 과사무실 등을 방문하지만, 만족할 만한 도움을 얻지 못했다는 어려움을 호소했다.

"우리 학교 국제교류처 갔을 때 저 유럽 비자 신청하려고 하면 어땠냐고 물어봤을 때는 답이 없어. 모른다고 했어요. 그래서 혼자 저한테 물어봤어요. 왜 국제교류처 설립하는 이유가 무엇인지 저도 모르겠어요. (중략) 국제교류처 가서 물어봐도 '스스로 해결해야 돼요.' 그런 말이 많아요." (연구 참여자 01)

"영어 못하니깐. 다 그때 보면 모르고 수강신청 할 때도 저희 그때 그… 조교 선생님이 우리 다 지금, 석사 때는 그 조교님 되게 좋아했는데, 그 학사 때는 그 조교님(을) 되게 싫어했어요. 왜냐하면 뭐 물어보면 '그냥 알아서 해야지.' 이런 식으로 하는 거예요. 음… 그래서 수강신청 그때도 중국 친구, 선배들, 다른 과 선배들이 이렇게 다 알려주고 이렇게 신청해서…." (연구 참여자 07)

연구 참여자 01은 CK(Creative Korea) 우수 학생으로 선발되어 유럽에 가게 되었다. 한국 학생의 경우에는 비자가 필요 없지만 중국 유학생에게는 비자가 필요하다고 하여 국제교류처에 비자발급 절차를 문의했다. 그러나 국제교류처에서는 모른다고 하며 스스로 해결해야 한다고 했다. 연구 참여자 07은 학사과정 때 수강신청 문제로 과사무실의 조교를 찾아갔으나 학생이 알아서 해결해야 한다며 싫어하는 내색을 했다. 중국 유학생에게 학교생활은 녹록지 않았으며, 마땅히 물어보아야 할 곳에 가서 문의를 해도 친절한 답변을 듣지 못한 경우가 많았다.

행정서비스는 담당직원 관련 요인과 행정서비스 프로그램 관련 요인이 있으며, 이들은 교육서비스의 보조 및 부가적 서비스를 담당한다(김미라 · 황덕순, 2005). 행정서비스는 대학의 다양한 업무를 맡은 직원과 유학생이 직접적으로 접촉하는 영역이다. 외국인 유학생은 강의뿐만 아니라 대학생활에 관련된 다양한 정보와 행정 절차에 대한 서비스를 제공받아야 더욱 용이하게 적응할 수 있다(홍성헌, 2011: 472). 중국인 유학생이 학업에 매진할 수 있도록 돕는 것이 학교당국이 해야 할 일이며, 이는 교육행정서비스 담당자의 주요 업무인데, 이러한 기본 업무가 이루어지고 있지 않음에 대해 세심한 평가와 점검이 필요하다.

② 교육(웹)서비스 이용의 접근성

모든 대학생은 매 학기가 시작되기 2~3주 전 즈음부터 자신들이 수강할 과목을 정하여 수강신청을 한다. 수강신청은 한 학기를 결정하는 중요한 일 중 하나다. 하지만 수강신청이 쉽지 않아 여러 가지 문제가 발생하기도 한다. 예를 들어, 수강신청에 실패한 학생들은 자신이 신청한 인기 강의를 걸고 원하는 강의와 교환하거나, 사고 싶다는 글을 올리기도 한다(명대신문, 2010년 9월 1일자). 수강신청이 '선착순'인 대학교의 경우에는 학생들이 서버 시간을 띄워놓고 더 빠른 인터넷을 이용하기 위해 피시방을 찾기도 한다(뉴스토마토, 2016년 4월 5일자). 이처럼 수강신청은 국내 학생들에게도 쉬운 일이 아니다. 하물며 외국인 유학생에게는 그 어려움이 훨씬 크게 다가온다.

> "중국 학생들이 한국에 와가지고 학부 때는 그냥 수강신청 했을 때 이게 큰 문제 같아요. 수강신청 잘 안 되면 진짜 에이플(A+) 다 많이 못 받아요. 다 받고 그냥 세 번째 받고 나서 나가라고 해요. 학교에서. 그냥 학점 제거. 그런 경험 있어요." (연구 참여자 01)

"어우 수강신청도 어렵고 기숙사 신청도 되게 어려웠어요. 특히 1학년 때 기숙사 신청, 다 홈페이지에서 다 신청해야 되는 거예요. 근데 말도 못하고 무슨, 근데 홈페이지 들어가도 몰랐어요. 그때 또 그 어학당 있는 한국어 선생님이 다 대신 해주셨어요." (연구 참여자 07)

"처음 학교 왔을 때는 아이클라스 어떻게 쓰는지 어차피 학부생들이 과제 다 아이클라스에서 올려야 되는데, 가르쳐주는 사람이 없어서 학교는 통제적으로 교육이 없으니까 그래서 과제 어떻게 제출하는지 몰라요. 그게 문제죠." (연구 참여자 08)

연구 참여자 01은 학부 때 수강신청을 잘 못하여 과락이 난 경험을 한 적이 있다. 어떤 과목을 수강신청 하느냐에 따라 학점에 많은 영향을 준다는 것을 경험했다. 연구 참여자 01의 학교는 외국인 유학생이 전 과목 A+를 받지 못하면 기숙사 생활을 할 수 없다. 그렇기 때문에 이들에게 학점 관리는 매우 중요하다. 하지만 국내 대학생에게도 버거운 수강신청을 유학생이 혼자만의 능력으로 하기 어렵다면 교육행정서비스 측면에서 수강지도에 대한 점검이 필요하다. 그리고 연구 참여자 07은 홈페이지를 이용하여 기숙사를 신청할 때 잘 몰라서 다른 선생님의 도움을 받아야 했고, 연구 참여자 08은 I-Class 이용법을 잘 몰라서 과제 제출에 어려움을 호소했다.

홍성헌(2011)에 따르면, 교육행정서비스에는 교직원의 친절성, 문의사항에 대한 교직원의 신속성, 행정상 문제 발생 시 교직원의 관심과 지원, 학생들의 질문에 답변할 교직원의 충분한 지식, 교직원 업무처리의 신뢰성, 다양한 교육서비스 제공 시 접근 용이성 등이 포함된다. 국내 대학의 수강신청과 기숙사 신청은 대부분 웹사이트에서 이루어진다. 교육서비스 이용의 접근성에 대해 사전교육이나 충분한 설명을 통해 학습권 또는 정보 접근성 등이 보장되어야 한다. 유학생이 이러한 서비스에서 소외되거나 열외되는 일이 없도록 대책을 모색해야 할 것이다.

(2) 강의 요인

① 교수법의 적절성

교수법은 교사가 학생들에게 학습을 시킬 때 사용하는 기술로 가르침의 목적, 내용, 대상 등에 따라 다양한 방법으로 이루어진다. 그러나 수업의 목적과 내용, 대상을 고려하지 않은 채 이루어지는 수업은 적절한 교수법이 이루어졌다고 하기 어렵다.

> "문제는 팀워크, 팀 과제를 할 때, 5명이라면 중국인 1명, 2명 들어가면 나머지 한국 학생들이 싫어해요. 나한테 도움을 줄 수 없으니깐. 한국 사람이 생각하기에는 오더(order)도 안 통하고 어차피 이 과제를 하면서 도움도 안 되고 왜 들어왔냐. 이런 생각이 있는 것 같아요." (연구 참여자 05)

> "교수님 하는 말도 못 알아듣고 숙제 내주시면 무슨 숙제인지도 모르고 특별히 주변 활동 있으면 한국 사람 다 싫어해요. 원래 5명, 원래 한 조 5명인데 같은 과제 다섯 명 이렇게 나누어서 해야 되는데 만약에

저랑 같은 조면 이렇게 뭐라고 시켜도 제가 못하잖아요. (중략) 혼자 하는 거는 조별활동보다 훨씬 더 편해요. 뭐 제가 열심히 하면 잘하는 거고 못하면, 혼자 못하는 거 여럿 친구한테 다 이렇게 못하게 만들지, 만들지 않아서 훨씬 더 편해요." (연구 참여자 07)

연구 참여자 05와 07은 수업방식이 팀별로 진행될 때 많은 어려움을 겪고 있다. 팀별 과제를 할 때 한국 학생들과 팀이 구성되면 한국 학생들이 싫어하는 것 같아 부담스럽다고 했다. 오히려 혼자서 과제를 하면 그 책임은 스스로 질 수 있기 때문에 마음이 편한데, 본인이 잘 못하여 팀원들에게 민폐를 끼치는 것이 매우 힘들다고 했다.

협동학습은 학교 학습 상황의 대안적 교수법으로 주목받고 있지만, 참여자들이 경험한 사례에서 보듯이 유학생이 협동학습을 성공적으로 수행하기에는 많은 어려움이 따른다. 우리나라 같은 경쟁적인 학습 상황에서는 학습이 개인적인 것으로 간주되어 협동학습이 잘 이루어지지 않고 있으며, 교수자들도 학습 상황에서 협동학습이 잘 일어날 수 있도록 하는 훈련을 받지 않은 경우가 많아 이를 적용하는 데 익숙하지 않다(최은영, 2007). 윤혜순(2010)의 연구에서도 협동학습을 적용했을 때 수치적으로 인지적 · 정서적 · 동기적 영역에서 전통 수업에 비해 효과적이라는 결과를 얻을 수 있었지만, 협동학습 과정에서 학습 초기에 학습자의 개인차를 고려하지 않고 조원 구성을 하면 진행이 수월하지 않다고 했다. 이처럼 강의 요인에서 적절한 교수법을 활용하기 위해서는 먼저 학습자들의 선이해가 필요하다. 특히 외국인 유학생이 수업에 참여한 경우에는 더욱 세밀한 관심과 배려가 필요하다.

② 교수 역량

교수–학습 맥락에서 교수 역량에 대한 정의는 특정 교수 맥락에서 성공적인 가르침이 이루어질 수 있도록 각 교수자에게 요구되는 교수 개인적 특성과 지식, 기술, 태도 등의 총체라고 할 수 있다(노혜란, 최미나, 2004; 한승연 · 임규연, 2012; Tigelaar, Dolmans, Wolthagen & Van der Vleuten, 2004; Varvel & Virgil, 2007). 교수자, 학습자, 교육과정 및 교육환경이 적절히 조화되어야 교수–학습 맥락에서 교수(teaching)를 성공적으로 수행할 수 있는 교수자의 역량에 대해 논의할 수 있으며, 이는 성공적이고 좋은 수업을 위해 반드시 요구되는 사항이다(주영주 · 윤아현, 2004).

> "무슨 관련된 내용 각 영역별로 가르치고 싶어서 그냥 교수님이 계속 바뀌어요. (중략) 우리 수강신청 했을 때 강의 교수님이 있거든요. 그 교수님이 그냥 담당자야. 이 수업 담당자예요. 근데 하나도 신경 안 써요. 그 수업 어떻게 운영하는지도 어떻게 잘되는지도 신경 안 써요."
> (연구 참여자 01)

연구 참여자 01은 '팀티칭'이라는 용어는 사용하지 않았지만, 경험의 맥락을 미루어보았을 때, 참여자 01이 수강한 과목은 팀티칭 수업으로 진행된 것으로 보인다. 연구 참여자 01은 팀티칭 수업을 하면서 교수들의 무관심에 대해 하소연했다. 팀티칭은 어떤 교과의 학습 내용이 복수의 전문 영역으로 구성된 경우에 영역별로 전문지식을 가진 교사들이 하나의 과정으로 통합하여 학생들에게 더 넓은 안목을 심어주기 위해 협동하여 가르치는 수업 유형이다(조명원 · 이홍수, 2004; 배두본, 1997). 하지만 참여자 01은 팀티칭 수업의 유익보다 학생들에게 무관심하고 책임감 없는 교수자로 인해 수업의 어려움을 경험했다. 팀티칭 수업의 경우 여러 명의 교수가 미리 계획한 교육 목적을 달성하기 위해 협력적으로 논의하며, 서로의 교수 과정을 관찰하고 평가할 뿐만 아니라 학습과정 및 학습자 정보를 공유하는 것이 일반적이다(고려대 교육문제연구소, 2007). 참여자 01이 경험한 팀티칭 수업에서는 팀을 이룬 교수 간의 긴밀한 상호작용이 이루어지지 않았으며, 학습자에 대한 관리나 평가가 잘 이루어지지 않았다고 판단된다. 이는 앞서 언급한 바와 같이 교수 역량에서 교수자에게 요구되는 기술, 태도 등이 결여되어 있음을 짐작할 수 있다.

> "우리 이 수업에서 외국인 선생님 많아서 우리 다 배려해야 돼서 선생님들 쉬울 수 있어서 수강신청은 다른 과목 신청해도 좋다. 이런 식으로 말해줘요. (중략) 그 강의 계획 있지만 만약에 우리 이해 못하면 다 천천히 해주고 다 수정해서 '이런 식으로 강의 계획서대로 딱딱 이렇게 다 해야 된다.' 이런 거 없어서 너무 좋아요." (연구 참여자 07)

> "일단 우선 학문 그런 바탕이 있어야 되고, 그다음에 그 사람으로서의 됨됨이, 두 가지 제일 중요한 거 같아요. (거듭) 우선 됨됨이는 정말 말할 거 없는 거 같아요." (연구 참여자 14)

연구 참여자 07은 연구 참여자 01이 경험한 교수자의 태도와 달리 교수자에 대한 좋은 인상을 경험했다. 첫 수업시간에 참석하니 외국인 유학생이 한국인 유학생에 비해 다수였다. 이때 담당교수는 한국인 학생들에게 이 시간에는 유학생이 많아 조금 쉽고 천천히 진행하려고 하니

다른 과목으로 수강 변경을 해도 좋다고 했다. 그리고 원래 올린 강의 계획을 약간 변경하여 진행하겠다고 하며 외국인 유학생을 배려한 데 대해 고마움을 표현하고 있다. 연구 참여자 07은 수업의 난이도와 상관없이 먼저 교수에게 배려받고 있는 그 자체가 좋은 것이다. 그리고 연구 참여자 14는 교수에 대해 학문적인 바탕, 즉 교수로서의 전문성이 있어야 하고, 다음으로 사람으로서의 됨됨이가 중요하다고 여기고 있었다. 교실에서의 학습 상황에서 교수자로서 학습자에 대한 학습이 없으면 수업이 일어났다고 말할 수 없다(Shuell & Lee, 1976). 즉, 학습자에 대한 이해를 우선해야 효과적인 수업이 이루어질 수 있다. 이 또한 교수–학습 맥락에서 교수자에게 요구되는 개인적 특성과 교수 역량에 대한 사항이라 볼 수 있다(주영주 · 윤아현, 2004).

(3) 교육시설 및 복지 요인

① 도서관 등 교내 편의시설 이용

교육환경이란 사용자의 심리적 욕구나 물리적 기능을 만족시켜주고, 사용자 상호 간의 다양한 접촉을 통해 인격이나 학문의 정보를 제공해주며, 그 대학의 독특한 문화적 특성을 창출해낼 수 있도록 계획되어야 한다. 그리고 교육환경의 주체인 대학 내부 및 외부 공간도 학문 연구와 인격도야의 장소로서 욕구를 모두 충족시켜야 한다(김득곤, 2000).

"전체적으로는 만족한다고 생각해요. 불편한 거는 그냥 논문 검색할 때 돈 내는 거 많았어요. 그럴 때 약간 짜증나요. 자꾸 쓰고 싶은데 자꾸 돈 내야 돼서." (연구 참여자 14)

"그런 거는 만족스러워요. 교직원들도 친절하고 학교 복지시설? 그런 자체에서도 만족스러워요. 그냥 휴식공간 만들 수 있는 거 여학생실? 뭐 그런 거? 도서관 환경? 마일리지 쌓아서 독서실에도 그렇게 하고. 도서관 서비스 이용하면 마일리지 올라가는 거예요. (중략) 독서대 받았어요. 그래서 그런 점에서 학교에 대해 만족스러워요. 도서관에서 정기적으로 학술검색 그런 교육도 실시하고요." (연구 참여자 14)

연구 참여자 14는 학교 교육시설에 대해 대체적으로 만족하고 있으나, 논문 검색을 할 때 유료로 돈을 지급해야 하는 것이 많아서 짜증이 난다고 했다. 학부생과 달리 대학원생은 일반 단행본보다 학술지 논문이나 학위논문 등의 자료가 많이 필요하기 때문이다. 학술지 논문의 경우 학교에서 여러 출판사와 계약을 통해 학생들에게 기관으로 들어가 검색하면 무료로 제공하는 경우가 있다. 그러나 저자 측에서 공개 열람을 막아놓아 자료를 열어볼 수 없는 경우도 있고, 일부 학술지의 경우는 여전히 유료로 이용해야 하기도 한다. 이러한 경우 연구자가 상호대차서비스라는 것이 있다고 설명해주었는데, 참여자들은 이러한 정보이용서비스가 있는 것을 모르고 있었다. 하지만 도서관에서 자료 검색 및 정보 이용하는 것 이외에 도서관 이용 시 도서관 직원들이 친절하게 안내해주고 있는 것에는 만족해하고 있었다. 또한 도서관 서비스를 이용할 때마다 마일리지가 적립되고 있고, 마일리지 점수를 이용하여 독서대 등 필요한 물품들로 바꿀 수도 있으며, 도서관에서 정기적으로 '논문 및 리포트 작성을 위한 학술정보 DB방학 특강'이나 '국외 유학생을 위한 정보이용 교육'을 시행하는 것에 대해 만족도가 높았다. 이외에 휴식공간이나 여학생 휴게실 등 복지시설 이용권에 대해서도 좋게 평가하고 있다.

대학 도서관의 존립 이유는 학생들에게 학습 활동을 지원하는 것이 가장 큰 비중을 차지한다(이은주 · 이제환, 2011). 최근 들어 품질 평가를 위한 객관적 도구(LibQUAL+ 등)를 활용하여 대학 도서관의 서비스를 평가하고 평가 결과에 근거하여 서비스의 혁신 방안을 제시하는 연구도 늘고 있다. 도서관을 포함하여 대학이라는 공간은 한 개인이 사회구성원으로서 더욱 적극적으로 지식 생산과 소통에 참여할 수 있는 교육활동의 장이다. 그런 까닭에 국내인이든 국외인이든 자신의 역량을 강화하고 자아를 실현하고자 함에 있어 매우 중요한 공간임에 틀림없다(임애정, 2011). 대학의 교육환경은 살아있는 유기체로서 발전 · 변화되어야 한다. 대학 내 집단생활이 일어나는 공공 공간과 대학 구성원의 생활공간인 사적 공간 중 어느 한쪽에 치우치지 않고 서로 보완될 때 비로소 대학 캠퍼스로서의 기능을 다할 수 있다. 인간 생활에서 작업과 휴식은 서로 상반되는 행위이나 서로 조화되어야 하며, 이는 인간이 어떤 행동을 하고자 할 때 동력원에는 한계가 있으므로 휴식으로 인해 동력원을 회복한다면 그것은 바로 작업의 가능성, 즉 학습 능력 신장으로 연결될 수 있을 것이다. 그런 의미에서 학교의 휴식공간은 정신 완화 공간이며, 설치된 복지시설 등은 그것을 돕는 도구로서 중요한 의미를 갖는다고 볼 수 있다(김득곤, 2000).

② 외국인 유학생을 위한 우대제도 및 프로그램

현재 우리나라가 직면한 사회 현상과 관련해보면 인구 감소의 문제로 대학의 유지와 생산인력의 유지라는 측면에서 유학생이 중요하게 고려되고 있다. 그러나 여전히 외국인 유학생에게 편안하지 않은 문화적 · 제도적 한계는 유학생 유치의 장벽으로 작용하고 있다(엄미정 · 이윤지 · 박동오 · 김도훈, 2012).

"제남대학교 안에 소수민족 식당도 따로 설치하고 있어요. 왜냐하면 민족대학교도 따로 설치하고 있어서 여러 종류가 있어요. 우리 대학교는 그냥 자기 회족사람에 대해 따로 있어요. (중략) 저희 한족 입장으로 차라리 소수민족이 되면 더 좋다고 생각해요. 진짜 소수민족에게 그런 우대, 그런 정책이 많았어요. 내일 한국 수능시험이잖아요. 우리 중국에서 수능시험 때 소수민족이라면 추가 점수도 받을 수 있어요. 우리보다는 20점, 10점, 5점? 그 정도 받을 수 있어요. 지역마다 아니고요, 거의 전 민족. 전국." (연구 참여자 03)

"중국 소수민족들이 중국에 있으면 혜택 진짜 많이 받아요. 저는 외국 안 가도 중국에 나중에 승진도 취직해도 쉽고 자기 바로 한족 사람보다 혜택 많이 받아서 저 나갈 필요 없다고 생각하고 있어요." (연구 참여자 05)

"장학금? 종류에 따라서. 예전엔 좋았는데 지금은 다 많이 줄었어요. 장학금이. 저는 처음에 왔을 때는 그때는 석사도 전액 장학금 받을 수 있고, 지금 아마 50%? 70% 정도? 전액 없어요." (연구 참여자 11)

연구 참여자 03과 05는 중국에 있는 대학에 비해 한국 대학이 소수자에 대한 배려나 우대제도를 갖추지 못하고 있음을 아쉬워했다. 중국 제남대학교나 민족대학교에는 소수민족 학생을 위한 식당이 따로 설치되어 있고, 특히 회족인 학생을 위한 식당이 별도로 마련되어 있기도 하다. 회족은 중국의 소수민족 중 중국어를 사용하는 무슬림이다. 중국 대학은 이들의 음식을 배려하여 소수민족이 이용할 수 있는 식당을 제공하고 있다. 중국에서는 주류인 한족에 비해 비주류인 소수민족을 위한 우대정책이 많다고 한다. 우리나라의 수능시험 같은 시험을 치를 때 소수민족에게는 가산점을 주고, 승진이나 취직할 때도 소수민족에게는 가산점의 혜택이 주어진다. 따라서 소수민족은 외국에 나갈 필요가 없다고 할 정도다. 그래서 한족은 차라리 소수민족이었으면 하는 바람을 갖기도 하고, 소수민족과 결혼하여 그 혜택을 함께 받을 수 있었으면 하기도 한다. 그러나 한국의 경우에는 오히려 그 자신이 소수민족이거나 소수민족과 결혼하면 불이익을 당하고 무시당하기 일쑤다. 이러한 사례를 통해 보면 우리나라 대학은 물론 우리 사회가 얼마나 타인에 대해 배타적인지 알 수 있다. 연구 참여자 11은 중국에 있는 지인을 통해 한국 대학을 알게 되었고, 외국인에 대한 장학금 제도가 있다고 하여 유학을 결정했다. 석사 때는 전액 장학금 제도가 있었는데, 70%, 50% 정도로 점점 줄고 있어 고민이라고 했다.

"그냥 문화, 외국인한테 문화 체험 같은 프로그램 많이 있으면 좋아요." (연구 참여자 11)

"한국에 직장생활, 직장문화 같은 것을 가르쳐주시고 어떻게 직장생활 지내는지, 취직을 어떻게 하는지 그런 훈련 있잖아요, 중국에도 그런 훈련이 있어요. (중략) 취직할 때 어떻게 준비하는지 방법, 어떤 것 미리 준비해야 하는지, 면접 어떻게 해야 하는지, 나중에 입사하고 어떻게 해야 하는지, 동료들이랑 어떻게 지내야 하는지 직장에서 생활하는 방법, 기법 같은 거 다른 사람이 자기가 자기의 업무 아닌데 다른 사람이 자꾸 시켰을 때 어떻게 거절하는지 이렇게 회식 한국에 회식문화 있잖아요. 동료들이 그런 거 어떻게 하는지…." (연구 참여자 15)

연구 참여자 11은 외국인 대상 문화체험 프로그램이 많이 있었으면 좋겠다고 했고, 연구 참여자 15는 중국인 유학생에게 취직에 대한 준비 프로그램 등이 마련되기를 바라고 있었다. 유학생은 졸업 후의 입사 준비를 비롯하여 직장 내에서 동료들과 어떻게 지내야 하는지, 자기 업무가 아닌 경우 어떻게 거절하는지, 한국의 회식문화는 어떠한지 등 국내 취업 프로그램을 원하고 있다. 일본 문부성은 일본학생지원기구에서 외국인 유학생을 위한 취업 세미나를 실시하고, 유학생과 기업에 취업 · 채용의 정보교류 기회를 제공하고 있다. 후생노동성에서는 수준 높은 외국인 유학생이 졸업 후 일본에서 취업을 희망하는 경우가 많아지면서 후쿠오카학생직업센터를 거점으로 유학생 구인개척을 적극적으로 추진하고 있다. 또한 유학생의 인턴십 프로그램, 취업 면접회 등 유학생에게 취업 활동 및 취업 지원에 관한 정보를 제공하고 있다(엄미정 외, 2012). 중국인 유학생이 직접 생활하게 되는 대학에서는 학생들의 성공적인 학업 진행뿐만 아니라 문화적으로 이곳에 적응할 수 있도록 돕는 다양한 우대정책이나 프로그램을 마련하여 일본의 사례와 같이 사회통합에 기여할 수 있는 길을 모색해야 할 것이다.

4) 나가기

국가 인력 수급 측면에서 국내에 유입된 해외 유학생의 활용이 중요해짐에 따라 정부는 외국인 유학생 유치를 확대하고, 이들의 국내 정착을 위한 전략 및 제도를 개선해왔다(고등교육국제화추진전략, 2012). 그 결과 국내 대학에 학위취득 및 문화체험 등을 이유로 수학하는 외국인 유학생의 수가 꾸준히 증가하고 있는 추세다. 2016년 기준으로 국내에서 유학 중인 외국인 유학생 10여만 명 중에서 중국인 유학생이 6만여 명으로 가장 많은 수를 차지하고 있다. 이 글에서는 이들을 대상으로 대학생활 중에서 교육서비스에 대한 경험을 분석하여 이를 통해 사회통합의 방안을 모색하고자 했다. 중국인 유학생 입장에서 경험한 대학교육서비스 실태를 통해 한국 대학의 이미지 제고와 다문화 공간에서 나타날 수 있는 갈등을 사회통합의 측면에서 살펴보았다.

첫째, 중국인 유학생은 교육행정서비스의 불편함을 겪고 있었다. 외국인 유학생 업무를 담당하는 국제교류처는 친절하지 않고 업무를 회피하는 듯한 느낌을 주었다. 외국인 유학생은 자국의 학생들끼리 서로 의지하며 자구책을 찾은 경험을 가지고 있었다. 또한 수강신청이나 기숙사 신청을 하기 위해 웹서비스를 이용하고자 할 때 접근성의 어려움을 토로했다.

둘째, 중국인 유학생은 학위취득을 위한 가장 핵심적 서비스로 강의 요인에서 어려움을 경험하고 있었다. 협동수업을 하면서 문화와 언어가 다르기 때문에 의사소통의 어려움이 있어 한국 학생들로부터 같은 조를 이루는 것에 대해 거부당하는 경험을 하고 있었다. 그리고 팀티칭을 하는 교수자인 경우 여러 명이 수업을 하다 보니 학생들에 대해 무관심하거나 책임감을 결여하고 있었고, 이에 대한 불만도 제기되었다. 이러한 태도는 감정적으로 중국인 유학생에게 고스란히 전해지고, 이들은 문화와 언어의 어려움 외에 감정적 · 정서적 어려움을 겪게 되었다. 김오숙(2015), 남부현 외(2014)에서는 외국인 유학생이 한국에서의 대학생활을 실패하지 않기 위해 자신의 개성을 드러내는 것을 최대한 자제하며, 침묵하는 삶을 선택하는 등 방어적이고 수동적인 자세를 취하게 된다고 지적한 바 있다. 물론 교수자가 학생들에게 교수하는 방법의 개인적인 티칭기술로 그 권리를 침범할 수는 없다. 하지만 우선적으로 교수자는 학습 대상자들이 어떻게 구성되어 있는지, 그리고 어떠한 수준인지 파악하고 그에 맞는 적절한 교수-학습을 진행해야 한다. 그리고 수업에서는, 즉 학습자로 하여금 학습이 잘 일어나도록 하기 위해 기본적으로 교수자와 학습자 간의 상호작용을 위한 노력이 필요하며, 특히 외국인 유학생, 즉 소수자를 위한 배려가 필요하다.

셋째, 중국인 유학생은 대학 캠퍼스 내에서 도서관 등 여러 편의시설을 사용하면서 도서관이나 휴게실 등 복지시설에 대해서는 비교적 만족해하고 있었다. 또 유학의 주요 목적은 학위취득이지만, 이외에도 한국의 문화 또는 취업문화를 체험하고 싶어 했다. 그러나 이러한 프로그램이 적절히 이루어지고 있지 않아 아쉬워했다. 그리고 외국인 유학생을 유치하기 위한 대학당국의 우대제도 등이 중국과 다름을 크게 느끼고 있었다. 중국에서는 소수민족에게 우대와 배려를 많이 해주어서 오히려 주류인 한족이기보다 소수민족이었으면 하는 바람을 가질 정도로 중국과의 교육 정책의 차이에 대해 불만족스러움을 나타냈다.

이와 같은 연구결과를 토대로 논의할 점은 다음과 같다.

첫째, 오늘날 대학들은 외부적으로는 국외에 대한 교육시장 개방,

인구감소로 인한 대학정원 문제, 기술변화와 사회적 요구의 다양화 등으로 극심한 경쟁구도로 어려움에 처해 있다. 특히 대학 운영 재정 확보의 불확실성과 외부 환경 변화에 둔감한 대학행정시스템의 경직성 등으로 이중고를 경험하고 있다. 이에 과거에 간과했던 교육수요자, 즉 학생들에 대한 교육서비스에 관심을 가지게 되었다(성석주 · 박근희 · 최봉기, 2010). 이에 외국인 유학생을 유치하기 위해서는 더욱 구체적이고 세밀한 교육행정서비스에 대한 질적 제고가 이루어져야 한다.

둘째, 대학교육에서 가장 중요한 것은 강의 품질, 즉 교수 서비스다. 강의와 관련된 서비스는 대학교육서비스의 핵심으로서 교수의 전공지식, 강의 내용 및 유의성, 철저한 강의 준비 등은 유학생이 유학의 목적을 실현하는 데 필수적인 요인이다. 임재화(2004)의 연구에서는 교수 서비스 요인의 측정 변수로서 교수의 강의 충실성 또는 열의, 상담에 따른 교수의 대응성, 교수의 친절성 또는 예의, 교수의 수업 시간에 대한 엄격성, 교수와 학생의 관계 형성을 들고 있다. 또한 람스덴(Ramsden, 1991)은 대학에서의 좋은 수업은 흥미와 설명, 학생과 학생의 학습에 대한 관심과 배려, 적절한 평가와 피드백, 분명한 목표와 지적 도전 등 학생들로부터 배우기 등의 원리를 포함하고 있다고 한다. 하지만 의사소통이 자유롭지 않은 외국인 유학생과의 수업에서는 좋은 수업을 위한 원리나 방식에 대해 고민이 필요하다.

마지막으로 대학교육은 주로 사람에 의해 이루어지고 있다. 과거에는 시설에 의한 교육이 이루어지지 않았으나 정보화 시대의 도래로 교육시설의 중요성이 점차 커지고 있다. 이에 따라 강의실의 영상화, 강의매체의 IT 활용 등 첨단시설이 설치되고 있으며, 논문이나 자료 검색 등 최신 정보를 제공할 수 있는 도서관 시설, 식당, 강의동 내 휴식공간 확보

등과 같은 교육시설과 복지 요인이 교육서비스 품질 평가요인으로 포함된다(홍성헌, 2011).

우리나라에 유학 중인 외국인 유학생이 경험하는 대학생활에서의 사회통합 의미가 제고되어야 한다. 외국인 유학생은 학위과정을 마치고 나면 한국 기업에 취업하거나 자국으로 돌아가 다양한 분야에서 한국 친화적인 업무를 하게 될 가능성이 높다. 이들은 인적 자본으로서 한국에서의 경험을 토대로 한국과의 교류에 영향을 미칠 것이다. 사회통합이 한 사회에서 주류집단과 비주류집단 간의 갈등을 최소화하며 상호 존중하는 것이라고 볼 때, 중국인 유학생과 국내 학생들과의 관계, 타국의 소수 문화권의 교육체제와 국내 주류 문화권의 교육체제 간 차이에서 오는 갈등을 최소화할 방안을 모색해야 한다.

11.
경제 영역:
결혼이주여성의 경제적응과 문화적응

1) 들어가기

한국 사회도 초국적 이주로 인한 글로컬 다문화사회의 형성과 무관하지 않다. 초국적 이주는 이들이 정주하고 있는 지역과 국가, 그리고 이주해온 국가 등 여러 국가에 걸쳐 큰 영향을 미치고 있다. 최병두(2012)는 다양한 유형의 초국적 이주를 언급하며, 노동이주에 대해서는 정주국에게 값싼 노동력을 확보할 수 있게 하고 지역경제를 활성화하는 등의 도움을 준다고 했다. 또 결혼이주에 대해서는 가족 구성원의 재생산에 기여하는 바가 있다며 긍정적으로 평가하고 있다. 물론 외국인 노동자에 대한 처우 개선 문제, 다문화가정 자녀에 대한 교육적 대안 요구, 미등록 외국인 문제 등 다양한 문제가 산적해 있는 것도 주지의 사실이다.

1990년대 이전 한국 사회에서 이주민 문제는 송출국과 별개로 정주국 내에서만의 사회통합의 문제로 다루어졌다. 그러나 초국적 이주가 이루어지고 있는 현 시대 상황에서 이주민 문제는 이주민이 모국과 정주국을 넘나들며 사회공간적인 변화를 만들어내고 있기 때문에 복잡다변성을 갖고 있다. 최병두(2012)는 교통통신기술의 발달과 이에 따른 시공간적 압축으로 인해 초국적 이주는 '지구–지방화' 과정이라고 정의했다. 그는 공간적 측면에서 '다문화 공간'이 형성되고 있다고 하면서 그 중요성에 대해 강조했다. 초국적 이주를 통해 형성되는 다문화 공간 속에서 이주민은 공통적으로 더 나은 삶을 쟁취하기 위해 적응을 시도하며, 그 과정에서 새로운 문화를 만들어내기도 한다. 앨바와 니(Alba & Nee, 2009)는 다문화 공간에서 이루어지는 문화 간 적응에 대해 접촉을 통해 문화 간 벽을 허물고 간극을 좁혀가며 서로 바꿔가는 과정으로 설명한다. 그리고 이러한 적응의 영역은 문화, 사회, 경제 등 다양하다. 고든(Gordon, 1964)은 적응의 영역을 문화적응과 구조적 적응으로 구분했다. 여기서 구조적 적응은 경제적 적응을 말한다. 문화적응과 구조적 적응은 상관관계를 맺고 있다(Gordon, 1964; Hofstede et al., 2010). 그렇기 때문에 다문화 공간에서 일어나는 이주민의 적응 문제를 다루기 위해서는 문화적응과 구조적 적응이 유기적으로 연결되어 있다는 것을 전제로 해야 한다.

한국 사회에서 다문화사회로의 변화는 중국계 이주민이 견인하고 있다고 보아도 과언이 아니다. 한국 사회의 이주민은 중국계 이주민이 주를 이루고 있고, 그중에서도 결혼이주여성이 가장 큰 비중을 차지한다. 하지만 결혼이주여성은 인권침해적인 결혼 과정, 한국 사회의 차별과 편견, 체류자격 및 복지 등의 사회구조적 문제로 생활세계 정착에 많은 어려움을 겪고 있는 것으로 나타난다(김태원, 2012; 최병두, 2012).

이 글에서는 중국계 결혼이주여성의 문화적응과 경제적응 과정을 분석하여 그들이 어떻게 한국 사회에서 다문화 생활세계를 형성해나가는지에 관해 살펴보았다. 이를 통해 다양한 결혼이주여성 중 가장 높은 비중을 차지하고 있는 중국계 결혼이주여성이 한국에서 어떤 다문화 생활세계를 형성하고 있으며, 여기에 반영되어 있는 문화적응과 경제적응의 양상과 의미, 중요성을 밝혔다. 또한 이를 통해 문화적응과 경제적응의 상관관계가 어떠한지 고찰했다.

2) 중국계 결혼이주여성 현황

외국인의 한국으로의 이주는 외국인 근로자와 국제결혼의 양적 증가 추세와 함께 급증하고 있다. 김수연(2011)은 국제결혼의 아시아권 현상은 한국에서도 진행되고 있으며, 국제결혼의 일반화 · 농촌화 현상으로도 나타나고 있다고 했다.

송형주(2015)에 따르면 국제이주는 최근 정책의 변화와 더불어 세계경제의 변화 등으로 인해 점차 다양한 양상을 띠고 있다. 김경아(2012)에 따르면 1980년대 아시아 이주자의 70%가 여성으로, '여성의 이주화' 현상이 나타났다. 결혼이주여성은 대부분 경제 상황이 좋은 일본, 한국, 대만 등의 지역으로 집중되었다. 한국에서도 국제결혼은 한국 국적 남성과 외국 국적 여성 간의 결혼이 대부분을 차지한다는 점에서 '국제결혼의 여성화' 현상이 나타나고 있다고 볼 수 있다.

한국 사회의 결혼이주여성 증가는 2005년 일부 지방자치단체에서 시행한 '농어민 국제결혼 비용지원사업'이 도화선 역할을 했다. 2007년 「여성가족부 국제결혼지원사업」 보고서에 따르면, 2007년 약 29억 원의 국제결혼 지원 예산이 편성되었고, 전국적으로 약 25%의 지방자치단체가 동 사업을 진행할 정도로 적극적으로 국제결혼을 장려했다.

한국 사회에서의 초국적 이주는 다양한 국적의 이민자에 의해 이루어지지만, 그중에서도 중국계 이주민이 가장 큰 비중을 차지하고 있다. 2018년 출입국 · 외국인정책본부 통계월보에 따르면, 2018년 3월 말 현재 체류외국인은 225만 4,085명이며, 이 중 국적별 분포를 보면 중국 45.7%, 베트남 7.9%, 태국 7.4%, 미국 6.7%, 우즈베키스탄 2.9%의 순으로 중국이 가장 많은 비중을 차지한다. 그다음 순위인 베트남과 약 6배 정도 차이가 나타났다. 동 자료의 외국 국적 동포를 보면, 2018년 3월 말 현재 외국 국적 동포는 85만 7명으로 전체 체류외국인 225만 4,085명 대비 37.7%를 차지하는데, 중국 국적 외국 동포는 70만 9,741명으로 전체의 83.5%를 차지하고 있었다. 결혼이민자 체류 현황을 보면 2018년 3월 기준 한국 내 총 15만 6,439명의 결혼이민자가 체류하고 있으며, 이들의 국적을 보면 중국이 5만 7,901명(37%), 베트남이 4만 2,292명(27%)인 것으로 나타났다. 중국계 결혼이민자 중 성별을 보면 남성이 1만 2,283명, 여성이 4만 5,618명으로 상대적으로 여성의 비율이 높았다.

체류외국인 중 등록외국인 118만 7,988명의 등록 자격에는 문화예술, 유학 등 다양한 자격 종류가 있는데, 그중 방문취업 자격(H-2)이 23만 4,627명으로 가장 높은 비중을 차지하고 있었으며, 그다음으로 영주 자격(F-5) 13만 6,962명, 결혼이민 자격(F-6) 12만 1,351명 순이었다.

이혜림(2018)에 따르면, 한국 사회도 국제이주의 세계적 흐름이 진행되면서 국제결혼 장려 등으로 인해 결혼이주여성이 폭발적으로 증가했다. 그러나 결혼이주여성 수가 증가한 데 반해 사회구조적 대비책이 제대로 마련되어 있지 않아 인권유린 등으로 인한 국제결혼 피해사례가 속출했다. 특히, 1990년 8월 결혼중개업이 '허가제'에서 '신고제'로 변경되어 제한 규정이 약화되고,* 1992년 한 · 중 수교가 이뤄지면서 중국계 결혼이주여성의 한국으로의 이주가 급격히 증가했다. 오영훈(2014)은 중국계 결혼이주여성이 다수를 차지하고 있음에도 시부모 등 가족관계에서 문화적 가치관의 혼란을 경험하고 있다고 지적했다. 그리고 음식 등 생활문화의 차이, 가부장적 한국 사회의 분위기와 중국계 결혼이주여성에 대한 차별과 편견 등은 이들이 한국 사회에 정착하는 데 커다란 걸림돌이 되고 있다.

황정(2015)은 결혼이주여성의 한국에서의 정주화를 막고 있는 요인으로 짧은 기간 한국으로의 이주를 결정하고 가정을 형성하여 한국어 미숙과 주변 환경에 대한 정보의 부족을 제시했다. 김나영(2014)은 결혼이주여성은 한국 사회의 외국인에 대한 배타적 시선으로 인해 외국인이라는 점 때문에 스스로 위축되는 경우가 많으며, 가족들과도 언어 등 문화 차이로 인해 친밀감을 형성하는 데 어려움을 겪고 있다고 했다.

* 현재 결혼중개업은 결혼이주자로 인한 사회적 문제가 대두되어 다시 등록제로 변경되었음.

3) 문화적응과 경제적응

(1) 문화적응

결혼이주여성은 한국의 문화, 사회, 경제 등의 영역에 고루 적응해야 한다(이혜림, 2018). 앨바와 니(2009)에 따르면 적응은 다양한 문화적 배경을 지닌 사람들의 계속적인 접촉을 통해 문화적 경계의 간극을 좁혀나가는 변화의 과정이다. 곧, 결혼이주여성의 적응도 그들이 소유한 문화와 한국 문화와의 간극을 좁혀나가는 과정이다.

레드필드, 린턴과 헤르스코비츠(Redfield, Linton & Herskovits, 1936)는 문화적응을 사회의 문화적 관행, 제도, 구조 등의 영역에서 변화를 일으키는 중요한 역할을 한다고 했다. 사람들은 문화 간 접촉을 통해 문화적응 과정을 경험하며, 이 속에서 정서적 · 행동적 · 인지적 변화의 경험을 하게 된다(Sam & Berry, 2010; Ward et al., 2001). 샘과 베리(Sam & Berry, 2010)는 문화적응의 경험은 이주자에게 큰 스트레스를 주며, 이러한 스트레스는 불안, 분노, 우울 등의 감정으로 표출된다고 한다.

베리(Berry, 2005)는 이주자의 문화적응 유형을 통합, 동화, 분리, 주변화의 유형으로 분류했다. 첫째, 베리(2005), 샘과 베리(2010)에 따르면, 통합은 이주자가 자신들의 문화적 정체성을 유지함과 동시에 그들이 정주하는 사회의 주류문화에도 적응하는 것이다. 둘째, 베리(2005)에 따르면 동화는 이주자가 그들 고유의 정체성을 버리고 주류문화에 흡수되는 것이다. 셋째, 샘과 베리(2010)는 고유의 문화와 정체성 유지에만 집중하는 이주자의 유형을 분리로 정의했다. 이는 주류사회의 차별 영향으로 이주자가 주류사회에 통합되는 것을 거부하기 때문에 나타나는 현상이다. 넷째, 베리(2005)는 주변화를 주류사회의 통합이나 고유의 문화와 정체성 유지 모두에 관심이 없는 유형으로 구분했다. 이는 문화적응 스트레스를 극복하지 못함으로써 나타나는 낮은 자존감과 혼란 때문에 나타나는 현상이다(Bourhis et al., 1997; Sam & Berry, 2010: 476).

베리(2005), 베리와 사바티에(Berry & Sabatier, 2010)는 위의 4가지 문화적응 유형 중 통합을 가장 바람직하게 여기고 있다. 한국 사회가 바람직한 다문화사회로 이행하기 위해서는 결혼이주여성의 문화적응 스트레스를 줄이기 위한 노력이 뒷받침되어야 한다. 즉, 이들이 한국 사회에 잘 정착할 수 있도록 하기 위해서는 일방적으로 동화주의적 사회통합을 강요할 것이 아니라 통합을 지향할 수 있도록 지원하는 문화적응 방안을 모색해야 한다.

(2) 경제적응

고든(1964)은 "이주자는 사회적 적응과 경제적 적응을 통해 주류사회에 구조적으로 적응한다"고 말했다.

이혜림(2018)에 의하면, 대부분의 이주자는 삶의 질 향상을 추구하며, 특별한 자본금 없이 이주를 결정한다. 중국계 결혼이주여성의 경우도 경제적 안정과 더 나은 삶을 위해 한국으로 이주하는 경우가 많다. 하지만 이주자의 경우 경제적 지위에서 평가절하되어 실제 능력에 비해 낮은 경제적 지위를 획득하는 경향을 갖고 있다(Basilio, Bauer & Kramer, 2017; Borjas, 2006; Chiswick, 1978; Chiswick, Lee & Miller, 2006). 이는 이주자의 한국 사회적응 스트레스로 작용한다. 보르하스(Borjas, 2006)에 의하면 이러한 이주자의 불공평한 대우는 이주자의 자녀 세대에서도 동일하게 나타난다.

이주자 중 결혼이주여성의 경우 경제적 적응은 한국 사회 적응과 관계가 깊다(설동훈 외, 2005; 박능후 · 선남이, 2010). 설동훈(2005)은 결혼이주여성의 경제적응 지표로 그들의 취업 여부와 가구 소득 수준을 들었다. 결혼이주여성의 경제적응 수준은 그들의 안정적인 한국 내 생활세계 형성에 필수적인 요소다. 박능후 · 선남이(2010)도 결혼이주여성의 취업 수준이 한국 사회 적응에 긍정적인 영향을 미친다고 했다. 이를 통해 결혼이주여성의 경제적응은 한국 사회에 적응하는 데 중요한 부분이라 할 수 있다.

4) 연구 설계

이 글에서는 중국계 결혼이주여성의 문화적응과 경제적응 경험을 탐색하기 위해 내러티브 탐구를 연구 방법으로 수행했다. 내러티브 탐구는 개인의 삶과 경험, 그리고 그에 내재된 의미를 탐구하기에 가장 적합한 연구 방법 중 하나다.

이 연구는 크레스웰(Creswell, 2013)이 제안한 내러티브 탐구의 6가지 절차, 즉 ① 연구 방법 결정하기, ② 연구 참여자 선정하기, ③ 자료 수집하기, ④ 이야기를 둘러싼 상황과 맥락에 대한 정보 수집하기, ⑤ 수집된 자료 분석하기, ⑥ 연구 참여자를 연구 과정에 참여시키기에 따라 진행되었다.

1단계(내러티브 탐구 방법의 결정)에서 연구자는 중국계 결혼이주여성의 문화적응과 경제적응 경험을 탐구하기에 내러티브 탐구가 연구 방법으로 가장 적합하다고 판단했다. 2단계는 이러한 연구에 적합한 이야기 혹은 삶의 경험을 들려줄 수 있는 연구 참여자를 선정하는 단계로, 연구자는 중국계 결혼이주여성 중 한족 2명과 조선족 2명을 연구 참여자로 선정했다. 연구자는 2017년 10월부터 2018년 2월 사이에 연구 참여자와의 인터뷰를 통해 연구를 위한 자료를 수집했다(3단계—자료수집). 주로 문화적응과 경제적응을 통해 연구 참여자들의 한국 사회 생활세계 형성 경험을 중심으로 대화를 진행했으며, 구체적으로 결혼 과정과 한국 정착, 문화적응 스트레스, 경제적 지위의 변화 등 다양한 경험에 대해 이야기를 나누었다. 각각의 인터뷰 시간은 1시간에서 1시간 30분 정도 소요되었고, 연구 참여자의 동의를 얻어 녹음했다(4단계—이야기의 맥락에 관한 정보 수집). 심층인터뷰는 반구조화된 방법으로 진행했다. 중국계 결혼이주여성의 문화적응 및 경제적응과 관련된 주요 이슈에 대해서는 구조화된 방법으로 면접을 진행했고, 중국계 결혼이주여성의 반응과 대답에 따라 개방 질문을 병행했다. 또한 인터뷰를 시작하기 전에 연구에 대한 목적과 자세한 연구 과정을 설명했다. 연구자는 자료를 분석하는 과정(5단계)에서 연구 참여자들의 문화적응과 경제적응 경험에 관한 이야기 구조를 구성하기 위해 인터뷰를 통해 수집된 자료들을 반복해서 읽으며 경험의 의미와 연구 참여자들의 생활세계 형성 과정 등에 주목했다. 특히 연구 참여자의 이야기에 등장한 주요 인물, 이들과의 관계에서 발생한 사건 등을 엮어가는 과정에서 내러티브의 줄거리와 핵심적인 주제 등을 발견하여 이를 내러티브의 주요 골격으로 구성했다.

다음 장에서 서술한 연구 텍스트들은 이러한 과정에 따라 산출했으며, 연구 참여자의 내러티브를 연구자의 목소리로 다시 정리한 것이

〈표 3-2〉 연구 참여자의 인적 사항

구분	나이	민족	국적	학력	직업	자녀	거주기간
1	39	한족	한국	대졸	회사원	1명	10년
2	47	한족	한국	대졸	주부	2명	14년
3	40	조선족	한국	대졸	전문직	1명	16년
4	40	조선족	한국	대졸	전문직	1명	10년

다(Creswell, 2013: 74). 다만 내러티브 해석의 적절성과 신뢰성을 확보하기 위해 인터뷰 녹음을 전사한 자료와 현장 노트를 반복하여 비교했으며, 자료에 대한 분석과 해석, 그리고 그 결과를 담은 이 글의 초고 및 수정 원고를 연구 참여자에게 공유하여 확인하는 과정(총 3회)을 거쳤다(6단계).

연구 참여자들의 구체적인 특성은 다음과 같다.

연구 참여자는 현재 경인지역에 거주하는 중국계 결혼이주여성 4명이며, 한족 2명, 조선족 2명으로 구성되었다. 또한 이들은 〈표 3-2〉에 나타난 것과 같이 한국 국적을 취득한 중국계 결혼이주여성으로 학력은 모두 대졸이고, 나이는 30대 후반에서 40대 초반이다. 한국으로 이주한 시기는 20대 후반에서 30대 초반이다. 따라서 중국 고유의 문화적 정체성이 형성된 이후 한국으로 이주했다고 볼 수 있으며, 한국에서의 거주 기간은 10년 이상이기 때문에 한국 생활에서도 결혼으로 인한 문화적응 스트레스와 극복, 경제적 지위 변화 등에서 다양한 경험을 가지고 있었다. 이러한 연구 참여자들의 특성을 보면, 중국계 결혼이주여성의 문화적응과 경제적응 경험을 통해 어떤 생활세계를 형성하고 있는지 살피기에 적합하다고 할 수 있다.

5) 결혼이주여성의 생활세계 형성 경험

여기에서는 중국계 결혼이주여성을 대상으로 한 심층인터뷰에서 이들이 한국으로 이주하게 된 과정, 결혼 동기와 삶, 이주 후 경제적응과 문화적응의 경험과 생활세계의 변화 과정에 대해 살펴보았다. 그리고 경제적응과 문화적응이 결혼이주여성의 생활세계 형성에 미치는 영향과 이 둘의 상관관계에 대해 분석했다.

(1) 국제결혼 결심과 한국으로의 이주: 더 나은 삶의 추구

연구 참여자들은 모두 20대 후반의 나이에 국제결혼을 택하여 한국으로 이주했다. 한국 사회 여성의 평균 결혼연령에 비해 이들은 비교적 어린 나이에 결혼하고 타국으로의 이주를 결정한 것이다. 이들의 결혼에 가장 큰 영향을 미친 요인은 경제적인 이유와 더 나은 삶에 대한 추구였다. 하지만 이들 모두 사랑이라는 전제조건이 있었다. 모두가 가장 큰 원인은 경제적 조건과 삶의 질 향상을 꼽았지만, 사랑이 없었다면 결혼하지 않았을 것이라고 했다.

연구 참여자 1의 경우, 처음에는 부모님이 국제결혼을 적극적으로 권유했으나, 막상 비행기를 타려고 하니 타국으로 가는 딸에 대한 걱정, 한국 방송에서 비추어지는 결혼이주여성에 대한 차별과 편견, 학대 등으로 인해 다시 한번 결혼을 생각해봐야 하지 않겠냐며 말리기도 했다.

"처음에는 엄마가 빨리 (결혼)하라고 막… 아버지는 하지 말라고 (말리기도) 했고…. 어쨌든 한국에 가서 더 잘살면 돼지. 처음엔 엄마, 아버지 모두 결혼하라고 했어요. 그치만 비행기 티켓이 나오고 한국에 가는 게 결정되니깐 걱정하기 시작했어요. 그때 한국 TV에서 조선족 여자가 무시당하고, 월급도 못 받고 하는 게 나왔어요. 아버지가 걱정하더라구요. 정말 잘살 수 있니? 저도 걱정이 되기도 했어요. 하지만 결국 결혼해서 한국에 와서 지금 잘하고(살고) 있어요." (연구 참여자 1)

연구 참여자 1처럼 다른 결혼이주여성 모두 막상 결혼을 결심했지만, 한국에 오기 직전에는 긴장과 불안이 가득 했다고 했다. 하지만 결혼이주여성은 모두 대학을 졸업한, 중국 내에서는 소위 엘리트 여성으로 자기 자신에 대해 자부심을 가지고 있었다. 한편 이들은 모두 새로운 곳에 대한 호기심과 한국에 대한 막연한 동경을 가지고 있었다고 하기도 했다.

"(한국은) 그래도 새로운 나라잖아요. 내가 살던 곳보다 훨씬 잘살고 돈도 많이 벌(수 있)고. 내가 대학교 나왔어도 (중국에서) 할 일이 많지 않았어요. 직장도 갖고 싶고, 멋진 결혼도 하고 싶고…. 그때 한국에서 「풀하우스」(란 드라마가) 했던 거 같아요. 왕자님이 나왔어요. 나도 그런 남자를 만나면 좋겠다 생각했죠." (연구 참여자 3)

"저도 「풀하우스」 알아요. 한국 남자는 그런 남자가 많은 줄 알았어요. 지금은 그런 생각 아니에요(안 하죠)…. 그래도 한국에 오면 더 잘살 수 있을 거란 확신이 있었어요. 돈도 많이 벌고 부모님도 도와드리고 싶었어요." (연구 참여자 4)

한국 드라마의 허구적 스토리가 결혼이주여성에게는 한국에 대해 긍정적인 이미지를 갖게 하여 이주를 결심하는 데 영향을 미치기도 했다. 하지만 이들은 드라마에 나온 여주인공이 되기보다는 전문 직업인으로 살고 싶은 바람을 가지고 있으며, 이것이 한국 남성과의 결혼과 한국으로의 이주를 선택한 가장 큰 요인이다.

> "저도 그렇죠, 뭐. 어떻게 왕자를 만나겠어요. 전 평범하게 살고 싶었어요. 중국에선 평범하게 사는 것도 어려운 일이었죠. 다 그렇겠지만. 한국에 와서 부모님한테, 자식들한테 (용)돈도 많이 주고 싶고. 내 직업도 갖고 싶고… 여러 가지 생각이 있었어요." (연구 참여자 1)

> "뭐 처음엔 다 (그렇지) 않나요? 어릴 때 꿈도 그렇고. 하지만 더 잘 살고 싶었어요. 지금(결혼 전)보다. 중국에서 중국인 아닌 중국인으로 산다는 게 쉬운 일은 아니에요. 또, 그때 내가 할 수 있는 일도 많지 않았고…. 한국에 오면 직업을 무조건 가질 수 있겠다고 생각했어요. 또, 중국에서처럼 아니고 한국인이(되)고 싶었어요. 한국 남자와 결혼해서 직업을 갖고 내 아이들은 나보다 더 잘(살게 해주)고 싶었어요." (연구 참여자 3)

결혼이주여성은 모두 중국에서의 삶보다 더 나은 삶을 추구하고 있다. 그리고 이런 기대를 실현할 수 있는 공간이 한국이라고 여긴 것이다. 또한 한국에서는 전문 직업인으로 살 수 있을 것이라는 희망도 한국 남성과의 결혼과 이주를 결심하는 동인으로 작용하고 있다.

(2) 경제적 지위 향상에 따른 생활세계의 변화: 자아존중감 상승

결혼이주여성은 모두 중국 대학을 졸업하여 학사학위를 가지고 있었으며, 이에 엘리트로서의 자부심을 가지고 있는 여성들이었다. 하지만 중국 내에서는 전문 직업인으로 일할 수 있는 직장을 구하기 어려웠다. 그래서 한국 남성과 결혼하여 이주를 선택하게 된 것이지만, 이를 위한 시도는 처음부터 많은 난관에 부딪히며 좌초되었다.

> "한국에 오면 다 잘될 줄 알았죠. 근데 아니(더라구요). 처음엔 남편이 주는 생활비로만 생활을 해야 했어요. 대학을 나왔지만 한국 (어디에서도) 인정해주지 않았어요. 정말 일하고 싶었어요. 근데 안 됐어요." (연구 참여자 1)

> "한국에 오자마자 직장에 들어가려고 했어요. 근데 한국말이 잘 안 된다고 떨어졌어요. 대학도 하고(나오고), 회사에 취직하고 싶었어요. 할 수 없이 오랫동안 취직을 못했어요. 알바만 했어요." (연구 참여자 2)

결혼이주여성은 한국에 이주한 후 바로 직업을 구하기 시작했으나 한국에서의 현실은 쉽지 않았다. 그들은 언어로 인한 장벽, 중국에 대한 차별과 편견 등으로 인해 취업을 할 수 없었다. 그들 모두 한국으로 이주한 지 3년에서 5년이 지난 후에야 직업을 가질 수 있었다.

> "전 한 4년 된 거 같아요. 직업 가진 게. 이것도 한국어가 어느 정도

되니까 가능했죠. 처음엔 다문화 관련된 센터에서 번역 일을 (하기) 시작했어요. 재미있었어요. 그치만 월급은 (그리) 많지 않았어요." (연구 참여자 3)

결혼이주여성이 직업을 가지려고 했던 가장 큰 이유는 일단 돈을 벌기 위해서였다. 한국으로의 이주와 한국에서의 직장생활은 중국에서는 벌기 어려운 큰돈을 벌 수 있는 기회였다. 그러나 막상 한국에 와보니 뜻대로 직업은 구해지지 않았고, 주위에 교류할 수 있는 친구도 없었다. 또 자신이 스스로 돈을 벌고 싶었는데 남편이 주는 생활비가 한국에서 손에 쥘 수 있는 돈의 전부이다 보니 자신감도 많이 떨어졌다.

"저, 그래도 중국(에서) 사범대를 나왔어요. 나도 선생님 할 수 있는데. 한국에선 불가능했어요. 그래도 한국에 오면 무슨 일을 해도 중국보다 돈도 더 많이 벌고 할 수 있다고 해서 왔는데, 몇 년 동안 남편이 주는 생활비가 다였어요(전부였어요). 힘들었어요. 자신감도 없고. 모든 게 어려웠어요. 내가 이렇게 다른 사람한테 말도 못하고, 친구도 없고, 그냥 남편이랑 얘기만 봤어요. 재미없었죠." (연구 참여자 4)

이처럼 결혼이주여성은 언어 장벽과 다문화가정에 대한 한국 사회의 차별과 편견, 그리고 결혼이주여성의 취업에 대한 한국 사회의 사회구조적 문제 등으로 인해 많은 어려움을 겪었다. 이들은 남편을 사랑해서, 또 전문 직업여성이 되고 싶어서, 새로운 곳에서 더 나은 삶을 살기 위해서 등의 기대와 희망을 품고 한국으로 이주해왔지만 한국에서의 현실은 예상했던 바와 전혀 달랐다.

"잘될 줄 알았어요. 아니었어요. 이야기할 사람이 남편밖에 없었는데, 남편은 일한다고 맨날 늦게 들어오고, 하루 종일 집에 혼자만 있었어요. 지금은 아니지만 처음 1년 동안은 집 밖에도 나가는 게 무서웠어요." (연구 참여자 1)

"다 틀렸어요(달랐어요). 다 좋을 줄 알았는데. 당연히 처음엔 어려울 거라 생각했죠. 근데 너무 틀렸어요. 직업은 말도 할 것 없고, 한국에서 살아간다는 것 자체가 어려웠어요. 외롭고, 힘들고, 음식도 어려운 게 있고, 다 힘들었어요." (연구 참여자 3)

하지만 결혼이주여성이 한국에 이주하는 기간이 길어지면서 한국어 능력이 향상되었고 한국 사회와 직업에 대해 알게 되었다. 또 정식으로 월급을 받을 수 있는 직업을 갖게 되면서 자아존중감의 향상을 경험했다. 더 나은 삶을 살 수 있으리라는 기대도 다시 품게 되었다.

"진짜 내가 사람인 거 같았어요. 당당하게 집 밖에 나와서 일하고, 돈도 벌고, 너무 좋았어요." (연구 참여자 2)

"아, 정말 그땐… 정말 기뻤죠. 첫 월급 타던 날… 지금보다 몇 배나 적은 월급이지만 지금보다 훨씬 좋았어요. 내가 뭐 된 거 같고. 그때 그 돈으로 아이 장난감이랑 남편 티셔츠를 샀던 거 같아요." (연구 참여자 4)

이들은 첫 직장은 기대한 만큼은 아니었지만, 한국 이주 후 처음으로 직장을 가졌다는 데 대해 만족했고, 사회인으로서 자기 몫을 하게 되었다는 데 자부심도 갖게 되었다. 움츠러들어 있다가 다시금 용기를 갖고 당당하게 집 밖으로 나올 수 있게 된 것이다. 그들에게 직업을 갖게 되었다는 것은 사회인으로서 자신의 능력을 입증받았다는 것을 의미했다. 또한 고정적인 수입이 생기면서 가정생활에 금전적인 기여를 할 수 있게 되었다. 이는 가정에서의 위상을 달라지게 했으며, 남편과 대등한 위치로 올라설 수 있게 했다.

결혼이주여성은 경제적응을 통해 가족 내에서 자신의 지위가 변화되었고, 이로 인해 자아존중감이 향상되는 경험을 하게 되었다. 또한 한국에 이주해온 이후 줄곧 이방인으로 살던 삶에서 벗어나 한국인으로 정체감을 갖게 되었고, 이를 통해 진정한 한국인으로서 사회에 당당하게 나설 수 있는 존재로 거듭나게 되었다.

(3) 문화적응에 따른 생활세계의 변화: 자기효능감 상승

결혼이주여성은 경제적응뿐만 아니라 문화적응에서도 상당히 어려움을 겪고 있었다. 한국 문화가 낯선 데다 자신을 향한 사회적 편견까지 더해져 처음부터 문화 충돌을 경험했다.

> "뭐가 이렇게 다른지. 남편이 밥 먹을 때부터 틀렸다고 했어요. 난 그냥 밥그릇 들고 먹었을 뿐인데. 자기는 맞고 난 틀리고." (연구 참여자 1)

> "정말 힘들었어요. 전 중국에서도 편식하는데, 한국에서 회 먹는 게 힘들었어요. 특히 산낙지. 무릎 꿇는 것도 어색했어요. 무릎은 평생에

한 번 꿇을까 말깐데." (연구 참여자 4)

결혼이주여성이 이주했던 2000년대 초반 한국은 다문화에 대한 인식 수준이 상당히 낮은 편이었다. 이로 인해 한국 사회가 중국에서 이주해온 여성들에 대해 갖는 차별과 편견은 심각했다. 한국 사회는 그들에 대해 못살고, 못 배운 여성이라 가르칠 게 많다는 생각 등을 가지고 있었고, 그들은 이러한 차별과 편견을 그들의 모국에서는 경험한 적이 없었기 때문에 문화적 충격으로 받아들여졌다. 심지어 한 연구 참여자는 이를 견디기 어려워 이혼하고 다시 중국으로 가야겠다는 생각을 하기도 했다.

이 연구에 참여한 결혼이주여성은 중국 내 유수의 대학을 졸업한 엘리트였음에도 자신들을 향해 쏟아지는 문화적 편견에 적응하는 것이 쉬운 일이 아니었다. 하지만 이들은 강한 의지와 더 나은 삶에 대한 열망으로 한국 문화에 적응하기 위해 노력했고, 한국에 이주한 지 10년이 넘은 지금은 당당한 한국 사회의 구성원으로 살아가고 있다.

"다 그렇겠지만, 5년 정도 지나서부터 한국에 익숙해지기 시작한 거 같아요. 이젠 어려운 건 별로 없어요." (연구 참여자 1)

"쉬운 게 어디 있겠어요. 그래도 어려웠죠. 하지만 이젠 중국 문화도 잘 모르겠어요. 그냥 한국인이죠 뭐. 아직 회를 많이 좋아하진 않지만 거북하진 않아요." (연구 참여자 4).

본 연구의 연구 참여자들은 베리(2005)가 말한 문화적응 단계 중 동화의 단계를 거쳐 한국 문화에 적응해나가고 있었다. 이들 대부분은 중국인으로서의 문화적 정체성을 버리고 한국 문화에 동화되는 것을 선택했다. 이는 아직까지 만연해 있는 한국 사회의 동화주의적 다문화주의 인식에 기인한다. 중국계 결혼이주여성은 한국 사회에서 터부시하는 중국 문화를 버리고 그들 고유의 정체성이 아닌, 한국 문화에 따르는 정체성을 새로운 문화적 정체성으로 삼고 있었다.

(4) 경제적응과 문화적응의 관계: 따로 또 같이

결혼이주여성은 취업을 통해 한국 사회와 본격적으로 소통할 기회를 갖게 되었다. 결혼이주여성은 직장생활을 통해 한국의 언어, 문화, 사회, 경제, 정치적 구조를 이해하게 되었으며, 특히 문화적응 경험을 하게 된다.

> "처음 직장에 나가면서 한국 사람들과 제대로 알게 된 거 같아요. 집에서 마주치는 한국 사람들은 (접촉하는) 시간도 많지 않았어요. 직장에 나가면서 한국 사람과 많이 이야기하고 밥 먹고 하면서 한국 문화를 많이 배웠어요." (연구 참여자 3)

결혼이주여성은 언어 장벽, 가정에서의 생활문화, 구직 활동의 어려움 등으로 인해 한국 문화에 낯섦을 느꼈고, 이는 적응에 부정적인 영향을 주었다. 그들은 직업을 구한 이후에도 한국 문화의 낯선 관습, 분위기 등으로 인해 직장생활에서 어려움을 겪기도 했다.

"말이 잘 안 되니깐 한국이 너무 낯설었어요." (연구 참여자 2)

"한국말을 못해서 면접에서 떨어졌어요. 붙은 직장에서도 일을 배우는 것보다 한국 문화에 적응하는 게 제일 어려웠어요." (연구 참여자 3)

이렇게 결혼이주여성에게 경제적응과 문화적응은 서로 다른 생활 영역에서 벌어지는 일이기도 하면서 상호 유기적으로 영향을 주고받는 상관관계에 있다고 할 수 있다. 결혼이주여성에게 경제활동이라는 사회적 참여는 문화적응에 긍정적인 강화 요인이 되기도 했고, 또한 문화적응의 수준은 경제활동의 사회적 참여 수준을 결정하는 요인이 되기도 했다.

6) 나가기

이 글에서는 중국계 결혼이주여성이 한국 남성과 결혼하게 된 과정부터 결혼 전후의 경제적 상황과 역할, 지위 등의 변화 과정, 한국 문화적응 과정, 경제적응과 문화적응의 상관관계와 생활세계 형성 등을 살펴보았다.

중국계 결혼이주여성의 내러티브에 근거해볼 때, 그들은 첫째, 한국의 주류 사회경제 구조 진입 여부에 따라 다른 문화적응의 양상을 보였고, 둘째, 이러한 문화적응의 수준은 그들의 안정적인 생활세계 형성에 영향을 미치고 있었으며, 셋째, 그들의 사회경제에 대한 적응과 문화적응에서 가족(남편 등)과 지역사회, 정부의 역할이 중요함을 알 수 있었다.

넷째, 가부장적인 한국 남성의 인식 수준과 아직까지 결혼이주여성과 외국인의 한국 주류 사회경제 진입에 대한 차별적이고 억압적인 분위기와 구조적 모순은 중국계 결혼이주여성이 경제적응과 문화적응을 통해 생활세계를 형성하는 데 걸림돌이 되고 있었다.

이 글은 중국계 결혼이주여성의 생활세계 형성을 돕기 위해 경제적응과 문화적응의 상관관계와 그 중요성에 대해 고찰했다. 그 결과 한국 사회 이주민의 다문화 생활세계 형성에서 경제적응과 문화적응의 관계는 서로 필요충분조건으로 작용하고 있었다. 따라서 이주민이 한국 사회에서 그들의 생활세계를 형성하는 데 있어서 경제적응 또는 문화적응의 영역을 독립된 영역으로 바라볼 것이 아니라 상호문화적 관점으로 바라보아야 할 것이다. 이에 경제적응과 문화적응 관련 사회통합 정책은 각각의 영역에서뿐만 아니라 상호보완적으로 소통과 협응의 방향으로 나아가야 한다.

12.
인권 영역: 이주노동자의 인권 차별 경험*

1) 들어가기

현대사회는 소수자 보호에 대한 제도와 법률이 어느 정도 적용되고 있는지에 따라 민주주의의 발전을 가늠하는 척도가 되기도 한다. 즉, 공동체가 지향하는 이상을 공유하기 위해 공동체 구성원의 안전과 인권을 보장할 때 발전된 민주주의 사회를 만들 수 있기 때문이다. 정보화와 세계화로 인해 현대사회는 다양한 사람이 국경을 자유롭게 이동하는 시대가 되면서 한국에도 결혼이주여성 및 외국인 근로자 등 서로 다른 문화적 배경을 가진 다양한 인종, 민족, 국적을 가진 소수자가 지속적으로 증가하고 있다(김지윤 · 강충구 · 이의철, 2014). 국가가 이러한 사회 변화에 제대로

* 이 글은 박미숙 · 손영화(2018), 「중국계 외국인근로자의 인권 차별 경험을 통한 인권보호 대안모색」, 『교육문화연구』 24-3호에 게재된 논문을 수정 · 보완한 것이다.

대처하지 않으면 많은 소수자가 주류집단으로 인해 겪는 갈등이나 대립은 다양한 문제를 양산하게 될 것이다. 더불어 이들의 인권이나 권리를 제대로 인정해주지 않으면 가정과 일터, 또 사회에서 주변인으로 살아갈 수밖에 없는 사회적 위치에 놓이게 된다. 이는 이주민의 인권을 정부와 사회가 고려하지 못하기 때문에 발생하는 부작용으로 사회 문제로 확대될 수 있다. 한국에 거주하는 많은 이주민은 우리 사회의 한 구성원으로 각자의 위치에서 중요한 역할을 하고 있다. 그럼에도 많은 이주민이 자신의 권리를 보장받지 못하고 차별과 편견에 시달리고 있다. 모든 사람이 인간으로 존엄성을 가지고 인간다운 생활을 보장받기 위해 인권이 요구됨에도 많은 이주민이 소외되는 사례가 많아 이주민의 인권보호에 대해 다시금 생각해보아야 한다.

한국이 다문화사회로 진입했음에도 이주민에 대한 인권 침해와 차별에 대한 신고는 지속적으로 증가하고 있다. 국가인권위원회(2011) 조사에 따르면 이주민의 인권 침해와 관련된 사건 접수는 끊이지 않는다고 한다. 이주민이 신고한 인권 침해사건은 총 2,280건으로, 진정사건의 88.9%를 차지한다. 인간의 존엄성에 대한 인권 침해사건이 대부분을 차지하고, 그다음은 신체의 자유와 거주이전의 자유에 대한 침해사건이라고 한다. 이를 통해 알 수 있듯이 다양한 영역에서 인권 침해는 물론이고 차별과 편견이 대수롭지 않게 행해지고 있다는 것을 알 수 있다.

외국인 근로자의 인권과 관련되어 선행된 연구는 크게 4가지 유형으로 나눌 수 있다. 먼저 행정적인 측면에 대한 연구(박신규, 2017; 최홍엽, 2017; 김병록, 2010)에서는 정부와 지역사회가 이주민의 인권에 어떤 역할을 하고 있는지 점검하고 그에 대한 개선방안을 논했고, 법제에 관한 연구(권민지, 김연각, 2015; 김교숙, 2010; 고준기, 2006; 이상윤, 2002)는 이주민의 인권이나 지위에 대한 법제 규정의 문제점과 개선방안에 대해 고찰했다. 또한 인권보호에 대한 연구(김성률 · 이원식, 2017; 윤향희, 2016; 나달숙, 2013; 전형배, 2010; 이상윤, 2002)는 외국인 근로자가 인간으로서 누려야 할 기본적인 인권을 강조하고 인권보호의 필연성과 함께 인권교육을 주장했다. 마지막으로 외국인 근로자를 고용하고 있는 사업주와 사업장에 대한 연구(김남진, 2016; 정상우 · 강현민, 2016; 이희성, 2016)는 외국인 근로자의 사업장 변경에 대한 문제점과 이들을 고용하는 사업주에 대한 교육의 필요성을 강조했다. 이러한 연구들은 인권 침해나 차별에 대해 논의했으나 실질적으로 어떠한 상황에서 어떤 편견이나 차별이 이루어지고 있는지, 그리고 이주민이 현실적으로 느끼고 있는 차별경험은 무엇인지에 대한 깊이 있는 탐색은 이루어지지 않았다. 인권과 관련된 문제들은 외국인 근로자뿐 아니라 소수자로서 이주민 전반이 경험하는 갈등이다. 이로 인해 결혼이주민은 가정 파탄이나 이혼으로 이어지기도 하고, 외국인 근로자는 산업 현장을 떠돌거나 불법체류를 하게 되는 문제로 이어지기도 하여 이에 대한 제도적 대안 모색이 절실히 필요한 시점이다.

이 글에서는 한국에 거주하는 외국인 근로자*가 산업 현장에서 실질적으로 인권과 관련되어 차별받은 경험을 탐색하고, 이를 통해 외국인 근로자의 인권보호를 위한 대안을 모색하고자 한다. 이를 위해 외국인 근로자 11명을 대상으로 심층인터뷰를 진행하고 이를 분석했다.

---

* 이 글에서는 산업현장에서 노동력을 제공하는 사람들로 노동권과 같은 권리를 주장하고 있지만, 「외국인 근로자 고용 등에 관한 법률」과 같은 법률 및 정책에서 외국인 근로자로 규정하고 있기 때문에 '외국인 근로자'로 칭하기로 한다.

2) 외국인 근로자와 이주민 인권

(1) 외국인 근로자의 현황과 실태

법무부 통계월보(2018년 2월)에 따르면 한국에 체류하고 있는 외국인은 213만 2,211명이다. 이 가운데 취업 자격으로 체류한 외국인은 57만 9,174명으로 전문 인력이 4만 7,813명, 단순기능 인력이 53만 1,361명이다. 단순기능 인력은 비전문취업(E-9) 27만 5,164명과 선원취업(E-10) 1만 6,131명, 방문취업(H-2) 24만 66명이다. 그리고 2018년 2월 법무부가 발표한 불법체류자 24만 6,379명이 대부분 외국인 근로자라는 점을 감안한다면 한국에 거주하는 외국인 근로자는 약 83만 명으로 추정된다. 이러한 통계를 볼 때 한국에 체류하는 외국인 중 외국인 근로자가 약 39%를 차지한다.

한국에 거주하는 외국인 근로자의 국적을 살펴보면 취업 자격 외국인은 총 53만 1,361명이다. 이 중 중국인이 23만 2,977명으로 약 44%를 차지하고 있으며, 그다음 미국이 4만 4,312명(10.6%), 러시아 2만 664명(4.9%) 순으로 집계된다. 또한 외국국적동포는 전체 41만 6,164명 중 재중동포가 31만 1,651명으로 약 74.9%를 차지하며 그다음은 베트남 4만 7,813명(8.2%), 캄보디아 3만 8,352명(6.6%) 순이다. 이런 현황을 볼 때 중국에서 나고 자라 중국 문화권에서 한국으로 이주한 사람들은 약 55만 명에 이른다는 것을 알 수 있다. 여기에 불법체류자까지 포함한다면 200만 명 조금 넘는 전체 외국인의 약 25.8%가 중국계 근로자라는 것을 알 수 있다.

한국에 이주하는 외국인 근로자는 대부분 인력송출양해각서(MOU)를 체결한 15개국*의 근로자로 고용허가제를 통해 한국으로 이주하여 한국인이 기피하는 단순직종에서 노동력을 제공하고 있다(유길상, 2007). 외국인 근로자의 유입은 2004년 「외국인 근로자 고용 등에 관한 법률」이 시행되면서부터 본격적으로 시작되었다. 「외국인 근로자의 고용 등에 관한 법률」은 국민 경제의 균형 있는 발전을 위해 외국인 근로자를 체계적으로 수급하고 관리하기 위해 마련되었다. 한국 정부에서는 이들에 대해 비자를 발급할 때, E-9 비자를 가진 단순기능 외국인 근로자나 비전문취업자와 H-2 비자를 가진 방문취업자로 한정하고 있다. 그러다 보니 대부분 외국인 근로자는 고용허가제와 방문취업제로 입국하여 한국 산업현장에서 일하고 있다.

또한 고용허가제는 내국인의 취업 기회를 보호하고 3D 업종의 중소기업 인력 부족 현상을 해결하기 위해 외국인 근로자에게 합법적으로 고용허가서를 발급하여 효율적으로 관리하는 제도다(박신규, 2017). 이들의 취업기간은 3년으로, 1회 1년 10개월 범위 내에서 연장이 가능하다. 그리고 고용허가제로 입국하는 외국인 근로자는 한국어 시험 및 건강검진 등의 절차를 거친 사람들로 제조업, 건설업, 서비스업, 농축산업, 어업 직종에 취업할 수 있다.

동포에게 주로 발급하는 방문취업제 비자는 외국국적동포의 자유로운 왕래 및 취업 기회를 보장하기 위한 동포포용정책 중 하나이기 때문에 외국국적동포에게만 적용하는 제도다. 방문취업제 비자로 들어오는

---

* 인력송출양해각서(MOU)를 체결한 국가는 필리핀, 몽골, 스리랑카, 베트남, 태국, 인도네시아, 우즈베키스탄, 파키스탄, 캄보디아, 중국, 방글라데시, 키르기스스탄, 네팔, 미얀마, 동티모르이며 총 15개 국가이다. 인력송출양해각서(MOU)는 송출과정의 투명성과 이탈률 및 사업주 선호에 대한 평가를 거쳐 2년마다 갱신한다(유길상, 2007: 251).

외국인 근로자의 체류기간은 3년이며, 사업주의 요청 시 재고용이 가능하다. 국내에 친족이나 호적이 있는 동포는 1인당 3인까지 초청할 수 있으며, 대부분 일반고용허가제 허용업종이나 일부 서비스업종에 취업이 허용된다.

대부분 외국인 근로자가 한국으로 이주하는 주된 이유는 경제적 여건을 개선하기 위해서다. 이들은 한국에서 체류하는 기간이 정해져 있으므로 체류하는 단기간에 많은 돈을 벌기 위해 장시간 노동하는 경우가 태반이다(공인섭, 2015). 그러다 보니 많은 외국인 근로자는 숙식비를 줄이기 위해 회사 내의 기숙사나 회사 근처에서 거주하는 경우가 많으며, 주거 공간과 작업 공간이 확실하게 분리되지 않아 대부분의 생활을 직장에서 하게 된다.

이렇게 열악한 환경에서 근무하는 외국인 근로자가 많음에도 한국 정부는 이들의 노동정책에만 관심을 집중하고 있다. 그래서 이들이 인간으로서 누려야 할 권리에 대해서는 방치되고 있는 실정이라고 해도 과언이 아니다. 사람은 누구나 존중받아야 한다. 노동이주를 했다고 하더라도 인간으로서 권리를 보장하고 공동체 구성원으로서 공존의 방안을 모색해야 한다(정상우 · 최보선, 2016). 그럼에도 우리나라는 이주민의 인권보호에 대해 실질적으로 공감하지 않고 있다.

(2) 이주민의 인권

인권이란 인간의 존엄성, 자유, 평등, 정의 같은 가치를 담고 있는 통합적 규범으로 시민적인 권리는 물론 인간의 생존과 관련된 경제적이고 사회적인 권리를 포괄한다(김성률 · 이원식, 2017). 그러므로 특정한 인간에게만 부여되는 권리가 아니라 모든 인간에게 차별 없이 공정하게 부여되는 보편적 권리다.

「세계인권선언」 전문에 인류사회의 모든 구성원은 타고난 존엄성과 타인에게 넘겨줄 수 없는 권리를 가지고 있다. 인간다운 삶이란 생명을 유지하는 것만이 아닌 인간으로서 존엄성을 유지하면서 사는 것을 의미한다(Castles at al., 1998). 또한 1966년 작성된 「국제인권규약」에서는 인권의 내용을 경제적 · 사회적 · 문화적 권리에 관한 국제규약(International Covenant on Economic, Social and Cultural Rights)과 시민적 · 정치적 권리에 관한 규약(International Covenant on Civil and Political Rights)으로 나누어 채택하고 발효했다. 경제적 · 사회적 · 문화적 권리에 관한 규약은 31개조로 구성되어 있으며 노동조건, 단결권, 사회보장, 가족의 보호, 생활수준의 확보 및 건강 · 교육 · 문화 · 생활에 관하여 차별 없이 실현되도록 규정하고 있다.* 시민적 · 정치적 권리는 35개조로 자유, 생명, 신체의 자유와 안전, 프라이버시, 혼인의 자유, 공정한 재판, 사상 · 양심 · 종교의 자유, 표현 · 집회 · 결사의 자유, 공무 및 선거 참가권, 소수자 등의 권리 등을 규정하고 일방적인 생명박탈, 고문, 노예, 강제노동, 일방적 체포나 구금, 전쟁의 선

---

* 경제적 · 사회적 · 문화적 권리는 ① 경제적 권리, ② 사회적 권리, ③ 문화적 권리로 구성된다. 여기서 경제적 권리는 노동의 권리(노동조건, 노동조합 조직 및 가입의 권리 포함)를 의미하며, 사회적 권리는 사회보장권, 가정의 보호와 원조(부녀자, 아동 포함), 생활수준 유지(식량, 의복 및 주택 포함), 건강권, 교육권을 의미하고, 문화적 권리는 문화생활 참여권(과학의 혜택, 창조물에 의한 유 · 무형의 이익 포함)을 의미한다(안치민, 2003: 6). 2008년 12월 10일 「세계인권선언」 60주년을 맞이하여 유엔총회는 "경제적 · 사회적 · 문화적 권리에 관한 국제규약 선택의정서"(이하 사회권규약선택의정서: Optional Protocol to the International Covenant on Economic, Social and Cultural Rights)를 채택했다. 이 선택의정서 채택은 인권사에서 큰 족적을 남길 만한 사건으로 거론되고 있다. 사회권규약선택의정서는 이런 상황에서 개인청원제도와 국가 간 진정제도를 도입했고, 규약위원회에 의한 직권조사제도까지 도입했다(박찬운, 2009: 125).

전, 차별 혹은 폭력을 유발하는 것과 인종차별이나 종교적 증오를 야기하는 행위를 금지하고 있다. 주요 인권 이외에도 「인종차별협약」, 「여성차별철폐협약」, 「고문방지협약」, 「아동권리협약」, 「장애인권리협약」, 「이주노동자권리협약」, 「강제실종협약」이 채택되어 여성과 아동의 권리를 보장하고 있으며 이외에도 이주노동자, 강제실종자, 장애인 같은 사회적 취약계층 사람들의 권리 보호를 위한 국제적 규범이 채택되어 발효되고 있다.**

우리나라 역시 헌법에서 인권을 기본권으로 승인하고 있으며, 이에 대한 보장을 국가의 책임으로 규정하고 있다. 그럼에도 이주민의 인권에 대해서는 많은 사람이 무감각한 실정이다. 이는 인간의 권리를 국민의 권리로 국한하고 있어 나타나는 현상일 수도 있다. 이를 입증이라도 하듯 국가인권위원회가 조사한 이주민 진정사건의 유형을 살펴보면 대부분 인권 침해와 차별행위로 나타난다. 총 진정사건의 88.9%가 인권 침해사건이다. 인권 침해사건 중 인간의 존엄성에 대한 침해사건이 86.8%로 대부분을 차지하고, 신체의 자유에 대한 침해사건은 6.5%, 거주이전의 자유에 대한 침해사건 2.7%의 순으로 나타났다(국가인권위원회, 2011). 이러한 인권 침해사건의 발생은 이주민의 인권보호에 대한 관심을 촉구한

** 시민적 · 정치적 권리인 기본적 인권의 보장은 권리의 성질상 우리나라 국민만을 대상으로 한 것으로 해석되는 것을 제외하고 우리나라에 체류하는 외국인에 대해서도 똑같은 영향을 미친다. 다음과 같은 일본의 판례는 우리에게 시사점을 준다. "헌법 제22조 제1항은 일본 내에서의 거주 · 이전의 자유를 보장해야 함을 규정한 것에 그치고, 외국인이 우리나라에 입국하는 것에 대해서는 어떠한 것도 규정하고 있지 않으며, 이것은 국제관습법상 국가는 외국인을 받아들일 의무를 지는 것이 아니라 특별한 조약이 없는 한 외국인을 자국 내에 받아들이는지 또는 이를 받아들일 경우에 어떤 조건을 붙이는지를 해당 국가가 자유롭게 결정할 수 있는 것으로 그 뜻을 같이하는 것으로 해석된다. … 따라서 헌법상, 외국인은 우리나라에 입국할 자유를 보장된 것이 아님은 물론 소론처럼 재류의 권리 또는 계속 체류할 것을 요구할 수 있는 권리를 보장받고 있는 것도 아니라고 해석해야 한다."〔最大判 1978. 10. 4, 「民集」 第32巻 第7号(1978), 1223〕

다. 설사 외국인 근로자가 「출입국관리법」 또는 「이민법」을 위반하여 입국했다 하더라도 외국인의 기본적 인권에 대한 권리가 박탈되는 것은 국제인권규범에 위반된다(최홍엽, 2017).

오늘날 인권이란 인간의 존엄성, 자유, 평등, 정의와 같이 자유권에 대한 전통적인 인권에서 더 나아가 정치적이고 시민적인 권리와 생존과 관련되는 경제적이고 사회적인 권리 등을 포괄하는 보편적 권리로서 지구상의 모든 인류에게 적용되는 공통의 권리라 할 수 있다. 프랑스 법학자 바삭(K. Vasak)은 1972년 새로운 인권으로 제3세대 인권을 주장하면서 건강한 환경을 요구할 권리, 깨끗한 물을 요구할 권리, 깨끗한 공기를 요구할 권리, 그리고 평화권을 제시했다. 1977년에는 제3세대 인권을 발전권, 환경권, 평화권 및 인류공동유산에 대한 소유권으로 수정했고, 1979년 의사소통권을 추가했다.

이처럼 현대의 인권은 자유권은 물론 정치권과 사회복지권을 포함하여 환경권과 의사소통권 등에 대한 시민의 권리로 인권의 범위가 확대되었다. 그러다 보니 인권의 내용과 대상이 다양해지고 있다. 그럼에도 모든 국민이 가져야 할 권리가 어떤 특정한 개인이나 집단에게는 인정되지 않거나 권리를 위협당하는 경우가 있다.* 이 글에서는 외국인 근로자가 근로현장에서 인권을 침해받은 경험에 대해 탐색하고 이에 대한 대안을 모색했다.

---

* 물론, 인권이 강조되는 현대사회에서도 외국인을 포함한 모든 사람이 가지는 인간으로서의 권리와 국민만이 가질 수 있는 국민의 권리는 그 내용이 다름에 주의하지 않으면 안 된다.

3) 외국인 근로자의 인권차별 수집 과정

이 글에서는 외국인 근로자의 인권 침해 경험을 탐색하기 위해 2017년 11월부터 2018년 1월까지 한국에서 근로하는 중국계 외국인 근로자 11명을 대상으로 심층인터뷰를 진행했다. 이를 위해 질적 연구 방법인 현상학 연구를 수행했다. 현상학 연구는 현상의 본질에 대한 탐구로, 어떠한 상황에 처한 인간 경험의 본질과 의미를 밝히는 데 의미를 둔다(신경림 외, 2004). 이처럼 현상학 연구는 인간의 경험에 의미를 부여하고, 경험을 통해 인간의 인식이 변화하는 과정을 이해하는 데 주로 사용되기 때문에 외국인 근로자가 자신의 경험에 대해 어떻게 인식하고 있는지 그 의미를 도출하는 데 적합하다.

(1) 인터뷰할 외국인 근로자 선정

인터뷰에 참여한 사람들은 한국 산업현장에서 일하고 있는 중국계 근로자다. 중국계 근로자를 선정한 이유는 한국에 들어와 있는 외국인 근로자의 약 30%가 중국에서 입국한 사람들이기도 하지만, 다른 나라 근로자와 달리 중국계 외국인 근로자 중 재중동포가 많은 수를 차지하고 있기 때문이다. 그러므로 다른 나라 출신의 외국인 근로자보다 다양한 양상이 나타날 것이라고 예상했다. 인터뷰 참여자 선정은 먼저 처음 한국에 입국했을 때 비전문취업비자(E-9)와 방문취업비자(H-2), 동포비자(F-4)를 가지고 한국 공장에 취업한 중국계 외국인 근로자를 대상으로 정하고, 그다음 한국어로 인터뷰가 가능한 사람을 섭외했다. 마지막으로 연

〈표 3-3〉 중국계 근로자 연구 참여자의 인적 사항

구분	나이	민족	성별	이주 연도	학력	직업	비자
02	45	조선족	여자	2014	고졸	생산직	F-4
03	45	한족	여자	2009	고졸	생산직	F-5
04	47	한족	남자	2000	고졸	기술직	F-5
05	42	조선족	남자	2009	고졸	관리직	F-4
06	39	조선족	남자	2010	고졸	건설현장 노동직	F-4
07	43	조선족	남자	1999	고졸	기술직	F-4
08	38	조선족	남자	1999	고졸	기술직	F-4
09	62	조선족	여자	2000	중졸	휴직(생산, 서비스직)	F-4
11	43	한족	남자	2008	석사	전문직	E-7
12	41	한족	여자	2011	대졸	전문직(중국어 강사)	E-2
13	52	조선족	남자	2003	고졸	기술직	F-5

구에 자발적으로 참여할 의지가 있는 사람으로 선정했다. 이들의 표집은 최초 소개받은 외국인 근로자를 시작으로 눈덩이 표집을 했다. 인터뷰에 참여한 사람들의 일반적인 정보는 위의 〈표 3-3〉과 같다.

이 글에서는 한국의 산업현장에서 근무하는 중국계 근로자 11명을 분석했다. 이들이 처음 한국에 들어왔을 때는 비전문취업비자(E-9)와 방문취업비자(H-2), 동포비자(F-4)로 입국했으나 거주기간이 길어지면서 현재는 동포비자(F-4) 또는 특정활동비자(E-7)를 가지고 있거나 대한민국 영주권(F-5)을 취득하여 거주하고 있다. 이들의 나이는 20대부터 60대까지 다양하며, 거주기간은 짧게는 3년부터 길게는 18년까지다. 현재 연구 참여자들은 대부분 공장을 다니고 있었고, 한 명만 중국어 강사를 하고 있었다. 학력은 중학교 졸업 1명과 대학교 졸업 1명 이외에는 모두 고등학교를 졸업했다. 이들은 대부분 조선족으로 동포비자가 9명, 영주권을 가진 사람이 2명이었다. 또한 대부분 종교가 없었으며 1명만 불교를 믿고 있었다.

(2) 자료수집 과정

자료수집은 먼저 인터뷰에 참여한 사람들에게 인터뷰에 대한 동의서를 받은 후 진행했다. 심층인터뷰는 참여자가 편하게 이야기할 수 있는 장소를 정해 반구조화 방식으로 이루어졌다. 질문지는 시민적 · 정치적 권리와 사회적 · 경제적 · 문화적 권리로 나누어 세부적으로 구성했다. 시민적 권리는 대부분 인간의 자유권에 대한 내용으로 인간의 기본적인 권리에 대해, 정치적 권리는 선거와 투표, 비자와 영주권에 대한 내용들로 구성했다. 또한 사회적 권리는 노동현장에서의 노동환경이나 주거지, 안전교육, 정보 공유에 대한 내용으로, 경제적 권리는 노동현장에서의 입사 및 임금, 승진, 사회보장 등으로 구성했다. 마지막으로 문화적 권리는 한국생활에서의 어려움과 복지, 육아 지원, 학비 지원 등에 대한 내용으로 구성했다.

인터뷰는 질문지를 바탕으로 개방형으로 이루어졌으며, 인터뷰 시간은 개인당 1시간 내외가 소요되었다. 인터뷰 시 녹음에 대해 허락받은 후 인터뷰 내용을 전사한 후 참여자에게 보내 확인받는 과정을 통해 연구의 신뢰성을 높이고자 했다.

전사 자료에 대한 분석은 무스타카스(Moustakas, 1994)의 분석 방법으로, 첫째, 기존 외국인 근로자의 인권에 대해 검토하며 열린 태도로 현상에 대해 새롭게 바라보려고 노력했다. 둘째, 인터뷰 자료에서 동일하게 중요성을 부여하는 개념을 모아 현상의 본질을 파악하려 했다. 수집된 개념은 의미 단위로 분석하고 개념 간의 관계를 살펴보았다. 셋째, 외국인 근로자의 경험에 대한 본질적 의미를 찾고자 했으며, 마지막으로 구조에 맞추어 외국인 근로자의 차별 경험을 기술했다. 이렇게 분석된 자료는 원 자료와 비교하면서 반복적으로 범주를 확인하고 수정 과정을 거쳤다. 이러한 결과는 동료 질적 연구자에게 확인 과정을 거쳐 타당성을 확보하고자 노력했다.

4) 외국인 근로자의 인권 차별 경험

(1) 시민적 및 정치적 권리

시민적 · 정치적 권리는 국가가 국민에게 정치참여제도, 교육제도, 자유보장제도 등을 통해 시민의 권리를 보호해주는 것을 의미한다. 17세기 이후 종교의 자유, 양심의 자유, 사상의 자유, 언론 · 출판의 자유, 사적 소유의 자유, 경제활동의 자유권으로 확대되었고, 19세기 이후에는 국민이 선거를 통해 정치에 참여하는 참정권이 확립되었다.

① 생존을 위해 참음

한국으로 입국한 외국인 근로자는 자신들의 생존을 위해 힘들고 어려운 상황을 참고 견디며 생활하고 있었다. 이들은 자신들이 인간으로 살아가려면 최소한으로 누려야 하는 의식주를 해결하기 위해 노력했다. 「국제연합헌장(Charter of the United Nations)」에는 인류사회 모든 구성원의 존엄성을 인정하고 생존을 위한 의식주는 물론 인간다운 삶을 유지하는 데 필요한 권리를 가져야 한다고 제시했다.* 이러한 권리가 보장되어야 함에도 외국인 근로자는 최저생계수준에 미치지 못하는 절대빈곤계층으로 살아간다는 것을 알 수 있다. 이들은 한국 사회에서 퇴출되지 않고 머물기 위해 온갖 어려움을 참아내고 있었다.

> "한국에 오니까 힘든 일 안 하면은 먹고살기가 힘들 것 같더라고요. 배운 것도 없고, 기술도 없으니까 뭐 힘든 일밖에 할 수 없구나. 그렇게 생각했죠. 살아야 하니까요. 3천 명이 먹은 식기를 닦는 데 허리 한 번 펴지 못했지요." (연구 참여자 05)

---

* 「국제연합헌장」 전문은 다음과 같이 기술하고 있다. "우리 연합국 국민은 우리 일생 중에 두 번이나 말할 수 없는 슬픔을 인류에게 가져온 전쟁의 불행에서 다음 세대를 구하고, 기본적 인권, 인간의 존엄 및 가치, 남녀 및 대소 각국의 평등권에 대한 신념을 재확인하며, 정의와 조약 및 기타 국제법의 연원으로부터 발생하는 의무에 대한 존중이 계속 유지될 수 있는 조건을 확립하며, 더 많은 자유 속에서 사회적 진보와 생활수준의 향상을 촉진할 것을 결의했다. 그리고 이러한 목적을 위해 관용을 실천하고 선량한 이웃으로서 상호 간 평화롭게 같이 생활하며, 국제평화와 안전을 유지하기 위해 우리의 힘을 합하며, 공동이익을 위한 경우 이외에는 무력을 사용하지 아니한다는 것을 원칙의 수락과 방법의 설정에 의해 보장하고, 모든 국민의 경제적 및 사회적 발전을 촉진하기 위해 국제기관을 이용한다는 것을 결의하면서, 이러한 목적을 달성하기 위해 우리의 노력을 결집할 것을 결정했다. 따라서 우리 각자의 정부는 샌프란시스코에 모인, 유효하고 타당한 것으로 인정된 전권위임장을 제시한 대표를 통해 이 국제연합헌장에 동의하고, 국제연합이라는 국제기구를 이에 설립한다."

"우리 그냥 참아야 해요. 못 참으면 그냥 잘라버려요. 그래서 '바로 잘라버릴 거야.' 이런 말 바로 나와요. 어떤 사람은 3개월 동안 월급 안 줘요. 그래도 여기라도 못 다닐까 봐 참고 일해요." (연구 참여자 09)

"불법 안 해야 되는데 했었기 때문에, 그런데 왜 그렇게 되었느냐면은 마누라가 여기 있기 때문에, 그리고 부득이 그렇게 되었고 마누라와 아이 먹여살려야 되니까 참고 일했지요. 힘들다는 생각 못해요." (연구 참여자 13)

② 자유권을 박탈당한 불법체류자

한국 사회에는 많은 불법체류자가 있다. 이들은 일정한 비자기간을 지나 자신의 모국으로 돌아가야 하는데도 한국에 남아 불법적으로 노동하거나 거주하는 사람들이다. 법무부 통계월보(2018년 2월)에 따르면, 2018년 2월 현재 불법체류외국인은 27만 169명으로 추정하고 있다. 이는 전년의 21만 4,615명보다 25.9%가 증가했고, 거소신고자는 874명으로 전년도보다 14.2%가 줄어든 것으로 나타났다. 이처럼 불법체류자의 거주지가 불명확한 것을 보면 이들이 일정한 곳에 체류하지 않고 단속을 피해 거주지를 옮겨 다닌다는 것을 알 수 있다, 그러다 보니 이들은 최소한 인간으로서 생활을 유지하기 위한 기본적인 권리를 누리지 못하는 경우가 많다. 이들이 한국의 법제를 지키지 않은 것은 분명한 사실이지만, 인간으로서 존엄성을 가지고 자기 스스로 사고하고 행동할 수 없는 상황에 놓여 있다는 것을 연구를 통해 더욱 확연하게 알 수 있었다.

"불법이니까 핸드폰도 못하잖아요. 우리도 와서 주민등록증, 외국인 등록증 나와야 핸드폰 할 수 있잖아요. 핸드폰도 없고 하니까 연결할 방법이 없잖아요." (연구 참여자 02)

"처음에는 태어났을 때 아기가 불법이에요. 아빠가 불법이라서. 아빠가 그때는 또 불법인 사람이에요. 그때는 권리가 없어요. 아무런 권리 찾을 수 없어요." (연구 참여자 03)

"내가 회사에서 일하다가 중국 안 갔어. 회사에서 다 알아. 내가 불법이라는 거. 그래서 돈도 조금 주잖아. 보험도 안 되고. 아파도 병원은 거의 안 가. 보험 때문에 안 돼. 병원에 갈 수 없어. 참아." (연구 참여자 04)

③ 기회의 균등에서 내몰림

민주주의에서 표방하는 핵심 목표는 자유와 평등이다. 평등은 차별 금지와 함께 기회 균등을 내포하는 개념으로, 각 개인을 동등한 인격체로 인정하고 대우해야 한다는 것을 의미한다. 「세계인권선언」에 따르면 인간은 성별, 직업, 언어 등 어떠한 이유에서도 차별받지 않고 기회 균등의 자유를 누려야 한다고 표방하고 있다. 그럼에도 외국인 근로자는 일상에서 기회의 균등을 보장받지 못하고, 차별을 받고 있었다. 이들은 다양한 산업 현장에서 채용은 물론 임금, 승진 등에서 배제되고 있었다. 이처럼 외국인 근로자가 일하는 산업현장에 유리천장*이 엄연히 존재하고 있다는 것을

* 유리천장, 즉 'glass ceiling'이라는 말은 미국의 「월스트리트저널」이 1986년에 만들어낸 신조어다. 암묵적인 차별과 편견이 존재하는 현상을 비유한 것이다.

알 수 있었다.

“월급이 외국인하고 한국인하고 월급이 틀려요. 기본급이 살짝 틀려요. 만약에 내가 입사해서 한국 사람도 똑같이 입사했어요. 내 기본급은 6,700원에서 시작이에요. 근데 한국인은 7,200원에서 시작이에요.” (연구 참여자 08)

“내가 인터넷에서 봤을 때를 이거 회사 취직 광고하는 거 보면 무슨 회사에서 ‘외국인 불가’ 이거 나와요. 하지만 내가 보면 그거 일반 회사예요. 일반 제조회사, 일반 회사였는데, 이거 ‘외국인 불가’ 나오는 거 내가 이해할 수 없어요.” (연구 참여자 11)

“계속 승진이 안 되어 제가 사장에게 물어봤어요. 사장은 나이가 많다, 승진이 뭐냐. 하지만 외국인이라고 얘기 안 해요. 저보다 12살 아래 동생이 같이 근무했는데, 걔는 나보다 6개월 늦게 들어왔어요. 걔가 인제 조금 젊다 보니까 12년 차이니까, 얘가 인제 마흔이에요. 그러니까는 조금 동작도 빠르고 저보다 솔직히, 습득력이 또 빠르죠. 걔는 대리는 되었어요. 저는 대리도 없고, 지금 안 되었고 제가 들어갈 때 10년 전만 해도 지금 저 정도면 부서에 차장이 되었는데요.” (연구 참여자 13)

④ 비자를 받기 위한 고통 감수

외국인 근로자는 비자에 따라 한국에서의 거주기간이 달라지기 때문에 일자리를 구하는 데 제약이 된다. 당장 자신들의 권리를 찾지 못하더라도 한국에 오래 영주할 수 있는 비자를 받기 위해 어려운 상황도 참아내고 있었다. 이들이 억눌려 있다는 것은 더 이상 참기 어려운 때가 언제라도 올 수 있다는 것을 의미한다. 한국 사회에서 외국인 근로자뿐 아니라 이주민 역시 부당하고 불합리한 대우를 받고 있다고 인식하고 있다, 그러므로 그들이 불만을 표출하여 새로운 사회문제로 확대되기 전에 새로운 대안을 모색해야 할 것이다.

"농촌에 힘든데 거기에 가 있는 사람들 90%가 다 비자 때문에요. 그러니까 그 사람들도 아는 것이에요. 2년 있어야만 주기 때문에 2년 동안 이 사람들이 움직일 수 없다는 것을." (연구 참여자 02)

"차이나타운에서. 월급 안 주고 그냥 자르고 싶으면 바로 그 사장님한테 바로 출입국관리소 신고해서 그쪽 사람한테 그냥 비자 좀 잘라요." (연구 참여자 09)

⑤ 한국 영주권 취득의 어려움

영주권은 국가가 자국 내에 거주하는 외국인에 대해 영구히 또는 장기적으로 거주할 수 있도록 부여하는 자격을 말한다. 영주권을 취득하는 것은 자신의 국적을 유지하면서 거주국 정부로부터 그 국가 내에서 영주할 수 있는 자격을 획득하는 것이다(서윤호, 2014).

외국인 근로자는 한국의 영주권을 받기 위해 온갖 차별도 참고 견디며 살아가고 있다. 이들은 영주권을 받으면 한국 국적을 가진 사람들과 동등한 권리를 누릴 수 있다고 생각하기 때문에 영주권을 취득하기 위해 무던히 노력한다. 그럼에도 많은 외국인 근로자는 영주권을 취득하기가 쉽지 않으며, 이에 따른 규정과 절차가 까다롭고 갖추어야 할 서류들이 많다고 하였다. 또한 영주권을 취득하면 자신들이 차별받지 않을 것이라고 생각하고 있었다.

"내가 영주권이 없으니까 와이프는 F-1인데, 3개월에 한 번씩 중국 갔다 와요. 아니면 애가 불법 되니까요. 영주권 따야 저를 따라서 올라가니까. 영주권 받으면 교육비도 지원받을 수 있으니까요." (연구 참여자 05)

"영주권 신청해야 하는데요, 쉽지 않아요. 연봉인가요? 연봉이 3,200 돼야 한다고 하더라고요. 저는 연봉 3,200이 되는데요. 안 되는 사람은 못할 수도 있잖아요. 영주권을 따야 사람대접을 받잖아요. 그래서 영주권 따려면 갖추어야 하는 서류가 엄청 많아요. 또 대행하는 곳이 교포 대행사가 없어요. 직접 하려면 중국 가서 대사관 가야 하고, 대사관도 사는 곳 가야 하는데 시간이 엄청 걸려요." (연구 참여자 06)

"저는 신청하려고 그러는데 기간이 안 돼요. 저희가 이제 5년 기간이 안 되니깐 여기 왔다가 있다가 갔다가 빼고 그러니깐 안 됐거든. 그니깐 이제 가가지고는 한 달 안에 들어오면 그 기간이 쭈욱 연장이 되는데 갔다가 한 달이 초과되어 32일만 되어도. 31일까지는 괜찮아. 32일만 되면 거기서부터 다시 시작하니깐 영주권 따기가 쉽지 않아요." (연구 참여자 07)

⑥ 대접받지 못하는 재중동포(조선족)

국내 체류외국동포 중에는 재중동포(조선족)*가 대다수를 차지한다. 「재외동포법」은 재외동포에 대해 출입국과 체류자격, 경제활동과 사회보험제도에 대해 특례를 규정하고 있다(정기선 외, 2011). 이에 따라 한국 정부가 재중동포에게 방문취업제 비자를 허용해주면서 이들은 자유롭게 본국을 왕래하며 한국의 산업현장인 제조업, 건설업은 물론 가사서비스업에서 주로 일하고 있다. 그러므로 이들은 자신들이 한국인과 같은 민족이고 같은 동포라고 인식하지만 한국인은 이들을 여전히 외국인으로 인식하고 있다. 재중동포는 한민족이라는 소수민족으로 중국에서 생활하며 주류민인 한족과의 사이에서 이질감을 느끼며 살아왔다. 이러한 이질감을 벗어나기 위해 같은 민족의 나라인 한국으로 들어왔으나 한국인의 인식은 또 다른 이질감을 가지게 하였다. 그러다 보니 재중동포는 대부분의 한국인이 기피하는 업종에서 일하고 있다. 이처럼 어느 나라에도 흡수될 수 없는 이중적인 고통을 안고 살아가고 있다. 이종훈(2002)은 다수의 외국국적동포들이 거주국에서 소수민족으로 차별받고 지내왔기 때문에 모국에서마저 이들을 차별하는 것은 같은 민족으로 도리가 아니라고 주장했다.

---

* 중국동포는 1988년 한국방송공사(KBS)의 「이산가족찾기」 프로그램을 통해 한국친척방문으로 처음 입국하여 체류하기 시작했다. 그 후 1992년 한 · 중 수교가 되면서 대규모로 유입되었으며, 2002년에는 특례고용허가제로 건설업 등 8개 분야에 재중동포가 합법적으로 취업하게 되었다. 2004년에는 취업관리제가 고용허가제로 흡수 통합되었으며, 2007년에는 방문취업제가 고용허가제 특례법으로 시행되었다. 이로 인해 재중동포는 고용허가제와 달리 방문취업제를 통해 본국을 자유롭게 왕래할 수 있게 되었으며, 취업업종도 제조업 이외에 건설업, 가사서비스업 등 21개 업종으로 확대되었다.

“다문화 가족이 우리 조선족, 그냥 일하러 온 사람들보다 더 좋아요. 그 사람들에 대한 그런 것이 많아요. 지원도 많고 무슨 많은데, 우리 같은 그냥 비자로 온 사람들은 없어요. 그것은 보면 다문화가정 보면 어떻게 하고 어떤 것 준다 어떤 혜택이 있다 이러잖아요. 근데 우리 조선족은 그런 것이 하나도 없잖아요. 그런 것은 중국인보다 못하죠. 다문화 가족은 중국인들이 많잖아요. 중국인들이 한국 남자 만나서 결혼한 사람이 많으니까 그런 것보단 우리는 못하죠.” (연구 참여자 02)

“항상 보면 우리는 외국인이라는 그거죠. ‘아, 우리는 외국인이구나.’, ‘한국 사람들과는 차별이 좀 있구나.’ 뭐 이런 거 계속 머릿속에 떠오르는 거죠. ‘우린 한국사람 아니고, 한국 교포구나.’ 그렇게 생각하죠.” (연구 참여자 05)

“지금도 마찬가지겠지만. 생활하다 보면 알게 되더라고요. 차별이라는 것을 한국에서는 동포인데도 동포라는 그런 거는 전혀 없어요. 그냥 외국인으로 취급했어요. 동포라는 따뜻한 말은 들어본 적도 없어요.” (연구 참여자 07)

⑦ 참정권이 없는 동포

정치적 권리란 “한 사회의 시민이 유권자로서 국가지배기구에 참가하거나 참가하는 자를 결정하는 권리”로서 선거권, 피선거권, 국민투표 및 국민심사권 및 공무원과 배심 등이 되는 권리를 말한다(엄재호, 2010). 이는 시민이 피선거권자로서 정치에 참여할 수 있는 권리로 정치활동의 자유를 인정하는 것이다. 아일랜드는 6개월 이상 합법적인 거주 시 선거권과 피선거권을 주고, 스웨덴, 덴마크, 노르웨이, 아일랜드는 선거권과 피선거권을 모두 인정해주기도 한다(김기현, 2009). 이러한 선진국과 달리 우리나라는 영주권자에게만 참정권이 인정되고 있다.* 중국계 외국인 근로자는 자신들에게 참정권이 없기 때문에 많은 지원이 이루어지지 않고 있다고 인식했다. 앞으로 자신들이 참정권을 가지면 달라질 것이라고 믿고 있으며, 선거 때 투표하는 사람들이 매우 부럽다고 했다.

"우린 동폰데 우리가 참정권이 없어서 아마 지원을 안 해주는 것 같다. 참정권이 있으면 바뀔 것이라고 얘기만 해요." (연구 참여자 06)

"투표를 하고는 싶죠. 한 번도 투표를 한 적이 없으니까. 영주권이 있으면 지역투표는 가능하다고 하던데… 전 아직 못해봤어요." (연구 참여자 07)

(2) 경제적 · 사회적 · 문화적 권리

경제적 · 사회적 · 문화적 권리는 시민적 · 정치적 기본권과 달리 복지국가 이념을 바탕에 두고 개인의 생존을 확보하고 행복한 생활 실현을

* 자유권 규약 제25조에서는 참정권의 주체를 '모든 시민'으로 규정하고 있다. 여기서 시민은 국민 또는 자녀 등을 제외한 국민 속의 유권자를 의미하는 경우가 많았으나, 영주권자 등의 일정한 외국인의 권리보장을 금지하는 것이 아니라 허용한다고 해석되고 있다〔Manfred Nowak, U. N. Covenant on Civil and Political Rights: CCPR commentary 2nd revised ed. (Kehl: N.P. Engel, 2005), pp. 576-579; Johan Bair, The International Covenant on Civil and Political Rights and its (First) Optional Protocol (Frankfurt am Main: Peter Lang, 2005), p. 108〕.

도모하기 위한 것이다. 이 권리는 가입국에서 인권 보장을 의무화하고 있지만, 각 나라의 사정에 따라 점진적으로 실행하고 있는 실정이다.

① 외국인 근로자를 이용하는 사업주

「외국인 근로자에 대한 고용 등에 관한 법률」 제22조는 "사용자는 외국인 근로자라는 이유로 차별하여 처우해서는 안 된다"고 차별 금지를 명문화하고 있다. 그럼에도 많은 외국인 근로자는 실제로 여전히 한국의 사업주가 자신들에게 부당한 처우를 하고 있다고 인식하고 있었다. 한국에 있는 대부분의 불법체류자가 한국에 계속 남아 있는 이유는 돈을 벌기 위해서다. 이들이 계속 한국에 체류하고 있다는 것은 이들을 고용하여 돈을 주는 사업주가 있다는 것을 의미한다. 불법체류 신분이 아닌 외국인 단순 노동자를 합법적으로 고용하고 최저 시급에 가까운 급여를 준다든지, 급여 명세서를 주지 않는다든지, 월급을 다시 돌려달라든지 하는 사업주들이 아직도 우리 사회에 있다는 것을 연구를 통해 알 수 있었다. 이들은 한국에서 경제적 안정을 찾고 오랫동안 체류하고 싶은 마음에 사업주의 이런 행태에도 자신의 권리를 내세우지 못하고 일하고 있었다.

"우리는 급여 명세서라는 것이 없었어요. 그거 달라고 하면 출근부를 주는 거예요. 그냥 통장에 입금되면 '아, 이게 이번 달 내가 탈 급여구나.' 이렇게 아는 것이죠. 없대요. 한 번도 못 받아봤어요." (연구 참여자 02)

"회사에서도 이 사람이 얼마나 있을지 모르니까 3개월이나 6개월 있어보고 계약서 쓸 생각이었던 것 같아요. 한국이 다 그런지는 모르겠는데, 지금 직장도 3개월 후에 썼거든요. 그전에는 계약서 안 쓰고 '월급을 이날 주겠다.' 해서 받고." (연구 참여자 06)

"사장님이 빨리빨리 못한다고 무시하고 너무 시켜서 너무 힘들어 땀 뻘뻘 흘리며 해도 못하겠는 거야. 이거 시키고 저거 시키고. 할 수 없이 또 그만뒀어요. 그랬더니 월급을 안 주는 거예요." (연구 참여자 09)

② 보장받지 못하는 노동시간

한국은 2003년 개정된 「근로기준법」에 의해 주 44시간에서 40시간으로 법정노동시간이 단축되었으며, 2004년 7월부터는 주 5일 40시간 근무제가 총 6단계에 걸쳐 시행되어 현재 5인 이상 사업장에까지 확대 적용되고 있다.* 하지만 여러 선행연구에서 밝혔듯이 외국인 근로자는 정당한 노동의 대가를 받지 못하는 경우가 많았다. 사업주들이 외국인이라는 신분을 악용해서 엄청난 양의 일을 시키거나 제대로 된 임금을 장기간 지급하지 않기도 하고 매우 적은 금액으로 대체하는 사례가 나타났다. 외국인 근로자의 경우 한국에 가족을 동반하지 않고 일하러 왔기 때문에 이들은 현장에서 오랜 시간 일하는 경우가 많았다. 그러다 보니 정

* 물론, 실제 근로시간은 법 규정보다는 많다. 최근 국회가 갑자기 법정 근로시간 단축안을 내놨다. 원내교섭단체를 구성하고 있는 4개 정당이 68시간인 주당 근로시간을 52시간으로 줄이는 쪽으로 「근로기준법」을 바꾸겠다고 나선 것이다. 300인 미만 사업장에는 4년간, 그 이상 규모에는 2년의 유예 기간을 준다지만 기업에는 초비상이 걸렸다("[시사이슈 찬반토론] 국회가 근로시간 단축을 법으로 강제한다는데…", 한국경제신문, 2017년 3월 27일자 20면).

해진 규정이 있음에도 지켜지지 않는 현장 상황에 대해 자신들이 외국인이기 때문에 제대로 처우 받지 못한다고 인식하고 있었다.

> "진짜, 거기 있는 사람들 하루 12시간 다 일해요. 24시간이면 할 때도 있었어요. 잠깐 눈 붙이고, 사람이 없어가지고요. 1.5배 빨간 날도 없고 추석이나 휴식도 없어요. 추석이라고 해서 보너스 이런 것도 없고 그냥 7천 원짜리 샴푸 하나 주고 아무것도 없어요. 상여금이라는 것은 1년 있으면 3만 원 딱 하나 있었어요." (연구 참여자 02)

> "매일마다 우리가 딱 정하는 출퇴근 시간이 없어요. 우리 이거 부서만. 생산 쪽에는 9시에 딱 정시간에 퇴근인데, 우리는 9시에 퇴근이라는 거 그런 게, 그런 기회가 없어요. 거의 12시간이죠. 회사에 있는 거. 근데 실은 정해진 것은 12시간인데 실 일하는 것은 13시간, 14시간 정도 돼요." (연구 참여자 08)

> "그 자주는 또 10시, 아홉 시 반까지 야근해요. 1.5배 이런 거 안 줘요. 저는 월급 적은 거 괜찮아요. 밀리지 않고 주면 괜찮아요." (연구 참여자 12)

③ 한국 공무원들의 태도

외국인 근로자는 노동과 관련한 기관을 찾거나 국민연금과 관련하여 관련 기관을 찾아가지만, 아직도 그 문턱이 높다고 인식했다. 외국인 근로자는 행정기관을 찾아가도 한국말이 서툴러 자신의 입장을 제대로 밝히지 못하는 사례가 많았다. 또, 한국의 일부 공무원들의 소극적이고 불친절한 태도 탓에 행정기관에 가는 것을 꺼리고 있었다. 심지어 자녀와 관련하여 학교 교사를 만나 상담을 하지만 알아서 정보를 찾아야 하는 등 배타적이고 무성의한 대우를 받고 있었다. 이처럼 많은 수의 외국인 근로자가 자신의 억울함을 호소하거나 상담을 받고 싶어도 의사소통이 원활하지 않아 고용노동부 지청이나 고용지원센터를 찾아가는 것을 꺼려하고 있었다. 고용노동부의 근로감독관에 따르면 체임 및 폭행 관련 문제로 외국인이 직접 진정하는 경우는 20~30%에 불과하며, 대부분 인권단체 등 민간 기관을 통해 간접 상담이 이루어지고 있다고 했다.

"국민연금에다 전화해서 '내가 12월까지 일했는데 언제까지 낸 것일까?' 1년 전 6월까지만 내고 안 냈다는 것이에요. '우리 그러면 이거 신고하겠다.' 해도 국민연금공단에서 이거는 신고해서도 되는 것이 아니고 회사에 돈이 없다니까 자기들도 방법이 없다는 거예요." (연구 참여자 02)

"고용노동부도 딱 증거 있는 것만 하려고 하지 너무 적극적이지도 않아요. 왜냐하면 그런 일이 수도 없이 많으니까. 통화할 때 분위기 보면 대충 하려는 것이 느껴져요. 그런 일이 많으니까 그럴 수도 있는데, 일일이 해결해주는 것을 바라지도 않죠. 그런가 보다 하고." (연구 참여자 06)

"아이의 진학 때문에 학교에서 가가지고 선생님께 상담을 하는데 선생님은 이렇게 하라는데 인터넷을 봐가지고는 하라고 그러더라고. 뭐

인터넷에서 찾아봐도 우리는 알 수가 없어요." (연구 참여자 07)

④ 열악한 근로환경

대부분의 외국인 근로자가 일하는 현장은 근로환경이 매우 열악하다. 이들은 대부분 고용허가제로 인해 종사할 수 있는 업종과 직종이 한정되어 있기 때문이다. 그러다 보니 한국인이 기피하는 3D 업종에서 근로하는 경우가 많고 인간으로 감당하기에 열악한 환경이 많았다. 외국인 근로자의 주거환경과 근로환경이 개선되어야 한다는 많은 연구*가 있음에도 아직도 이들의 환경은 그다지 개선되지 않았음을 알 수 있었다.

"여름에는 거의 기계 온도 열 때문에 얼마나 더운지 몰라요. 땀 뚝뚝 떨어지고 겨울에는 무슨 집이라 하지? 판잣집 같은 그런 것인데 문도 없어요. 거기에다가 풍천 같은 것을 쳤어요. 그냥 날바람이 들어오는

* 다음과 같은 논문이 있다. 하성규 · 고성열(2006), 「외국인 근로자의 주거실태에 관한 연구: 경기도 안산시를 중심으로」, 중앙대학교 대학원 석사학위논문; 윤혜선(2005), 「외국인 근로자의 생활실태와 사회복지서비스 방안 연구」, 대구대학교 사회복지대학원 석사학위논문; 김성훈(2002). 「천안지역 외국인 근로자의 노동복지환경 개선을 위한 실태조사 연구」, 목원대학교 산업정보대학원 석사학위논문; 외국인이주 · 노동운동협의회(2009), 「외국인 근로자의 주거환경 실태조사」; 이주민방송MNTV · 법무법인(유한)태평양 · 재단법인 동천(2013), 「외국인 근로자 주거환경 및 성희롱 · 성폭력 실태 조사 및 제도개선 연구 보고서」 등. 실제로 2017년도에는 정부와 고용주가 외국인 노동자에게 최소한의 주거요건을 제공하도록 강제하는 법안이 국회에 제출되기도 했다. 외국인 노동자가 비닐하우스에 거주하며 일터로 출퇴근하는 현 상황을 방치하지 않겠다는 의지다. 이용득 의원은 국회 정론관에서 가진 기자회견을 통해 "소위 비닐하우스로 대표되는 농 · 어업 종사 외국인 노동자의 위험하고 열악한 주거환경은 그동안 국정감사와 언론보도를 통해 문제로 지적되었음에도 여전히 시정되지 않고 있다"며 "노동인권 개선에 소극적이라는 국내외 비판을 해소하기 위해서라도 우리나라의 경제규모와 국제적 위상에 걸맞은 제도가 필요하다"고 말했다("외국인 노동자들 열악한 주거환경 개선해야", 매일신문, 2017년 9월 28일자).

것이에요." (연구 참여자 02)

"환경이 안 좋죠. 겨울에는 엄청 춥고, 아침 7시부터 밤 10시까지 일하고, 노트 공장은 10월부터 12월까지 제일 바쁠 때라고 하더라구요. 주문이 쏟아지죠. 공책이죠. 그래서 12시까지 일한 적도 있고 그랬어요." (연구 참여자 06)

"그 공장이 너무 적은 지하 공장이에요. 엄청 냄새 나요. 기름 냄새에. 지하에 공기 잘 안 통하고 어렵게 일했어요." (연구 참여자 09)

⑤ 사회보장 받지 못하는 노동자

사회복지에서 사회안전망이란 "노령, 질병, 실업, 산업재해, 빈곤 등 사회적 위험으로부터 모든 국민을 보호하기 위한 제도적 장치"로 국민연금, 의료보험, 실업보험 및 산재보험 등 4대 사회보험과 공적사회부조를 포괄한다(김형식, 2004). 한국 「의료보험법」에서는 "불법체류외국인 근로자에게는 의료보험제도를 적용하지 않지만, 일반 사업장의 근로자는 본인의 신청에 의해 의료보험을 적용하고 국민연금 역시 직장가입자나 지역가입자로 가입되어야 한다"고 규정하고 있다. 그럼에도 외국인 근로자는 사업주들이 제대로 보험에 가입하지 않거나 국민연금을 제대로 납부하지 않아 회사를 그만두어도 이에 대한 혜택을 받지 못하고 있는 실정이다.

"엄마가 영주권이 있어도 아빠가 불법이라 아이 낳았을 때 의료보험 안 되었어요. 제 남편 문제예요. 그거 문제 아니에요. 아기 낳은 후 조리

해줄 사람이 없어서 조리원에서 1주일 동안 있었어요." (연구 참여자 03)

"한국 사람은 퇴직금 다 똑같지만 교포한테 회사가 보험가 안 해줘. 일은 실컷 시키는데 보험 안 해줘. 그 교포한테 보험 안 해주는데다가 그 회사에 일 없을 때 그 회사 사장님 교포한테 월급이 깎아. 나중에가 일이 있으면 다시 돌려줄게. 그 사람이 교포잖아. 다른 사람이 한국 사람이 들어가서 일해. 그다음에 그 교포가 그냥 회사 그만뒀어." (연구 참여자 04)

"한국에서는, 거기 같이 있으면서 저기, 우리에게는 저기 제일 큰 병원이 안산 고려대 병원이라고 있어요. 시화병원에서 긴급으로 막 이래 해 가지고 엠블런스 타고 2, 3번 다니고 그랬어. 그러니까니 여기서 하게 되면 수술을 하되, 한국사람 담보 하나 대고 보험 안 드니까 돈이 몇 억 들어갈지도 몰라." (연구 참여자 13)

⑥ 욕하는 한국인 상사

아무리 한국어가 능숙한 재중동포라도 한족 학교나 중국인 학교를 다닌 젊은 중국 교포는 한국 생활 적응이 쉽지 않다. 이들은 비자 유형도 좋지 않고 말과 글도 잘되지 않기 때문에 한국에서 돈을 벌기 위해 감수해야 할 것이 너무 많다. 이들은 재중동포이지만 자신들이 중국에서 쓰던 한국어와 한국에서 쓰는 한국어가 많이 다르다고 한다. 또한 한국인과 다르게 산업현장에서 쓰이는 전문용어에 대해서도 쉽게 이해하지 못할 때가 많아 사업장에서 일을 시키거나 함께하기에는 한국인도 쉽지 않은 상황이다. 그러다 보니 한국어가 안 된다는 이유로 또 외국인이라는 이유로 한국인에게 무시당하거나 욕을 얻어먹는 사례가 많았다. 중국에서는 아무리 상사라도 욕은 하지 않기 때문에 중국과 다른 한국의 직장 문화를 받아들이기가 쉽지 않았다. 이들은 경제적으로 잘살고 싶어 한국으로 왔지만 욕을 먹을 때마다 많이 속상하다고 했다.

"중국 사람들이 '내가 중국에서 못살아서 오는 것이 아니다. 내 자식을 하나라도 더 잘 먹고 잘 입히기 위해 온 것이지 내가 너한테 이런 욕을 들으면서 있을 필요가 없다.' 이러니까 한번쯤 욕하는 것은 참아요. 참자, 내가 돈 벌려면 참아야지. 우리 중국 사람들은 중국에서 일할 때 그런 것 아예 없거든요. 아무리 상사라도 아랫사람한테 그런 욕은 안 해요. 쌍욕은 안 하고 똑같이 이 사람이 우리 상급일 뿐이지 우리는 일하면서 그런 것 아무것도 없었어요." (연구 참여자 02)

"친구들가 80프로 90프로가 전부 다 쉬운 일이 너무 없어요. 회사 일도 어려운데 동료들이가 욕도 하고. 이해 안 하는 사람도 많고. 우리가 말 통화 안 되잖아. 친구들은 일 없으면 회사 자주 그만두지. 그러면 한국 동료들이 우리한테 욕해. 전화로도 중국 욕해." (연구 참여자 04)

"직원 관리자는 지게차에 놓고, 어떻게, 어떻게 놓으라고 하는데 말 못 알아듣는 거예요. 이렇게 실어야 되는데, 저렇게 싣고, 말 못 알아들으니까, 막 욕하더라고요. 그냥 욕하는 게 아니라 쌍욕해요." (연구 참여자 05)

⑦ 배려하지 않는 동료들

한국인과 함께 근무하는 외국인 근로자는 한국인이 자신을 무시하거나 자신들에게 일을 가르쳐주지 않아 곤욕을 치르는 일이 많았다. 이들은 한국 생활에 적응하고 싶어 다양한 노력을 하지만 한국인의 차별로 인해 업무를 제대로 숙지하지 못하기 때문에 오랜 기간 참고 기다린다고 했다. 또한 한국인이 외국인 근로자를 함부로 대할 때마다 자신들은 인간으로서 최소한의 인권도 없다고 생각했다. 반면 자신들은 같은 처지의 다른 나라 외국인 근로자를 대할 때 자신의 경험 때문에 음식부터 일하는 모든 것을 배려해주고 잘 가르쳐준다고 했다. 그러나 한국인의 그렇지 못한 행동에 화가 난다고 했다.

"어차피 배우려면 뭔가를 보여줘야 하잖아요. 무거운 짐도 옮기고, 청소도 하고, 뭐 그랬죠. 열심히 하니까 기술자들이 배워주더라고요. 처음에는 안 배워주더라고요. 그래가지고 열심히 하니까 조금조금 배워주더라고요. 그래가지고 좀 배우니까 뭔가가 알게 되더라고요." (연구 참여자 05)

"한국에서는 외국인 근로자를 무시하고 함부로 해도 된다는 생각들이 있어요. 그래서 여기에서 일하는 외국인들이 피멍이 들지요." (연구 참여자 06)

"같이 일하는 사람 중에는 인도네시아 애들도 있었고 우즈베키스탄 애들도. 여러 개 나라에서 온 애들이 있어요. 종교 때문에 음식이 달라도 치킨은 다 먹잖아요. 그래서 모임하면 이제 치킨 사서 콜라 한 잔 하는 게 다였어요. 그래도 우리는 그 외국인들을 배려해서 치킨을 먹었는데 한국 사람들은 우리를 배려하지 않았어요. 그래서 더 서럽지요." (연구 참여자 07)

⑧ 중국인에 대한 한국인의 인식

한국인은 모든 중국인에 대해 똑같은 사람으로 일반화하는 성향이 있다. 많은 한국인이 아직까지 중국은 못사는 나라이고 잘 씻지 않는 나라라는 인식을 가지고 있어 중국인을 대하는 한국인의 태도는 무시에 가깝도록 비협조적이었다. 이러한 인식은 중국 제품 때문이라고 생각했다. 이처럼 한국에서 유통되는 중국 제품에 대한 인식은 중국인에게 나쁜 영향을 미치고 있었다. 그러다 보니 이들은 자연스럽게 중국인이라는 것을 숨길 때가 많고, 특히 많은 사람과 함께 있으면 중국어로 말하지 않는 경우가 많았다. 이렇게 이들이 폐쇄적으로 행동하는 것은 외국인에 대한 한국인의 태도에서 비롯된다는 것을 알 수 있으며, 이는 내국인에 대한 다문화 교육이 더욱 확대되어야 한다는 것을 알 수 있었다.

"한국 직원이 말했어요. '이런 거 중국에 있어? 없지? 많이 먹어.' 다른 직원들이 다 웃었어요. '중국에 있어요.' 하니까 '오, 이렇게 맛있는 음식이 중국에 있어도 비싸서 못 먹지?' 했어요." (연구 참여자 03)

"친구가 여기 사람들은 중국사람 안 좋아하니까 '중국말 하지 마세요. 한국말 해요.' 했어요. 또 시어머니는 항상 '너 나가서 중국말은 하지 마. 애기한테도 중국말 하지 마.'라고 해요. 시어머니는 다른 사람에게 우리 며느리 중국인 하면은 창피해해요. 영향 받아서 애기는 엄마가 중국인이라는 거 애기 안 해요. 창피해해요. 그리고 동료가 가끔 '어, 너, 중국인은 그 뭐 한 달은 그냥 샤워 한 번도 못 했지?' 이런 말하면 정말 화나요." (연구 참여자 12)

"사실 한국에 중국 제품 빼놓으면 거의 제품이 없잖아요. 그런데 자기네들이 그 제품을 사면서도 이제 좀 뭐, 사실 싼맛도 있고. 그것을 자기 구매하면서도 '중국 거는 다 그래.' 이런 식으로 하는 경우도 있거든요. 또 '어, 중국산 맞아. 이거 한 번 쓰고 버려야 돼.' 제가 보는 한국인은 다 그렇게 인식하고 있고, 이제 그렇게 가고 있어요. 그리고 이제 다 알다시피 김치나 다 중국산이에요." (연구 참여자 13)

⑨ 형식적인 교육

고용허가제란 국가에서 사업주에게 외국인 근로자를 합법적으로 고용할 수 있도록 고용허가를 부여하고, 정부는 신청한 사업주의 사업장에 취업하는 것을 전제로 외국인에게 취업비자를 발급해주는 제도다. 외국인 근로자는 고용허가제로 입국하기 전에 한국어 시험 및 건강검진 등의 절차를 거친 후 한국에 입국했다. 「외국인근로자법」 제11조*에 의하면 외국인 근로자에게 취업활동에 필요한 사항을 주지시키기 위해 실시

* 「외국인 근로자의 고용 등에 관한 법률」 제11조(외국인 취업교육) ① 외국인 근로자는 입국한 후에 고용노동부령으로 정하는 기간 이내에 대통령령으로 정하는 기관에서 국내 취업활동에 필요한 사항을 주지(周知)시키기 위해 실시하는 교육(이하 "외국인 취업교육"이라 한다)을 받아야 한다.

하는 교육을 받아야 한다(김교숙, 2010).

그러나 입국 후에는 외국인 근로자에게 주기적인 교육을 실시하지 않았다. 또한 비자 유형에 맞는 직종에 취업할 수 있으며 비자가 끝날 때까지 허용된 직종의 일만 해야 했다. 또한 외국인 취업교육에 대해 입국 초기 한국어가 부족했을 때 받은 교육이기 때문에 큰 실효성이 없었으며 비자를 변경하기 전에 받는 교육 역시 형식적으로만 진행되었다. 그리고 외국인 근로자는 대부분 산업재해가 자주 일어나는 현장에서 일하고 있어 산업재해나 안전교육이 제대로 이루어지지 않고 있으며 업무의 순서나 중요성에 대해 제대로 숙지하지 못하고 있었다. 이와 같이 이들은 자신들이 외국인이기 때문에 제대로 된 교육조차 받지 못하고 있다고 인식했다.

"교육받을 때 아예 선생님도 없었고 그냥 책만 갖다놓고 우리 같은 C-3-8 온 사람들 앉아서 그냥 포커하고 아무것도 안 해요. 그것은 그냥 형식인 것이에요. 40일 동안인가 50일 동안 아무거도 안 해요. 여기 와서 학습해야 된다고 해서 무조건 학습해야 하는 줄 알았는데 가니까 선생님도 안 와요. 들어갈 때 '왔다. 간다.' 이게 있어야 또 출입국사무소에 넘겨주니까요." (연구 참여자 02)

"중국에서 오니까 기계에 대한 이름이나 이런 거 모르거든요. 참 어렵더라고요. 한국어가 안 돼가지고. 그래가지고 그런 게 어려운 게 좀 많았죠. 그리고 외래어, 영어가 많아서요. 처음에는 고생 좀 했어요. 그래도 교육해주는 곳은 없어요." (연구 참여자 05)

"안전교육 받긴 하는데, 뭐 다 그냥 형식적으로 받는데. 다 뭐 사고가 안 났으면 그거는 그럭저럭 넘어가요." (연구 참여자 13)

⑩ 정보의 부재

외국인 고용허가제를 통해 취업한 외국인 근로자는 대부분 내국인을 구하지 못하여 인력난을 겪고 있는 사업장에 취업하는 경우가 많다. 외국인 근로자는 정보화 시대를 살고 있음에도 다양한 정보를 제공받지 못하고 있었다. 이들은 외국인 근로자를 위한 정책이나 법제 또는 규정에 대한 정보를 얻고 싶어 했고, 자신들이 한국의 근로현장에서 제공받지 못하거나 구제받지 못하는 부분에 대한 정보를 공유하고 싶어 했다. 특히 비자와 관련되거나 영주권과 관련되는 부분에 관심을 가지고 있었다. 그리고 자녀교육에서 입학이나 진학에 대한 정보를 제공받지 못하는 등 외국인을 위한 정보제공이 제대로 이루어지지 않고 있었다. 이들은 새로운 정보를 얻고 싶을 때 자신과 같은 처지에 있는 중국인이나 재중동포를 통해 얻었다. 이처럼 한국인이 알 수 있는 정보는 자신들도 당연히 알아야 한국 생활을 하는 데 불편함이 없을 것이라며 다양한 정보를 얻는 방법이나 정보에 대한 교육이 이루어지길 원하고 있었다.

"국민연금 같은 것, 우리는 중국에서도 국민연금 들잖아요. 근데 인터넷에서 보니까 한국하고 중국은 무엇을 어떻게 해서 중국에서 국민연금을 내는 사람은 한국에서 안 내는 그런 정책이 있더라고요. 그리고 한국에서 일하는 국민연금을 내는 사람, 중국에서 가서 일하는 사람 중국에서 4대 보험 국민연금을 안 내도 되는 것이에요. 근데 그런 것을

어떻게 해야 하는지 모르고 아는 사람도 크게 없는 것 같더라고요." (연구 참여자 02)

"외국인이 한국에 살아요. 그런데 계속 불편하면 안 됩니다. 그래서 외국인한테 알려주세요. 어디에서 직업 찾을 수 있어요. 비자 문제 있으면 어디에 물어보세요. 남편 영주권 받고 싶어요. 뭐 필요해요. 몰라요. 어디 가서 서류할지 모르고 우리가 뭐할 줄 모르고. 돈을 많이 내서 저런 여행사에 가서 돈 내고 해야 되고 그러면 여행사 사람들이 돈 받고 해주는 거야." (연구 참여자 09)

"아이가 초등학교 들어가기 전에 입학통지서 나와요. 그런데 우리 외국인이니까 그 입학, 입학통지서 못 받았어요. 입학은 우리 한국인이나 다문화가정이면 다 국가에서 등록하고 있어요. 그 애기는 집에 있어요. 애기는 유치원 졸업했어요. 입학통지서는 집에 보내요. 우리는 당연히 없어요. 저는 제가 미리 알아봤어요. 한국 언니는 저와 같이 학교 그 사무실 가서 물어보고, 다행히 가족관계증명서 또는 한국에서 거주증명서와 외국인등록증 이런 서류만 제출하면 그냥 학교에서 신청할 수 있어요. 그렇게 애기는 초등학교 입학했어요. 만약에 이번 학교 못 다니면 어떡하나 걱정 많이 했어요." (연구 참여자 12)

⑪ 지원받지 못하는 자녀교육비

한국에 거주하는 외국인 근로자 중에는 한국에서 가정을 이루고 살아가는 경우가 많다. 그러다 보니 자연스럽게 다문화가정 상황에 놓이게 되고, 가정을 지키기 위해 힘든 일인지도 모르고 일한다. 그러다 보니 자신이 제대로 권리를 보장받지 못하는지도 모르는 상황에 놓일 때가 많다. 국제인권규범의 권고사항을 보면, 1993년 「인종차별철폐협약」이 외국인 근로자와 자녀 및 배우자 차별을 우려하고 이들의 차별에 대한 태도 및 관용 증진을 권고한 바 있다(이병하, 2014). 외국인 근로자는 자녀를 한국에서 제대로 교육시키기 위해 한국의 어린이집 또는 유치원에 보내기도 하고 일반학교에 입학시키기도 한다. 그런 과정에서 이들은 외국인이라는 이유 때문에 한국 정부로부터 제대로 지원받지 못하고 있는 실정이었다. 이들은 한국에서 자랄 수밖에 없는 자녀들이 제대로 지원받지 못하는 것은 외국인이기 때문이라며, 자녀교육에 있어서만은 한국인과 동등하게 지원이 이루어지기를 바라고 있었다.

"딸아이가 지원이 있으면 유치원 보내고 어린이집 같은 데를. 우리를 힘들게 해요. 한 달에 최하 삼십몇만 원이 들잖아. 근데 어쩔 수 없는 게, 그 지원 같은 게, 처음에 우리 와이프(wife)가 임신했는데, 그때 그게 뭐지, 통장 하나 주고 그게 안 되잖아. 내가 이걸, 큰애가 이걸 병원 가는데 그 병원, 그게 뭐지 증서 같은 거를 하나 줬어. 그 증명서를 가지고 은행을 가서 하면 돼. 그거는 나는 외국인이라서 안 돼." (연구 참여자 04)

"어린이집 다니는데 한 달에 40만 원 들어요. 그럼 월급 받고, 40만 원 내고 그럼 빠듯해요." (연구 참여자 06)

"그거는 저희 딸애가 학교를 다니잖아요. 학교를 다니는데 뭐 장학재단인가 그런 거 신청을 해도 외국인이라고 안 돼요. 제가 그 전화를 해 문의를 했거든요. 그니깐 국적이 있든가, 영주권이 있든가. 5년 이상 여기 있으면 되는데. 저도 국적을 안 했는데 애가 어떻게 국적 있어요." (연구 참여자 07)

"다른 유치원 학생은 뭐 한국인이면 교육비 지원받을 수 있고, 다문화가정은 교육비 지원받을 수 있고, 우리 외국인은 지원 없어요. 처음에 한 달에 그때 40만 원, 한 달 40만 원 정도 냈어요. 피아노 한 달에 13만 원, 태권도도 한 달에 13만 원, 방과후까지 다 하면 우리 지원 하나도 없어요. 학교에선 여러 가지 프로그램, 외국인한테는 한국 학생이랑 똑같아요. 아무거나 다 신청할 수 있어요. 그 교육비 지원 못 받지만 다른 거 프로그램 다 신청할 수 있어요." (연구 참여자 12)

⑫ 차별이 차별인지 모르는 사람들

「국가인권위법」에서는 우대, 배제, 구별, 불리한 대우를 하는 모든 행위를 차별로 규정하고 있다(정인섭, 2002). 외국인 근로자는 한국인과 근무하는 경우도 있지만, 자신과 비슷한 상황에 있는 외국인과 근무하는 경우가 많다. 한국에서는 대부분 열악하고 제대로 자리 잡지 못한 중소기업이 외국인 근로자를 고용하고 있다 보니 어떤 현장은 외국인만 있는 경우도 대부분이다. 또 한국인이 있더라도 외국인 수가 더 많은 현장들도 있었다. 이러한 상황이다 보니 자신들이 구별되고, 배제되며, 불리한 대우를 받는다는 인식조차 못할 때가 많았다. 우연히 한국인을 만난다든지, 다른 친구들을 만나서야 자신들이 편견과 차별을 받고 있다는 것을 알게 된다. 이처럼 외국인 근로자들은 차별에 대해 인식조차 못하는 사례가 많았다.

"제가 다니던 회사에 30명 정도 되었는데요. 중국에 있는 중국인도 조선족도 있고요. 30명이 다 관리인 제외하고 다 중국인분들이었어요. 딱 한국분 10시부터 10시까지 잠깐 와 가는 것도 몇 번 하고 가더라고요. 일이 너무 힘드니까 3교대로 하는 것이에요." (연구 참여자 02)

"회사에서 보면은 다 중국 사람이잖아요. 근데 이 회사에 와보니까 뭐가 다른 점이 있냐면 한국 사람들이 있는 회사를 가는 것이 좋아요. 왜냐하면 한국 사람들이 있으면 차별을 안 하지만 차별을 내놓고는 못해요. 우리도 보는 것이 있고 듣는 것이 있으니까 다 말할 것 아니에요. 그러니까 차별을 못하는데 중국 사람만 있잖아요. 그러면 차별해도 우리가 차별받는 것을 모르는 것이에요. 그냥 한국은 이렇게 하는구나 하는데, 다른 사람 말 들으면 안 그런 것이에요." (연구 참여자 08)

5) 나가기

이 글은 중국계 근로자를 대상으로 인권 차별 경험에 대해 심층인터뷰하고 이를 시민적 · 정치적 인권과 사회적 · 경제적 · 문화적 인권으로 나누어 분석한 결과 다음과 같은 결론을 도출했다.

먼저 시민적 · 정치적 인권 측면에서 볼 때 첫째, 외국인 근로자는 생계를 유지하기 위해 일하고 있었으며 불법체류자는 자신의 신분 때문에 최소한의 자유권도 보장받지 못했다. 둘째, 외국인 근로자는 채용, 임금, 승진, 사회보장 등에서 균등한 기회를 보장받지 못하고 있었다. 셋째, 외국인 근로자는 한국에 안정적으로 거주하기 위해 수없이 일자리를 바꾸기도 하며 비자와 영주권을 위해 현재의 고통을 감수하고 있었다. 넷째, 재중동포이지만 영주권이 없는 외국인 근로자는 참정권은 물론 투표권이 제한되어 있었다. 다섯째, 외국인 근로자는 동포임에도 여전히 외국인, 이방인 대접을 받고 있다고 인식했다.

또한 사회적 · 경제적 · 문화적 인권 측면에서 보면 첫째, 아직도 외국인 근로자에게 제대로 된 임금과 근로환경, 사회보장이 이루어지지 않고 있었다. 둘째, 외국인 근로자는 사업주는 물론 상사, 동료, 그리고 대다수의 한국인에 의해 차별과 편견이 가해지고 있었다. 셋째, 외국인 근로자를 위한 안전교육은 물론 정보 제공이 제대로 이루어지지 않아 자신들의 인권에 대해 주장하지도 방어하지도 못했다. 넷째, 외국인 근로자라는 신분 때문에 자녀의 교육비를 지원받지 못하고 그로 인해 경제적인 악순환이 되풀이되고 있었다. 다섯째, 많은 사업장에서 외국인 근로자끼리 근무하다 보니 이들은 자신들이 차별받고 있다는 인식조차 못했다.

외국인 근로자의 인권 연구(김성률 · 이원식, 2017; 윤향희, 2016)에서 밝힌 것과 같이, 본 연구에서도 이주민의 인권 차별이 심각한 수준이고 인권보호에 대한 대책이 필요함을 알 수 있었다. 또한 다수가 소수자를 배타적으로 인식할 것이 아니라 동등한 인간으로 인정하고 바라보는 성숙된 인권 의식이 자리 잡도록 사회 분위기가 조성되어야 한다(나달숙, 2017).

이러한 사회를 만들기 위해 다음과 같이 외국인 근로자 인권보호를 위한 대안을 제안한다. 첫째, 고용주들이 자기 편의대로 외국인 근로자를 채용하는 것을 막기 위해 정부에서 더욱 체계적인 관리 시스템을 마련해야 한다. 임금을 제대로 지급하고 있는지, 승진의 기회는 균등하게 배분하고 있는지, 임금과 퇴직금 등이 제대로 지급되고 있는지에 대해 사업주는 물론 외국인 근로자를 대상으로 실질적인 점검을 할 수 있는 장치가 마련되어야 한다. 둘째, 외국인 근로자에 대한 사회보장이 제대로 이루어지기 위해서는 외국인을 위한 사회보험이 더욱 확충되어 사회안전망의 역할을 할 수 있어야 한다.* 지속적으로 증가하는 외국인 근로자의 인권 회복은 물론 복지제도까지 확보될 수 있도록 새로운 대책이 필요한 시점이다. 셋째, 한국인 사업주는 외국인 근로자는 물론 같이 근무하는 한국인에게 주기적인 인권 교육을 실시해야 한다. 이로 인해 외국인에게 의식적 · 무의식적으로 가해지는 차별적인 행태를 줄이고 외국인 근로자에게는 자신의 권리를 주장하고 보장받을 수 있는 역량을 마련해주어야 한다. 넷째, 오프라인은 물론 온라인에서도 외국인 근로자가 쉽고 편하게 상담하고 자신의 권리를 구제받을 수 있는 네트워크 체계가 마련되어야 한다. 외국인 근로자가 언제 어디서든지 쉽게 접속하여 다양하고 정확한 정보를 제공받고 자신의 권리는 자신이 지킬 기회를 제공해야 한다. 다섯째, 외국인 근로자가 한국에 거주하는 동안 자녀들을 안심하고 교육시킬 수 있도록 어린이집이나 유치원의 교육비 지원이 이루어질 대안을 마련해야 한다. 더 이상 외국인 근로자가 자녀의 교육비로 인해 경제적인 악순환이 되풀이되지 않도록 정부 차원에서 지원이 이루어져야 할 것이다.

---

* 예컨대, 독일의 경우 2005년 발효된 「이민법」을 기초로 하며, 체류외국인에 대한 사회보험제도의 적용은 내국인 또는 외국인의 구분 없이 전적으로 동등한 자격으로 이루어지고 있다(김안나, 「체류외국인 등에 대한 사회복지정책 국제 비교 및 향후 추진방향에 대한 연구」, 법무부출입국 · 외국인정책본부, 2012, xxvii면).

민주주의의 목표는 자유와 평등이다. 이러한 대안들이 실질적으로 이루어질 수 있을 때 대한민국은 진정한 민주주의를 누릴 수 있을 것이다. 또한 국제화 시대에 걸맞은 세계 국가로 발전할 수 있을 것이다.

13.
복지 영역: 결혼이주여성의 사회복지서비스 경험*

1) 들어가기

사회복지란 한 사회 안에 사는 모든 사회구성원이 일생 동안 행복하고 안정된 삶을 누릴 수 있도록 하는 사회적 노력이다(이종수, 2009). 이러한 사회적 노력은 정책 형성 과정을 거쳐 수혜자에게 구체화되어 전달되는데, 이를 '사회복지서비스'라고 한다. 이 정의에 따르면 사회복지는 한 사람이 일생 동안 모든 생활영역에서 접하는 개인적 행동 및 사회적 상황과 밀접한 관련이 있다고 볼 수 있다. 이런 점에서 이주민에게 사회복지는 자신이 살던 모국과 사회문화적 환경이 다른 이주국의 사회적응을

---

* 이 글은 김기화 · 김영순(2018), 「결혼이주여성의 생활영역별 사회복지경험에 관한 사례연구」, 『여성학연구』 28-1호에 게재된 논문을 수정 · 보완한 것이다.

위해 필수적인 삶의 맥락을 구성하는 데 기여한다. 특히 결혼을 조건으로 한국에 이주한 여성들의 적응과 안정적인 가정생활을 담보하기 위해서는 더욱 사회복지의 필요성이 대두되고 있다.

한국의 다문화화는 인구의 다양한 구성으로부터 시작된다. 법무부 출입국관리소에 따르면, 2017년 10월 현재 한국 내 체류외국인은 213만 5,049명으로 2007년보다 약 2배 증가했으며, 전 국민의 약 3.5%에 이른다. 이러한 외국인의 양적 증가는 한국 사회의 다양한 가족형성 요인으로 작용한다. 2016년 전체 혼인 28만 1,635건에서 다문화 혼인이 차지하는 비중은 2만 1,709건으로 전체의 7.7%다. 외국인 결혼이주여성은 15만 3,818명이며, 다문화가정은 31만 6,067가구다(통계청, 2016).

다문화가족의 양적 증가는 1992년 한·중 국교 수립을 계기로 한국인 남성과 조선족 여성과의 국제결혼으로 시작되었다(김성옥, 2013). 특히, 1990년 한국 정부가 '연변처녀·농촌총각 짝짓기' 사업을 추진하면서 조선족 여성들과 한국 농촌 총각의 국제결혼이 급격히 늘어났다(홍기혜, 2000).

결혼이주여성의 등장과 양적 증가가 사회적 이슈가 되면서 이들의 한국 생활 적응을 위한 지원기관이 생겨났지만, 전체 결혼이주여성 규모에 비추어 지원기관을 이용하는 여성의 비율은 높지 않다. 반면, 여성가족부에서 설치·운영하는 전국의 217개 다문화가족지원센터는 결혼이주여성을 비롯한 다문화가족에 특화된 기관으로, 결혼이주여성의 이용률이 타 지원기관에 비해 높은 편이다(강희영·문영민, 2017).

정부에서 제공하는 결혼이주여성 사회복지서비스로는 가정폭력, 성폭력, 성매매 피해 이주여성 및 동반아동을 보호하고 의료, 법률 지원, 치료 및 회복 프로그램을 운영하고 있다. 나아가 주거를 제공하며, 직업훈련 등을 통해 자립지원 및 인권보호를 위해 쉼터 26개소, 결혼이주여성 그룹홈 2개소, 한부모 이주여성의 자립지원을 위한 자활지원센터 1개소를 운영한다. 다문화가족지원센터에서는 결혼이주민을 위한 사회복지서비스를 모두 6개 생활영역(사회적 지지, 가족생활, 지역사회, 건강, 임신 · 출산, 심리 · 정서 지원)으로 구분하여 제공하고 있다. 그 밖에 취업부모(만 12세 이하)의 집으로 찾아가는 일대일 개별 양육지원서비스 지원을 통해 자녀양육 부담을 경감하도록 하고 있다.

고용노동부에서는 결혼이주자에 대한 취업지원을 위해 집단상담 프로그램 운영을 지원하고, 여성가족부에서는 직업훈련, 인턴십 등을 지원한다. 그 밖에 취업 취약계층인 결혼이주여성의 고용활성화 및 경제적 자립을 위해 직업교육훈련을 실시하고 있다. 또, 새일센터를 통해 맞춤형 직업교육훈련인 바리스타, 통 · 번역사, 다국어 상담원 양성과정 등 결혼이주여성이 취업 후 직장에 적응할 수 있도록 인턴십 직장체험 기회를 제공하고 있다.

위에서 살펴본 바와 같이 한국 정부는 '이주민의 사회통합'이라는 거시적인 목표 달성을 위해 결혼이주여성을 대상으로 다양한 지원정책과 서비스를 제공하고 있다. 하지만 많은 결혼이주여성은 여전히 한국사회에서 문화적 차이, 가족 갈등, 사회적인 편견과 차별, 불확실한 신분 등으로 어려움을 겪고 있다. 이에 대한 적절한 대처가 이루어지지 않으면 머지않아 주류사회와의 갈등이 발생하여 적지 않은 사회적 비용이 발생하게 된다. 결혼이주여성의 긍정적인 한국 사회 정착은 미시적으로는 가족안정을 이루고, 거시적으로는 사회통합을 담보할 수 있는 기반이 된다. 이에 정부와 지방자치단체 차원의 정책적 지원으로 그들이 겪는 문제를 해결하고, 사회구성원으로서 권리를 담보하고 역할을 수행하기에 적합한지 면밀한 검토가 요구된다. 중요한 것은 이주민 사회통합을 위해 정부 및 지자체의 사회복지 정책이 수요자 지향적으로 수행되어야 한다는 점이다. 이에 이 글에서는 사회복지와 관련된 주요 생활영역에서 나타난 결혼이주여성의 경험을 심층적으로 탐색했다.

사회복지 정책은 전달체계를 통해 서비스를 받는 수혜자에게 제공됨으로써 실현된다. 정책이 목표를 달성했는지에 대해서는 수량화된 양적 데이터를 이용하는 한편 서비스를 이용한 당사자의 경험이 어떠했는지에 대한 탐색이 이루어져야 한다. 질적 연구 방법은 프로그램이나 서비스, 정책 개입에 있어 그 안에서 어떠한 일들이 일어나는지와 같은 블랙박스의 내면을 이해하고자 할 때 유용하다. 이 글은 이러한 질적 연구 방법의 특성을 활용하여 한국으로 이주한 결혼이주여성이 한국 사회 적응 과정에서 생활영역별로 사회복지를 어떻게 이해하며, 수혜자 입장에서 사회복지서비스를 어떻게 활용하는지에 관한 경험을 이해하고자 했다.

2) 결혼이주여성 사회복지 연구 쟁점

다문화가족은 일반가족에 비해 더 많은 어려움을 겪게 되는데, 결혼이주여성 본인의 사회문화 적응, 배우자와 가족들과의 관계, 자녀양육 및 진로 등 다양한 영역에서 갈등이 야기되기 때문이다. 이에 한국 정부는 결혼이주여성의 적응과 다문화가족의 안정성을 위해 2008년 「다문화가족지원법」을 제정하고 사회복지서비스 시스템을 구축했다. 그 이후 결혼이주여성의 생활 전 영역에 걸쳐 적응 및 사회복지 관련 연구들이 수행되었다. 이 중 '결혼이주여성 복지', '다문화 복지', '다문화가정 복지'라는 키워드로 논문 포털 사이트에서 검색하면, 대개 10개 정도의 논문을 접할 수 있다. 이 중 본 연구와 관련이 있는 논문을 열거하면, 윤혜미(2009), 이영분 · 최승희 · 송인석(2010), 이주재 · 김순규(2010), 공수연 · 양성은(2014), 김안나 · 최승아(2016) 등이다.

위의 선행연구들은 대부분 두 가지 쟁점을 포함하고 있다. 첫 번째는 결혼이주여성이 결혼부터 자녀를 출산하고 양육하는 과정과 경제활동을 위해 자신의 역량을 계발하고 진로를 찾는 과정에서 사회복지의 경험과 요구를 다루고 있다. 또 다른 쟁점은 결혼이주여성을 위한 사회복지서비스 개선을 제언하고 있다는 점이다. 결혼이주여성의 복지를 다룬 5편의 논문을 구체적으로 살펴보면 다음과 같다.

윤혜미(2009)는 결혼이주여성의 한국 사회 적응 관련 주요 요인을 개인과 가족관계, 지역사회, 사회문화로 구분하여 제시했다. 또한 임파워먼트 기반 사회복지실천 접근의 내용을 각각의 쟁점별로 거시적 · 중도적 · 미시적 수준에서의 중요성을 논의했다.

이영분 외(2010)의 경우, 농촌 거주 결혼이주여성의 사회복지 욕구조사를 수행한 바, 남편의 문제행동 상담에 대한 욕구, 자녀양육 및 교육관련 욕구, 취업교육 욕구, 취업알선 욕구 등으로 복지의 하부 구성요소를 구별했다. 아울러 결혼이주여성의 연령과 학력, 국적, 지역사회 자원 등에 따라 사회복지서비스를 차별화하여 제공해야 함을 주장했다.

이주재 · 김순규(2010)에서는 결혼이주여성의 사회복지서비스 이용 관련 요인을 분석했다. 특히 부부관계 및 가족관계 이해 교육, 한국어 및 문화적응 교육, 기타 서비스 등 3가지 사회복지서비스 유형을 추가했다. 이와 더불어 결혼이주여성의 복지에 대해 가정의 의식주 생활, 경제, 의료 및 건강, 정서적 및 각종 상담, 취업교육 영역 등으로 구분하고 있는 것으로 파악할 수 있다.

공수연 · 양성은(2014)은 결혼이주여성의 취업 동기가 좋은 엄마로서의 역할모델과 인정욕구가 작용하고 있다고 보았다. 결혼이주여성은 다소 제한적이나 자신들의 사회망 안에서 취업전략을 세웠고, 외국인이라는 현실에 대한 무력감, 한국의 고용불안정, 낮은 다문화 수용도로 인해 취업하기 어렵다고 밝혔다.

김안나 · 최승아(2016)는 결혼이주여성을 대상으로 개인적 특성, 사회복지서비스, 임파워먼트, 생활만족도의 관계를 분석했고, 임파워먼트의 매개효과를 검증했다. 분석결과 사회복지서비스 이용수준이 높을수록 임파워먼트가 향상되었고, 생활만족도 역시 높아지고 있었다. 또한 임파워먼트는 사회복지서비스 이용과 생활만족도 사이에서 완전매개 효과를 갖는 것으로 나타나 사회복지서비스 이용을 통한 임파워먼트 향상은 생활만족도 증진에 중요한 영향을 미치는 것으로 나타났다.

이러한 결혼이주여성 사회복지에 관한 선행연구와 더불어 중국계 결혼이주여성의 한국 사회 적응을 다룬 선행연구들은 다음과 같다. 한국 내에 중국 조선족과 한족 결혼이주여성 증가와 더불어 그들에 대한 연구가 강유진(1999), 홍기혜(2000), 강미선(2013), 딩징야(2013), 장효위(2013) 등에서 꾸준히 이루어져왔다. 중국계 결혼이주여성에 관한 초기 연구들은 이들의 결혼 실태 등 여성학적 관점이 주를 이루다가 2000년대에 들어와서는 자녀를 출산하고 양육하는 과정에서 겪게 되는 어려움과 자녀양육 및 어머니 됨의 의미, 결혼이주여성의 정체성을 탐색하기 시작했다(김윤경, 2017).

또한 중국 결혼이주여성의 경제활동을 다룬 이민경(2015)의 연구는 주목할 만하다. 이들 중국계 결혼이주여성은 노동을 통해 경제적 · 사회적으로 인정받기 원하는 것으로 나타났다. 또한 중국 결혼이주여성은 대부분 스스로 경제적 문제를 해결하기 위해 근로현장에 있다. 그렇지만 국적을 취득하지 않았다는 이유로 일반 국민을 대상으로 시행되고 있는 사회보험을 적용받을 수 없는 취약성이 나타났다. 이런 결과는 이해응(2013)이 수행한 연구의 내용인 조선족 이주여성 노동자는 직장보험 가입이 어려운 직종인 개인 간병, 가사도우미 등에 종사하는 경우가 많아 건강보험 혜택을 받는 데 제약이 있는 것으로 나타난다는 점과 부합한다.

노은하(2016)는 중국 결혼이주여성이 한국 사회 적응 과정에서 개인적 · 사회적 · 문화적 등 다차원적인 어려움을 겪고 있지만, 가족의 지지와 지역사회 자원을 활용할 때 어머니로서 역할수행에 더 높은 만족감을 경험하게 된다고 보고했다. 이는 결혼이주여성의 한국 사회 적응에서 장애를 극복하는 방법이 가족의 지지뿐만 아니라 지역사회와의 관계망을 형성하고 자원 활용이 가능한 통합적 복지서비스의 체계를 이용한다고 볼 수 있다.

앞에서 결혼이주여성의 복지에 관한 두 가지 방향의 선행연구를 검토했다. 하나는 결혼이주여성의 사회 적응 과정에서 사회복지 경험에 관한 것이고, 다른 하나는 중국계 결혼이주여성을 대상으로 이루어진 사회복지 관련 연구다. 두 가지 유형의 선행연구들이 지니는 공통적인 내용은 첫째, 결혼이주여성의 역량을 강화할 수 있는 효율적인 사회복지서비스 개선 방안의 필요성이며, 둘째, 가족의 지지, 나아가 사회적 지지로서 지역사회 관계망 형성, 정부나 지방자치단체의 사회통합적 복지서비스 활용이다.

또한 결혼이주여성의 사회복지에 관한 선행연구들에서 얻을 수 있는 시사점은 다양한 생활영역 중 결혼 및 가정생활, 취업 및 경제활동, 사회적 지지영역을 공통적으로 중요하게 다루고 있다는 것이다. 그러나 대부분의 선행연구가 양적 연구임을 감안할 때 이런 생활영역 속에서 나타나는 사회복지서비스 경험 혹은 필요성이 심층적으로 드러나지 않았다고 본다. 이 글은 이러한 시사점을 바탕으로 실제로 결혼이주여성의 생활영역에서 나타난 복지 관련 경험을 심층적으로 탐색했다.

3) 연구 방법

(1) 연구 참여자

이 글에서의 연구 참여자는 한국 남성과 국제결혼을 한 중국 결혼이주여성 10명으로, 한족 7명과 조선족 3명이다. 연구 참여자들의 연령은 30대 5명과 40대 5명이며, 학력은 고졸 6명과 대졸 4명이다. 한국 국적 취득자는 3명이며, 영주권(F-5) 6명, 결혼비자(F-6) 1명이다. 연구 참여자의 한국 거주기간은 3년 이상 5년 이하 3명, 6년 이상 10년 이하 4명, 11년 이상 3명이다. 참여자 중 8명이 자녀를 두고 있으며, 9명이 경제활동을 하고 있다. 결혼이주여성인 연구 참여자의 특성과 가족의 사회 · 인구학적 정보는 다음 〈표 3-4〉에 제시했다.

<표 3-4> 결혼이주여성 연구 참여자의 인적 사항

구분	본인						배우자		자녀 (성: 나이)
	나이	민족	국적	이주 연도	학력	직업	나이	직업	
01	37	조선족	취득	2002	고졸	자영업	46	사무직	딸: 15 아들: 11
02	38	조선족	취득	2001	고졸	전문직 (연구원)	48	사무직	딸: 17 아들: 15
03	39	한족	F-5	2008	고졸	자영업	46	운수업	딸: 10 딸: 8
04	44	한족	F-5	2012	고졸	자원봉사	43	무직	없음
05	32	한족	F-5	2009	대졸	주부	50	자영업	아들: 8 딸: 6
06	47	한족	F-5	1999	고졸	판매직	51	사무직	딸: 16 딸: 13
07	47	한족	F-5	2007	대졸	판매직	49	사무직	딸: 13
08	39	조선족	취득	2008	대졸	전문직 (중국어 강사)	47	사무직	아들: 10
09	40	한족	F-6	2014	대졸	자원봉사	50	자영업	없음
10	40	한족	F-5	2012	고졸	전문직 (통역)	50	무직	아들: 9

(2) 자료수집 및 분석

이 글에서는 질적 연구 중 사례연구 방법을 활용했다. 사례연구란 연구하고자 하는 특정한 사례가 시간과 장소에 의해 제한된 범위를 갖는 경계 지어진 체계에 대한 연구를 의미한다(Stake, 1995). 또한 시간과 장소에 의해 경계 지어진 체계 내에서 어떤 현상이 발현하는지를 이해하거나 발현한 현상이 어떠한 과정으로 발전하는지를 규명하는 데 유용한 연구 방법이다(Creswell, 2007). 이 글에서 사례연구 방법을 채택한 것은 경계 지어진 체계가 바로 결혼이주여성이며, 이들에 대한 사회복지서비스이기 때문이다.

이 글은 연구윤리 규정 준수에 따라 참여자들에게 연구 목적을 설명하고 연구 참여 동의와 허락을 받았다. 자료수집 기간은 2017년 8월부터 2018년 1월까지다. 심층면접은 인하대학교 아시아다문화융합연구소 회의실 혹은 연구 참여자의 가정이나 직장 근처의 조용한 카페에서 이루어졌다. 면접은 참여자들이 자신의 경험을 스스로 탐색하고 의미 있는 내용을 이야기할 수 있도록 반구조화(semi-structure) 질문을 사용했다. 주요 질문 내용은 한국 사회에 유입된 이후 시간적 흐름에 따라 결혼생활, 자녀양육, 취업활동 등에서의 사회복지서비스 경험이다.

연구 참여자로 선정된 결혼이주여성은 모두 한국어 의사소통이 가능했다. 하지만 이주기간이 짧은 연구 참여자들은 심층적인 내용을 이해하거나 표현하는 데 어려워했다. 연구자들은 연구 참여자들이 전달하고자 하는 언어의 맥락과 본질을 정확히 이해하기 위해 노력했다. 연구 참여자가 표현하기 어려워하는 언어에 대해서는 TOPIK 5급 이상의 중국인 유학생과 재중동포 유학생이 면접에 참여하여 쉬운 단어로 알려주거나 그 의미를 중국어로 설명했다. 이러한 과정을 통해 연구자와 연구 참여자 간의 메시지 전달의 모호함을 해결할 수 있었다. 면접이 끝난 후 바로 연구자 회의를 통해 비언어적인 사항, 면접과정 중 관찰된 내용과 느낀 점을 연구노트에 기록했다.

수집된 자료의 분석은 면접이 처음 이루어진 시점부터 동시에 진행되었다. 자료의 분석 과정은 브라운과 클라크(Braun & Clarke, 2006)의 중심주제 분석 방법을 활용했다. 중심주제 분석 방법은 연구자들이 귀납적 논리를 기반으로 연구 참여자의 인터뷰 내용 중 반복되는 패턴을 찾고, 주제를 내용 유형별 · 위계별로 범주화하고 주제들 간의 관련성을 찾아 해석하는 방법이다. 연구 참여자 10명으로부터 수집된 전사 자료는 A4 용지 약 170매이며, 단위 문장은 2,300개 정도였다. 단위 문장들에서 반복되어 나타나는 의미 단위들을 유의미한 것으로 간주하고 범주화했다. 유사한 의미를 지닌 정보들을 동일한 범주 내에 위치시키고, 범주 내에서는 위계별로 구분했다. 범주 간에는 독립적이고 서로 배타적이어야 하므로 범주 간의 경계를 구분하기 위해 노력했다. 특히 범주의 정확성을 확보하기 위해 자료를 해체하고 분석하는 과정을 반복했으며, 이 과정을 통해 범주를 재구조화했다. 또한 이 글에서는 신뢰성과 타당성을 확보하기 위해 공동연구자 및 연구팀의 정례 세미나에서 자료의 삼각검증을 실시했다. 특히 질적 연구의 특성인 순환적 탐색과정을 통해 이슈가 되거나 의미가 불분명한 부분은 연구자 간의 토론 및 선행연구와의 병치, 대조 등을 실시했다.

4) 연구결과

연구결과 주제로 제시된 3개의 생활영역(결혼생활과 가족관계, 취업 및 경제활동, 사회적 관계)은 이주여성 사회복지에 관한 선행연구들에서 나타난 주요 요인과 다문화가족지원센터에서 수행되는 복지서비스 영역을 참고했다.

결혼생활과 가족관계의 소주제는 '자녀출산과 양육', '이주 배경으로 인한 자녀교육 역할 수행의 제한'으로 나타났다. 취업 및 경제활동에서는 '직업 확보를 위한 노력', 사회적 관계에서는 '사회적 지지체계 형성의 어려움', '사회적 관계 확장'이 소주제로 도출되었다. 이러한 생활영역별 사회복지서비스 경험과 아울러 결혼이주여성의 사회복지서비스 이용과정에서는 '복지서비스의 제한된 접근성, 통합서비스 구축'으로 나타났다. 결과는 다음 〈표 3-5〉에서와 같이 4개의 주제 영역, 6개의 소주제, 13개

〈표 3-5〉 생활영역별 사회복지 경험과 이용과정

<table>
<tr><th colspan="2">주제</th><th>소주제</th><th>핵심개념</th></tr>
<tr><td rowspan="10">생활영역</td><td rowspan="3">결혼생활과 가족관계</td><td>자녀출산과 양육</td><td>찾아가는 서비스;
산모도우미 및 아이 돌봄</td></tr>
<tr><td rowspan="2">이주 배경으로 인한
자녀교육 역할 수행의 제한</td><td>교사와의 언어소통 어려움;
통역서비스 필요</td></tr>
<tr><td>학교생활에 부정적 영향 우려;
다문화가정 숨기기</td></tr>
<tr><td rowspan="3">취업 및
경제활동</td><td rowspan="3">직업 확보를 위한 노력</td><td>취업성공패키지 참여 및 재교육</td></tr>
<tr><td>전공 및 학력 미인정</td></tr>
<tr><td>경제활동의 장벽; 차별</td></tr>
<tr><td rowspan="4">사회적 관계</td><td rowspan="3">사회적 지지체계 형성의 어려움</td><td>편견의 일상화</td></tr>
<tr><td>심리 · 정서적 소외</td></tr>
<tr><td>중국 사람들과의 사적 지지관계 형성</td></tr>
<tr><td>사회적 관계 확장</td><td>지역사회에서의 봉사활동</td></tr>
<tr><td colspan="2">사회복지서비스
이용과정</td><td>복지서비스의 제한된 접근성,
통합서비스 구축 필요
다중언어서비스 제공의 미흡
분절된 복지 정보</td><td>구분된 복지서비스; 수혜의 낙인화</td></tr>
</table>

의 핵심개념으로 나타났다.

(1) 생활영역별 사회복지 경험

① 결혼생활과 가족관계

결혼이주여성의 한국 사회로의 이주는 대부분 국제결혼을 배경으로 이루어진다. 이주와 함께 가족이 구성되고, 자녀를 출산하며, 양육자로서 어머니 역할을 수행한다. 이주여성은 자녀 출산 시 친정 가족으로부터 도움을 받을 수 없기 때문에 정부에서 제공하는 자녀 돌봄은 더욱 유용한 서비스가 될 수 있다. 이 글의 연구결과에서도 결혼이주여성이 한국에서 받았던 복지서비스 중 자녀 돌봄은 자녀 출산과 양육에 도움이 되는 것으로 밝혀졌다. 사적 지지체계가 취약한 특성을 가진 결혼이주여성에게 출산과 양육을 지원하는 정책은 이용자의 만족도가 높고 효과가 검증된 만큼 확대될 필요가 있다.

> "처음에는 애기 낳고서 어떻게 키우는지 몰라요. 주변에 아는 사람도 없고요. 시어머니도 없어. 그래서 선생님한테 도움을 많이 받았어요." (연구 참여자 03)

가정으로 찾아가는 서비스는 결혼이주여성이 기관으로 나올 수 없을 때 발생하는 문제점을 해결할 수 있다. 또, 가정은 결혼이주여성에게 가장 익숙하고 편안한 공간으로 친밀한 관계를 형성하기에 적합하다. 공적인 사회복지서비스 제공자는 결혼이주여성에게 지지자, 정보 제공자, 서비스 전달자, 한국어와 문화를 알려주는 교육자 등의 다양한 역할을 수행하게 된다. 또, 복지 사각지대에 있는 결혼이주여성을 발굴하고 개입할 수 있는 시너지 효과도 발휘하게 된다.

> "근데 그런데, 제가 그때 요리 선생님 집으로 오는 서비스를 신청했어요. 그때 제가 진짜 그 선생님한테 정신적으로 도움을 많이 받았어요. 그때 처음에는 할머니 요리 선생님이 잘해도 주고 한국어는 서툴렀지만 같이 얘기도 하고 들어주고 그리고 제가 교육선생님이 아기 교육집에 와서 같이 얘기도 하고 집에서 담고 있는 문제, 스트레스가 같이 얘기하기 때문에 풀렸어요. 어차피 집에 사람이 와야 해요. 제가 그때 아기 가지고 있기 때문에 밖으로 못 나가요. 그래서 제가 못 나갔기 때문에 다른 사람이 선생님이 와야 해요. 그래야 같이 만나고 얘기하고. (이하 생략)" (연구 참여자 05)

자녀가 유아기와 아동기가 되면 어머니 역할을 수행하는 결혼이주여성은 자녀양육을 위한 사회적 관계를 확대한다. 자녀의 유치원이나 학교생활에 대한 정보를 파악하고, 공식적인 행사에 참여해 부모로서의 역할을 수행해야 하기 때문이다. 하지만 결혼이주여성이 어머니 역할을 수행하는 데 가장 문제가 되는 것은 언어적 의사소통이다. 아직 한국어 구사가 미숙한 결혼이주여성은 교사와의 대화 내용을 잘 이해하지 못하고 있었으며, 겨우 간단한 의사소통만 이루어지고 있었다. 의사소통 장애는 결혼이주여성의 자녀교육 참여를 어렵게 만들고 있다. 나아가 한국의 교육과정이나 시스템에 대해 모르고 있어 자녀의 학년이 높아질수록 개입은 더욱 어려워진다.

이에 교육기관에서 공식적인 학부모 참여 행사나 상담이 있을 때 통역을 지원하는 등의 방안 마련이 필요하다. 박명숙(2010)이 다문화가정의 아동 121명을 대상으로 수행한 연구에 따르면 결혼이주여성의 한국어 능력은 아동의 자아존중감과 유의미한 상관관계가 있는 것으로 밝혀졌다. 한국어 의사소통이 어려운 이주 초기에는 통역을 지원하고, 동시에 체계적인 한국어 교육이 이루어질 필요가 있다. 주양육자인 결혼이주여성이 자녀의 학교생활에 대해 잘 알게 되고, 무엇보다 어머니-교사 간의 상호관계는 자녀의 학교생활에도 긍정적인 영향을 미치기 때문이다. 결혼이주여성이 자녀교육에 어머니로서 온전히 역할을 수행할 수 있도록 지원하는 것은 다문화가족 자녀의 조화로운 성장과 발달을 이루는 데 기여할 수 있다.

> "솔직히 말하면 제가 외국 사람이잖아요. 학교 가는 것 조금 부담스러워요. 어떤 말해야 하는지도 모르고 뭐 물어봐야 되는지도 모르고 선생님이 우리 아기 내가 잘못 이야기하면 우리 아기 안 좋은 것 일어날까 봐. 외국 사람들 특별히. 물어보고 와서도 무슨 안심했는데. 그래도 한국에서 교육을 학교를 모르니깐. 학교 궁금하죠. 물어보는데도 알려줘도 좀. (이하 생략)" (연구 참여자 06)

> "공개수업에 갔는데 선생님 서로 이거 대화 없어요. 말도 선생님한테 말도 안 통해서 그래서 이거 관심 없어요. 우리 신랑 다 봐줘요. 연락처 다 우리 신랑 받아요. 제가 못해요." (연구 참여자 10)

결혼이주여성이 자녀교육에 적극적으로 참여하는 데 방해가 되는 핵심요인은 '이주 배경'으로 드러났다. 결혼이주여성은 자녀가 다문화가족이라는 사실이 학교에 알려지는 것을 꺼리고 있었는데, 이는 엄마가 결혼이주여성이라는 것이 자녀의 학교생활에 부정적인 영향을 미칠 것이라고 판단하고 있기 때문이다. 엄마가 '중국 출신' 결혼이주여성이라는 사실이 한국 사회에서 편견으로 작용하기 때문에 자신을 드러내지 못하고 숨기는 것을 선택하고 있다.

"엄마도 자기 애가 다른 애들한테 우리 애가 외국사람 아기인 거 들키게 하고 싶지 않고 숨기고 싶어 해요." (연구 참여자 05)

"조금 피해요. 일부러 피해요. 엄마들이 혹시 싫어할까 봐, 이렇게 생각 있어요. 내가 왜 한국 애기 엄마들 피해요. 나도 옛날 들은 적이 있어요. 중국 사람을 무시해요. 그래서 일부러 피해요. 그냥 그것처럼 만나야 갈등이 생기지, 만나지 않으면 갈등 같은 것 생긴 기회도 없어요. 이것 때문에 일부러 피해요." (연구 참여자 07)

결혼이주여성과 다문화가족의 '어머니의 출신 배경 숨기기'는 우리 사회의 다문화가족에 대한 부정적인 인식을 여실히 증명하고 있다. 한국 사회는 자녀의 교육 성취를 이루기 위해 부모의 적극적인 개입은 필연적이라고 해도 과언이 아니다. 어머니의 교육 역할이 자녀의 학업성취에 영향을 미치는 한국의 교육적 상황에서 다문화가정 자녀들의 교육성취는 낮아질 수 있다. 결혼이주여성이 자신의 출신 배경으로 인해 자녀가 학교에서 왕따를 당하거나 어려움을 겪을지도 모른다는 우려 때문에 자녀교육에 개입하지 못하는 것은 청소년기 자녀들에게는 정체성 문제로까지 확대될 수 있다. 어머니의 출신을 숨기는 문화 속에서 성장한 자녀는 자신의 정체성에 대해 불확실한 신념을 가질 수 있기 때문이다. 따라서 이주 배경으로 한국어 소통이 원활하지 않은 결혼이주여성에게 통번역서비스 제공, 한국어 교육 기회 확대가 복지적 차원에서 요구되며, 결혼이주여성 자녀들의 복수적 정체성 정립을 위해 어머니 나라의 언어와 문화를 교육받을 기회를 확대하고, 어머니 나라를 방문하여 상호문화 이해를 확대할 수 있는 사회복지서비스 제공이 검토되어야 한다.

② 취업 및 경제활동: 직업 확보를 위한 노력

결혼이주여성은 한국에서 경제활동을 하고자 하는 욕구를 갖고 있다. 참여자 대부분은 고용노동부의 '취업성공패키지' 서비스의 대상자에 해당하므로 이 서비스를 이용한 경험이 있었다. '취업성공패키지'는 저소득 취업 취약계층에 대해 개인별 취업활동 계획에 따라 통합적인 취업지원 프로그램을 제공하고, 취업한 경우 '취업성공 수당'을 지급함으로써 노동시장 진입을 체계적으로 지원하는 종합 지원체계다(고용노동부, 2017). 하지만 교육과정은 결혼이주여성의 특성을 반영하지 못하고 있으며, 실질적인 경제활동으로 연계되지 못하는 한계점이 드러났다. 취업교육 과정에 필요한 현금서비스 지원에 그치는 것이 아니라 취업할 수 있는 인프라를 구축해 실제 고용현장에 진입할 수 있도록 지속적인 사후관리가 필요하다. 또, 이주 배경만으로 '취업성공패키지' 서비스의 대상자가 되는 점과 결혼이주여성의 노동시장 진입이라는 정책목표가 얼마나 달성되고 있는지 검토가 필요하다.

"직업훈련을 통해서 창업을 할 예정이었으나 배우고 나서 다른 일을 하게 돼서요."(연구 참여자 01)

"한글 2007도 배우고 엑셀도 배우고 그리고 파워포인트도 배웠어요. 그때는 예전에 한 2년 전에 그게 일 다니고 화장품 판매 회사에 있어가지고. 매장에서 일 업무 보고 있잖아요. 맨날 이렇게 업무 보고. 재고조사 하고. 그렇게 사용해본 적 있는데. (이하 생략)" (연구 참여자 06)

"진로 상담은 취업성공패키지 받아본 적 있어요. 초창기에 그것을 받고 나서 제 마음이 많이 열렸던 것 같아요. 2010년도 그때니까요. (중략) 그래서 자격증 공부를 했고 땄거든요. 근데 문제는 따면 뭐해요. 그것을 가지고 취직을 이어주는 기관이 없잖아요. 말로는 '자격증을 따면 다 해결해줘요.' 하는데 해결은 안 해주고 본인이 직접 어떤 기관에 가서 찾아서 가야만 일자리를 찾을 수 있다는 거예요. (중략) 방송대도 다니라고 공부하고 이제 취업성공패키지 이런 것도 있다 설명을 해줬어요. (중략) 취업성공패키지 따로 교육해주는 기관이 있었어요. 거기에서 일주일인가 교육을 받고 수료를 하고 제가 이제 디딤돌 교육으로 해서 어린이집으로 출근했죠. (중략) 그때가 아마 지금 생각하면 너무 취업성공패키지가 고마웠던 것 같아요. 나한테 어떤 일거리가 맞는 것인지 돌이켜보는 시간이고요. (중략) 일단은 취업이라고 할까요? 아니면 창업할 수 있으면 창업할 수 있는 기회를 지원을 해준다던지 이런 부분들 물론 거의 경제적이 대부분이니까 그런 경제적 어려움을 덜어줄 수 있는 뭔가 이분들의 능력을…." (연구 참여자 08)

결혼이주여성이 한국 사회에서 안정적인 일자리로 진입하는 것은 어려운 일이다. 중국에서 공부한 전공이나 학력이 한국에서 취업하는 데 연계되거나 인정되지 않기 때문이다. 결혼이주여성(연구 참여자 08)은 한국과 중국 간의 전문 자격증이 인정되지 않는 것에 대해 불만을 표출했다. 한국에서 일하기 원하는 결혼이주여성은 전문 자격증 과정을 새롭게 공부하거나 학력을 인정받기 위해 대학에 진학한다. 중국 결혼이주여성이 원하는 직종으로는 이주 배경 특성을 활용할 수 있는 통·번역, 이중언어 강사, 다문화가족 상담사 등을 선호하고 있었다. 대부분의 중국 결혼이주여성은 안정적인 경제활동에 대한 높은 욕구를 갖고 있었지만, 이주여성의 고용형태는 비정규직이거나 파트타임 같은 불안정한 일자리에 머무르고 있다.

"자격증 때문에 어쨌든 한국에 자격증이 인증이 돼야 하니까 다들 방송대에서 공부 또 하고 자격증 땄어도 또 하고 그것이 조금 문제인 것 같아요. 뭔가를 한국에서도 대학을 인정해줬으면, 공증할 수 있으면 공증해서라도 이 사람은 교육할 수 있다는 것을 해주면 좋을 것 같아요." (연구 참여자 08)

한편, 결혼이주여성은 고용현장에서 차별 같은 부적절한 처우를 받는다고 말했다. 동일한 노동을 하고 더 낮은 임금을 받는 것이 불공평하다고 생각하고 있었다. 또, 구직활동을 하면서 중국 출신의 배경이 경제활동 참여에 장애가 된다는 것을 체감하고 있었다.

"월급이요. 주위 사람들한테 많이 들어봤는데, 똑같은 사람 한국사

람 더 많이 주고 우리는 적게 주고. (이하 생략)" (연구 참여자 02)

"우리 회사도 많이 질문 있어요. 이거 회사 제도이잖아요. 안 돼요. 외국 사람은 왜 이거 정식 직원 안 돼요? 근데 정식 직원 대답을 못해요. 다 2년 계약 제도예요. 우리도 정식 직원하고 싶은데 못해요. 고민이에요. 많이 고민했어요." (연구 참여자 10)

그뿐만 아니라 국적을 취득한 경우 법적으로 대한민국 국민과 같은 권리를 갖는다고 인식하게 된다. 근로자로서 일할 수 있는 권리도 일반 주민과 똑같기 때문에 차별에 대한 강한 부정적인 감정을 갖게 된다. 따라서 결혼이주여성이 차별받지 않는 사회적 분위기 조성이 필요하다. 학교에서는 다문화교육을 문화 다양성 교육과 연계하여 다른 문화권으로부터 온 사람들을 차별하지 않는 교육 프로그램을 제공하고, 직장에서는 인권교육을 통해 차별이 지양될 수 있도록 하는 노력이 요구된다.

③ 사회적 관계

결혼이주여성은 일상생활 속에서 빈번하게 사회적 편견과 마주하게 되는데, 대중교통 안이나 대형 마트 등 많은 사람이 이용하는 공공장소에서 불편한 상황에 놓이기도 한다. 특정한 이유 없이 직접적으로 반감을 표현하기도 하고, 겉으로 드러내지는 않지만 배타적인 행동을 통해서도 드러내고 있었다. 무엇보다 결혼이주여성은 이러한 불편한 상황에서 불쾌감을 느끼지만 대응하지 못하고, 심리사회적으로 위축된다. 특히, 흉악한 범죄에서 가해자가 조선족인 사례가 언론을 통해 이슈화되면서 사회적 반감은 더욱 심화되었다. 한국 사회에서 조선족에 대한 반감은 정도를 넘어 '범죄자'라는 인식과 함께 혐오의 대상이 되기도 한다.

"뉴스 같은 것도 보면 꼭 범죄 같은 게 일어나면 꼭 그 '조선족' 뭐 이렇게 해가지고, '살인이 심하다.' 막 자극적인 제목으로…. (이하 생략)" (연구 참여자 01)

"우리 지난번에 버스 탔을 때 이 아저씨, '조용히 해. 나 진짜 중국사람 싫어해요.' 이렇게 얘기했어요." (연구 참여자 06)

한국 생활에 적응하기 전에는 결혼이주여성 대부분이 사회체계와의 적극적인 상호작용이 이루어지지 않는다. 미숙한 한국어와 다른 문화적 배경은 상호 친밀한 관계 형성에 장애가 되기 때문이다. 중국 결혼이주여성은 한국 사람들과 문화적 공감대를 형성하지 못해 심리 · 정서적인 위축을 경험하게 된다. 언어소통이 안 되기 때문에 깊은 이야기를 나눌 수 없으며, 생활 스트레스를 해소할 수 있는 대처전략도 없다. 이주 초기 결혼이주여성은 배우자와 시댁 가족들만의 한정된 사적 관계 형성의 특성을 보인다. 제한된 사회적 관계 형성으로 심리적으로 고립되기도 하고, 특히 배우자나 시댁 가족들과 갈등이 있을 경우 심리 · 정서적인 어려움은 더욱 커진다. 결혼이주여성의 안정적인 적응을 위해서는 친정가족이나 친구를 대신할 수 있는 정서적 지지체계가 필요하다.

"주변 아는 사람과 간단하게 한국어로 해요. 마음속에 깊은 생각을 못해요. 그래서 재미없고 감정도 풀 수 없고…. (이하 생략)" (연구 참여자 09)

결혼이주여성은 같은 중국 출신의 이주여성과 사회적 관계를 형성하고 있었다. 자발적으로 네트워크를 통해 사적 모임을 만들고, 친밀한 관계를 유지시켜나가는 이유는 한국 사람들과의 관계에서 공감대를 형성하기 어려우나 별도의 지지체계가 필요하기 때문이다. 이에 공적 기관에서는 결혼이주여성이 자조모임을 통해 사회적 유대관계를 이루어나갈 수 있도록 매개 역할을 해야 한다. 자조모임을 통해 다양한 정보를 획득하고, 한국 생활에 필요한 사회적 기술을 습득할 수 있기 때문에 이주 초기 한국 사회 적응을 용이하게 하는 방안이 된다.

"친한 친구 몇 명 있어요, 있어요. 나이도 비슷하고 우리 같이, 친해요. 몇 명이 있어요. 한국에서 만나는 (중국 출신) 친구들…. (이하 생략)" (연구 참여자 09)

"친구 중국사람 같이 친구 모임 있을 때 이야기 많이 해요." (연구 참여자 10)

한국 생활에 어느 정도 적응한 결혼이주여성은 지역사회에서 자원봉사활동을 하고 있었다. 자신들의 외국어 능력을 활용하여 출입국사무소에서 통역을 하거나, 중국어 교육활동을 하고 있었다. 이는 결혼이주여성 개인에게는 지역사회 봉사활동을 통해 사회적 기여를 실현하고 있다는 자긍심을 갖게 한다. 또, 사회복지적 측면에서는 서비스의 수혜 대상에서 제공자로서의 전환을 의미하기도 한다. 결혼이주여성의 봉사활동은 한국 사회의 구성원으로서 자발적인 책임과 의무를 수행하는 것이며, 개인의 성취를 넘어 다수와의 조화로운 공존을 추구하는 것으로 해석할 수 있다.

"저희 엄마들끼리 다문화, 이주여성 중국 엄마들끼리 모이는 수업이 있어요. 모여서 동아리 활동 하고요. 거기에서 지역사회나 이런 데에 가서 봉사활동도 하고 행사 있고 하면은 행사도 참여하고요." (연구 참여자 08)

"지금 인천 출입국관리소에서 봉사하고 있어요. 일주일 두 번씩. 한국어 못하는 사람하고 서류작성, 한국어 조금 아는데 도와줄 수 있어요." (연구 참여자 09)

"거의 외국 사람들 왔어요. 재미있어요(출입국에서 통역 자원봉사)." (연구 참여자 10)

(2) 사회복지서비스 이용 과정

지금까지 결혼이주여성을 위한 사회복지 경험을 생활영역과 관련하여 살펴보았다. 다음으로는 결혼이주여성의 사회복지서비스 이용 과정에 대한 경험을 탐색했다. 이를 통해 사회복지서비스 당사자인 결혼이주여성의 살아있는 실제 경험에서 의미 있는 내용들을 도출했다. 결혼이주여성의 사회복지서비스 이용 과정에 대한 소주제는 '사회복지서비스의 제한된 접근성, 통합서비스 구축 필요'로 나타났다. 결혼이주여성은 사회복지서비스를 이용하는 과정에서 여러 요인으로 인해 접근성이 제한되고 있었다. 그 원인은 한국의 사회복지서비스 전달체계가 일반가족과 다문화가족으로 구분되어 있기 때문이다. 일반가족을 대상으로 하는 사회복지서비스 전달체계는 건강가정지원센터이며, 다문화가족은 별도의 전달체계인 다문화가족지원센터에서 사회복지서비스를 제공하고 있다. 이처럼 이원화된 사회복지서비스 전달체계는 대상자의 욕구와 특성에 맞는 서비스의 구분이라는 목적이 있지만, 사실상 대상자를 '분리'하는 결과를 초래하고 있으며 서비스 분절과 수혜자라는 낙인을 유발하게 된다.

결혼이주여성은 사회복지서비스를 이용하면서 복지 '수혜자'라는 낙인감을 느낀다고 토로했다. 이주 배경이면 조건 없이 받을 수 있는 사회복지서비스는 주류사회 주민과의 갈등을 유발하기도 한다. 복지재원은 대부분 세금으로 조성되기 때문에 주류사회 주민은 역차별이라는 비판적인 인식을 갖게 된다. 이는 결과적으로 사회복지서비스가 필요한 다문화가족에게는 낙인감을 유발하여 서비스 접근을 떨어뜨리게 된다. 또한 사회복지서비스 대상의 획일적인 구분은 복지재원의 효율적 분배 측면에서도 문제가 야기된다.

가족 안에서 어머니의 역할을 수행해야 하는 결혼이주여성이 한국사회에 잘 적응하는 일은 가족복지 차원뿐만 아니라 사회통합적 측면에서도 중요한 일이다. 하지만 다문화가족, 특히 결혼이주여성을 무조건 사회복지서비스가 필요한 대상으로 인식하고 이를 기반으로 한 정책은 오히려 이주민의 한국 사회 적응을 저해하게 된다. 모든 다문화가족을 사회복지서비스가 필요한 취약한 계층으로 획일화하기 때문이다. 따라서 사회복지서비스 제공 시 다문화가족의 사회경제적 상황과 결혼이주여성의 개별적 특성을 면밀하게 고려해 대상을 선별할 필요가 있다. 또,

다문화가족은 사회복지서비스의 수혜자라는 인식을 변화시키기 위해서는 분리된 전달체계를 하나로 통합하는 일이 선행되어야 한다.

"나는 그 프로그램 따라가 봤잖아요. 근데 좀 약간… 싫어. 꼭 그 다문화가정 묶어가지고 다 가가지고 티내는 것도 싫고. 취업성공패키지 할 때도, 그것도 일반 가정이면 의료보험이 뭐 얼마 이하라야지 되거든요. 다문화가정은 그거를 안 봐요." (연구 참여자 01)

"우리 솔직히 말하면 우리 저소득가정이잖아요. 다문화가정 대부분이 어렵게 살잖아요. 그런 부분은 사실이에요. 우리 남편도 학교에서 무슨 저소득지원금 그런 것 왔잖아요. 우리 남편이 나보고 신청하지 말래요. 왜, 이것 신청하면 선생님부터 알잖아요. 선생님부터 저 애기 집이 못살구나 그런 생각을 가질까 봐 우리 남편부터 그것 신청하지 말래요. 절대로… (이하 생략)" (연구 참여자 07)

결혼이주여성은 한국에서 다양한 경로를 통해 사회복지서비스를 이용한다. 기관에서 사회복지서비스가 필요한 대상자를 먼저 발굴하고 찾아가는 서비스를 시행하고 있지만, 아직 보편화되지 못한 실정이다. 이에 결혼이주여성은 자신들이 필요한 사회복지서비스를 지원받기 위해 스스로 정보를 찾는 시도를 하고 있었다. 하지만 한국어를 잘 모르기 때문에 원하는 사회복지 정보 접근에 실패한다. 현재 다문화가족지원센터와 인터넷 사이트인 '다문화가족지원 포털 다누리*'에서는 13개국의 다

* 인터넷 사이트 주소는 다음과 같다. https://www.liveinkorea.kr/portal/main/intro.do

중언어로 복지 정보를 제공하고 있다. 하지만 원하는 세부 분야 정보 접속 시 한국어로만 제공되고 있다.

"도움을 제공할 수 있는 데가 많지만 한국어 때문에 정보 찾기 어렵기 때문에 아마 서비스 받는 게 어려워요. 처음에 온 사람들도 이러한 정보가 필요할 텐데, 그러면 그 사이트 한국어 중국어, 한국어 영어, 같이 있는 거! 다문화센터 책상 전단지 있잖아요. 제가 알아서 봐야 해요. 그래서 제가 그것 때문에 다문화센터 가면 전단지 자주 봐요. 제가 꺼내서 봐요. 특별히 선생님이 알려주지 않아요. 왜냐하면 전단지가 다 있기 때문에…. (이하 생략)" (연구 참여자 05)

결혼이주여성이 원하는 사회복지 관련 정보 접촉에 어려움을 겪는 이유 중 하나는 정보가 분절되어 제공되고 있기 때문이다. 이주여성이 필요로 하는 고용, 교육, 가족 등 여러 분야의 정보는 각 소관 부처에 따라 구분되어 있다. 또, 결혼이주여성의 취업지원만 해도 고용노동부, 여성가족부, 교육부, 보건복지부 등에서 각각 상이한 정책을 시행하고 있다. 이처럼 각 부처와 기관별로 정보가 분절되어 제공되고 있어 결혼이주여성이 원하는 교육 및 취업 관련 정보에 접촉하기는 쉬운 일이 아니다.

"가르쳐주는 곳이 없어서. 몇 군데 물어봤는데, 다문화센터에서 이런 곳은 없을 거 같은데요. 그런데 다른 데는 있어도 제가 정보는 조금 찾기 어렵기 때문에 되게 어려운 거 정보 찾기. 정보 제공 어떻게 우리한테 알려줄 수 있는 기관 아니면 사이트. 왜냐하면 사이트 여러 가지 있기 때문에 찾기 힘들잖아요. 혹시 한 군데! 들어가면 모든지 다 나올

수 있게…. (이하 생략)" (연구 참여자 05)

"그런 사이트가 아마 다문화가족지원센터를 통해서 여기 프로그램을 홍보하고 이렇게 돌아가지 않을까 생각을 해요. 그렇게 하면 취업도 그렇고 유아 전공 이런 것도 그렇고 사이트 하나 딱 있으면 좋죠." (연구 참여자 07)

결과적으로 분절된 서비스 정보 시스템은 한국 생활이 낯선 결혼이주여성의 사회복지 관련 정보의 접근을 더욱 어렵게 만든다. 결혼이주여성의 정보 접근성을 높이기 위해 가칭 '다문화 통합정보시스템' 마련이 필요하다. 정보시스템은 다문화 배경 이주민에게 필요한 정보를 한 곳에서 접근할 수 있게 구성되어야 한다. 현재 결혼이주여성이 가장 많이 이용하는 서비스 제공 기관은 다문화가족지원센터다. 다문화가족지원센터에서는 '다문화 통합정보시스템'을 이용할 수 있도록 적극적으로 안내하고, 접속 방식에 대한 교육을 진행하여 필요한 자원이 연계되도록 해야 한다.

5) 나가기

이 글에서는 중국계 결혼이주여성이 결혼을 통해 한국 사회 구성원으로 적응해가는 과정을 생활영역별로 이해하고, 이를 바탕으로 이들의 사회복지를 위한 시사점을 도출했다. 한국 정부는 다문화가족이 증가하면서 결혼이주여성의 적응을 높이고, 가족생활 안정을 위한 다양한 사회복지 정책을 시행했다. 결혼이주여성에 대한 정부의 사회복지 정책 패러다임은 주류사회로의 적응에 초점을 맞춘 동화주의다. 한국 사회는 결혼이주여성이 한국 사회에 잘 적응하지 못할 경우 사회통합을 저해할 수 있다는 시각에 따라 이주 배경 여성들을 특별한 욕구를 갖고 있는 취약한 대상으로 규정하고 있다. 이에 다문화가족에 대해 부처별로 다양한 정책을 수립하여 사회복지서비스를 제공하기 시작했다. 한국은 보편적 복지로의 전환점에 이르지 못하고 아직 선별적 복지 정책이 실현되고 있는 실정에서 결혼이주여성에 대해 무조건적으로 서비스를 지원해왔다. 이로 인해 한국 사회에서는 결혼이주여성에 대해 사회복지 혜택 대상자라는 부정적 인식이 형성되었다. 이러한 정책은 서비스를 받는 결혼이주여성에게도 낙인감을 유발하게 된다.

다문화가족은 여성의 학력, 배우자의 소득, 사회경제적 지위에 따라 다양한 적응 형태를 보인다. 즉, 사회경제적 지위가 높은 다문화가족은 사회복지서비스에 대한 욕구가 높지 않다. 다문화가족의 복지서비스 제공 시 가족환경을 면밀히 검토하여 이를 바탕으로 욕구에 부합하는 개입을 할 필요가 있다.

결혼이주여성은 자녀 출산과 양육 역할을 수행하면서 어머니로서의 정체성을 형성하게 되는데, 어머니의 역할 수행은 자녀의 성장과 발달에도 지대한 영향을 미친다. 하지만 한국어 소통의 어려움과 다문화가족에 대한 한국 사회의 부정적인 인식은 결혼이주여성이 어머니 역할을 수행하는 데 장애가 되고 있다. 결혼이주여성은 자신이 중국 출신인 것을 숨기기 위해 자녀교육에 적극적으로 참여하지 못하고 있다. 이는 결혼이주여성이 한국어 능력 부족으로 자녀의 학교 선생님과의 접촉을 회피하거나 학교생활을 잘 파악하지 못하고 있다고 지적한 금민아(2017)의 연구결과와 일치한다. 실제로 주양육자인 결혼이주여성은 자녀가 학교에서 어떻게 생활하는지 잘 모르고 있으며, 자신의 신분을 숨기는 것이 자녀의 학교생활 적응을 높이는 방법이라고 믿고 있다. 전국 다문화가족 실태조사에 따르면 다문화가족 자녀의 13.8%가 다문화가족의 자녀라는 이유만으로 차별을 당한 경험이 있는 것으로 밝혀졌다(여성가족부, 2013). 본 연구결과에서 나타난 다문화가족 여성들의 '이주 배경 숨기기'에는 우리 사회의 이주민에 대한 강한 배타성이 작동하고 있음을 시사한다. 결혼이주여성의 어머니로서의 역할수행 제한은 양육효능감을 저하시키며, 자아정체성을 형성해야 하는 다문화가족 청소년들에게는 정체성 혼란을 가중시키게 된다. 학교는 다문화가족에 대한 교육을 통해 다양한 구성원이 조화롭게 공존하는 '교육공동체의 장'이 되어야 한다. 또, 결혼이주여성이 자신의 출신 배경을 당당하게 드러내도 어떠한 차별도 받지 않는 사회적 분위기를 조성해야 한다.

결혼이주여성은 경제활동을 원하고 있으며, 직업 확보를 위해 '취업성공패키지', '방송통신대학 진학', '전문 자격증 취득' 등 다양한 노력을 하고 있다. 이러한 재교육 과정 후에는 노동시장에 진입하기 위해 구직활동을 한다. 구직 과정에서 중국 출신의 배경은 노동시장 진입을 어렵게 하고, 취업을 하더라도 열악한 고용 지위에 머무르게 한다. 2015년도 통계청의 경제활동인구조사에 의하면 취업을 한 이주여성의 직종은 단순노무직(29%)이 가장 높고, 다음으로 서비스직(18.7%), 기계 조작 및 조립 종사직(14%)으로 나타났다(통계청, 2015). 또, 고용현장에서 일하는 이주여성은 근로자로서 한국인과 동등한 대우를 받지 못한다고 인식하고 있다. 결혼이주여성이 고용과 관련해 겪는 경험은 한마디로 '불평등'이라고 할 수 있다. 불평등은 사회구성원 간의 갈등을 유발하고 다양한 사회문제의 잠재적 원인이 된다. 또한 나아가 사회통합의 저해 요인으로 작용하기 때문에 고용 불평등을 완화시킬 수 있는 정책적 논의가 필요한 시점이다.

한편, 중국 결혼이주여성은 일상이 이루어지는 다양한 생활공간에서 편견을 경험한다. 정부는 이들에 대한 부정적 인식과 차별을 완화하기 위한 정책과 제도를 만들고 교육과 홍보를 통해 노력하고 있으나 이들은 여전히 자신들을 향한 배타적 태도를 경험한다. 한국 사회에서 중국에서 온 조선족 여성들은 "농촌 총각과 결혼한, 남성들에게 성적으로 준비된, 위장결혼 등으로 돈을 벌러 온"이라는 부정적인 이미지가 지배적이다(박준성 외, 2015). 특히, 조선족은 범죄와 관련된 혐오의 대상으로 인식되기도 한다. 대중매체를 통해 내재화되는 간접경험이 부정적인 인식과 깊은 관계가 있기 때문이다(송미영, 2010). 자신이나 가족에게 부정적인 영향을 줄 수 있다고 생각하게 되면 높은 불안을 느끼고 편견과 부정적 인식을 갖게 된다(오영삼 · 남성희 · 윤수경, 2014). 이에 대중매체에서는 특정 집단이 불안을 유발하는 대상으로 비추어지지 않도록 주의를 기울여야 한다.

이주민에게는 지역사회 중심의 지지체계를 형성하여 사회적 상호작용, 상호원조 등의 역할을 제공할 수 있는 통합적 지지망 형성이 중요하다(Moon & DeWeaver, 2005). 결혼이주여성은 결혼 초 가족중심의 협소한 지지체계의 특성을 보인다. 이러한 한계를 극복하기 위해 같은 중국 출신의 결혼이주여성끼리 사적 지지망을 형성하고 있다. 모국 출신의 사적 지지망은 낯선 환경으로의 이주와 새로운 생활세계의 적응과정에서 긍정적인 역할을 한다. 손병돈(2014)은 모국 출신의 사회적 지지망이 강할수록 사회복지 기관을 이용할 가능성이 높기 때문에 필요한 지역사회의 자원을 활용할 수 있게 된다고 하면서 모국 출신의 지지망을 형성해주는 사회복지적 전략이 중요함을 강조했다.

앞에서 언급했듯이 가족복지 전달체계의 이원화는 다문화가족을 하나의 다양한 가족형태로 수용하기보다 일반가족과 구분을 짓고 경계를 만들고 있다. 일반가족들과의 통합 속에서 다문화가족에 대한 지원이 드러나지 않는 방식으로의 전환이 필요하다. 현재 151개의 건강가정지원센터와 217개의 다문화가족지원센터는 건강가정지원센터로 통합되어가는 중이다. 전달체계의 일원화, 사회복지서비스의 분절성과 획일성을 해소하기 위한 합리적인 운영 방안 모색이 필요하다. 한편, 결혼이주여성이 필요한 사회복지서비스에 접근할 수 있도록 각 분야별 정보 네트워크의 '통합정보시스템' 구축이 필요하다. 또, 정보연계 범위에 포함되지 않는 정부부처, 공공기관, 민간기관과의 정보연계 확대 추진이 지속되어야 한다(이태진 외, 2010). 결혼이주여성은 교육, 고용, 의료, 가족, 상담 등의 정보가 분절되어 있어 정보 접근에 어려움을 겪고 있다. 결혼이주여성을 위한 다중언어서비스가 제공되고 있으나 일부 분야에 국한되어 있다. 특히 한국에 입국한 지 얼마 안 되어 한국어 능력이 부족한 결혼이주여성에게는 직접 찾아가 출신 국적별 언어로 사회복지서비스를 홍보하는 적극적인 노력이 필요하다(손병돈, 2014).

이 글은 중국 결혼이주여성의 생활 속에 나타난 사회복지와 관련된 의미 있는 경험들을 통해 향후 다문화사회 구현에 필요한 실질적인 내용을 제공했다는 데 의의가 있다. 나아가 우리나라에 유입된 결혼이주여성과 그들이 속한 다문화가족의 복지를 담보하는 것은 사회통합에 수반되어야 할 필수요인임을 확인했다. 이 글에서는 결혼이주여성의 한국 거주기간 및 생애주기에 따른 사회복지 욕구 및 지원에 대해 심층적으로 탐색하지 못한 한계점이 있다. 이에 향후 결혼이주여성의 생애주기별로 나타나는 특성을 통합적으로 제공할 수 있는 연구를 제안하는 바다.

14. 미디어 영역: 이주민의 미디어 이용과 사회자본, 사회적 정체성의 형성과 변화

1) 들어가기

2017년 발간된 통계청 자료에 의하면 국내 체류외국인은 200만 명을 넘어서 전체 인구의 4%를 넘어섰다. 국적별로는 중국이 102만 명(49.6%)으로 가장 많았고, 베트남(14만 9,384명, 7.3%), 미국(14만 222명, 6.8%), 태국(10만 860명, 4.9%), 필리핀(5만 6,980명, 2.8%), 우즈베키스탄(5만 4,490명, 2.7%)이 뒤를 이었다. 이처럼 증가하는 국내 이주민은 한국인의 사고방식과 감정, 문화적 차이를 이해하기 어렵기 때문에 스트레스를 받게 된다. 그래서 많은 이주민은 모국에 대한 향수를 달래고 한국 문화에 유연하게 적응하기 위한 나름의 방식으로서 미디어를 활용하고 있다. 미디어는 사용자에게 필요한 정보를 제공할 뿐만 아니라, 사용자와 세계를 연결해주는 관계의 징검다리를 형성한다. 따라서 사용자가 미디어를 활용하는 방식을 살펴보면 사용자의 문화적 니즈를 이해함과 동시에 타인과 관계하는 방식을 살펴볼 수 있다. 미디어는 사용자가 자신을 규정하는 방식이면서 타인에게 보여주고 싶은 이미지로서의 역할을 담당한다.

국내 이주민의 정체성에 관한 선행연구를 살펴보면 대부분이 국제결혼을 한 이주여성의 삶에서 가족관계를 통해 나타나는 이주여성의 정체성의 특징을 부분적으로 제기하는 연구들이다(김정미, 1999; 홍기혜, 2004; 이해응, 2005; 신란희, 2005; 김민정 외, 2006; 강현주, 2007; 설진배 외, 2013; 김영순 외, 2014, 안순태 · 이하나, 2017 등). 그중에서 설진배 외(2013)에 의하면 결혼이주여성은 미디어를 통해 사회연결망을 지속적으로 확장하며 한국인으로서의 소속감, 자존감 등을 획득한다. 김영순 외(2014)는 결혼이주여성이 미디어를 통해 초국적 유대관계를 형성하는 과정에서 자신의 사회적 위치와 정체성을 재구축하는 경험을 하고 있다고 밝혔다. 이들은 이주한 이후에도 지속적으로 '모국'과 '정주국' 사이를 가로지르는 유대관계를 형성하고, 그사이에서 다양한 커뮤니케이션 전략을 구사하는 데 미디어를 능숙하게 사용하고 있었다. 즉, 미디어가 매개하는 가상의 공간에서 '초국적 관계망'을 형성하고, 그 관계망 속에서 다양한 방식으로 타자성을 탈피하여 주체화의 경험으로 발전시키고 있음을 논의한 것이다. 또한 안순태 · 이하나(2017)는 결혼이주여성이 사회적 낙인 극복을 위해 소셜미디어를 활용하고 있으며, 이로부터 얻는 사회적 지지의 긍정적인 영향력으로 사회자본의 향상을 도모하는 등 미디어를 한국 사회에 적응하기 위한 유용한 수단으로 활용하고 있음을 보여줬다. 이와 같은 연구결과를 통해 이주민은 해당 사회에 용이하게 적응하기 위해 스스로 사회적 정체성을 형성하고 변화시키고 있으며, 이때 미디어는 실무적인 중재 도구로서 활용되고 있음을 알 수 있다.

이 글에서는 통계적으로 국내에서 가장 큰 비중을 차지하고 있는 중국계 이주민이 미디어를 어떻게 활용하고 있는지 확인하고, 이를 통해 이주민의 사회자본 및 사회적 정체성 형성 과정과 그 의미를 탐색했다. 기존 연구의 결과를 바탕으로 이주민의 미디어 활용 방식을 다각적인 측면으로 분석하면서 이 과정에서 주체적으로 발현되고 있는 이주민의 사회자본과 사회적 정체성의 형성을 연구했다.

2) 이론적 배경

(1) 미디어 이용과 문화적응

미디어는 이주민에게 시공간의 한계를 넘어선 초연결성의 혜택을 누릴 수 있는 환경을 제공한다. 이주민은 미디어를 활용함으로써 시간과 장소에 관계없이 모국과 연결될 수 있고, 해당 사회에서 적응하는 데 필요한 다양한 정보를 얻을 수 있다. 이처럼 미디어는 초연결의 커뮤니케이션, 용이한 접근 가능성 및 편리성, 일상성, 상대적으로 낮은 비용 등으로 이주민에게 모국 사회와 더욱 긴밀한 관계를 맺을 수 있게 해줄 뿐만 아니라 해당 사회에서 관계를 형성하고 유지하는 데도 도움을 준다.

국내 이주민의 미디어 이용과 인식에 관한 연구를 살펴보면 미디어를 사용하는 이주민은 자기표현, 정보수집 및 제공, 여가활동 등의 목적으로 미디어를 활용하고 있었다(Lim, Ang & Shin, 2012; 임지혜, 2018). 기존 연구들을 살펴보면 현지 미디어를 이용하는 것은 해당 사회의 문화적응에 도움이 되었다는 사례에 대한 보고가 많다. 이주민은 현지 언어에 익숙하지 않은 상태이기 때문에 이주 초기에는 자국의 미디어를 주로 사용하지만, 현지 언어에 익숙해지고 활용도가 높아질수록 현지의 내국인이 사용하는 다양한 미디어를 이용하는 등의 변화를 나타냈다. 북한이탈주민의 경우에서 남한 미디어의 이용은 남한 사회 적응에 도움을 주는 것으로 나타났으며(Lee, 2000; Kwak & Park, 2006), 중국계 이주민의 경우 이주 초기에는 고향에 대한 그리움을 달래고 모국의 동료와 연락하기 위해 중국 미디어를 주로 이용하지만, 한국에 거주하는 시간이 늘어나고 한국인 친구가 증가하면서 한국 미디어를 이용하는 빈도 역시 증가하는 것으로 나타났다(Xiaopeng & Seo, 2011).

미디어는 외국인 유학생이 해당 사회에서 적응하는 데 큰 영향을 미치는 요인 중의 하나다. 미디어는 문화 통로로써 해당 사회의 문화를 반영하기도 하고, 또한 해당 사회에 영향을 미치는 새로운 문화를 형성하기도 하기 때문에(홍기선, 1985) 타문화에 적응하는 과정에서 이주민에게 주도적인 역할을 한다고 볼 수 있다. 볼로키치(Ball-Rokeach)에 의하면 사람들은 외부에 대한 위협이나 불확실성이 커질수록 정보에 대한 욕구가 커지며, 결국에는 미디어에 의존하는 양상을 보인다. 타지에서 생활하는 유학생의 생활환경은 볼로키치가 지적한 인간의 미디어에 대한 의존 양상과 밀접한 관련이 있다고 볼 수 있다. 실제로 해외에서 유학하는 대학생은 인터넷을 포함한 다양한 미디어 환경에 의존하여 정보에 대한 욕구나 모국에 대한 향수를 충족시키고 있는 것으로 나타났으며(김진영, 2003), 미디어를 적극적으로 이용할수록 문화적응도가 높아진다(이창현, 2000)는 연구결과도 있다. 또한 김선남(2007)의 외국인 유학생의 대학 적응에 관한 완충모델 연구에서는 중요한 완충요인으로 미디어의 활용을 제시하고 있다. 즉, 미디어는 외국인 유학생의 대학 적응에 부정적 영향을 주는 요인들을 완충해주는 역할을 한다는 것이다.

특히 소셜미디어는 모든 사람에게 서로에 대한 영향력이나 힘(권력)을 발휘할 기회를 이전의 미디어에서보다 균등하게 누릴 수 있도록 제공하기 때문에 이주민에게 한국어와 한국 문화에 서툰 불편한 상황을 더 편하고 쉬운 환경으로 만들어준다. 또한 점차 복잡해지고 급격히 변화하는 사회에서 사람들은 자신만의 고유하고 차별적인 정체성을 확인하고자 하는 욕망을 키우게 되고, 이로 인해 자신과 밀접하게 관련된 다른 사람들과 특별한 유대관계를 형성하고 유지할 필요성을 느끼게 된다. 사람들은 자신을 효과적으로 표현하고 다른 사람들의 반응을 신속하게 확인할 수 있는 소셜미디어를 활용하고자 하는 욕구를 가지게 된다. 특히 이주민은 미디어를 자신의 민족적인 혹은 국가적인 정체성을 적극적으로 드러내면서 타인에게 모국의 문화를 소개하고 홍보하는 도구로 활용할 수 있다.

이처럼 이주민은 한국에서 원활하게 삶을 영위하기 위해 모국의 정체성을 유지하며 현지에서의 사회적 관계 형성을 추구하는 특수한 이용자로서 미디어를 활용한다. 이를 통해 한국 사회와 문화를 이해함과 동시에 필요에 의해 자신의 사회적 정체성을 형성하고 변화시키고 있음을 알 수 있다.

(2) 미디어와 사회자본

사회자본은 사회구성원이 자발적으로 협조하여 공동의 이익을 통해 사회통합을 이루는 핵심요인으로서, 다양한 의미와 맥락에서 사용되고 있다. 사회자본은 관점이나 연구주제에 따른 개념의 차이는 있지만, 사람들 간의 관계에서 나타나는 사회적인 상호관계를 바탕으로 한다(안태숙, 2011; 이형하, 2014). 사회자본을 획득하기 위해서는 끊임없는 관계 형성 노력이 필요하며, 구성원이 목적을 달성하는 데 촉진제가 될 수 있다. 또한 관계를 통해 형성된 자본은 다른 형태로 변환될 수 있으며, 사회구성원은 다양한 협력적 관계망 구성을 위해 신뢰와 호혜성을 바탕으로 한 지속적인 노력이 필요하다(이상도, 2008). 현대사회에서는 미디어를 매개로 한 직접적 혹은 간접적인 관계 형성의 장(場)이 펼쳐짐으로써 사회자본이 형성되고 변형되거나 쇠퇴하는 현상이 발생할 수 있다. 현대사회에서 각 개인은 매스미디어, 개인 미디어, 소셜미디어 등을 통해 사회관계에 참여하고 있기 때문에 미디어는 전체 사회와 사회구성원 사이에 위치하며 이는 서로를 연결하는 체계에 의해 구성된다.

사회자본 축적 차원	역할	기능
구조적 차원 ➡	"누구와 어떻게 연결되어 있나" ➡	지적 자원 구조화 비용 절감
관계적 차원 ➡	"어떻게 긴밀한 관계를 형성하나" ➡	정서적 유대관계 강화
인지적 차원 ➡	"누구와 어떻게 연결되어 있나" ➡	내러티브와 언어의 공유

출처: 박찬웅(2006). 『시장과 사회적 자본』. 그린.

[그림 3-1] 사회자본의 역할과 기능

많은 학자들은 사회자본 쇠퇴의 원인으로 미디어를 지목했다. 특히 텔레비전 미디어를 사회자본 쇠퇴의 주된 요인으로 보았다(Putnam, 2001). 하지만 텔레비전뿐 아니라 인터넷을 비롯한 뉴미디어가 사회자본을 쇠퇴시키는지, 아니면 그 형성과 성장에 기여하는지는 학자들 사이에 여전히 논란이 되고 있다. 특히 사회자본에 대한 미디어의 부정적 영향력을 주장한 대표적 이론으로 퍼트넘(Putnam, 2001)의 시간 대체 가설(Time Displacement Argument)과 거브너 외(Gerbner, Gross, Morgan & Signorielli, 1980)의 문화계발 이론(Cultivation Theory)을 들 수 있다(금희조, 2008). 시간 대체 가설이란 텔레비전의 시청시간이 길어지면서 미디어 수용자가 해당 사회에서의 봉사활동 같은 공동체 참여 등 사회적으로 의미 있는 일에 투자할 시간을 빼앗긴다는 주장이다(Putnam, 2001). 텔레비전은 수용자가 미디어에 몰입하도록 하여 사회 참여 기회를 감소시킨다는 것이다.

한편, 문화 계발 이론이란 텔레비전이 폭력, 범죄 등 해당 사회의 어둡고 끔찍한 면(Mean World)을 실제 현실보다 빈번하게 과장해서 묘사하기 때문에 미디어 수용자가 사회와 인간에 대해 갖는 신뢰에 부정적인 영향을 미친다는 것이다(Gerbner, Gross, Morgan & Signorielli, 1980). 이러한 관점에서 우리 사회에 만연한 정치 불감증 현상이나 특정 집단에 대한 혐오 현상, 외국인 또는 이민족 집단을 배척·증오하는 제노포비아(Xenophobia) 현상 등을 설명할 수 있다.

그러나 시간 대체 가설이나 문화 계발 이론 관점은 미디어 이용과 그 효과를 연구하는 데 미디어 콘텐츠의 장르와 그것의 유형을 구분하지 않고 총 시청시간에만 초점을 맞춤으로써 계량적으로만 접근했다는 한계가 있다(Norris, 1996; Shah, 1998). 후속 논의에서는 이러한 한계를 지적하며, 미디어의 총 이용시간(정량적 관점)보다는 어떠한 콘텐츠를 이용하는

가(정성적 관점)에 초점을 맞춰 살펴볼 필요가 있다는 문제가 제기되었다. 이와 같은 주장은 최근까지 많은 연구에서 수용되고 있는데, 대표적인 연구결과로는 정보적 미디어 이용과 오락적 미디어 이용이 사회자본에 미치는 영향에서 서로 차이가 있다는 것이다(McQuail, 1987; Norris, 1996; Shah, 1998; Shan, McLeod & Yoon, 2001).

구체적으로 살펴보면, 사회자본 형성과 시민 참여에서 오락 콘텐츠는 더욱 부정적 영향을 미치는 것으로 밝혀졌다. 이러한 부정적 효과는 앞에서 문화 계발 효과를 근거로 제시한 바와 같이 범죄, 배신 등의 끔찍하고 어두운 세계(Mean World)로 가득 찬 드라마, 이를 소재로 하는 예능 프로그램 등의 미디어 콘텐츠에 근거한다. 특히 시트콤이나 코미디 프로그램은 드라마와는 다른 원인에서 사회적 자본을 저하시키는 효과가 있는데, 그것은 사회 이슈의 본질과는 전혀 상관없는 농담, 장난 등에 기대어 미디어 수용자에게 해당 사회와 그 공동체에 대한 관심에서 멀어지게 한다(Shah, McLeod & Yoon, 2001). 이와 같이 미디어 수용자의 흥미를 자극하는 내용으로 선정된 오락 프로그램의 내용은 해당 사회에 대한 신뢰를 떨어뜨리고, 이러한 신뢰 저하가 다시 사회적인 참여 저조로 이어지게 함으로써 악순환(vicious circle)을 야기한다는 것이다.

반면 뉴스 미디어의 경우에는 해당 사회의 이슈와 공동체 문제에 대해 비교적 검증된 정보를 제공함으로써 해당 사회구성원의 지식과 이해를 심화시키고 사회자본의 형성과 사회 참여 기회를 증가시키는 친사회적 기능을 할 수 있다(McLeod & McDonald, 1985; Shah, McLeod & Yoon, 2001). 오락 콘텐츠와는 달리 뉴스 미디어는 해당 사회 시민의 세계에 대한 관심, 지식과 이해도, 신뢰도를 증진시켜 사회적인 참여를 유도하는 선순환(virtuous circle)을 이룬다는 것이다.

하지만 최근의 미디어 환경은 기존 연구들에서 밝혀진 결과에 의문을 제기하게 한다. 그중에서도 주목할 부분은 뉴스 미디어가 시청률 제고를 목적으로 연성화되고 오락성, 상업성이 강화되면서 사회자본 형성에 기여할 수 있는 미디어 콘텐츠가 감소되고 있는 것이 현실이다(김지영, 2007). 즉 뉴스 미디어에서 공익성은 줄어드는 반면, 사적 이익이나 흥미와 관련된 콘텐츠의 양은 늘어나면서 오락 콘텐츠에 가까워지는 현상이 발생하고 있다.

또한 모국을 떠나 이주국에서 살아가는 이주민에게 소셜미디어의 사회자본은 해당 사회에 적응하기 위해 필요한 다양한 정서적 지원 역할을 하는데, 이는 이주민이 사회적 낙인 같은 스트레스 요인으로부터 보호받을 수 있는 자원이 되며, 종국에는 사회적 지지에 대한 긍정적인 인식으로 이어질 수 있다. 안순태 · 이하나(2017)의 연구결과에 따르면, 소셜미디어를 통해 많은 사회자본을 지니고 있는 결혼이주여성은 한국 사회에서 낙인으로 인해 부당한 취급을 당하는 경험이 많다고 지각하더라도 소셜미디어를 통해 관계 맺고 있는 사람들로부터는 많은 사회적 지지를 받고 있다고 인식하는 경향을 보였다. 이와 같이 사회적 지지에 대한 긍정적인 인식은 사회적 낙인과 삶의 만족도를 매개하여 결과적으로는 이주생활 만족도를 상승시키는 효과가 있음이 입증되었다. 이처럼 소셜미디어를 통한 사회자본과 이로부터 얻는 사회적 지지는 이주민이 한국 사회에 적응하는 데 긍정적인 영향을 미칠 수 있다.

(3) 이주민의 사회적 정체성

정체성의 사전적인 의미는 "변하지 않는 존재의 본질을 깨닫는 성질, 또는 성질을 가진 독립적 존재"로 정의되어 있다. 카스텔(Castells, 1997)에 의하면 정체성은 의미를 조직하고, 역할은 기능을 조직한다. 구체적으로 풀어보면, 개인, 집단, 사회는 사회적 구조와 시간 및 공간의 틀을 토대로 한 사회적 결정과 문화적인 기획에 따라 사회문화적인 재료들을 가공하여 의미를 재배열함으로써 정체성을 드러낸다는 것이다. 이러한 과정을 통해 집합적 정체성이 구성되는데, 기획적 정체성은 "어떠한 사회행위자들이든 사회 속에서 자신들을 재정의하는(상황에 따라 필요한) 새로운 정체성을 구축하고 개인들은 자신이 기획한 결과물로서의 경험을 통해 전체적인 의미에 도달하는 것"을 뜻한다(Castells, 1997). 이와 같은 정체성에 대한 정의는 이주민의 사회적 정체성을 국가, 계층, 직업, 가정 등의 사회적 역할과 그에 대한 인식, 대처하는 방법과 관련하여 자기 스스로의 본질을 밝히는 방식으로 이해하게 한다. 즉, 이주민의 사회적 정체성은 해당 사회에서 타인들과 맺는 사회적 관계 속에서 자신의 위치에 대한 감각을 부여해주고 스스로 한 사람의 개인으로서 안정된 중심을 가질 수 있게 하는 것으로 정의할 수 있다(Bradley, 1996). 따라서 사회적 정체성은 이주민이 해당 사회에서 자기 스스로를 규정하는 방식을 살펴보기 위한 것이다. 이는 이주국에서의 문화적응 과정에서 미디어를 사용해 어떻게 이전과는 다른 정체성을 형성해가는지를 설명하기에 적합한 도구적 개념이 될 수 있다.

개인의 사회 정체성은 고정되어 있지 않고 공간을 이동함에 따라, 그리고 시간에 따라 진화할 수 있다. 특히 개인은 여러 영역에서의 사회

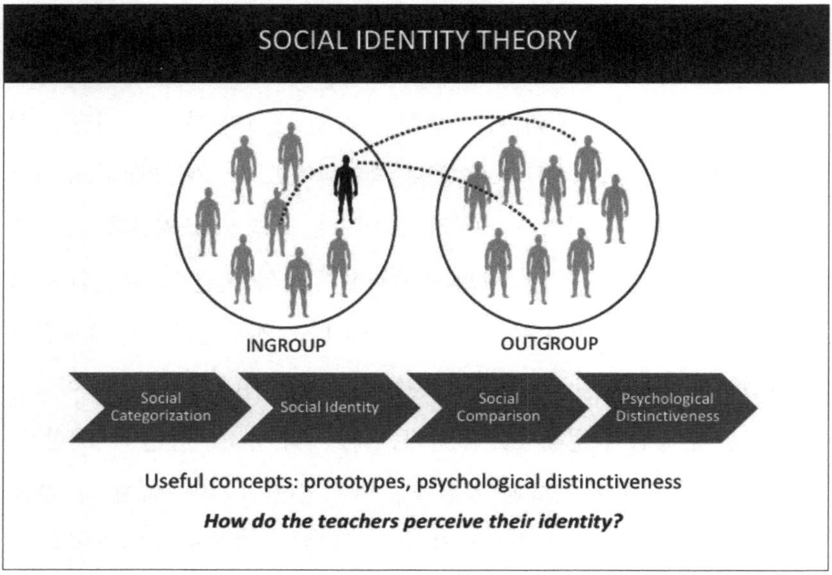

출처: 네이버 블로그 고객가치와 행동과학(https://m.blog.naver.com/PostList.nhn?blogId=sdyc00)

[그림 3-2] 사회적 정체성 이론

적 범주들(여자, 축구 선수, 보수층 등)을 자연스럽게 형성하며 살아간다. 여기에서 이러한 사회적 범주들 각각에 대해 개인은 소속된(소속되고자 하는) 공동체와의 공유된 태도, 신념, 행동, 정서 등을 연합시키는데, 이것을 '원형(prototype)'이라고 부른다. 구체적으로, 사람들은 이런 사회적 범주들을 만들고 자신의 집단(ingroup)과 다른 집단(outgroup)들을 구분하기 위해 원형들을 특징짓는다(Reid & Hogg, 2005). 개인들은 자신의 집단을 명백하게 구분할 수 있게 된 후에야 자신이 어떤 원형이나 규범을 따라야 하는지를 알게 됨으로써 일상생활에서의 불확실성과 불안을 낮출 수 있다(Hogg & Mullin, 1999). 또한 이와 같은 사회적 범주들은 내집단 혹은 외집단을 구분하기 위해서뿐 아니라 개인이 자신에 대한 태도(사회적인 인정)를 향상시키기 위해서도 만들어지는데, 이 동기를 '자기고양(self enhancement)'이라고 한다(서정민, 2017). 사람들은 자신이 소속된 집단에는 효능감, 도덕성, 지위 같은 상대적으로 바람직하게 인식되는 특징들을 부여하고, 자신이 소속되지 않은 집단에는 그 외의 부정적인 특징들을 결합하여 인식한다. 즉, 사회 정체성은 개인 본연의 확실성을 높이고 사회적 자존감을 향상시키기 위해 형성된다는 것이다. 이처럼 사회 정체성 이론이 바탕에 두고 있는 핵심적인 전제는 개인들이 긍정적인 독특성(positive distinctiveness)을 갖고자 하는 내재적인 동기가 있다는 것이다. 다시 말해 사람들은 긍정적인 자기 개념(사회로부터 긍정적인 인식을 받는 자신의 모습)을 위해 노력한다. 또한 각 개인은 정도의 차이는 있겠지만 자신이 소속되어 있는 집단의 정체성에 의해 정의되므로 결과적으로 내집단의 긍정적인 정체성을 얻거나 만들거나 혹은 유지하기 위해 노력한다고 볼 수 있다.

이와 같은 맥락에서 차이를 만들어내고 있다고 여겨지는 타자들과의 만남의 방식에 대해 논의한 아메드(Ahmed, 2007)의 논의는 주목할 만하다. 그에 의하면 차이는 타자와의 마주침을 통해 결정되는데, 이것은 실제 몸의 차이가 아니라 몸이 위치하는 공간과 해당 주체에게 부여된 상대적(사회적) 역할의 차이로 이해할 수 있다. 즉, 주체가 근거하고 있는 물적 · 지리적 장소와 정치적 · 상징적 위치성에 따라 정체성이 변화할 수 있다는 것이다. 이는 정체성이란 역사적이고 맥락적인 것으로, 이주민은 능동적으로 자신의 정체성을 구성하고 있다는 것을 보여준다(박신규, 2010). 또한 김영순 외(2014)의 연구에서도 밝혀진 바와 같이 미디어는 결혼이주여성이 '가정'이라는 공유 공간을 벗어나 '자신만의 공간'을 확보하는 데 기여하며, 모국을 드러내고 표현하는 정체성 발현의 공간으로서 활용될 수 있다. 이처럼 이주민은 미디어를 통한 다양한 사회적 관계와 경험을 통해 사회적 정체성을 형성할 수 있다. 이주민은 미디어를 활용함으로써 자신이 소속되어 있다고 생각되는 사회적 관계와 지위를 재구성할 수 있으며, 그 속에서 해당 지위와 그 지위에 부여된 역할로 규정되는 복합적인 사회적 정체성을 형성하게 된다.

3) 연구 방법

이 글에서는 국내에 거주하는 중국계 이주민 10명을 연구 참여자로 선정했다. 자료수집을 위한 인터뷰 횟수는 이 연구의 연구자들과 연구

〈표 3-6〉 중국계 이주민 연구 참여자의 인적 사항

구분	이주유형	나이	민족	성별	이주 연도	이주 전 직업	현재 직업
01	결혼	37	조선족	여자	2002	사무직	자영업
02	노동	45	조선족	여자	2014	전문직 (표지 디자이너)	생산직
05	노동	42	조선족	여자	2009	서비스직	사무직
06	노동	39	조선족	남자	2010	전문직(통역)	기술직
07	노동	43	조선족	남자	1999	생산직	생산직
10	유학	29	조선족	여자	2010	학생	학생 (박사과정)
13	노동	52	조선족	남자	2003	-	생산직
14	노동	54	조선족	남자	2010	사무직	기술직
15	노동	41	조선족	남자	2003	사무직	사무직
20	결혼	33	한족	여자	2008	-	이중언어 강사

참여자 간의 상호작용 정도에 따라 조정했다. 자료수집 기간은 2017년 10월 25일부터 12월 17일까지 약 두 달 동안 이루어졌다. 연구 참여자들의 일반적인 특성은 위의 〈표 3-6〉과 같다.

자료 분석과 해석은 한국에 유학 중인 외국인 동료 연구자들과의 교차 검토를 통해 외적 타당성을 검토했다. 또한 인터뷰가 녹취된 내용을 듣고 전사된 원 자료를 지속적으로 검토하는 과정을 수행했으며, 이를 통해 연구 목적에 부합하는 개념과 의미를 추출하고 범주화했다. 이 글은 자료 해석의 타당성을 제고하기 위해 관련 연구 분야의 동료 연구자 1인에게 연구결과에 대한 검토 및 조언을 받아 반영했다.

4) 연구결과

(1) 미디어에 의한 정보욕구의 충족

연구 참여자들은 미디어를 사용하여 생활정보, 취업 등에 대한 정보욕구를 충족하고 있었다. 이들은 서로 정보를 주고받기 위해 온라인 공간을 개설하여 적극적으로 활용하고 있었고, 이는 한국 사회에 적응하는 데 중요한 징검다리 역할을 수행하고 있음을 알 수 있었다.

"그 네이버 같은 데 보면 조선족 엄마들 카페가 있어요. 한국에 있는 조선족 엄마들 카펜데 중국 들어간 사람도 있고, 다 있을 거 아니에요.

한 번 가입을 하면 솔직히 저기 들어가는 데는 문제가 없으니까.” (연구 참여자: 결혼이주여성 01)

“다 친구들 메시지 중국 사람들은 웨이신이 있잖아요. 내가 어떤 회사를 다니는데 ‘이 회사는 정말 아니다. 절대 가지 말라.’ 이런 것이 많아요. 그러니까 ‘국민연금도 어떻게 하니?’ 이런 거 다 그걸로 아는 것이에요.” (연구 참여자: 노동자 02)

앞에서 논의한 기존 연구결과들에 의하면 미디어를 오락의 목적으로 이용하는 사용자는 사회에 대한 신뢰성이 저하됨으로써 사회활동에 적극적이지 않은 것으로 나타난 반면, 정보를 얻기 위한 목적으로 미디어를 선택적으로 이용하는 사용자는 적극적인 사회 참여자로 간주되었다. 좀 더 구체적으로는 미디어를 통해 필요한 정보를 검색하고 어떤 이슈에 대해 토론을 하거나 혹은 이메일을 보내는 행위 등은 상호 교류를 증진시켜 인간관계를 강화하고 능동적인 사회 참여를 촉진한다. 그중에서도 블로그 콘텐츠는 실질적인 시민 참여를 유도하는 데 긍정적인 영향을 준다(Wellman, Quan-Haase, Wite & Hampton, 2001; Kerbel & Bloom, 2005). 중국계 이주민은 정보욕구를 충족하기 위해 그들만의 온라인 공간을 형성하면서 자신과 비슷한 처지의 사람들과 정체성을 공유하며 주체적으로 사회 내에서 자리매김하고 있었다.

“지금 이제 금방 말한 그 정책을 회사에서 아는지, 나는 계속 하는 것이 인터넷으로 그것만 보거든요. (중략) 그러니까 내 발로 뛰어서 알아야 되는 거예요. 그런 것은 많이 불편하죠. (인터넷 외에 다른 데에) 상담

받을 곳이 없죠. 어디 가서 상담 받아요?" (연구 참여자: 노동자 02)

"학교에서 가가지고 선생님이 이렇게 하라는데 인터넷을 봐가지고는 하라고 그러더라고. (중략) 그런 거를 선생님이 가면 인터넷을 찾아. 일단 이것부터 보라고. 그렇게 얘기." (연구 참여자: 노동자 07)

이주민이 한국에서 적응하는 데 애로사항 중 하나가 미디어 접근성과 사용 능력에 대한 것이다. 한국은 대부분의 지역에 고도로 발달한 인터넷망이 설치되어 있어 인터넷 접속이 용이하므로 일상적으로 인터넷을 사용하는 문화가 형성되어 있다. 하지만 연구 참여자들은 실생활에서 인터넷을 활용하여 사전 정보를 습득하는 것이 자연스러운 한국 문화에 당황했던 경험에 대해 이야기했다. 노동자 07에 의하면 중국에서는 학교에 찾아가면 교사들이 자녀들의 학업에 관한 다양한 정보를 직접 알려주고 상담하는 것이 당연했는데, 한국에 오니 인터넷에 공유되어 있는 자료를 사전학습하고 난 이후에 상담해야 하는 것이 자연스러운 상황이었다는 것이다.

또한 아무리 한국어가 능숙하다고 하더라도 이주민에 대한 보험, 연금 등의 정책 및 행정사항에 대해 상담 받을 곳이 마땅치 않기 때문에 인터넷에 더욱 의존해야 하는 경우도 있었다. 실제로 다문화가족지원센터 등을 포함한 다수의 이주민 지원기관들이 있지만, 결혼이주여성의 가정문제(가정폭력, 자녀양육 등)와 교육 및 취업에 초점을 둔 상담만 진행하는 경우가 대부분이고, 이주민 정책 및 행정의 다양한 문제를 함께 논의해줄 수 있는 전문 인력은 상대적으로 부족한 것이 사실이다. 그래서 이주민은 한국에 정착할 때 가장 필수적인 물품 중 하나가 '스마트폰'이라고 이야기한다. 미디어는 타인과의 소통을 위한 매개일 뿐 아니라 이주민에게 생활 적시적소에 필요한 정보를 연결해주는 중요한 역할을 하고 있다.

(2) 미디어가 만드는 이미지의 편견과 고정관념

정보적 미디어가 친사회적 역할을 하는 반면, 오락적 콘텐츠의 미디어는 사회자본 형성과 시민 참여에 부정적인 영향을 미치는 경우가 많다. 특히 이주민의 경우 미디어에 투영된 이미지와 자신의 모습을 동일시하여 타국의 미디어에서 묘사하는 모국과 자기 민족에 대한 이미지에 민감하게 반응하는 것을 볼 수 있다.

> "「개콘」에서 한동안 '황해'라고 그 코너(corner)라고 있었는데, 그 보이스피싱(voice phishing)에 관한 내용이었거든요. 옷을 진짜 엄청 초라하게 입히고 안 좋은 말 하는데, '우리 저러지 않는데 왜 저럴까?' 이런 생각이 드는 거예요." (연구 참여자: 유학생 10)

> "다시 말하면, 아까 좀 전에 말했던, 내 언론에서, 너무나 좀 어디 가나 똑같잖아요. 사람 사는 게. 여기 폭력도 있고 여기 가면 좋은 사람도 있고 이런데, 그걸 가지고 영화로 확대해버리면 그거는 저는 조금 정치 쪽에 뭐가 있지 않냐, 이렇게 제가, 저는 이렇게 인식되거든요. 그렇게 하면 안 되는데 그걸 왜 하냐. 그러면 이미지 서로 안 좋아져요. 나는 그렇게 생각해요. 그러면 동포들이 이렇게 생존, 이렇게 다 이렇게 절차하고 이렇게 했는데, 이것까지 영화로 이렇게 하지고 극대화시켜,

뿌려가지고, 다 그렇다, 아닌데, 다 그래도 60% 그렇다, 그렇게 인식들 하잖아요. 실제는 안 그렇거든요. (중략) 그리고 이제 다 알다시피 김치나 다 중국산이에요. 그래서 내가 한 몇 년 전에도 이야기했어요. 내가 그랬어요. 이거 중국산이지만, 이거 사장이 다 한국분입니다. 왜, 조사해보세요. 100%입니다. (중략) 시스템은 다 한국분들이 합니다. 사장이 다 해요. 거기서 가공하고 이래 하는 거, 거기에다 뭘 집어넣고 이거는 사장이 혹시 알지 모를지. 사장이 알아야 되는데, 이걸 모르는 사람도 있어요. 옛날에 저기, 뭐가 나왔다니, 하잖아요. 고춧가루에서 오물이 나오고 이게 많아요. 지금은 아마 좋아졌다고 생각하는데, 그런데 뭐 그러면 한국 사장이 컨테이너로 해서 다 갖고 오는데, 그걸 검사 안 하는 건 한국 사람 책임이 아닌가. 저는 그래 생각합니다. 그래 와가지고 팔고 다 부자 되는 건 다 한국 사람이에요. 그거 가지고 다 이거 중국 거 나쁘다. 반반이라고 해야 하나. 더 책임 있는 건 한국 사장이 이걸 제대로 검증하고 들어왔으면…." (연구 참여자: 노동자 13)

우리나라에서 중국에 대해 묘사하는 이미지는 위의 인터뷰 내용에 드러나는 바와 같이 특히 오락 콘텐츠에서 부정적으로 그려진다. 앞선 논의에서 거론했던 바와 같이 시트콤이나 코미디 프로그램 등의 오락 콘텐츠는 사회 이슈의 본질과 관련 없이 장난과 농담 등에 기대어 진행됨으로써 미디어 사용자에게 해당 사회에 대해 실망, 좌절, 비관 등을 가지게 할 수 있다. 즉, 오락 프로그램의 내용이 미디어 사용자에게 사회에 대한 신뢰를 떨어뜨리고 이러한 신뢰의 감소가 다시 해당 사회에 대한 관심과 참여를 저조하게 만들어 계속되는 악순환을 야기한다. 위의 유학생 10과 노동자 13의 인터뷰에서 볼 수 있는 바와 같이 중국계 이주민에게 사회통합적인 시민의식을 가지게 하기보다 타자의 시선을 경계하는 민족적인 정체성을 배타적으로 강화시키는 환경이 조성되고 있다고 할 수 있다.

"이런 뭐 ○○○당 김○○ 대표가 저출산 대책으로 조선족을 대거 수용한다고 이렇게 했는데, 뭐 출산이 낮다고 해서 조선족을 마치 진짜 육아, 사랑, 아기를 낳는 도구로 보는 것도 싫었고 그리고 '왜 우리가 굳이 대체를 해야 되냐?' 이런 생각을 했었거든요. 그리고 한국 사람들이 우리를 받아들이는 그런 분위기도 아닌데, 이런 말을 함으로 인해서 더 딱 불난 집에 부채질하는 격이었어요." (연구 참여자: 유학생 10)

"사실 어떤 때는 중국 동포라는 것이 굉장히 자부심을 갖고 좋지만, 하도 매스컴에서 작은 일도 크게 보도하기 때문에 너무 속상할 때도 있어요. 우리 동포 한 사람이 한 가지 잘못을 하는 바람에 다 우리 조선족 전체가 욕을 먹잖아요. (중략) 그것을 전체 동포들을 욕하고 압박하면 안 되잖아요. 정부에 우리가 얘기를 해도 너희들이 나쁜 사람이다. 이렇게 사람들을 공무원들이 그런 인식을 가지고 있어요." (연구 참여자: 노동자 14)

유학생 10의 인터뷰 내용의 사회적 배경을 살펴보면, 정부가 이민 완화 등 고령화 · 저출산을 극복할 대안으로 '외국인 유치 정책'을 적극 추진하고 있는 것에서 찾을 수 있다. 현재 한국의 고령화 · 저출산이 지금의 추세대로 계속 간다면 오는 2019년을 기점으로 생산가능인구가 감소세로 돌아설 것이고, 2040년에는 국내 전체 인구 중 3분의 1이 고령

인구가 될 것으로 예상하고 있다. 국회입법조사처가 최근 발표한 자료에 의하면, "합계출산율이 1.19명으로 지속될 경우 2750년께 우리나라 인구가 소멸될 것"이라고 했다. 우리나라 출산율은 2013년 1.19명을 기점으로 2014년 1.21명, 2015년 1.24명으로 소폭 반등했지만, 저출산 문제를 극복하기에는 여전히 부족하다. 합계출산율이 1.30명 이하이면 '초저출산국'으로 분류되는데, 이처럼 생산가능인구가 급감하는 상황에서 이 수치라도 유지하려면 외국인 이민 유치를 적극적으로 장려하는 것 외에는 별다른 대안이 없다는 것이다. 하지만 우리나라 국민은 외국인 이민 확대에 부정적인 생각이 더 강한 것으로 조사됐다. (사)한국행정학회가 법무부에 제출한 「이민자 사회통합정책 종합진단 및 개선방안」 보고서에 따르면 국민 중 30.6%는 "국내 거주하는 이민자 수가 감소해야 한다"고 밝혔으며, "증가해야 한다"는 16.4%에 그쳤다. 이민자 증가로 인한 구체적인 문제점과 관련해서는 '범죄 증가'(35.8%)에 대한 우려가 가장 높았고, '한국인과 이민자 간 사회갈등 확대'(20.4%), '이민자의 정치 · 경제 · 사회적 영향력 증가로 인한 역차별'(13.3%), '이민자 교육 · 복지를 위한 조세부담 증가'(12.6%), '일자리 경쟁 심화'(11.9%) 등이 뒤를 이었다. 특히 사회갈등을 전망하는 질문에 답한 응답자 중 64.4%가 "이민 확대로 갈등이 더 심화할 것"이라고 생각했다. 조세부담 문제에 대한 의견에서도 "이민자의 빈곤 · 복지문제 해결 등을 위해 세금을 더 부담할 의향이 없다"는 답변이 48.1%에 달했고, "세금을 부담할 의향이 있다"는 의견은 20.6%에 불과했다.

하지만 중국계 이주민의 입장에서는 미디어에 비친 그들의 위치가 한국 사회의 저출산 문제를 해결하기 위한 수단으로 인식되는 것에 대해 불편한 감정이 생길 수밖에 없다. 중국계 이주민을 비추는 미디어에서의 이미지가 한 개인으로서의 주체가 아닌 사회 문제를 해결하기 위한 도구로서 인식됨에 따라 이들이 가진 한국 사회에 대한 신뢰도는 낮아지고, 한국 시민으로서의 소속감에 균열이 생기며, 종국에는 스스로의 정체성을 한국 사회로부터 분리하는 경험을 하게 될 것이다.

위의 노동자 14의 인터뷰 내용을 보면 한국 사회에서 바라보는 중국계 이주민에 대한 부정적인 시선의 민낯이 그대로 드러나 있다. 미디어에서 보도하는 중국계 이주민, 특히 조선족에 대한 내용들을 살펴보면 범죄를 저질러 사회 문제를 일으키는 존재로 부각되어 있는 것이 사실이다. 그렇다면 통계상 국내에 거주하는 조선족이 실제로 다른 외국인보다 범죄를 많이 일으키는 것일까? 조선족은 국내 거주 중국인의 다수를 차지하고 있지만, 경찰청에서는 조선족을 따로 분류하여 통계를 내고 있지 않다. 따라서 전체적인 중국인 범죄율을 통해 조선족 범죄율을 짐작하는 것만이 가능하다. 2016년 기준 경찰청에서 공개한 범죄통계자료를 살펴보면 국내 외국인 범죄율은 내국인 범죄율에 비해 그 수치가 현저히 낮게 나타났다. 구체적으로 살펴보면 2016년 기준 인구 10만 명당 한국인 범죄 발생 수가 3,495건인 반면 외국인은 2,003건을 기록했다. 외국인 범죄를 국적별로 나누었을 때도 중국의 범죄율이 가장 높다고 볼 수 없었다. 러시아인과 몽골인의 범죄율이 가장 높게 나타났고, 중국인의 범죄율은 러시아인과 몽골인 범죄율의 절반에도 못 미치는 것으로 나타났다. 국내 외국인 범죄율에서 중국인의 범죄율은 일곱 번째로, 국내 경찰청이 분류한 국내 거주하는 외국인의 국적 16개국 중 중간이라고 할 수 있다.

이처럼 미디어가 생산하는 부정적인 이미지와 고정관념은 이주민에게 위화감을 조성하여 한국 사회 내에서 그들의 위치를 관계적으로 분리

시키는 결과를 초래한다. 이때 이주민이 선택하는 사회적 정체성의 전략은 3가지로 구분해 살펴볼 수 있다. 이에 대한 자세한 내용은 다음 소절에서 다루도록 한다.

(3) 미디어 이미지와 타협하는 정체성의 전략들

사회 정체성 이론은 긍정적 독특성을 획득하기 위해 사용될 수 있는 다양한 전략을 설명한다. 어떤 행동을 선택할지는 대체로 지각된 집단 간 관계에 의해 결정된다. 구체적으로 정체성의 전략적 선택은 집단 간 경계의 지각된 투과성(permeability), 즉 한 집단에서 다른 집단으로 옮겨가는 것의 용이성 정도와 집단 간 위계의 지각된 안정성(stability)과 정당성(legitimacy)을 통한 결과라고 할 수 있다. 대개 이 전략들은 사회적으로 낮게 인지된 지위 집단의 구성원에 의해 사용되지만, 사회적 지위의 높고 낮음이 정체성 전략에 절대적인 기준이 되는 것은 아니다.

> "(중국 동포에 대한 뉴스가 크게 텔레비전에서 나간 다음날에는) 모른 척 가만히 있죠. 거기에서 편들다가는 더 곤란해져요. 그런 얘기 나오면 그냥 왔다갔다 얘기하는 거죠. (중략) 좀 안타깝죠. 아, 이 교포들 왜 이러냐고. 외국에 나왔으면 열심히 벌고, 일하고, 열심히 살았으면 좋겠는데 그러니까 안타깝죠. (중략) 근데, 좀 화날 때도 있어요. 솔직히 화나기보다도 좀 섭섭하죠. 같은 민족이 더 무섭구나. 좋은 얘기는 안 하는데, 어떻게 하면 우리 조선족이 인정을 받고 사나에 대해서 생각했어요. 서로 모르는 체해요." (연구 참여자: 노동자 05)

“한동안 또 중국 구로동 중국 동포들이 많이 사는 지역을 소재로 해서 영화를 만들어서 막 그 중국 동포들이 시위하고 했잖아요. 뉴스 안 보셨어요? 그래서 사실 동포들이 기분 나빠했었거든요. 그래서 자꾸만 그런 일이 생겨서 한국 사람들 세계에서 조금 중국 동포들의 이미지가 떨어지는 경우가 있어요. (중략) 그래서 지하철을 웬만하면 안 타려고 해요. 중국 사람들 지하철 타면 이제 전화하고 목소리가 높고 막 그러잖아요. 내가 지하철 웬만하면 안 타요. 택시 타고 가지.” (연구 참여자: 노동자 07)

위의 노동자 05와 07의 인터뷰 내용을 보면 연구 참여자들은 한국 사회 내에서 부정적인 이미지를 만드는 중국계 이주민을 못마땅하게 여기며, 자신이 그 집단에 소속되는 것을 원하지 않는 것으로 나타났다. 이것은 인터뷰 내용에서 “서로 모르는 체”하거나, “지하철을 웬만하면 안 타려고” 하는 행동으로 구체화되었다. 이는 연구 참여자들이 기존에 자신이 소속된 중국계 이주민 집단의 부정적인 이미지의 틀에서 벗어나 긍정적인 사회 정체성을 얻거나 유지하려는 노력의 일환으로 해석할 수 있다. 이와 같이 한국 사회 내 중국계 이주민 집단에서 스스로를 분리하여 자신의 이익을 도모하는 정체성의 전략을 ‘개인적 이동(individual mobility)’이라고 한다. 이러한 개인적 이동은 집단 간 경계가 투과 가능하다고 지각되는 경우, 즉 주로 집단 간에 이동이 용이하다고 판단되는 경우에 생기는데, 개인들은 “자신의 집단에서 스스로를 분리하고, 집단의 이익보다는 개인의 이익을 증진시키는 목표들을 추구하게 된다(Haslam, 2001).”

"지금도 「프로듀스101」* 아세요? 거기 남자 버전(version)에 조선족이 나오거든요. 엄청 걱정했었어요. 괜히 김○○이라는 애가 있는데 걔가 조선족이거든요. 얘가 나옴으로 인해서 좀 욕을 먹을까 봐 걱정되는 거예요. 조선족이니깐. 근데 다행히도 팬들이 좀 많고 다 막 '오구오구 이쁘다' 해주니깐 좀 뿌듯한 거예요. (중략) 제가 우연히 EBS에서 봤는데 그쪽 거기에서도 요즘 중국 디자이너들이 카피하는 것보다 혁신적으로 본인 중국 색채를 띠게끔 디자인하는 걸 추구한다. 예전에 중국인이 아니다. 이렇게 하는데 차라리 이런 게 더 좋은 것 같아요. 다큐멘터리로. 그냥 조금 조금씩. (중략) 지금 프로그램처럼 뭐 우○○, 추○○, 그런 결혼해서 그런 좋은 뉴스, 중국 뭐 프로그램 홍보하니까 한국 여자들이 다 우○○ 그런 남자, 자기 '뭐뭐남 이상형이라서 계속 그런 남자 찾고 싶어요.' 그렇게 하면 서로서로 방향 좋아질 수도 있어요." (연구 참여자: 유학생 10)

위의 유학생 10의 인터뷰 내용을 보면 한국 사회 내에서 긍정적인 이미지를 만드는 중국계 이주민을 자랑스럽게 여기며, 자신이 그 집단에 소속된 것을 부정하지 않으면서 더 발전적인 방향을 제시하고 있다. 이것은 인터뷰 내용에서 "팬들이 좀 많고 다 막 '오구오구 이쁘다' 해주니깐 좀 뿌듯한" 기분이 들었다는 것과 "그런 좋은 뉴스, 중국 뭐 프로그램 홍보하면서" 서로에게 좋은 방향으로 발전하길 바란다는 의견을 피력한 것으로 알 수 있다. 이는 연구 참여자들이 기존에 자신이 소속된 중국

---

* '프로듀스 원오원'이라고 읽는다. Mnet에서 기획하여 2016년 1월 22일부터 4월 1일까지 매주 금요일 밤 11시에 방영했던 서바이벌 프로그램이다. 국내외 50여 개 기획사에 소속된 여자 연습생 101명이 출연하여 서로 경쟁을 하고, 투표를 통해 선정된 11명이 걸그룹으로 데뷔하는 것이 내용이다.

계 이주민 집단의 긍정적인 이미지를 받아들이면서 한국 사회 내에서 더욱 인정받고 주체적인 위치를 차지하길 바라는 것으로 해석할 수 있다. 이와 같이 한국 사회 내 중국계 이주민 집단을 긍정적으로 인지하고, 더불어 자신의 이익을 도모하는 정체성 전략을 '사회적 경쟁(social competition)'이라고 한다. 이와 같은 경우 내집단 편애(ingroup favoritism) 형태로 외집단과 직접 경쟁함으로써 내집단의 긍정적 독특성을 추구하고 있는 것으로 해석할 수 있다. 이 같은 정체성의 전략은 편애하는 가치 차원의 내집단뿐만 아니라 관련된 모든 사회 집단에 의해 공유된다는 측면에서 경쟁적이라고 볼 수 있다. 이처럼 사회적 경쟁의 정체성 전략은 집단 간 경계가 투과할 수 없고(집단 간 이동이 용이하지 않고), 집단 간 지위 관계가 불안정하다고 지각되는 경우에 선택될 수 있다.

"중국 뉴스는 TV에서 나오지마는 점차 안 보게 되더라고요. 안 보게 되고 한국 뉴스를 많이 보게 되는데, 왜냐하면 제가 있는 곳이 한국이다 보니까 정책이나 아무튼 변화나 그런 것도 많이 관심 있고 하다 보니까 뉴스를 많이 보게 되더라고요. 그런데 뉴스에 이렇게 보다 보니까 정치 뭐 이런 데 관심이 있어서 많이 보지만, 그래도 인제 저는 외국인이잖아요? 그 뉴스나 이런 데 비친 외국인은 정말 안 좋은 것만 보이는 것 같아요. (중략) 아무래도 기분도 안 좋지마는 저희는 그렇게 생각해요. 좋든 안 좋든 한국인이든 외국인이든, 다 어디 가도 다 좋은 사람 있고 나쁜 사람 있으니깐, 될수록 어디 가도 뭐, 외국인이다, 한국인이다, 중국인이다 안 따졌으면 솔직히 진짜 그러면 좋겠어요. 그러면 좀 많이 느끼게 되니까…. '아! 외국인이다, 중국인이다.' 그런 거 따지니까 솔직히 좀 그래요." (연구 참여자: 노동자 15)

위의 노동자 15의 인터뷰 내용을 보면 한국 사회 내에서 부정적인 이미지를 만드는 중국계 이주민을 못마땅하게 여기거나 긍정적으로 편애하는 선택을 하지 않으면서도 자신이 그 집단에 소속되어 있다는 것을 부정하지도 않는 것으로 나타났다. 대신 미디어에 비치는 이미지가 편향된 것임을 비판하고, 중국계 이주민이 부정적으로 비치는 것에 대해 일부분일 뿐인 상황으로 전체를 왜곡해서는 안 된다는 입장을 밝히고 있다. 이와 같이 한국 사회 내 중국계 이주민 집단에서 스스로를 분리하거나 소속 집단을 편애하지 않고도 비판적으로 자신의 이익을 도모하는 정체성 전략을 '사회적 창의성(social creativity)'이라고 한다. 이와 같은 경우 집단 간 경계가 투과 가능하지 않고(집단 간 이동이 용이하지 않고), 집단 간 지위의 차이가 대체로 안정되었다고 지각될 때 각 개인은 내집단 편향이나 분리하는 전략과는 다른 비판적인 행동을 하게 된다는 것이다. 이 전략을 선택한 사회적으로 낮게 인지된 지위 집단의 구성원은 내집단과 외집단의 객관적인 자원을 변화시키지 않고도 긍정적 독특성을 추구할 수 있다. 이에 대한 구체적인 방법에는 새로운 차원에서 내집단과 외집단을 부각시키는 방법, 집단의 특성들에 부여하는 가치를 변화시키는 방법, 내집단을 다른 외집단과 비교하는 방법 등이 있다.

(4) 미디어 비교를 통한 성찰과 반성

중국계 이주민은 한국의 미디어를 사용하면서 권력 독점에 의한 모국 미디어의 편향성에 대해 성찰하는 과정을 경험하고 있었다. 아래 인터뷰에서 드러난 바와 같이 중국의 미디어 규제에 대해 문제의식을 가지고, 한국이 가진 좀 더 자유로운 미디어 사용 환경에서 자신의 사고가 뿌리내릴 역사적 · 정치적 위치를 탐색하며 주체적으로 판단하는 모습을 보이고 있었다.

> "마오쩌둥을 중국에 있을 때는 이 정도로 싫어하지 않았어요. 한국에 와서 싫어하게 되었어요. 왜냐하면 배신감을 느꼈어요. 학교에서 배운 역사나 나름대로 역사를 알려주는 매체가 다 거짓말이에요. '사람을 머저리로 만드는구나'라고 생각했어요. (중략) 중국에서는 볼 수가 없어요. 유튜브, 트위터, 페이스북 같은 것 대한민국에 있으니까 제가 관심이 있으니까 보려면 다 볼 수 있어요. (중략) 그런 것에 관심이 있으니까 눈이 트이고 대한민국에 와서 5년이니까 대한민국 역사도 모르고, 정서상에서도 처음이고 하니까 될수록 인터넷 뉴스 많이 봐요. 「조선일보」인가요? 「TV조선」인가요? 내가 한국에 거주한 5년 동안 회사에서 쉬는 시간에 그것만 봤어요. 정치에 관심 있어서. 한참 하다가 그것도 보도하는 것이라서 객관적이지 않은 것이 많더라고요. 중국 뉴스랑 비교해봐요." (연구 참여자: 노동자 06)

전통적으로 뉴스 미디어는 국민의 사회에 대한 관심, 신뢰와 지식을 증진시켜 시민 참여를 유도하는 선순환을 창조하는 것으로 알려져 있다. 노동자 06은 이주한 사회의 미디어를 통해 자신이 알고 있던 지식 체계에 대한 불신을 확인하게 되었고(배신감을 느꼈고), 미디어가 전달하는 내용을 비교분석함으로써 자신이 어떤 사회 집단의 범주로 분류되어야 하는지, 그리고 어떤 특성을 자신의 것으로 수용할 것인지에 대해 스스로 결정하고자 하는 주체성을 보이고 있었다.

중국은 경제 부문에서 자국 시장을 개방하기는 했지만, 정치는 여전히 중국공산당 일당독재체제를 고수하고 있기 때문에 이러한 체제에 반감을 드러내는 일말의 시도도 허락하지 않으며, 그런 의미에서 정부 차원의 미디어 검열이 냉전 시기부터 현재까지 이어지고 있다. 그 결과 오늘날의 중국은 전 세계에서 검열이 가장 심한 국가 중 하나다. 그래서 중국계 이주민은 한국 미디어의 자유로운 환경과 모국 미디어 환경을 비교하여 판단의 준거를 만들고 있다.

(5) 미디어에 비치는 사회적 거리

사회적 거리(Social distance)란 사전적인 정의로서 "개인과 개인, 개인과 집단, 집단과 집단 상호 간의 친근 · 소원(疏遠)의 관계와 공감의 정도"를 의미한다. 미디어가 비추는 국내 외국인에 대한 이미지는 아래의 인터뷰 내용과 같이 이주민에 대한 사회적 거리를 나타내는 지표라고 할 수 있다.

"요즘 외국인 대상으로 하는 예능 프로그램이 한꺼번에 많이 생긴 것이에요. 「어서와 한국은 처음이지?」 그러면 러시아, 이탈리아, 독일 백인 위주로 많이 해요. 그런 나라에서 사람들이 외국인 초대하고요. 물론 중국이나 일본은 너무 똑같이 생겨서요. 초대해도 티가 안 나요. 티비 프로그램에서 중국 사람들 초대하면 티가 안 나니까요. 그런 것들도 있어서 저도 그런 생각을 해요. 외국인 대상으로 「우리말 겨루기」? 그런 추석 특집을 하잖아요. 항상 조금 서양 사람들을 많이 해요. 동양 사람들, 일본이나 중국을 초대하면 외국인 티가 안 나니까 서양 사람들

을 초대해요." (연구 참여자: 결혼이주여성 20)

타자로서 대표되는 외국인이나 특정 인종 · 민족 집단에 대한 태도는 합리적 판단에 의해 만들어지는 것이 아니라, 그 이외에 사회적으로 정형화된 이미지나 집단적 혹은 개인적인 경험에 의해 형성된 감정적인 태도에 의해 영향을 받는다는 것은 많은 연구를 통해 밝혀진 사실이다(이명진, 2010). 위의 결혼이주여성 20의 인터뷰에서 나타난 바와 같이 국내 외국인을 대상으로 하는 예능 프로그램의 주인공은 대부분 백인을 중심으로 한 서양인이다. 이러한 프로그램을 통해 이들이 정직하다, 유능하다는 등의 정형화된 이미지가 굳어지면서 이들을 더욱 친근하게 여기는 감정적 평가를 낳는다(황정미 외, 2007). 반면 중국인은 예능 프로그램에 자주

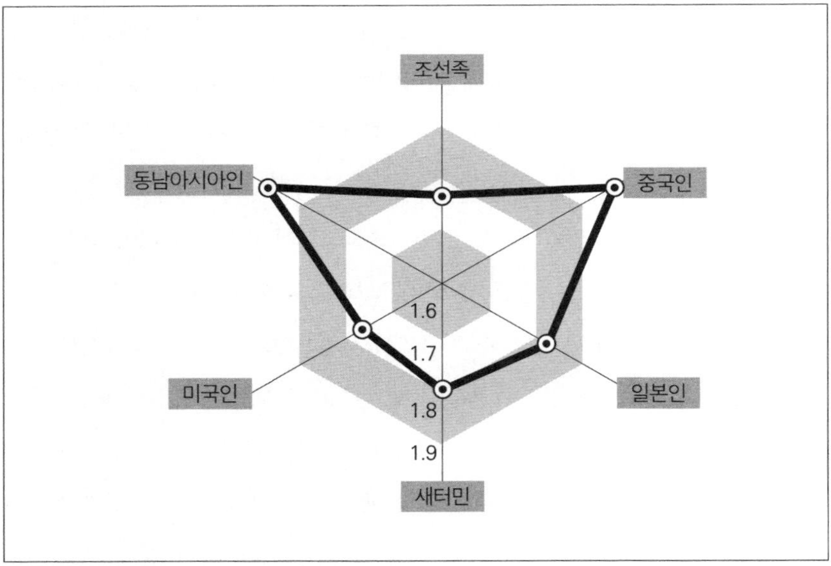

출처: 「한국의 다문화 상황과 사회통합」(한국학중앙연구원)

[그림 3-3] 국적에 따른 내 · 외국인의 사회적 거리

등장하지 않으며, 국내 최다 비율을 차지하고 있는 만큼 각종 사건과 범죄에 연루되어 보도되는 경우가 많아 이런 이미지로 인해 이들을 더욱 소원하게 여겨지도록 만드는 감정적 결과를 초래한다.

최근 출간된 다문화사회 관련 연구서 『지구 · 지방화와 다문화 공간』(푸른길), 『한국의 다문화 상황과 사회통합』(한국학중앙연구원)은 그에 대한 적잖은 오해와 편견이 존재함을 확인시켜준다. 외국인에 대한 친밀도를 조사한 연구결과, 한국인은 새터민보다는 중국동포를 더 가깝게 느꼈지만, 일본인보다 중국인에 대해 더 크게 거리감을 느끼는 것으로 나타났다.

이처럼 사회적 거리감은 외국인에 대한 주관적이고 감성적인 반응으로, 이에 대한 분석을 시도할 때 유용한 시각과 방법적 도구를 제공해주는 것이 '감정조절 이론'이다. 감정조절 이론은 사회적 정체성 개념에서 출발한 것으로, "사람들이 자신이나 상대방을 파악할 때 각기 개별적이고 독특한 개체가 아닌 특정한 사회적 집단에 소속된 하나의 구성원으로 파악하면서 사회적으로 규정된 집단적인 가치나 문화적 가치에 견주어 그 대상자의 사회적 역할을 정형화하고 감정적으로 반응한다"는 것이다(이명진 · 최유정 · 최샛별, 2010). 다시 말해 개인이 자신과 타자를 사회적 정체성을 통해 판단할 때, 이 사회적 정체성이 어떤 특정한 집단 또는 그 특정한 집단에 소속된 개인에게 일관적으로 연속된 사회적 감정들을 불러일으킨다는 것이다. 그리고 이것은 사회적 거리감이라는 결과로 나타난다.

5) 나가기

이 글은 재한 중국계 이주민의 삶의 현장에 주목하는 비판적 관점을 바탕으로 진행된 질적 연구에 해당한다. 심층인터뷰 방식을 통해 중국계 이주민이 한국 사회에 적응하면서 미디어를 이용하는 방식, 사회자본과 사회적 정체성에 관하여 어떤 관점을 가지고 있는지 그들의 이야기를 듣고 해석했다. 특히 미디어 이용에 따른 사회적 정체성의 변화에 초점을 두고, 중국계 이주민이 자기 자신을 어떤 속성을 공유하고 있는 사람들과 함께 어떤 사회 집단의 범주로 분류하고 있는지, 또한 이를 통해 어떻게 해당 집단의 특성을 자신의 것으로 수용하고 있는지에 대해 살펴보았다. 연구결과, 재한 중국계 이주민은 생활정보, 취업 등에 대한 정보욕구가 크게 나타났으며, 미디어를 통해 중국계 이주민에 대한 편견과 고정관념이 전파되는 점을 우려했다. 이 같은 맥락에서 미디어를 통해 인지된 중국계 이주민에 대한 긍정적이고 부정적인 이미지에 맞서는 사회적 정체성의 전략을 개인적 이동, 사회적 경쟁, 사회적 창의성의 3가지 측면에서 설명할 수 있었다. 또한 다양한 미디어를 통해 모국의 소식을 꾸준히 접하면서 미디어 간 내용 비교의 필요성을 주장했으며, 한국의 미디어가 '다문화'에 접근하는 사회적 거리에 대해 비판적 입장을 보였다. 이들은 한국에서의 타자화된 경험을 바탕으로 간문화적인 정체성을 구성하고 있었는데, 이는 미디어를 이용하는 방식과 이를 통해 맺어지는 사회관계로부터 일정 부분 영향을 받았음을 알 수 있었다.

개인이 소속되어 있는 공동체의 특성에 따라 사회적 자본의 정도와 수준, 그리고 사회적 정체성의 속성이 달라질 수 있다. 개인이 소속된 지역 공동체의 특성에 따라 같은 미디어를 이용하며 콘텐츠에 노출되더라도 각기 다른 영향을 받을 수 있다는 것도 생각해볼 수 있다. 이와 같은 맥락에서 미디어의 영향에 대한 지역적 혹은 민족적 맥락 효과에 초점을 둔 연구가 추가로 진행될 필요가 있다.

참고문헌

강미선(2013), 「국제결혼 여성들의 가족생활과 경제활동에 관한 비교연구: 도시에 거주하는 중국 조선족과 한족을 중심으로」, 서울대학교 석사학위논문.

강석금(2015), 「가사노동자 노동주체와 노동성격 변화」, 『진보평론』 64, 238-267.

강유진(1999), 「한국남성과 결혼한 중국 조선족 여성의 결혼생활 실태에 관한 연구」, 『한국가족관계학회지』 4(2), 61-80.

강윤주 · 정희선(2013), 「결혼이주여성 전통식문화 인식 및 교육방안」, 『한국식생활문화학회지』 28(3), 246-260.

강이수(2009), 「가사 서비스 노동의 변화의 맥락과 실태」, 『사회와역사』 82, 213-247.

강종훈 · 전주성(2014), 「초등학교 이중언어강사의 다문화교육 경험 탐색 및 시사점: 서울시를 중심으로」, 『교원교육』 3(3), 1-19.

강현주(2007), 「국제결혼 이주여성의 모국문제 표출 · 유지 욕구와 정체성에 관한 연구」, 숙명여자대학교 석사학위논문.

강희영 · 문영민(2017), 「통합적 관점의 이주 여성 지원 정책 방안 연구: 이주 다양성을 중심으로」, 서울시여성가족재단.

견주연(2017), 「지역대학 유아교육과 중국인 유학생들의 삶의 경험 변화: 강점 탐구를 토대로」, 『학습자중심교과교육연구』 17(14), 학습자중심교과교육학회, 103-130.

고려대 교육문제연구소(2007), 『알기 쉬운 교육학 용어 사전』, 원미사.

고은(2010), 「다문화가정 아동의 언어교육지원 체계 구축을 위한 모형제안」, 『교육의 이론과 실천』 15(2), 1-24.

고준기(2006), 「외국인 고용허가제의 문제점과 개선방안: 현행법의 인권침해적 조항의 법제적 개선방안을 중심으로」, 『노동법논총』 9, 287-327.

공수연 · 양성은(2014), 「중국국적 결혼이주여성들의 취업준비 경험에 대한 과정분석」, 『한국가정관리학회지』 32(1), 133-150.

공인섭(2015), 「미국의 소수자 인권보호에 관한 판례법리 변화와 한국적 함의」, 한양대 대학원 박사학위논문.

곽춘려 · 이희승(2011), 「온라인 여가활동 참여동기와 여가만족에 관한 연구: 재한 중국유학생 중심으로」, 『동북아관광연구』 7(2), 25-46.

교육부(2012), 「고등교육 국제화 추진전략 보고」, 교육부.

______(2015), 「유학생 유치 확대방안」, 교육부.

______(2017), 「교육통계연보」, 교육부.

국가인권위원회(2011), 「인권친화적 다문화사회와 이주민 통합을 위한 지역사회의 역할」, 국가인권위원회 발간자료, 1-337.

권민지 · 김연각(2015), 「외국인법적지위와 인권보호를 위한 제언」, 『인권법평론』 14, 3-40.

권복순 · 차보현(2006), 「농촌지역 코시안가정주부의 의사소통능력, 문화적 정체성이 결혼만족도에 미치는 영향」, 『한국사회복지학』 58(3), 109-134.

권순희(2008). 「다문화 시대를 대비한 다문화 교육의 방향」, 『국어교육』 126, 89-121.

______(2009), 「이중언어교육의 필요성과 정책 제안」, 『국어교육학연구』 34, 57-115.

권중돈 · 김동배(2005), 『인간행동과 사회환경』, 학지사.

권혁민(2009), 「이주노동자의 이주 및 적응실태」, 한국지역지리학회 학술대회발표집, 70-77.

금민아(2017), 「한부모 결혼이주여성의 한국사회 적응 및 자녀양육경험에 관한 연구」, 대구대학교 석사학위논문.

금희조(2008), 「미디어와 사회자본」, 『커뮤니케이션 이론』 4(1), 138.

김경미(2012), 「여성결혼이민자의 사회연결망과 한국생활 만족도: 중국, 베트남, 일본 출신을 중심으로」, 『한국인구학』 35(2), 185-208.

김경아(2012), 「이주여성의 경제활동의지 결정요인분석: 이주여성의 정책인지수준과 지역사회다문화태도 인식을 중심으로」, 『지방정부연구』 16(1), 381-409.

김교숙(2010), 「외국인 비정규직 여성근로자의 현실과 과제」, 『비교법학』 21, 3-24.

김귀옥(2000), 「월남인의 생활 경험과 정체성: 밑으로부터의 월남인 연구」, 서울대학교 출판부.

김규원(1995), 「국제화시대와 한국인의 대외양식」, 『성곡논총』 26, 985-1021.

김기현(2009), 「국제결혼 다문화 이주여성의 인권보호 방안」, 『인권복지연구』 7, 1-37.

김나래(2013), 「대학생의 내적통제성과 진로적응성의 관계에서 진로결정자기효능감과 진로관여행동의 매개효과 검증」, 연세대학교 석사학위논문.

김나영(2014), 「결혼이주여성의 건강생성 프로그램 개발 및 효과」, 경북대학교 박사학위논문.

김남진(2016), 「외국인 근로자 인권보장을 위한 사업장 변경의 자유」, 『법학연구』 62, 47-71.

김대현(2017), 『교육과정의 이해』, 학지사.

김도헌(2016), 「전환학습의 관점에서 바라본 결혼이주여성들의 이중언어강사 양성과정 참여경험에 관한 사례연구」, Andragogy Today: International Journal of Adult & Continuing Education, 19(1), 59-88.

김득곤(2000), 「대학캠퍼스 내 옥외환경 편의시설물 이용실태 연구」, 『용인대 논문집』 18, 389-414.

김미라 · 황덕순(2005), 「국립대학교육서비스에 대한 소비자만족의 척도개발」, 『소비자학 연구』 16(3), 25-43.

김미옥 · 김경희(2011), 「인권관점에 기초한 사회복지실천 경험에 관한 질적 사례연구」, 『한국사회복지학』 63(1), 29-55.

김민석(2016), 「상호문화주의적 관점에서의 국내 다문화 정책: 캄보디아 출신 이주자를 대상으로 한 정책 사례 연구」, 한국사회학회 사회학대회 논문집, 393-401.

김민정 · 유명기 · 이혜경 · 정기선(2006), 「국제결혼 이주여성의 딜레마와 선택: 베트남과 필리핀 아내의 사례를 중심으로」, 『한국문화인류학』 39(1), 159-193.

김병록(2010), 「출입국관리행정과 인권문제: 불법체류외국인 단속보호를 중심으로」, 『법학논집』 17(1), 179-215.

김복태 · 이승현(2015), 「결혼이민자 취업 역량 강화를 위한 실행방안 연구」, 한국여성정책연구소 연구보고서, 1-151.

김선화(2005), 「외국인노동자의 문화적응 스트레스에 영향 미치는 요인에 관한 연구」, 충남대학교 석사학위논문.

김성률 · 이원식(2017), 「외국인 근로자와 관련된 인권문제의 개선방안에 대한 연구」, 사회복지법제연구, 232-252.

김성옥(2013), 「다문화 이혼가정 중국인 어머니가 인식한 자녀양육의 어려움과 지원서비스의 문제점」, 중앙대학교 석사학위논문.

김수아 · 김태호(2011), 「중국인 유학생의 문화적정체감 발달단계에 따른 차별지각과 차별대처방식」, 『다문화교육연구』 4(1), 1-17.

김수연(2011), 「다문화가정의 사회적응 실태분석과 정부지원정책 방안」, 경기대학교 박사학위논문.

김신일(2000), 「성인의 전환기 학습활동: 재미한인 사례연구」, 『평생교육학연구』 6(2), 187-211.

김안나 · 최승아(2016), 「결혼이주여성의 복지서비스 이용과 생활만족도의 관계: 임파워먼트의 매개효과」, 『사회복지연구』 47(2), 281-308.

김연희 · 이교일(2017), 「초국적 삶의 주체로서 결혼이주여성의 전환경험과 미디어 행위자네트워크의 역할: 중국출신여성을 중심으로」, 『아시아여성연구』 56(1), 107-153.

김영경 · 이의미(2009), 「외국인 이주와 적응에 관한 정책과 전망」, 한국지역지리학회 학술대회발표집, 78-83.

김영순 · 임지혜 · 정경희 · 박봉수(2014), 「결혼이주여성의 초국적 유대관계에 나타난 정체성 협상의 커뮤니케이션」, 『커뮤니케이션 이론』 10(3), 36-94.

김오숙(2015), 「국내외국인유학생의 대학생활적응 예측모형검증」, 『다문화교육연구』 8(1), 109-131.

김용선(2018), 「대림동 중국동포타운 지역활성화 연구」, 한국외국어대학교 박사학위논문.

김윤경(2017), 「중국인 결혼이주여성의 삶에 관한 탐색적 연구」, 경기대학교 석사학위논문.

김윤정(2014), 「한국, 중국, 일본 며느리의 한국에서의 부양 경험」, 『디지털융복합연구』 12(8), 501-513.

김윤주(2017), 「이중언어강사의 역할 수행 실태 및 개선 방안 연구」, 『어문논집』 79, 139-163.

김의연 · 박영신 · 김의철 · Tsuda Akira · Matsuda Terumi · Deng Ke(2013), 「한국, 일본, 중국 학생의 사회적 지원과 자기효능감이 스트레스지각과 웰빙에 미치는 영향 비교분석」, 『인간발달연구』 20(4), 105-127.

김재우(2005), 「재한 중국인 유학생이 느끼는 차별과 대처방식이 문화적응유형에 미치는 영향」, 충북대학교 석사학위논문.

김정미(1999), 「탈북여성의 정체성 변화에 관한 연구」, 이화여자대학교 석사학위논문.

김정은 · 이병철(2013), 「문화적응이 여가만족과 삶의 질에 미치는 영향 연구」, 『관광연구저널』 27(2), 43-61.

김지윤 · 강충구 · 이의철(2014), 「닫힌 대한민국: 한국인의 다문화 인식과 정책」, 『아산정책연구원』 2014-4, 1-16.

김철희 · 조남예(2017), 「다문화 결혼이주여성의 한국생활문화 경험 연구」, 『한국사상과 문화』 86, 431-450.

김태원(2012), 「글로컬 생활세계로서의 다문화사회」, 『다문화와 인간』 1(1), 63-89.

김현미(2009), 「방문취업 재중 동포의 일 경험과 생활세계」, 『韓國文化人類學』 42(2), 35-75.

김현숙(2010), 「결혼이주여성의 결혼적응에 관한 연구」, 『한국사회복지학』 62(2), 135-159.

김현옥(2011), 「재한 동아시아 유학생의 문화적응, 지각된 차별감, 민족유형이 심리적 안녕감과 우울에 미치는 영향」, 충북대학교 석사학위논문.

김형식(2004), 「시민적 권리의 관점에서 본 장애인의 사회통합」, 『재활복지』 8(2), 1-20.

김후조(2011), 「중국인 유학생의 문화적응 스트레스, 자아탄력성 및 낙관성이 우울에 미치는 영향」, 계명대학교 석사학위논문.

김희숙(2015), 「중국 조선족의 언어 정체성 변화 양상과 언어 전환(박경래)에 대한 토론문」, 한국사회언어학회 학술대회발표집, 66-66.

나달숙(2013), 「사회적 약자 및 소수자의 인권보호와 인권교육방향」, 『법과 인권교육』 6(3), 23-55.

______(2017), 「다문화 인권교육의 정립과 실천과제」, 『법과인권교육연구』, 10(3), 23-44.

나동석 · 강석화(2010), 「중국유학생의 문화적응 스트레스가 문화적응 능력에 미치는 영향」, 『청소년학연구』 17(7), 21-46.

나임순(2006), 「외국인 유학생의 문화적응 스트레스와 생활 스트레스에 미치는 영향」, 『한국비영리연구』 5(2), 159-197.

남부현 · 김옥남 · 남기석(2014), 「외국인 유학생 생활경험 속에 투영된 한국인과 한국문화」, 『사회과학연구』 25(1), 105-126.

남수경(2012), 「한 · 중 · 일 3국의 정부지원 유학생정책 비교 분석」, 『비교교육연구』 22(4), 한국비교교육학회, 75-98.

남혜경 · 이미정(2014), 「자녀에게 모국어를 가르치는 결혼이주여성의 경험」, 『창조산업연구』 1(2), 53-74.

노은하(2016), 「한국 이주 중국 여성의 어머니 됨」, 아주대학교 박사학위논문.

노종희 · 이일용 · 유길한(2003), 「외국인 유학생 유치 확대를 위한 국가별 · 지역별 대학 마케팅 전략」, 교육정책연구, 1-151.

노하나(2007), 「중국 국제결혼 이주여성의 문화적응 스트레스에 관한 연구: 문화적응유형과 이주여성이 인지한 사회적 지지를 중심으로」, 이화여자대학교 석사학위논문.

딩징야(2013), 「결혼이주여성의 둘째자녀 출산의도 영향요인: 중국(조선족,한족)과 베트남 여성을 중심으로」, 서울대학교 석사학위논문.

리통(2010), 「재한 중국인 유학생의 적응 실태: 경제적 · 사회적 · 문화적 적응을 중심으로」, 경북대학교 석사학위논문.

마경기(2011), 「재한중국유학생 여가활동이 삶의 질에 미치는 영향」, 『한국관광학회 학술대회 발표논문집』 2011(7), 356-369.

문경연(2011), 「'국민의 배우자'를 벗어난 여성들: 한족 결혼 이주 여성들의 결혼과 이혼 사례를 중심으로」, 『한국문화인류학』 44(2), 71-112.

문형란(2016), 「결혼이주여성의 삶의 질 결정요인에 관한 연구」, 『국가정책연구』 30(2), 215-234.

문형표(1994), 「사회통합의 의의 및 정책적 과제」, 한국사회복지협회 동향자료.

민춘기(2003), 「상호문화 학습의 이론적 토대」, 『독일언어문학』 21, 127-147.

민현정(2013), 「중국 유학생의 대학생활 적응 연구」, 한서대학교 박사학위논문.

박능후 · 선남이(2010), 「국제결혼이주여성의 취업이 한국 사회 적응에 미치는 영향」, 『민족연구』 41, 120-144.

박명숙(2010), 「다문화가족 어머니의 한국어능력과 아동의 자아존중감에 관한 연구: 아동이 지각한 가족관계의 매개효과를 중심으로」, 『보건사회연구』 30(2), 193-218.

박미숙 · 김영순 · 홍유나(2014), 「결혼이주여성의 취업지원 요구에 관한 연구」, 『여성학연구』 24(2), 269-302.

박미은 · 신희정 · 이미림(2012), 「결혼이주여성의 취업경험에 관한 현상학적 연구」, 『사회과학연구』 23(4), 213-244.

박성혁 · 성상환(2008), 「우리나라 다문화교육정책 추진현황, 과제 및 성과 분석 연구」, 『교육연구와 실천』 72, 19-60.

박소영(2016), 「주변부 여성의 이주와 돌봄레짐의 발전: 서울시 '식모'와 조선족 돌봄노동자를 사례로」, 서울대학교 석사학위논문.

박신규(2010), 「국제결혼이주여성의 이주경로와 사회적 정체성의 변화: 구미시 결혼이주여성의 이주 과정에 대한 질적 분석」, 『사회과학연구』 18(1), 180-214.

______(2017), 「외국인 근로자의 노동실태 및 정책과제: 전북 지역 사례를 중심으로」, 『다문화와 디아스포라』 11, 99-118.

박신영(2014), 「여성결혼이민자 취업과정에서의 학습경험 연구: 근거이론 접근」, 부산대학교 박사학위논문.

박신영 · 이병준(2015), 「다문화가정 여성결혼이민자의 학습경험에 따른 취업경로 연구」, 『문화예술교육연구』 10(2), 87-106.

박안숙 · 김혜경(2016), 「대학생의 전공선택 동기 및 전공만족도가 대학생활 적응에 미치는 영향」, 『한국산학기술학회논문지』 17(2).

박우(2009), 「재한 중국 유학생의 이주현황과 특성에 관한 연구: 한족, 조선족 유학생 비교를 중심으로」, 『재외한인연구』 19, 155-181.

______(2017), 「재한 "조선족" 집거지 사업가에 대한 사회학적 연구」, 서울대학교 박사학위논문.

박은경(2011), 「외국인 유학생이 국제이주와 지역사회 적응에 관한 연구: 대구 · 경북지역 대학을 중심으로」, 『현대사회와 다문화』 1(2), 대구대 다문화사회정책연구소, 113-139.

박은민(2001), 「대학생활적응과 부모-자녀간 의사소통 유형 및 자아존중감의 관계」, 숙명여자대학교 석사학위논문.

박재규(2013), 「농촌과 도시 결혼이주여성의 취업 결정요인 및 지원방안 연구: 경기도 지역을 중심으로」, 『GRI 연구논총』 15(1), 5-33.

박주현(2015), 「다문화가족지원센터에 종사하는 결혼이주여성들의 업무경험에 관한 질적사례연구」, 『다문화와 인간』 4(1), 107-145.

박준성 · 허성호 · 전미연 · 정태연(2015), 「남한에서 조선족 직장여성의 문화적응」, 『한국심리학회지: 문화 및 사회문제』 21(1), 21-43.

박진(2009), "안산 다문화 국제포럼" 기조연설문, 경기도 안산시.

박찬운(2009), 「사회권규약선택의정서의 내용과 의미에 관한 소고」, 『人權과 正義: 大韓辯護士協會誌』 392, 125-139.

박현성(2014), 「결혼이주여성의 일 · 가정양립경험에 관한 연구」, 원광대학교 박사학위논문.

방정숙 · 정희진(2006), 「학습자 중심 교수법에 대한 초등 교사의 이해와 실행형태: 수학적 의사소통을 중심으로」, 『학습자중심교과교육연구』 6(1), 297-321.

배두본(1997), 『초등학교 영어 교육』, 한국문화사.

배소현 · 김회수(2014), 「한국 고등교육 국제화 정책 분석: 유학생 유치 및 관리 정책의 변화와 개선 방향」, 『교육연구』 37, 67-89.

봉진영(2011), 「다문화가정 어머니의 자녀 양육과 교사의 교육 경험에 대한 탐구」, 성신여자대학교 박사학위논문.

서선자(2009), 「재한 일본인 유학생의 특성에 따른 문화적응유형과 대학생활적응과의 관계」, 대구대학교 석사학위논문.

서영인 · 김미란 · 김은영 · 채재은 · 윤나경(2012), 「대학의 외국인 유학생 관리 및 지원체제 강화 방안 연구」, 한국교육개발원, 연구보고서.

서윤호(2014), 「이주사회에서의 정치적 성원권: 벤하이브의 논의를 중심으로」, 『통일인문학』 58, 195-223.

설동훈 · 김윤태 · 김현미 · 윤홍식 · 이혜경 · 정기선 · 주영수 · 한건수(2005), 「국제결혼 이주여성 실태조사 및 보건복지 지원 정책방안」, 보건복지부 연구보고서.

설진배 · 김소희 · 송은희(2013), 「결혼이주여성의 사회적 연결망과 초국가적 정체성: 한국생활 적응과정을 중심으로」, 『아태연구』 20(3), 229-260.

성석주 · 박근희 · 최봉기(2010), 「교육행정서비스의 질이 만족도와 애교심에 미치는 영향: 대구 · 경북지역 대학생을 중심으로」, 『한국행정논집』 22(4), 1251-1273.

성용구(2010),「결혼이주여성 지원정책의 체계적 개선: 대구 · 경북지역을 중심으로」, 『열린교육연구』 18(1), 255-276.

손병돈(2014),「다문화가족 외국인 배우자의 다문화가족지원센터 인지 및 이용 결정요인」, 『보건사회연구』 34(4), 354-384.

송미영(2010),「한국의 다문화의식: 다문화 수용성의 원인 분석」, 『민족연구』 41, 74-97.

송민혜 · 양승범(2017),「중앙정부의 이주 · 사회통합정책 전달체계 분석」, 『한국공공관리학보』 31(1), 29-53.

송형주(2015),「세계화 시대 이주여성과 이민정책」, 고려대학교 박사학위논문.

신경림 · 조명옥 · 양진향(2004), 『질적연구방법론』, 이화여자대학교 출판부.

신란희(2005),「국제결혼 여성의 가족, 일 그리고 정체성: 우즈베키스탄과 필리핀 여성의 생애사 연구」, 서울대학교 석사학위논문.

아사노가나 · 윤지현 · 류시현(2014),「중국인 여성결혼이민자의 한국 이주 후 식생활: 한족과 조선족 비교를 중심으로」, 『대한지역사회영양학회지』 19(4), 317-327.

안순태 · 이하나(2017),「결혼이주여성의 사회적 낙인 극복: 소셜미디어를 통한 관계적 커뮤니케이션 효과」, 『한국언론학보』 61(5), 311-338.

안창현(2015),「'춘지에 완후이(春節晩會)'의 의례화와 기능 연구」, 『중국문화연구』 27, 211-231.

안치민(2003),「복지권 개념정립: 인권 및 시민권적 관점」, 한국사회복지학회 학술발표대회지, 227-241.

양인숙 · 민무숙(2010),「여성결혼이민자의 경제활동 실태와 정책과제」, 한국여성정책연구소 연구보고서, 1-210.

양혜승(2012),「이주노동자의 대인 커뮤니케이션 및 미디어 이용이 문화적응 스트레스에 미치는 영향」, 『방송과 커뮤니케이션』 13(1), 55-95.

엄미정 · 이윤지 · 박동오 · 김도훈(2012),「이공계 분야 외국인 석 · 박사 유학생 현황과 유치방안」, 정책연구, 1-136.

엄재호(2003),「북한의 제도상 시민적 정치적 권리」, 『경북대 평화문제연구소 연구총서』 3(1), 67-73.

여성가족부(2013),「2012년 전국 다문화가족 실태조사 연구」, 한국여성정책연구원, 여성가족부.

오성배(2007),「국제결혼 가정 자녀의 교육기회 실태와 대안 모색」, 『인간연구』 12, 1-15.

오세경(2014),「지속가능한 여가로서 도보여행자의 경험에 관한 연구」, 인하대학교 박사학위논문.

오세경 · 김미순 · 백보예바 아이굴(2015),「외국인 유학생의 문화적응을 위한 여가경험의 의미」, 『여가학연구』 13(4), 79-99.

오영삼 · 남성희 · 윤수경(2014), 「내집단의 특성이 다문화 집단에 대한 수용적 태도에 미치는 영향」, 『보건사회연구』 34(2), 424-452.

오영훈 · 박미숙 · 장영신(2014), 「중국 출신 결혼이주여성의 효문화 경험에 대한 연구」, 『동북아 문화연구』 40, 281-303.

왕치엔(2011), 「귀인성향과 성취동기가 중국 중학생의 학업성취에 미치는 영향」, 경북대학교 석사학위논문.

외무부(1991). 『외교백서』, 대한민국 외무부.

원진숙(2014), 「다문화 시대 우리 사회의 언어 소수자 자녀를 위한 언어 교육 정책」, 『우리말연구』 39, 25-57.

유소홍 · 양명모(2017), 「한 · 중 설날 세시풍속 비교 고찰」, 『한국엔터테인먼트산업학회논문지』 11(2), 57-68.

유진희(2014), 「다문화가정 이주여성의 경제활동 참여경험에 관한 연구」, 숭실대학교 박사학위논문.

유효령 · 김보경(2016), 「재한 중국인 유학생의 자기노출, 문화적응 스트레스, 학생활적응의 구조적 관계: 사회적지지의 매개효과를 중심으로」, 『교육종합연구』 14(3), 55-83.

윤명숙 · 김남희(2013), 「중국유학생의 문화적응 및 생활스트레스와 부모 및 친구애착이 생활만족도에 미치는 영향」, 『청소년학연구』 20(8), 21-47.

윤향희(2016), 「미등록 외국인 근로자의 인권보호」, 『현대 사회와 다문화』 6(2), 127-149.

윤혜미(2009), 「결혼이민자 가족을 위한 임파워먼트 기반의 사회복지실천 연구」, 『한국사회복지학』 61(4), 85-108.

윤혜순(2010), 「대학수업에서 협동학습의 적용 사례 연구: 사범대 3학년 수학학습 심리학 수업」, 『열린교육실행연구』 13, 45-67.

이경철(2004), 「대학교육서비스품질이 학생만족, 대학이미지 및 긍정적 행동의지에 미치는 인과모형 연구」, 『교육행정학연구』 22(4), 287-309.

이귀옥 · 전효정 · 박혜원(2003), 「3-5세 아동의 이중 언어 경험과 인지능력 및 언어 발달에 관한 연구: 인지적 복잡성에 따른 분석과 통제이론을 중심으로」, 『한국아동학회지』 24(6), 1-14.

이다혜 · 정유선(2014), 「지속가능한 사회를 위한 다문화가족 자녀 대상 언어교육에 대한 제언: 중국어교육을 중심으로」, 『지속가능연구』 5(3), 47-55.

이명진 · 최유정 · 최샛별(2010), 「다문화사회와 외국인에 대한 사회적 거리」, 『조사연구』 11(1), 63-85.

이미애(2008), 「가리봉동 중국거리에서의 조선족 여성의 위치성에 대한 문화 지리적 연구」, 중앙대학교 석사학위논문.

이민경(2012)「지방대학 외국인 유학생들의 유학동기: A대학 아시아 유학생들의 한국유학 선택과 그 의미를 중심으로」.『한국교육학연구』, 18(2), 177-201.

______(2015),「중국 출신 고학력 결혼이주여성들의 자녀교육을 통해서 본 정체성 재구성: 대구, 경북 지역 이주여성을 중심으로」,『한국교육학연구』21(2), 141-171.

이보경 · 유광수 · 장수철(2013),「국제화 시대에서 외국유학생을 위한 대학 교양교육과정 연구」,『교양교육연구』7(2), 221-248.

이상윤(2002),「외국인 근로자의 노동법상 지위」,『저스티스』70, 47-60.

이성순(2013),「이주민 사회통합정책에 관한 연구: 에이거와 스트랭의 사회통합 분석틀 적용」,『사회과학연구』24(3), 161-185.

이수자(2017),「한국 다문화가정 자녀의 이중언어 교육을 위한 프로그램 연구: 독일 상호문화 교육과 비교하여」, 전남대학교 박사학위논문.

이승숙 · 송나리 · 이문옥(2014),「결혼이민자가정 자녀의 이중언어 교육에 대한 어머니의 인식과 어려움 및 요구」,『유아교육학논집』18(5), 99-126.

이승종(1995),「문화이입과정 스트레스와 유학생의 신념체계 및 사회적 지지와의 관계」, 연세대학교 석사학위논문.

이영분 · 최승희 · 송인석(2010),「농촌 결혼이주여성들의 복지욕구 영향요인에 관한 탐색적 연구」,『한국사회복지학』62(3), 163-191.

이용균(2015),「대학교육의 국제화와 외국인 학생에 대한 주변화 담론의 구성에 대한 연구」,『한국도시지리학회지』18(2), 17-31.

이은경 · 나승일(2009),「결혼이민 여성농업인의 전환학습에 관한 현상학적 연구」,『농업교육과 인적자원개발』41(2), 1-27.

이은경 · 오성숙(2012),「어머니의 언어사용 환경에 따른 다문화가정 유아의 언어양상」,『열린유아교육연구』8(7), 177-205.

이은우(2005),「대학생의 정서지능, 자기 효능감, 심리적 안녕감이 대학생활 적응에 미치는 영향」, 계명대학교 석사학위논문.

이은주 · 이제환(2011),「대학생의 학습활동에 있어 도서관의 의미-P대학 도서관 이용자의 정보행태를 중심으로」,『한국도서관 · 정보학회지』42(3), 105-126.

이재분 · 박균열 · 김갑성 · 김선미 · 김숙이(2010),「다문화 가족 자녀의 결혼 이민 부모출신국 언어 습득을 위한 교육지원 사례 연구」, 한국여성정책연구원 연구보고서.

이종수(2009),『행정학 사전』, 대영문화사, 1-641.

이종열 · 범령령(2009),「다문화시대의 언어정책」,『한국정책연구』9(3), 41-57.

이종훈(2002), 「재외동포법 개정론과 폐지론의 합리성 검토」, 정인섭 편, 『재외동포법』, 사람생각.

이주영(2004), 「한국 내 조선족 여성 이주자의 가사노동 경험」, 연세대학교 석사학위논문.

이주재 · 김순규(2010), 「결혼이민 여성의 사회복지서비스 이용에 영향을 미치는 요인」, 『한국가족복지학』 30, 299-322.

이주희(2012), 「여성의 평등한 노동권을 위한 고용과 복지의 재구조화」, 『한국여성학』 28(3), 35-62.

이창덕(2010), 「다문화 한국 사회를 위한 이중 언어 교육」, 『다문화교육』 1(1), 49-76.

이태진 · 홍경준 · 김사현 · 유진영 · 손기철 · 박형존(2010), 「사회 통합을 위한 복지정책의 기본방향(연구보고서 2010-11)」, 한국보건사회연구원.

이해응(2005), 「한국 이주 경험을 통해 본 중국 조선족 기혼여성의 정체성 변화」, 『여성학논집』 22(2), 107-143.

______(2013), 『중장년 조선족 이주여성의 노동경험과 탈구적 삶에 관한 연구』, 이화여자대학교 박사학위논문.

이현진(2011), 「중국인 유학생의 대학생활 적응과 사회복지관련 서비스의 실태」, 공주대학교 석사학위논문.

이형하(2013), 「결혼이주여성이 경험한 경제생활의 의미에 관한 연구」, 『한국컴퓨터정보학회 학술발표논문집』 21(2), 165-168.

______(2014). 「한국인의 사회자본과 다문화 수용성 관계」, 『한국컴퓨터정보학회논문지』, 19(11), 193-202.

이혜련 · 이귀옥(2006), 「이중 언어 경험과 선택적 주의능력의 관계」, 『아동학회지』 27(4), 55-64.

이혜림(2018), 「결혼이주여성의 문화적응과 사회 · 경제적 참여에 관한 연구」, 성균관대학교 박사학위논문.

이혜자(2016), 「결혼이주여성 경제활동지원정책에 대한 인식 연구」, 목포대학교 박사학위논문.

이희성(2016), 「외국인 근로자의 사업장변경의 문제점과 개선방안」, 『원광법학』 32(2), 199-226.

임도경 · 김창숙(2011), 「대학생들의 다문화 인식 및 선행요인에 관한 연구」, 『커뮤니케이션학 연구』 19(1), 5-34.

임애정(2011), 「대학공간에 대한 권리와 여성: 부산대 캠퍼스를 중심으로」, 『여성학연구』 21(2), 39-80.

임재화(2004), 「대학교육의 서비스 품질 요인에 관한 연구」, 『경영교육연구』 36, 303-324.

임지혜(2018), 「베트남 유학생의 소셜미디어 이용과 문화적응」, 『예술인문사회융합멀티미디어논문지』 8(2), 629-636.

임현숙(2011),「결혼이주여성의 임신 · 출산을 통한 삶의 전환 체험」,『여성건강간호학회지』 17(3), 243-255.

장명선 · 김선욱(2017),「이주여성의 취업지원정책 개선방안 연구」,『공공사회연구』 7(1), 164-204.

장인옥 · 김현아(2014),「한국인 이민 1.5 세대 청소년의 민족정체성과 문화적응 스트레스가 심리적 적응에 미치는 영향」,『한국청소년연구』 25(1), 59-84.

장효위(2013),「한국과 중국 다문화가족 연구: 한족가족과 조선족가족 비교를 중심으로」, 한서대학교 석사학위논문.

전미경 · 손서희 · 이은주(2017),「결혼이주여성의 경제활동 동기에 관한 연구」,『한국가정관리학회 학술발표대회 자료집』 2017(5), 221.

전은희(2014),「고학력 결혼이주여성들의 구직활동과 취업경험에 관한 내러티브 연구」,『평생교육학연구』 20(3), 1-35.

전재은 · 장나영(2012),「니하오? 국내 중국인 유학생의 한국 학생과의 교우관계: 중국인 유학생의 경험과 인식」,『한국교육학연구』 18(1), 303-326.

전준범 · 이세형(2016),「중국 유학생의 여가활동 참여가 학업스트레스 및 학교생활적응에 미치는 영향」,『체육과학연구』 22, 17-26.

전형배(2010),「외국인 근로자의 노동인권」,『노동법논총』 18, 125-157.

정기선 외(2011),『한국 이민정책의 이해』, 백산서당.

정기섭(2011),「지속가능발전교육의 관점에서 본 상호문화역량」,『교육의 이론과 실천』 16(3), 133-149.

정상우 · 강현민(2016),「이주근로자 사업장에서의 다문화인권교육」,『법과 인권교육연구』 9(2), 175-195.

정상우 · 최보선(2016),「다문화사회에서 이주민에 대한 헌법교육의 필요성과 방향성」,『법교육연구』 8(3), 115-141.

정진경 · 양계민(2004),「문화적응 이론의 전개와 현황」,『한국심리학회지』 23(1), 101-136.

정해숙 · 김이선 · 최윤정 · 박현선 · 장명림(2014),「다문화가족 이중언어환경조성사업 실행방안 연구」, 한국여성정책연구소 연구보고서, 1-160.

조명원 · 이홍수(2004),『영어교육사전』, 피어슨에듀케이션.

조은정(2010),「중국인 유학생의 인구통계학적 특성 에 따른 문화적응 스트레스와 대학생활 적응의 차이」, 전주대학교 석사학위논문.

조현 · 고준기(2013),「결혼이민자 가족의 국내 취업활동 허용을 위한 관련법 개선방안」,『디지털융복합연구, 11(8), 251-263.

주동범 · 김향화(2013),「국내 외국인유학생의 문화적응 스트레스가 대학생활 적응에 미치는 영향」, 『비교교육연구』 23(1), 123-145.

주휘정(2011),「외국인 유학생의 국내대학 학습경험에 관한 질적 연구」,『교육문제연구』 36, 고려대 교육문제연구소, 135-159.

진민진(2012),「용서 교육 프로그램이 북한이탈주민 청소년의 사회적 지지와 문화적응스트레스에 미치는 영향」, 중앙대학교 석사학위논문.

진민진, 배성만, 현명호 (2011),「중국인 유학생의 지각된 차별감, 대처양식, 사회적 지지가 우울에 미치는 영향」,『한국심리학회지 건강』, 16(4), 783-797.

진흠 · 강진령(2018),「중국유학생의 재학유형에 따른 자기효능감과 스트레스 대처방식이 대학생활 적응에 미치는 영향」,『학습자중심교과교육학회』 18(5), 541-559.

천지아 · 이영선 · 김영순(2017),「결혼이주여성 계승어 교육에 나타난 어려운 점에 대한 연구」, 『예술인문사회융합멀티미디어논문지』 7(4), 693-702.

천지아 · 황해영(2016),「국내 다문화가정 자녀를 위한 이중언어교육 연구동향: 이주부모나라 언어교육을 중심으로」,『예술인문사회융합멀티미디어논문지』 6(10), 107-120.

최금해(2007),「조선족 여성들의 한국결혼생활 적응유형에 관한 질적 연구」,『여성연구』, 143-188.

______(2008),「재한 중국 유학생의 학교생활과 사회생활적응에 관한 연구」,『청소년복지연구』, 10(1), 115-138.

최미령(2015),「재한조선족 동포의 순환이주 연구: 순환이주가 사회적 정체성에 미치는 영향을 중심으로」, 인하대학교 석사학위논문.

최병두(2012),「초국적 이주자의 권리와 환대」,『한국공간환경학회 학술대회 논문집』 2012(1), 1-16.

최윤경 · 양미선 · 도남희 · 박혜원 · 이진숙 · 정윤경 · 이보람(2011),「다문화가족 영유아 발달 실태 및 맞춤형 지원 방안」, 육아정책연구소 연구보고서.

최은영(2007),「대학영어 협동학습 과정에서 나타난 학습자들의 수업경험」, 전남대학교 박사학위논문.

최태일(2001),「주한 외국인의 문화적응 스트레스에 관한 연구」, 연세대학교 석사학위논문.

최홍엽(2017),「신정부에서의 외국인 인권 증진을 위한 과제」,『법학논집』 24(2), 197-226.

출입국 · 외국인정책본부(2010), 출입국 · 외국인정책 통계연보, 법무부 통계자료.

______(2016), 출입국 · 외국인정책 통계연보, 법무부 통계자료.

______(2017), 출입국 · 외국인정책 통계연보, 법무부 통계자료.

______(2018), 출입국 · 외국인정책 통계월보, 법무부 통계자료.

통계청(2015), 2015년 5월 경제 활동 인구조사, 통계청.

______(2016), 2016년 다문화 인구동태 통계, 통계청.

______(2016), 수도권 외국인 유학생 현황, 통계청 경인지방통계청.

팜티휀짱 · 김영순 · 박봉수(2014), 「베트남 결혼이주여성의 가족유형에 따른 영유아기 자녀양육 경험」, 『교육문화연구』 20(4), 137-164.

한유경(2009), 「재한 유학생의 대학생활 적응에 영향을 미치는 요인에 관한 연구: 몽골 유학생을 중심으로」, 숭실대학교 석사학위논문.

행정안전부 (2016), 지방자치단체 외국인주민 현황, 통계청.

허춘영(1998), 「재한 중국유학생의 문화적응과 정신 건강 실태: 한족, 조선족 유학생간의 비교연구」, 한양대학교 박사학위논문.

허춘영 · 김광일 · 이장한(1999), 「중국 유학생의 문화적응과 정신건강」, 『정신보건연구』 18, 107-133.

홍기혜(2000), 「중국 조선족 여성과 한국 남성간의 결혼을 통해 본 이주의 성별 정치학」, 이화여자대학교 석사학위논문.

홍성헌(2011), 「교육서비스수출 촉진을 위한 한국 대학교육 평가요인에 관한 연구: 중국인 유학생 관점에서」, 『통상정보연구』 13(4), 463-484.

황민철(2016), 「결혼이주여성을 위한 취업지원서비스 효과성 평가」, 『다문화와 평화』 11(2), 139-171.

황정(2015), 「영유아기 자녀를 둔 중국 출신 결혼이주여성의 양육경험에 관한 연구」, 『한국아동심리치료학회지』 10(2), 39-62.

황정미 · 김이선 · 이명진 · 최현 · 이동주(2007), 「한국 사회의 다민족 · 다문화 지향성에 대한 조사연구」, 한국여성정책연구원 연구보고서.

황지민(2012), 「다문화가정 아동에 대한 일반 아동들의 사회적 거리감에 영향을 미치는 요인」, 『현대사회와 다문화』 2(1), 174-210.

황해영(2018), 「재한 중국동포 결혼이주여성의 생애 경험 탐구: 인정투쟁의 내러티브를 중심으로」, 인하대학교 박사학위논문.

황효혜(2015), 「재한 중국 유학생의 스마트폰 중독이 대학생활적응과 대인관계문제에 미치는 영향」, 전남대학교 석사학위논문.

Ahmed, A. M. (2007), Group identity, social distance and intergroup bias. *Journal of Economic Psychology*, 28(3), 324-337.

Alba, Richard & Nee, Victor (1997), Rethinking Assimilation Theory for a New Era of Immigration. *The International Migration Review*, 31(4), 826-874.

_____ (2009), "Chapter two: Assimilation Theory, Old and New," in Remaking the American Mainstream: Assimilation and Contemporary Immigration, Harvard University Press. 17-66.

Astin, Alexander W. (1980), When Does A College Deserve to Be Called High Quality? Improving Teaching and Institutional Quality, Current Issues in Higher Education, AAHE Report No. 1, Washington. D. C.: American Association for Higher Education.

Baker, R. W. & Siryk, B. (1984), Measuring adjustment to college, *Journal of counseling psychology*, 31(2), 179.

Banks, J. A. (2006), Cultural diversity and eduction: Foundaion, curriculum, and teaching, Boston: Pearson Educaion, Inc.

Basilio, L., Bauer, T. K. & Kramer, A. (2017), Transferability of human capital and immigrant assimilation: An analysis for Germany, Labour, 31(3), 245-264.

Berry, J. W. (1990), Psychology of acculturation: Understanding individuals moving between cultures, In R. Brislin (Ed), Applied cross-cultural psychology, Newbury Park, CA: Sage, 232-253.

_____ (1997), Immigration, Acculturation, and Adaptation, Applied Psychology: An International Review, 46(1), 55-68.

_____ (2001), A psychology of immigration. *Journal of social issues*, 57(3), 615-631.

_____ (2005), Acculturation: Living successfully in two cultures. *International journal of intercultural relations*, 29(6), 697-712.

Berry, J. W. & Sabatier, C. (2010), Acculturation, discrimination, and adaptation among second generation immigrant youth in Montreal and Paris. *International journal of intercultural relations*, 34(3), 191-207.

Berry, J. W. & Sam, D. L. (1997), Acculturation and adaptation. *Handbook of cross-cultural psychology*, 3(2), 291-326.

Berry, J. W., Kim, U., Power, S., Young, M. & Bujaki, M. (1989), Acculturation attitudes in plural societies. *Applied psychology*, 38(2), 185-206.

Berry, J. W., Phinney, J. S., Sam, D. L. & Vedder, P. (2006), Immigrant youth: Acculturation, identity, and adaptation. *Applied psychology*, 55(3), 303-332.

Borjas, G. J. (2006), Making it in America: Social mobility in the immigrant population.

The Future of Children, 16(2), 55-71.

Bourhis, R. Y., Moise, L. C., Perreault, S. & Senecal, S. (1997), Towards an interactive acculturation model: A social psychological approach. *International journal of psychology*, 32(6), 369-386.

Braun, V., & Clarke, V. (2006), Using thematic analysis in psychology. *Qualitative Research in Psychology*, 3(2), 77-101.

Cassidy, C., O'connor, R. C., Howe, C. & Warden, D. (2004), Perceived discrimination and psychological distress: the role of personal and ethnic self-esteem. *Journal of Counseling Psychology*, 51(3), 329.

Chiswick, B. R. (1978), The effect of Americanization on the earnings of foreign-born men. Journal of political Economy, 86(5), 897-921.

Chiswick, B. R., Lee, Y. L. & Miller, P. W. (2006), Immigrants' Language Skills and Visa Category1. International Migration Review, 40(2), 419-450.

Council of Europe (1992), European Charter for Regional or Minority Languages. Strasbourg, 5.XI.1992. (Europe -n Treaty Series - No. 148)

Creswell, J. W. (2007), Qualitative inquiry & research design: Choosing among five approaches. Thousand Oaks, CA: Sage.

______ (2013), Qualitative inquiry and research design: Choosing among five traditions (3rd edition), Los Angeles, CA: SAGE Publications.

Erickson, F. (2009), Culture in society and in educational practices. In J. A. Banks, & C. A. M. G. Banks (Eds.), Multicultural education: Issues and perspectives (pp. 33-58). Hoboken, NJ: Wiley.

Gallagher-Brett, A. (2005), Seven Hunderd Reasons for Studying Languages. Southampton: Higher Education Academy., 6th August 2009.

Giannakakis, A. E. & Fritsche, I. (2011), Social identities, group norms, and threat: On the malleability of ingroup bias. Personality and Social Psychology Bulletin, 37(1), 82-93.

Glass, C. R., Gómez, E. & Urzua, A. (2014), Recreation, intercultural friendship, and international students' adaptation to college by region of origin. International Journal of Intercultural Relations, 42, 104-117.

Glaser, Barney G. (1965), The Constant Comparative Method of Qualitative Analysis, Social Problems 12(4), 436-445.

Gordon, Milton (1964), "Chapter 3: The nature of assimilation" in Assimilation in

American Life. New York: Oxford University Press. 60-83.

Haslam, S. A. (2001), Psychology in organizations: The Social identity approach, Sage Publications Ltd.

Hofstede, G., Hofstede, G. J., & Minkov, M. (2010), Cultures and organizations: Software of the mind. Revised and expanded. McGraw-Hill, New York. 차재호 · 나은영 공역(2014), 『세계의 문화와 조직』, 학지사.

Huang, S. S. (2011), Language Development Characteristics of the Children in Multicultural Families. Korean Academic Information.

Hudson, Richard A. (1996), Sociolinguistics: Cambridge Textbooks in Linguistics. Cambridge: Cambridge University Press.

Kerbel, M. R. & Bloom, D. (2005), Blog for American and civic involvement. Havard International Journal of Press/Politics 10(4), 3-27.

Laurie, S. S. (1890), Lectures on Language and Linguistic Method in School. Cambridge: Cambridge University Press.

Mallinckrodt, B. & Leong, F. T. (1992), International graduate students, stress, and social support. Journal of College Student Development, 33(1), 71-78.

Merriam, S. B. (1998), Qualitative research and case study applications in education. San Francisco: Jossey-Bass.

Merriam, S. B., Caffarella, R. S. & Baumgartner, L. M. (2012), Learning in adulthood: A comprehensive guide. John Wiley & Sons.

Mezirow, J. (1991). Transformative dimensions in adult learning. San Francisco, CA: Jossey-Bass.

______ (2000), Learning as Transformation: Critical Perspectives on a Theory in Progress. San Francisco, CA: Jossey-Bass.

Moon, S. S. & DeWeaver, K. L. (2005). Multicultural multimodal multi- systems(MULTI-CMS) approach for Korean immigrant families. Journal of Social Worker Research and Evaluation. 6(1), 57-74.

Nguyen, A. M. D. & Benet-Martínez, V. (2013), Biculturalism and adjustment: A meta-analysis. Journal of Cross-Cultural Psychology, 44(1), 122-159.

Oberg, K. (1960), Cultural Shock: Adjustment to new cultural environment. Practical Antbropology, 7, 177-182.

Parasuraman, A., Leonard Berry and Valarie A. Zeithaml (1985), A Conceptual Model of Service Quality and Its Implications for Future Research, Journal of Marketing, 49(4), 1-50.

Phinney, J. S. (1992), The multigroup ethnic identity measure: A new scale for use with adolescents and young adult form diverse group, Journal of Adolescent Research, 7, 156-176.

Putnam, R. D. (2000), Bowling alone: The collapse and revial of American community. New York: Simon & Schuster.

Ramsden, P. (1991), A performance indicator of teaching quality in higher education: The course experience questionnaire. Studies in Higher Education, 16(2), 129-150.

Redfield, R., Linton, R. & Herskovits, M. J. (1936), Memorandum for the study of acculturation. American anthropologist, 38(1), 149-152.

Romaine, Suzanne (1994), Language in society: An introduction to sociolinguistics. Oxford: Oxford University Press.

Sam, D. L. & Berry, J. W. (2010), Acculturation when individuals and groups of different cultural backgrounds meet. Perspectives on Psychological Science, 5(4), 472-481.

Sandhu, D. S. & Asrabadi, B. R. (1994), Development of an acculturative stress scale for international students: Preliminary findings. Psychological reports, 75(1), 435-448.

Shah, D. V., McLeod, J. M. & Yoon, S. (2001), Communication, context, and community: An exploration of print, broadcast, and Internet influences. Communication Research 28, 464-506.

Shuell, T. J. & Lee. C. Z. (1976), Learning and Instruction. Monterey, CA: Brooks/Cole Publishing Company.

Sotirovic, M. & McLeod, J. M. (2001), Values, communication behavior, and political participation. Political Communication 18(3), 273-300.

Stake, R. (1995), Shake. The art of case study. Thousand Oaks, CA: Sage.

Ward, C. & Kennedy, A. (1999), The measurement of sociocultural adaptation. International journal of intercultural relations, 23(4), 659-677.

Ward, C., Bochner, S. & Furnham, A. (2001), The psychology of culture shock. Routledge.

Wellman, B., Quan-Haase, A., Witte, J. & Hampton, K. (2001), Does the Internet increases, decrease or supplement social capital. American Behavioral Scientist 45, 436-455.

Williams, C. L. & Berry, J. W. (1991), Primary prevention of acculturative stress among refugees: Application of psychological theory and practice. American psychologist, 46(6), 632-641.

Yamamoto, M. (2001). Language use in interlingual families: A Japanese-English sociolinguistic study. Multilingual Matters.

고용노동부(2018.06.01), 취업성공패키지, http://www.work.go.kr/pkg/succ/content01/busiInfo.do

뉴스토마토(2016.04.05), "수강신청 대안, 회유보다는 근본적인 원인해결이 필요하다", http://www.newstomato.com/ReadNews.aspx?no=641968

명대신문(2010.09.01), "수강신청 전쟁, 근본적 해결책 필요해", http://news.mju.ac.kr/news/articleView.html?idxno=1086

서울신문(2018.01.23), "대학 등록금 동결 속 외국인 유학생만 '봉'", http://www.seoul.co.kr/news/newsView.php?id=20180123010009&wlog_tag3=naver

중도일보(2017.11.15.). "외국인 유학생, 한국 대학 적응 못하고 중도 이탈", http://www.joongdo.co.kr/main/view.php?key=20171115010006253.

thewebdaily(2017.10.31). thewebdaily. "한국어 못해도 대학 입학 'OK'...외국인 유학생 유치 장사하는 대학들", http://news.webdaily.co.kr/view.php?ud=2017103110315660297a517a52c2_7.

찾아보기

저자소개

김영순(金永洵) kimysoon@inha.ac.kr

베를린자유대학교에서 문화학, 교육학, 언어학 등을 수학하고 문화학 박사학위를 받았다. 이후 경북대학교 중등교육연구소 연구교수를 거쳐 인하대학교 사범대학 사회교육과와 동 대학원 다문화학과에서 다문화 이론 및 다문화교육에 관한 연구와 강의를 수행하고 있다. 인하대학교 아시아다문화융합연구소 소장, 전국 대학원생 질적연구방법론 캠프 촌장, BK21 글로컬다문화교육연구단 단장, 탈북다문화멘토링 사업단 단장을 맡고 있다. 대표 저서로서는 『다문화사회와 공존의 인문학』, 『다문화교육용어사전』, 『처음 만나는 다문화교육』, 『다문화사회와 공존의 인문학』, 『다문화교육의 이론과 이론가들』, 『질적연구의 즐거움』 등이 있으며, 공동번역서로는 『다문화교육과 인간관계』, 『민주주의와 다문화교육』, 『교사를 위한 다문화교육』, 『언어, 문화 그리고 비판적 다문화교육』, 『상호문화교육의 이해』 등이 있다.

조영철(曺永喆) tem2000@hanmail.net

경인교육대학교에서 학사학위를 받고, 인하대학교에서 문화경영학, 다문화교육학 등을 수학하고 교육학 박사학위를 받았다. 인천광역시교육청 소속 초등교사로 약 15년간 근무한 후 현재 인하대학교 아시아다문화융합연구소에서 연구교수 일을 수행하고 있다. 공립학교 초등교사 및 연구원으로서 '공립다문화대안학교 체제 및 운영 연구', '지속가능발전교육 수업모델 개발', '세계시민교육 연계 지속가능발전교육 중장기 정책연구' 등 다문화교육, 상호문화교육, 이주민 연구를 수행해오고 있다. 대표 공저로는 『미래를 걷는 아이들』, 『다문화교육 용어사전』, 『처음 만나는 다문화교육』 등이 있다.

김정희(金正喜) lovebird0110@hanmail.net

건국대학교에서 국어국문학, 문학치료학 등을 수학하고 문학 박사학위를 받았다. 건국대학교 서사와문학치료연구소의 연구원을 거쳐 현재는 인하대학교 아시아다문화융합연구소의 전임연구원으로 사람 공부, 인생 공부를 계속하고 있다. 공저로 『문학치료 서사사전(설화편)』 1, 2, 3권, 『영화와 원작의 서사적 거리』, 『문학치료를 위한 정동장애 및 신체화장애 서사지도』, 『문학치료를 위한 성격장애 서사지도』, 『행복한 삶과 문학치료』 등이 있고, 박사논문으로 『남녀관계의 위기와 지속에 대한 서사지도 구축과 문학치료 활용 연구』가 있으며, 사회통합을 위한 한국사회 이주민의 생애담에 지속적인 관심을 갖고 「재한 중국동포 유학생의 문화적응 과정을 통해 본 정체성 협상과 그 의미」 등의 논문을 발표했다.

정지현(鄭智賢) oxy59j@hanmail.net

인하대학교 교육대학원 외국어로서의한국어학과에서 석사학위를 취득하고, 동 대학교 일반대학원 다문화교육 전공으로 교육학 박사학위를 취득했다. 현재 인하대학교 언어교육원에서 학문목적 외국인 학습자를 대상으로 한국어를 강의하고 있다. 또한 법무부의 다문화사회전문가, 여성가족부의 다문화이해교육 전문 강사로 활동하고 있다. 다문화 리터러시 교육과 관련하여 다수의 논문이 있으며, 공저로는 『다문화교육 용어사전』, 『다문화교육의 이론과 적용』, 『새인하한국어 주교재 1』, 『새인하한국어 익힘책 1』, 『새인하한국어 주교재 2』, 『새인하한국어 익힘책 2』, 『처음 만나는 다문화교육』, 『질적연구의 즐거움』, 『사할린 한인들의 다양한 삶과 그 이야기』 등이 있다.

박봉수(朴奉秀) wuligaqi@naver.com

인하대학교에서 다문화학과 다문화교육을 수학하고, 『영주귀국 사할린 한인의 내러티브』로 교육학 박사학위를 받았다. 인하대학교 아시아다문화융합연구소의 전임연구원을 거쳐 현재는 디아스포라연구소 소장으로 우리 사회에 거주하는 이주민의 낮은 목소리를 세상 밖으로 드러내는 데 지원하고 있다. 한국연구재단에서 주관한 '지속가능발전교육 활용 다문화가정자녀 케어시스템에 관한 융합적 연구'와 'BK21+' 등의 연구프로젝트에 참여했다. 주요 논문으로 「사할린 영주귀국자의 통과의례에 나타난 고향의 의미」, 「사할린 영주귀국 노인의 자원봉사활동 경험과 의미」 등이 있으며, 주요 공저로는 『다문화교육 용어사전』, 『다문화교육연구의 이론과 적용』, 『사할린 한인의 노스텔지어 이야기 탐구』, 『사할린 한인들의 다양한 삶과 그 이야기』 등이 있다.

오영훈(嗚榮勳) ohy10106@hotmail.com

독일 레겐스부르크 대학교에서 언어학으로 석사와 박사학위를 취득하여 호남신학대학교 교양학부 강의전담교수를 거쳐 현재 인하대 교육대학원 다문화교육에서 다문화 이론 및 다문화교육에 관한 연구와 강의를 수행하고 있다. 논문으로는 「다문화국제학교 설립 및 운영에 관한 연구」, 「상호문화역량 강화를 위한 다문화 멘토링 캠프 프로그램 개발」, 「다문화대안학교 특성화 교과과정 분석 연구」, 「교육연극을 활용한 상호문화교육의 이해」 등 다문화교육 관련 논문들이 다수 있으며, 저서로는 『처음 만나는 다문화교육』, 『다문화 대안학교의 실천과 모색』, 『다문화사회교육론』, 『다문화교육 용어사전』 등이 있다. 역서로는 『언어, 문화 그리고 비판적 다문화교육』, 『상호문화교육의 이해』, 『교사를 위한 다문화교육』 등이 있다.

손영화(孫永和) drsonn2@inha.ac.kr

한양대학교에서 상법, 경제법 등을 수학하고 법학 박사학위를 받았다. 이후 명지대학교 지식경제연구소 연구교수를 거쳐 인하대학교 법학전문대학원에서 공정거래법, 소비자법 등에 관한 연구와 강의를 수행하고 있다. 한국국제문화교류학회, 한국경제법학회, 한국상사판례학회, 한국기업법학회, 한국법정책학회, 한양법학회 등의 부회장을 맡고 있다. 인하대학교 경쟁법센터 센터장도 맡고 있다. 대표 저서로서는 『창업과 법』, 『법의 통섭(공저)』, 『주식회사법대계(공저)』, 『자본시장법 주석서(공저)』, 『기업범죄연구(공저)』, 『인터넷과 법』 등이 있으며, 학술논문으로는 「회사분할과 부정당업자 제재처분의 승계 여부」, 「자회사의 부실에 대한 지원과 모회사 이사의 책임」, 「국내 · 외 인권정책을 통한 이주민 인권보호의 방향 모색(공저)」, 「외국인 노동자에 대한 법정책의 연구: 인권침해의 방지 및 사회통합을 중심으로」 등이 있다.

박종도(朴鍾道) jdp23@inu.ac.kr

2013년 미국 University of Pittsburgh의 School of Information Sciences에서 "Automated Question Triage for Social Reference: A Study of Adopting Decision Factors from Digital Reference"라는 주제의 논문으로 문헌정보학 박사학위를 받았다. 이후 중앙대학교와 숙명여자대학교 등에서 강의를 계속하다가 2016년부터 현재까지 인천대학교 사회과학대학 문헌정보학과에 교수로 재직하고 있다. 대학에서는 정보학과 정보처리, 목록에 관한 강의를 담당하고 있으며, 커뮤니티 기반의 레퍼런스 서비스인 소셜 레퍼런스 환경에서 이용자 간의 협업에 관한 연구를 수행하고 있다. 본 과제에서는 아카이브 구축을 담당하고 있으며, 지속 가능한 아카이브의 설계 및 구축과 연구자 간의 협업 플랫폼 개발에 관심과 노력을 기울이고 있다.

이미정(李美貞) pro03@daum.net

인하대학교 대학원 문화경영학과에서 문학 박사학위를 취득했으며, 인하대하교 문화경영심리연구소와 교육연구소 전임연구원, 인하대학교 BK21 플러스사업단 연구교수로 활동했다. 현재 인하대학교 교육연구소 연구교수로 재직하고 있으며, 다문화교육과 관련된 다수의 저서, 연구 및 프로젝트에 참여하고 있다. 대표적으로 한국연구재단 '도서지역 결혼이주여성의 문화적응에 관한 연구', '지속가능발전교육 활용 다문화가정자녀 케어 시스템에 관한 융합적 연구', '글로컬 다문화멘토링 시스템 연구' 등 다수의 연구에 참여했다. 공저로는 『다문화교육총서 1, 2, 3』, 『다문화교육 용어 사전』 등이 있고, 공역으로는 『다문화교육과 인간관계』, 『민주주의와 다문화교육』, 『교사를 위한 다문화교육』, 『언어, 문화 그리고 비판적 다문화교육』 등이 있다.

정경희(鄭京憙) jungkh414@naver.com

인하대학교 대학원에서 사회교육을 전공했으며, 『대안학교장의 실천적 지식에 관한 생애사 연구』로 교육학 박사학위를 받았다. 이후 동국대학교 교육연구원의 박사후과정을 거쳐 현재 인하대학교 사회교육과에서 강의교수로 재직하고 있으며, 다문화교육의 이해, 미래교육에 관한 강의와 연구를 수행하고 있다. 또한 한국연구재단에서 주관한 '지속가능발전교육 활용 다문화가정자녀 케어시스템에 관한 융합적 연구'와 '초국적 사회관계망을 활용한 멘토링의 융합연구' 등의 연구프로젝트에 참여했다. 주요 공저로는 『다문화교육 용어사전』, 『청소년을 위한 사회 · 문화 핵심키워드 200』, 『질적연구의 즐거움』 등이 있다.

김기화(金基華) 217094@inha.ac.kr

인하대학교 대학원에서 아동복지학을 전공했으며, 『부자가족복지시설에 대한 문화기술지 연구』로 박사학위를 받았다. 현재 인하대학교 교육대학원 강의교수로 재직하고 있으며, 사회복지학 관련 연구수행과 교육을 하고 있다. 인천가정법원의 가족상담 위원, 학업중단 전문 컨설팅, 사회복지서비스 평가 및 컨설팅 위원으로 활동하고 있다. 주요 연구로는 "An Ethnographic Research on the Shelter for Victims Domestic Violence in Korea", 「다문화예비학교의 역할과 개선과제」, 「쉼터 거주경험이 있는 북한이탈주민의 남한사회 적응에 대한 연구」, 「다문화가족의 난타 여가활동 경험에 관한 연구」, 「아동양육시설 생활복지사의 직무경험 분석」 등이 있다.

박미숙(朴美淑) parkmisuk@inha.ac.kr

인하대학교 일반대학원에서 다문화교육을 전공했으며, 『대학생들의 사회적 실천과정에 대하여 근거이론』으로 박사학위를 받았다. 현재는 인하대학교 BK21+ 다문화교육사업팀의 연구교수로 재직 중이며, 다문화교육 및 정책과 관련한 연구를 수행하고 있다. 또한 한국국제문화교류학회 편집국장 및 한국다문화교육연구학회 총무이사로 활동하고 있다. 주요 연구로 결혼이주여성, 외국인노동자, 외국인유학생 관련 30여 편의 소논문을 게재했으며, 공저로는 『다문화교육 용어사전』, 『다문화교육연구의 경향과 쟁점』, 『사할린 한인의 노스텔지어 이야기탐구』, 『사할린 한인의 다양한 삶과 그 이야기』 등이 있다.

오세경(鳴世京) pang0425@naver.com

인하대학교에서 문화정책학, 문화마케팅, 여가학 등을 수학하고 문화경영학 박사학위를 받았다. 이후 인하대학교 아시아다문화융합연구소 연구교수를 거쳐 동 대학교 대학교육혁신단 교육혁신팀 전임연구원으로 재직 중이다. 박사학위논문은 『인천 둘레길을 중심으로 지속가능한 여가로서 도보여행자의 경험에 관한 연구』이며, 주요 논문으로는 「도보여행자의 진지한 여가 체험에 관한 연구」, 「외국인 유학생의 문화적응을 위한 여가경험의 의미」, 「다문화 멘토링에 참여한 멘토의 상호문화역량 탐색」 등이 있으며, 공동 저서로는 『질적연구의 즐거움』 등이 있다.

임지혜(任智慧) nothiner1137@gmail.com

인하대학교에서 문화경영학 박사학위를 받았다. 이후 인천발전연구원 전문연구원, 안동대 한국문화산업전문대학원 박사후연구원을 거쳐 현재 (사)문화다움에서 문화정책 컨설팅 연구를 수행하고 있다. 관심 분야는 다문화사회에서 마을문화의 현대적 변용 사례와 사회적 함의에 있으며, 대표 논문으로는 「지역 기반 다문화 체험교육의 의미와 실제」, 「상호문화학습으로서 다문화 멘토링의 경험과 의미」, 「베트남 유학생 공동체의 소셜미디어 이용과 문화적응」 등이 있다.

황해영(黃海英) haying04@hanmail.net

인하대학교에서 다문화학 교육학 박사학위를 받았다. 이후 인하대학교 글로컬다문화교육전문인력양성사업팀 전임연구원으로 재직하고 있다. 또한, 인하대학교 아시아다문화융합연구소 다문화 · 탈북 학생 멘토링 사업단 사무국장을 겸임하고 있다. 학위논문으로는 「중국동포 결혼이주여성의 생애경험탐구: 인정투쟁의 내러티브를 중심으로」가 있고, 「다문화학생 심리지원 프로그램 국내외 연구동향 분석」, 「중 · 고등학생 자녀를 양육하는 결혼이주여성의 양육스트레스와 대처방안에 대한 연구」, 「다문화가정 부모를 위한 부모교육 프로그램의 동향연구」, 「중국결혼이주여성들의 한국에서 양성 평등 경험에 대한 사례연구」, 「온달설화를 활용한 결혼이주여성을 위한 문학치료 방안 탐색」, 「재한 중국동포 단체 리더의 인정투쟁의 의미」 등의 연구논문이 있으며, 공동 번역서로는 『중국민족지 1, 2, 3』 등이 있다.